Kemper / Kisters-Kölkes   Arbeitsrechtliche Grundzüge der
betrieblichen Altersversorgung

Kemper / Kisters-Kölkes

Arbeitsrechtliche Grundzüge der betrieblichen Altersversorgung

von

Dr. jur. Kurt Kemper
Rechtsanwalt, Düsseldorf

und

Margret Kisters-Kölkes
Rechtsanwältin und Steuerberaterin,
Mülheim an der Ruhr

6., neu bearbeitete Auflage

Luchterhand 2011

Bibliografische Information der Deutschen Nationalbibliothek
Die Deutsche Nationalbibliothek verzeichnet diese Publikation in der Deutschen Nationalbibliografie; detaillierte bibliografische Daten sind im Internet über http://dnb.d-nb.de abrufbar.

ISBN 978-3-472-07818-0

www.wolterskluwer.de
www.luchterhand-fachverlag.de

Alle Rechte vorbehalten.
© 2011 Wolters Kluwer Deutschland GmbH, Luxemburger Straße 449, 50939 Köln.
Luchterhand – eine Marke von Wolters Kluwer Deutschland GmbH.

Das Werk einschließlich aller seiner Teile ist urheberrechtlich geschützt.
Jede Verwertung außerhalb der engen Grenzen des Urheberrechtsgesetzes ist ohne Zustimmung des Verlages unzulässig und strafbar. Das gilt insbesondere für Vervielfältigungen, Übersetzungen, Mikroverfilmungen und die Einspeicherung und Verarbeitung in elektronischen Systemen.
Verlag und Autor übernehmen keine Haftung für inhaltliche oder drucktechnische Fehler.

Umschlagkonzeption: futurweiss kommunikationen, Wiesbaden
Satz: Satz-Offizin Hümmer GmbH, Waldbüttelbrunn
Druck und Weiterverarbeitung: Wilhelm & Adam OHG, Heusenstamm

∞ Gedruckt auf säurefreiem, alterungsbeständigem und chlorfreiem Papier.

Vorwort zur 6. Auflage

Der Rentenversicherungsbericht 2010 der Bundesregierung vom 17.11.2010 verdeutlicht die Bedeutung der betrieblichen Altersversorgung. Das vorausberechnete Sicherungsniveau der gesetzlichen Rente vor Steuern sinkt zukünftig weiter ab. Die entstehende Versorgungslücke kann durch private Vorsorge geschlossen werden. Aufgrund der steuerlichen Förderung und durch die Beitragsfreiheit in der Sozialversicherung ist jedoch die betriebliche Altersversorgung besonders geeignet, die gesetzliche Rente zu ergänzen.

Mit der konzentrierten und systematischen Darstellung des Arbeitsrechts der betrieblichen Altersversorgung geben die Autoren der Praxis erneut eine Arbeitshilfe für dieses wichtige Arbeitsgebiet.

Die aktuelle Rechtsprechung des Bundesarbeitsgerichts ist selbstverständlich eingearbeitet. Es lässt sich feststellen, dass dem Allgemeinen Gleichbehandlungsgesetz eine wachsende Bedeutung zukommt. Von besonderer praktischer Bedeutung ist auch, dass das Bundesverwaltungsgericht eine klare Aussage zum PSV-Beitrag getroffen hat. Danach wird der Gleichbehandlungsgrundsatz nicht verletzt, wenn bei rückgedeckten unmittelbaren Versorgungszusagen und Unterstützungskassenzusagen der volle Beitrag erhoben wird.

Zum 01.09.2009 wurde der Versorgungsausgleich bei Scheidungen neu geregelt. Nach Auslaufen der Übergangsfrist ist das »neue« Recht uneingeschränkt anzuwenden. Da anders als nach altem Recht nunmehr die Arbeitgeber und ihre Versorgungsträger in das Scheidungsverfahren unmittelbar einbezogen sind, hielten die Verfasser es für erforderlich, zumindest die Grundzüge des Versorgungsausgleichs, soweit davon die betriebliche Altersversorgung betroffen ist, darzustellen.

Düsseldorf / Mülheim a. d. Ruhr, im Februar 2011
Kemper / Kisters-Kölkes

Inhaltsverzeichnis

		Seite
Vorwort		V
Literaturverzeichnis		XIII

I.	Betriebliche Altersversorgung und Vertragsfreiheit	1
	1. Grundsatz der Vertragsfreiheit	3
	2. Begriff der betrieblichen Altersversorgung	4
	a) Einbindung in ein Arbeitsverhältnis	7
	b) Biologisches Ereignis	8
	c) Versorgungszweck	14
II.	Versorgungsverhältnis	15
	1. Durchführungswege der betrieblichen Altersversorgung	15
	a) Unmittelbare Versorgungszusage	16
	b) Mittelbare Versorgungszusagen	17
	c) Verschiedene Durchführungswege	30
	d) Grenzüberschreitende Versorgungseinrichtungen	31
	e) Treuhandmodelle und Pfandrechte	32
	f) Wertguthaben	32
	2. Rechtsbegründungsakte	33
	a) Einzelzusage	33
	b) Vertragliche Einheitsregelung / Gesamtzusage	35
	c) Gleichbehandlung und Gleichberechtigung	36
	d) Betriebliche Übung	44
	e) Betriebsvereinbarung	45
	f) Vereinbarungen nach dem Sprecherausschussgesetz	48
	g) Tarifvertrag	48
	h) Gesetz	50
	i) Verhältnis der Rechtsbegründungsakte zueinander	50
	3. Leistungsplan	51
	a) Versorgungsniveau	53
	b) Leistungsplanstruktur	54
	c) Leistungsform	59
	d) Leistungsvoraussetzungen	60
III.	Betriebsrentengesetz	71
	1. Schutzbereich	72
	2. Unverfallbarkeit	74
	a) Gesetzliche Unverfallbarkeit dem Grunde nach	75

	b) Gesetzliche Unverfallbarkeit der Höhe nach	85
3.	Abfindung	98
	a) Abfindung von Anwartschaften	99
	b) Abfindung von laufenden Versorgungsleistungen	101
	c) Abfindungsvorbehalt	102
	d) Abfindung bei Entgeltumwandlung	103
	e) Liquidation	103
	f) Abfindung beim Betriebsübergang	103
4.	Übertragung	103
	a) Übertragung von Anwartschaften Ausgeschiedener	104
	b) Portabilität (Mitnahmeanspruch)	110
	c) Übernahme von laufenden Leistungen	113
	d) Übernahme bei aktiven Arbeitnehmern	113
	e) Wechsel des Durchführungsweges	114
	f) Liquidation	115
5.	Auskunftsanspruch	117
6.	Vorzeitige Altersleistung	121
	a) Grundsatz	121
	b) Berufsständische Versorgungswerke	122
	c) Wartezeit und sonstige Leistungsvoraussetzungen	122
	d) Höhe der vorzeitigen Altersleistung	123
	e) Diskriminierung wegen Alters	128
7.	Insolvenzsicherung	129
	a) Insolvenzgefährdete Durchführungswege	130
	b) Sicherungsfälle	131
	c) Sachlicher Geltungsbereich	133
	d) Leistungsgrenzen der gesicherten Leistungen	136
	e) Privatrechtlicher Insolvenzschutz	136
	f) Leistungsabwicklung und Abfindung	138
	g) Versicherungsmathematische Abschläge und Pensions-Sicherungs-Verein	138
	h) Anpassung und Pensions-Sicherungs-Verein	139
	i) Übertragung der Leistungspflicht beim Pensionsfonds	139
	j) Finanzierung des Pensions-Sicherungs-Vereins	140
8.	Anpassung	142
	a) Prüfungsverpflichteter	143
	b) Prüfungstermin und Prüfungszeitraum	143
	c) Laufende Leistungen	144
	d) Materielle Prüfungskriterien	145

	e)	Nachholende Anpassung und Anpassungsstau ...	151
	f)	Nachträgliche Anpassung	154
	g)	Escape-Klauseln	154
	h)	Beitragszusage mit Mindestleistung und Entgeltumwandlung	157
	i)	Entgeltumwandlung	157
	9. Verjährung		158
IV.	Anspruch auf betriebliche Altersversorgung durch Entgeltumwandlung		159
	1. Verpflichtete Arbeitgeber		160
	2. Berechtigte Arbeitnehmer		161
	3. Verzicht auf künftiges Entgelt		162
	4. Art und Gestaltung der Entgeltumwandlung		164
	5. Entscheidungsfreiheit des Arbeitnehmers		167
	6. Zusagegestaltung		168
	7. Durchführung des Anspruchs		171
	a) Vereinbarung		171
	b) Vorgaberecht des Arbeitgebers		173
	c) Verlangen des Arbeitnehmers		175
	8. Einschränkungen		176
	a) Bestehende Möglichkeiten zur Entgeltumwandlung		176
	b) Tarifvertragliches Entgelt		177
	9. Riesterförderung		179
	10. Unverfallbarkeit		180
	a) Unverfallbarkeit dem Grunde nach		180
	b) Unverfallbarkeit der Höhe nach		181
	11. Abfindung		182
	12. Übertragung		183
	13. Vorzeitige Altersleistung		183
	14. Insolvenzschutz		183
	15. Anpassung		184
	16. Änderung von Entgeltumwandlungszusagen		185
	17. Tarifverträge		186
	a) Tarifdispositivität		186
	b) Abgeschlossene Tarifverträge		187
V.	Änderungsmöglichkeiten		189
	1. Kollektivrechtliche Rechtsbegründungsakte		190
	a) Betriebsvereinbarung		191
	b) Tarifvertrag		203

	2.	Individualrechtliche Rechtsbegründungsakte	205
		a) Einzelzusage	205
		b) Vertragliche Einheitsregelung / Gesamtzusage / betriebliche Übung / Gleichbehandlung	206
	3.	Widerruf	208
		a) Steuerunschädliche Vorbehalte	208
		b) Treupflichtvorbehalt	209
		c) Freiwilligkeitsvorbehalt bei Unterstützungskassen	209
		d) Herabsetzung von Vorstandsruhegehältern bei Verschlechterung der wirtschaftlichen Lage	210
	4.	Änderungen und späteres Ausscheiden	210
VI.	Mitbestimmung des Betriebsrats		213
	1.	Gesetzliche Grundlagen	213
	2.	Abgrenzung von mitbestimmungsfreien und mitbestimmungspflichtigen Räumen	214
		a) Mitbestimmungsfreie Räume	214
		b) Mitbestimmungspflichtige Räume	216
		c) Mitbestimmung bei Entgeltumwandlung	217
	3.	Ausgestaltung der Mitbestimmungsrechte bei den einzelnen Durchführungswegen	219
		a) Unmittelbare Versorgungszusagen und Direktversicherungen	220
		b) Unterstützungskassen, Pensionskassen und Pensionsfonds	220
	4.	Organisation der Mitbestimmung bei Pensions-, Unterstützungskassen und beim Pensionsfonds	221
		a) Zweistufige Form	221
		b) Organschaftliche Form	222
		c) Pensionsfonds	223
		d) Umfang der Mitbestimmungsrechte	223
		e) Umsetzung eines mitbestimmten Leistungsplans	224
	5.	Zuständigkeiten	225
	6.	Verletzung des Mitbestimmungsrechts	225
VII.	Betriebsübergang		229
	1.	Abgrenzung zum Gesellschafterwechsel und zur Gesamtrechtsnachfolge	230
		a) Gesellschafterwechsel	230
		b) Gesamtrechtsnachfolge	230
	2.	Erfasste Versorgungsverhältnisse	232
	3.	Insolvenzphase	233

4.	Transformation in Individualrecht	234
5.	Zusammentreffen unterschiedlicher Versorgungsregelungen	236
6.	Unterrichtungspflicht	238
7.	Besonderheiten bei mittelbaren Versorgungszusagen .	239
	a) Beim Veräußerer	240
	b) Beim Erwerber	241
8.	Harmonisierung	241

VIII. Versorgungsausgleich 243
   1. Halbteilungsgrundsatz 243
      a) Ehezeit 245
      b) Wertermittlung 245
      c) Ausgleichsverfahren 246
   2. Interne Teilung 248
      a) Anrechtsbegründung 248
      b) Kürzung beim Ausgleichspflichtigen 249
      c) Steuerliche Behandlung 249
      d) Kosten 250
   3. Externe Teilung 250
      a) Grenzen bei der externen Teilung 251
      b) Vereinbarung 252
      c) Enthaftung 252
      d) Kosten 252
      e) Steuerliche Behandlung 252
   4. Vereinbarung gemäß § 6 VersAusglG 253
   5. Verfahrensrechtliche Hinweise 253

Anhang I   Gesetz zur Verbesserung der betrieblichen Altersversorgung (Betriebsrentengesetz – BetrAVG) 257
Anhang II   Gesetz über die Beaufsichtigung der Versicherungsunternehmen (Versicherungsaufsichtsgesetz – VAG) 293
Anhang III § 613a BGB und § 324 UmwG 299
Anhang IV Gesetz über den Versicherungsvertrag
(Versicherungsvertragsgesetz) 301
Anhang V   Steuerliche Förderung der privaten Altersvorsorge und betrieblichen Altersversorgung, BMF-Schreiben vom 31.3.2010 309

Anhang VI Zusagen auf Leistungen der betrieblichen Altersversorgung; Hinterbliebenenversorgung für die Lebensgefährtin oder den Lebensgefährten, BMF-Schreiben vom 25.7.2002 359

Stichwortverzeichnis 361

Literaturverzeichnis

Andresen, B.-J./Förster, W./Rößler, N./Rühmann, J., Arbeitsrecht der betrieblichen Altersversorgung, Kommentar, Stand: Dezember 2010.
Anton, Ch., Tarifvertrag und Kartellvergaberecht, BetrAV 2006, 337.

Baumeister/Merten Rente ab 67 – Neue Altersgrenzen in der gesetzlichen und zusätzlichen Altersvorsorge, BetrAV 2007, 398.
Bepler, K., Die vorgezogene Betriebsrente des vorzeitig Ausgeschiedenen, Festschrift für W. Förster, hrsg. v. *Andresen, B.-J./Rößler, N./Rühmann, J.*, Betriebliche Altersversorgung im 21. Jahrhundert, 2001.
Berenz, C., Die Berechnung von vorzeitigen Altersversorgungsleistungen bei Insolvenzsicherung durch den PSVaG, DB 2001, 2346.
ders., Der Schutz des Pensions-Sicherungs-Vereins vor missbräuchlicher Inanspruchnahme seiner Leistungen: Systematik des § 7 Abs. 5 BetrAVG, Festschrift für Kurt Kemper zum 65. Geburtstag, hrsg. v. *M. Kisters-Kölkes*, 2005, S. 5–25.
ders., »Sondervermögen« aus Sicht des PSVaG – CTA und rückgedeckte Unterstützungskassen, BetrAV 2010, 322.
Blomeyer, W., Der Entgeltumwandlungsanspruch des Arbeitnehmers in individual- und kollektivrechtlicher Sicht, DB 2001, 1413.
ders., Neue arbeitsrechtliche Rahmenbedingungen für die Betriebsrente, BetrAV 2001, 430.
Blomeyer, W./Rolfs, Ch./Otto, K., Betriebsrentengesetz, Gesetz zur Verbesserung der betrieblichen Altersversorgung, Kommentar, 5. Aufl. 2010.
Blumenstein, M., Vergleichende Darstellung der beitragsorientierten Leistungszusage und der Beitragszusage mit Mindestleistung, Festschrift für Kurt Kemper zum 65. Geburtstag, hrsg. v. *M. Kisters-Kölkes*, 2005, S. 25–41.
dies., ›Abkommen zur Übertragung von Direktversicherungen oder Versicherungen in einer Pensionskasse bei Arbeitgeberwechsel‹ und VVG, DB 2008, S. 1269–1270.
Buttler, A./Baier, M., Steuerliche Behandlung von Unterstützungskassen, 5. Aufl. 2009.

Cisch, T., Das Prinzip der Einheit von Versorgungszusagen und die verschiedenen Zusageformen betrieblicher Altersversorgung nach dem Altersvermögensgesetz (AVmG) und dem Hüttenknappschaftlichen Zusatzversicherungs-Neuregelungs-Gesetz (HZvNG),

Festschrift für Kurt Kemper zum 65. Geburtstag, hrsg. v. *M. Kisters-Kölkes*, 2005, S. 61–74.

Cisch/Hufer, Umsetzungs- und Gestaltungsmöglichkeiten nach der Strukturreform des Versorgungsausgleichsrechts, BetrAV 2009, 500.

Doetsch, P. A., Auskunfts- und Informationspflichten von Arbeitgeber und externem Versorgungsträger bei der betrieblichen Altersversorgung, BetrAV 2003, 48.

ders., Differenzierte Gestaltung der betrieblichen Altersversorgung ohne Verletzung des Gleichbehandlungsgrundsatzes, Festschrift für Kurt Kemper zum 65. Geburtstag, hrsg. v. *M. Kisters-Kölkes*, 2005, S. 91–111.

ders., Inhalt und Grenzen der Arbeitnehmerrechte in der bAV, insbesondere im Bereich der Entgeltumwandlung, BetrAV 2008, 21.

Doetsch, P. A./Lenz, A. E., Versorgungszusagen an Gesellschafter-Geschäftsführer und Vorstände, 7. Aufl. 2008.

Dresp, F., Die regulierte Deregulierung der Pensionskassen, Festschrift für Kurt Kemper zum 65. Geburtstag, hrsg. v. *M. Kisters-Kölkes*, 2005, S. 111–124.

Drochner, S./Hill, U./Uebelhack, B., Betriebsrentenanpassung – eine unendliche Geschichte, Festschrift für Kurt Kemper zum 65. Geburtstag, hrsg. v. *M. Kisters-Kölkes*, 2005, S. 125–143.

Engelstädter, H., Versorgungsbesitzstände nach verschlechternder Neuregelung von Versorgungszusagen, Festschrift für Kurt Kemper zum 65. Geburtstag, hrsg. v. *M. Kisters-Kölkes*, 2005, S. 143–153.

Eulering, R.-M./Viefhues, W., Der reformierte Versorgungsausgleich – praktische Umsetzung durch die Familiengerichte, FamRZ 2009, 1368.

Fischer, G./Thoms-Meyer, D., Privatrechtlicher Insolvenzschutz für Arbeitnehmeransprüche aus deferred compensation, BetrAV 2001, 125.

Förster, G. Tarifliche Altersvorsorge in der chemischen Industrie, BetrAV 2002, 123.

Friedrich, K./Weigel, H.-J. Übertragung von Pensionsverpflichtungen auf einen Pensionsfonds, DB 2003, 2564.

Grabner, E./Bode, Ch., Neue BAG-Rechtsprechung zur vorgezogenen betrieblichen Altersrente im Widerspruch zur arbeitsrechtlichen Gleichbehandlung, BB 2001, 2425.
Griebeling, G./Bepler, K., Zur Anpassungsprüfungspflicht von Rentnergesellschaften, Gedenkschrift Blomeyer, 2003, S. 99.
Gunkel, A., Perspektiven einer risikoorientierten PSVaG-Beitragsstruktur, BetrAV 2009, 717.
ders., Reformoptionen zur künftigen PSV-Beitragsgestaltung, BetrAV 2010, 501.

Hanau, P./Arteaga, M. S./Rieble, V./Veit, A., Entgeltumwandlung, 2. Aufl. 2006.
Hanau, P., Tarifvertragliche Beschränkungen der Entgeltumwandlung, DB 2004, 2266.
ders., Probleme der betrieblichen Altersversorgung in Konzernen, Festschrift für Kurt Kemper zum 65. Geburtstag, hrsg. v. *M. Kisters-Kölkes*, 2005, S. 165–177.
Hartsoe, A., Zur Wertgleichheit der Beitragszusage mit Mindestleistung bei Entgeltumwandlung, BetrAV 2005, 629.
Heither, F., Was bedeutet der Tarifvorbehalt im AVmG für die betriebliche Altersversorgung?, BetrAV 2001, 720.
Hey, T., Kommentar zum AGG, 2009.
Hessling, M., Zillmerung und Verbraucherschutz, BetrAV 2006, 318.
Heubeck, K./Oster, B., Zur mehrfachen Kürzung bei vorzeitiger Altersrente und bei Besitzständen, BetrAV 2001, 230.
Höfer, R., Die Neuregelung des Betriebsrentenrechts durch das Altersvermögensgesetz (AVmG), DB 2001, 1145.
ders., Neues vom BAG zur Unverfallbarkeit – sind die neuen Rechenregeln für die Bemessung der unverfallbaren Anwartschaft auf ›vorzeitige Alterleistungen‹ sinnvoll?, DB 2001, 2045
ders., BetrAVG, Band 1 Arbeitsrecht, Stand: 3/2010 (zit.: *Höfer* BetrAVG).
Husmann, J., Perspektiven der betrieblichen Altersvorsorge vor dem Hintergrund des Entwurfs eines Altersvermögensgesetzes, BetrAV 2001, 101 (II, 137).

Kannegiesser, M., Tarifpolitik im Umbruch, BetrAV 2001, 421.
Karst, M./Paulweber, M., Wandel der Unverfallbarkeitsproblematik in der betrieblichen Altersversorgung bei beitragsorientierten Zusagen mit variablen Überschussanteilen, BetrAV 2005, 524.

Kemper, K., Bericht aus der Arbeit des Fachausschusses Arbeitsrecht, BetrAV 1992, 250.

ders., Einzelfragen zur Mitbestimmung des Betriebsrates bei einer Pensionskasse, Gedenkschrift für Blomeyer, 2003, S. 157 ff.

ders., Aktuelle Aspekte und Rechtsprechung des Bundesarbeitsgerichts zur betrieblichen Altersversorgung, Festschrift für Boy-Jürgen Andresen zum 60. Geburtstag, hrsg. v. *Förster, W./Gohdes, A./ Recktenwald, St./Schmidt, R.,* Altersversorgung und Vergütung, Risiken und Chancen im Wettbewerb der Unternehmen, 2006, S. 463–477.

Kemper, K./Kisters-Kölkes, M., Betriebliche Altersversorgung, 2. Aufl. 1999 (zit.: *Kemper/Kisters-Kölkes,* BAV).

Kemper, K./Kisters-Kölkes, M./Berenz, C./Huber, B., BetrAVG, Kommentar, 4. Aufl. 2010.

Kisters-Kölkes, M., Informationspflichten beim Betriebsübergang, Festschrift für Kurt Kemper zum 65. Geburtstag, hrsg. v. *M. Kisters-Kölkes,* 2005, S. 227–243.

Klemm, B. Sicherung von Ansprüchen und Anwartschaften auf Leistungen der betrieblichen Altersversorgung durch Contractual Trust Agreements ('CTA') – What's new?, BetrAV 2006, 132.

Kümmerle/Buttler/Keller, Betriebliche Zeitwertkonten, 2006.

Küpper, P., in: *Höfer, R.,* Neue Chancen für Betriebsrenten – Die Novellierung des Betriebsrentengesetzes 1998, S. 75.

Langenbrinck, B., Entgeltumwandlung im öffentlichen Dienst, ZTR 2003, 426.

Langohr-Plato, U./Teslau, J., Die Beitragszusage mit Mindestleistung – Die neue große Unbekannte in der betrieblichen Altersversorgung, DB 2003, 661, BetrAV 2003, 523.

Langohr-Plato, U., Rechtshandbuch Betriebliche Altersversorgung, 5. Aufl. 2010.

ders., Umsetzung der europäischen Antidiskriminierungsrichtlinien, BetrAV 2006, 451.

Löwisch, M./Diller, M., Wechsel des Durchführungsweges in der bAV gegen den Willen des Arbeitnehmers?, BetrAV 2010, 411.

Louven, Ch., Outsourcing und Insolvenzsicherung von Pensionsverpflichtungen durch Contractual ›Trust‹ Arrangements (CTA's), BB 2004, 337.

Meier, K./Recktenwald, St., Betriebswirtschaft der betrieblichen Altersversorgung, 2006.

Neumann, B., Einmal betriebliches Ausscheiden – zweimal Betriebsrentenkürzung?, Festschrift für W. Förster, hrsg. v. *Andresen, B.-J./ Rößler, N./Rühmann, J.*, Betriebliche Altersversorgung im 21. Jahrhundert, 2001, S. 219.

Passarge, M., Aktuelle Fragen zur Auslagerung von Pensionsverpflichtungen mittels Contractual Trust Agreements, BetrAV 2006, 127.

Perreng, M., Mitbestimmungsrechte des Betriebsrates bei Entgeltumwandlung, Festschrift für Kurt Kemper zum 65. Geburtstag, hrsg. v. *M. Kisters-Kölkes*, 2005, S. 347–353.

Pophal, R., Wie ist die Beitragszusage mit Mindestleistung von der beitragsorientierten Leistungszusage abzugrenzen?, Festschrift für Kurt Kemper zum 65. Geburtstag, hrsg. v. *M. Kisters-Kölkes*, 2005, S. 355–363.

Preis, U., Altersdiskriminierung im Betriebsrentenrecht, BetrAV 2010, 513.

Recktenwald, Ch., Zeitgemäße Gestaltung der betrieblichen Altersversorgung, Festschrift für Boy-Jürgen Andresen zum 60. Geburtstag, hrsg. v. *Förster, W./Gohdes, A./Recktenwald, St./Schmidt, R.*, Altersversorgung und Vergütung – Risiken und Chancen im Wettbewerb der Unternehmen, 2006, 489–517.

Reichenbach, R., Outsourcing von Pensionsverpflichtungen, Festschrift für Kurt Kemper zum 65. Geburtstag, hrsg. v. *M. Kisters-Kölkes*, 2005, S. 365–383.

Reichenbach/Cramer, Mitbestimmung des Betriebsrats beim Ausgleich betrieblicher Versorgungsanrechte?, BetrAV 2010, 620.

Reinecke, G., Hinweis-, Aufklärungs- und Beratungspflichten im Betriebsrentenrecht, RdA 2005, 129.

ders., Der betriebsrentenrechtliche Verschaffungsanspruch oder der ›richtige‹ Beklagte im Betriebsrentenrecht, Festschrift für Kurt Kemper zum 65. Geburtstag, hrsg. v. *M. Kisters-Kölkes*, 2005, S. 383–395.

ders., Die Rechtsprechung des Bundesarbeitsgerichts zu betriebsrentenrechtlichen Informationspflichten bei Beendigung des Arbeitsverhältnisses, Festschrift für Boy-Jürgen Andresen zum 60. Geburtstag, hrsg. v. *Förster, W./Gohdes, A./Recktenwald, St./Schmidt, R.*,

Altersversorgung und Vergütung – Risiken und Chancen im Wettbewerb der Unternehmen, 2006, S. 189–201.
ders., Schutz des Arbeitnehmers im Betriebsrentenrecht: Informationspflichten des Arbeitgebers und Kontrolle von Versorgungsvereinbarungen, DB 2006, 555.
ders., Neue Rechtsprechung des Bundesarbeitsgerichts zum Betriebsrentenrecht (2005 bis 2007), BetrAV 2008, 241.
ders., Hinweis-, Informations- und Beratungspflichten im Betriebsrentenrecht nach der Reform des Versicherungsvertragsrechts, RdA 2009, 13.
ders., Betriebliche Altersversorgung: Wechsel des Durchführungsweges gegen den Willen des Arbeitnehmers, DB 2010, 2392.
ders., Der Begriff der betrieblichen Altersversorgung in der Rechtsprechung des Bundesarbeitsgerichts, BB 2011, 245.
Rieble, Tarifliche Bestimmung des Versorgungsträgers für die Entgeltumwandlung, BetrAV 2006, 240.
Rolfs, C., Die Übertragung von Versorgungsanwartschaften und der Irrtum über den Umfang der Anwartschaft, BetrAV 2005, 533.
ders., Anpassung betrieblicher Versorgungssysteme an die geänderte Lebensarbeitszeit, BetrAV 2007, 599.
ders., ›Für die betriebliche Altersvorsorge gilt das Betriebsrentengesetz‹ – Über das schwierige Verhältnis von AGG und BetrAVG, NZA 2008, 553.
Rürup, B., Zukunft der betrieblichen Altersvorsorge im Lichte der Rentenreformen und des Alterseinkünftegesetzes, Festschrift für Kurt Kemper zum 65. Geburtstag, hrsg. v. *M. Kisters-Kölkes,* 2005, S. 395–404.

Sasdrich, W./Wirth, Ch., Betriebliche Altersversorgung gestärkt, BetrAV 2001, 401.
Sasdrich, W., Pensionsfonds für Deutschland – ein langer Weg, BetrAV 2006, 34.
ders., Aktuelle Situation und Entwicklung der betrieblichen Altersversorgung unter besonderer Berücksichtigung der Entgeltumwandlung, BetrAV 2006, 111.
Schack, A., Der neue Chemietarifabschluß über die betriebliche Altersversorgung, BetrAV 2005, 720.
Schack, A./Tacke, K./Thau, J. T., Praktiker-Handbuch zur Umsetzung der betrieblichen Altersversorgung, 2. Aufl. 2005.

Schlewing, A., Fortgeltung oder Nachwirkung gekündigter Betriebsvereinbarungen über Leistungen der betrieblichen Altersversorgung?, NZA 2010, 529.
Schliemann, H., Tarifrechtliche Gestaltungsmöglichkeiten bei Betriebsrenten, BetrAV 2001, 732.
Schmidt, R., Eine neue Kultur der Aufsicht bei Pensionsfonds, Eine aufsichtsrechtliche Positionierung in Deutschland und der EU, BetrAV 2006, 437.
Schoden, M., Betriebliche Altersversorgung, Kommentar, 2. Aufl. 2003.
Schwark, P./Raulf, M., Beitragszusage mit Mindestleistung bei Direktzusagen in der Betrieblichen Altersversorgung?, DB 2003, 940.
Schwind, J., Novellierung des Versicherungsaufsichtsgesetzes – Auswirkungen auf die Pensionskassen, BetrAV 2005, 638.
ders., Die Deckungsmittel der betrieblichen Altersversorgung 2008, BetrAV 2010, 383.
Schwintowski, H.-P., Schutzlücken in der betrieblichen Altersversorgung, BetrAV 2004, 242.
Schwintowski/Ortlieb, Betriebliche Altersversorgung für Arbeitnehmer öffentlicher Auftraggeber, BetrAV 2010, 522.
Seeger, N., Contractual Trust Arrangements auf dem Prüfstand, DB 2008, 697.
Staier, P., Aktuelle Entwicklungen bei Unterstützungskassenzusagen aus Sicht der gesetzlichen Insolvenzsicherung durch den PSVaG, BetrAV 2006, 220.
Steinmeyer, H.-D., Die Reichweite tariflicher Regelungsmacht nach dem neuen Altersvermögensgesetz, BetrAV 2001, 727.
ders., Portabilität von Anwartschaften und Leistungen – eine Perspektive für Europa, Festschrift für Boy-Jürgen Andresen zum 60. Geburtstag, hrsg. v. *Förster, W./Gohdes, A./Recktenwald, St./Schmidt, R.*, Altersversorgung und Vergütung – Risiken und Chancen im Wettbewerb der Unternehmen, 2006, S. 259–275.

Tenbrock, K., Die betriebliche Altersversorgung im Betriebsübergang bei konkurrierenden Versorgungszusagen, 2006.
Tietze, J., Der Pensionsfonds aus aufsichtsrechtlicher Sicht, BetrAV 2002, 223 (I, 46).
Thüsing, G./Granetzny, T., Der Wechsel des Durchführungswegs in der betrieblichen Altersversorgung, BetrAV 2009, 485.

Uebelhack, B., Beitragszusagen mit Mindestleistung – Eine neue Zusageform, Gedenkschrift Blomeyer, 2003, S. 467.

Vogel, M./Vieweg, M., Entgeltumwandlung zwischen Selbstverantwortung und Fürsorge, BetrAV 2006, 43.

Wellisch, D./Beckmann, M., Schuldbeitritt und unmittelbare Pensionsverpflichtungen, BetrAV 2006, 142.

Ziegler, A., Einstandspflicht von Pensionskassen bei einer Geschlechtsdiskriminierung in der Satzung – Besprechung des BAG-Urteils 3 AZR 550/03 –, Festschrift für Kurt Kemper zum 65. Geburtstag, hrsg. v. *M. Kisters-Kölkes*, 2005, S. 429–441.

I. Betriebliche Altersversorgung und Vertragsfreiheit

Die betriebliche Altersversorgung (BAV) ist neben der gesetzlichen Rentenversicherung und der privaten Eigenvorsorge eine weitere Säule der Sicherung der Arbeitnehmer bei Beendigung des Arbeitsverhältnisses wegen Alters oder Invalidität und ihrer Hinterbliebenen bei Tod **(Drei-Säulen-Modell)**. 1

Aufgrund der Rentenreform 2001/2002 hat die BAV besondere Bedeutung gewonnen. Durch das Gesetz zur Reform der gesetzlichen Rentenversicherung und zur Förderung eines kapitalgedeckten Altersvorsorgevermögens[1] (AVmG) und durch das Alterseinkünftegesetz[2] werden die private Vorsorge und die BAV aus Entgeltumwandlung steuerlich besonders gefördert. Die Arbeitnehmer, die von der Absenkung des Leistungsniveaus in der gesetzlichen Rentenversicherung betroffen sind,[3] sollen einen Anreiz zur notwendigen Eigenvorsorge erhalten.[4] Damit wird die BAV um einen Aspekt erweitert: Aus der ergänzenden BAV, die üblicherweise arbeitgeberfinanziert war, wird zunehmend eine die gesetzliche Rente ersetzende BAV. 2

Zum Aufbau oder Ausbau einer BAV wurde den Arbeitnehmern mit Wirkung ab dem 1.1.2002 ein **Anspruch auf BAV durch Entgeltumwandlung** eingeräumt (§ 1a des Betriebsrentengesetzes – BetrAVG).[5] Der einzelne Arbeitnehmer kann von seinem Arbeitgeber verlangen, dass für ihn eine BAV eingerichtet wird, wenn er auf künftiges Entgelt verzichtet.[6] Dieses Recht haben alle Arbeitnehmer, die in der gesetzlichen Rentenversicherung pflichtversichert sind (§ 17 Abs. 1 S. 3 BetrAVG). Alle Arbeitgeber, auch diejenigen, die bisher keine BAV in ihrem Unternehmen hatten, müssen diesen Anspruch erfüllen. Die gesetz- 3

---

1 Altersvermögensgesetz vom 26.6.2001, BGBl. I 2001 S. 1310 ff.
2 Gesetz zur Neuregelung der einkommensteuerrechtlichen Behandlung von Altersvorsorgeaufwendungen und Altersbezügen vom 5.7.2004, BGBl. I S. 1427 ff.
3 *Rürup* FS Kemper, S. 395.
4 Aus dem Sondergutachten des Sozialbeirats zur Rentenreform vom 2.2.2001: »Neu ... ist die gezielte Ausrichtung auf den Altersvorsorgezweck.« Die Auszahlung »als lebenslängliche Rente bzw. (über einen) Auszahlungsplan ... ist deswegen sinnvoll, weil eine solche Rente ... das kompensieren soll, was ... langfristig an Rentenleistungen entfällt ...«.
5 Gesetz zur Verbesserung der betrieblichen Altersversorgung – BetrAVG – vom 19.12.1974, BGBl. I S. 3610; zuletzt geändert durch das Gesetz zur Verbesserung der Rahmenbedingungen für die Absicherung flexibler Alterszeitregelungen und zur Änderung anderer Gesetze vom 21.12.2008, BGBl. I S. 2940.
6 S. zur Entgeltumwandlung insbesondere Rn. 505 ff.

I. Betriebliche Altersversorgung und Vertragsfreiheit

liche Verpflichtung der Arbeitgeber, eine Entgeltumwandlung den Arbeitnehmern zu ermöglichen, ist verfassungsgemäß.[7]

4 Welchen Stellenwert der BAV durch Entgeltumwandlung eingeräumt wird, wird dadurch verdeutlicht, dass mit dem »Gesetz zur Förderung der zusätzlichen Altersvorsorge und zur Änderung des Dritten Buches Sozialgesetzbuch«[8] die Sozialversicherungsfreiheit bei der BAV aus Entgeltumwandlung, die ursprünglich nur bis zum 31.12.2008 bestehen sollte, auf Dauer verlängert wurde. Erklärtes Ziel dieser Maßnahme ist die weitere Ausweitung des Personenkreises, der die Entgeltumwandlung zur Vorsorge nutzt. Denn der Anstieg des Verbreitungsgrades bei sozialversicherungspflichtigen Arbeitnehmern von im Jahre 2001 in Höhe von 52% auf rd. 65% im Jahre 2006 ist im Jahr 2007 abgeflacht, was darauf zurückgeführt wurde, dass die Beitragsfreiheit in 2008 auslaufen sollte.[9]

5 Die BAV ist – arbeitgeber- und/oder arbeitnehmerfinanziert – die wichtigste betriebliche Sozialleistung im Arbeitsverhältnis. Sozialpolitische, personalwirtschaftliche und insbesondere betriebswirtschaftlich-steuerliche Aspekte[10] spielen bei der BAV eine besondere Rolle. Grundlegend sind aber immer die arbeitsrechtlichen Normen und Zusammenhänge, die mit deutlich zunehmender Tendenz durch europäisches Recht geprägt werden. Deshalb stehen in dieser Darstellung die arbeitsrechtlichen Grundlagen im Vordergrund. Dabei wird nicht verkannt, dass für die Unternehmen auch die Finanzierung einer BAV von großer Bedeutung ist und künftig noch mehr sein wird, weil mit dem Bilanzrechtsmodernisierungsgesetz[11] das wahre Verpflichtungsvolumen der BAV in der Handelsbilanz verdeutlicht wird. Für Wirtschaftsjahre, die nach dem 31.12.2009 beginnen, muss der Arbeitgeber bei einer unmittelbaren Versorgungszusage in der Handelsbilanz gem. § 253 HGB nach neuen Bewertungsmethoden den Verpflichtungsumfang ausweisen, was zu einer Erhöhung der Pensionsrückstellun-

---

7 BAG 12.6.2007, 3 AZR 14/06, EzA § 1a BetrAVG Nr. 2 = DB 2007, 2722; die eingelegte Verfassungsbeschwerde wurde nicht zur Entscheidung angenommen; Beschluss 15.11.2007, 1 BvR 2664/07; eine Begründung erfolgte nicht.
8 BGBl. I 2007, S. 2838 ff.
9 Situation und Entwicklung der betrieblichen Altersversorgung in Privatwirtschaft und öffentlichem Dienst 2001–2006, TNS Infratest Sozialforschung; BT-Drs. 540/07, S. 5.
10 *Meier/Recktenwald* S. 69 ff.
11 Gesetz zur Modernisierung des Bilanzrechts (Bilanzrechtsmodernisierungsgesetz – BilMoG) vom 25.5.2009, BGBl. I S. 1102 ff.

gen führt.¹² In der Steuerbilanz bleibt es – offensichtlich fiskalpolitisch motiviert – bei dem geringeren Verpflichtungsausweis gem. § 6a EStG. Auch bei mittelbaren Versorgungszusagen ergeben sich Auswirkungen, weil im Anhang zur Bilanz i. d. R. eine höhere Differenz zwischen dem vorhandenen Deckungskapital und dem neu bewerteten Verpflichtungsvolumen anzugeben ist. Dies kann dazu führen, dass die Unternehmen verstärkt über Ausfinanzierungen bei der betrieblichen Altersversorgung nachdenken oder über einen Wechsel des Durchführungsweges die Versorgung auslagern. Welche Rahmenbedingungen hierbei aus arbeitsrechtlicher Sicht zu berücksichtigen sind, wird ab Rn. 615 ff. dargestellt.¹³

1. Grundsatz der Vertragsfreiheit

Kein Arbeitgeber kann gezwungen werden, eine BAV einzuführen oder beizubehalten, die er finanziert (**arbeitgeberfinanzierte BAV**).¹⁴ Es gilt in Ausfüllung des Grundsatzes der »**Vertragsfreiheit**« zunächst der Grundsatz der »**Entschlussfreiheit**«. Hat sich der Arbeitgeber aber entschlossen, eine BAV einzuführen, setzen einerseits arbeitsrechtliche Bindungen ein, andererseits kann der Arbeitgeber im vorgegebenen rechtlichen Rahmen das Versorgungsverhältnis zwischen sich und dem Versorgungsberechtigten gestalten (Grundsatz der »**Gestaltungsfreiheit**«). Dabei muss bei der Gestaltung des Leistungsplanes (s. dazu Rn. 155–211) besondere Sorgfalt walten, da Versorgungsregelungen der Inhaltskontrolle durch die Gerichte unterliegen und Auslegungszweifel vermieden werden müssen.¹⁵ Dies gilt nicht nur für den Fall, dass der Arbeitgeber selbst die Versorgungsregelung formuliert hat. Auch der externe Versorgungsträger, den der Arbeitgeber einschaltet, hat diese Grundregeln zu berücksichtigen.

6

---

12 Bei der Bewertung ist ein von der Bundesbank vorgegebener Marktzins, ggf. ein Gehalts- und Rententrend und die Fluktuation zu berücksichtigen; wie die Bundesbank den Marktzins ermittelt, ergibt sich aus der Rückstellungsabzinsungsverordnung (RückAbzinsV) vom 18.11.2009, BGBl. I S. 3790.
13 Zum Wechsel des Durchführungsweges auch *Kemper* in: Kemper/Kisters-Kölkes/Berenz/Huber, BetrAVG, § 1 Rdn. 257 ff.
14 Ausnahme: Allgemeinverbindlich erklärte Tarifverträge oder Gesetze, z. B. Hamburger Ruhegeldgesetz.
15 § 305c BGB; ohne Bedeutung ist, ob die maßgeblichen Verträge vor oder nach der Schuldrechtsreform abgeschlossen wurden: BAG 18.11.2008, 3 AZR 277/07, EzA § 1 BetrAVG Hinterbliebenenversorgung Nr. 13 = DB 2009, 294.

I. Betriebliche Altersversorgung und Vertragsfreiheit

7 Diese Grundsätze der Entschluss- und Gestaltungsfreiheit werden eingeschränkt durch den Anspruch auf BAV durch Entgeltumwandlung (**arbeitnehmerfinanzierte BAV**; s. dazu § 1a BetrAVG, Einzelheiten in Rn. 505–614).

2. Begriff der betrieblichen Altersversorgung

8 § 1 Abs. 1 S. 1 BetrAVG definiert BAV als Leistungen der Alters-, Invaliditäts- oder Hinterbliebenenversorgung, die ein Arbeitgeber einem Arbeitnehmer aus Anlass des Arbeitsverhältnisses zusagt. Diese Legaldefinition beinhaltet **drei Elemente**: die Einbindung des Versorgungsversprechens in ein Arbeitsverhältnis, ein biologisches Ereignis als Anlass für die Leistung (Alter, Invalidität oder Tod) und den Versorgungszweck der Leistung.[16]

9 Sind die vorgenannten Kriterien erfüllt, liegt begrifflich BAV vor mit der Folge, dass z. B. sämtliche zwingenden Regelungen des Betriebsrentengesetzes (u. a. Unverfallbarkeit, Insolvenzsicherung, Anpassung) gelten. Auch eine z. B. als Übergangsgeld bezeichnete Leistung kann BAV sein, wenn die materiellen Kriterien erfüllt sind. Die Bezeichnung der Leistung ist für die rechtliche Einordnung als BAV nicht maßgebend.[17] Fehlt eines dieser Begriffselemente, liegt möglicherweise eine andere betriebliche Sozialleistung vor, die dem Schutzbereich des Betriebsrentengesetzes (sachlicher Geltungsbereich) aber nicht unterfällt, z. B. Sterbegeld oder Krankheitsbeihilfe.[18] Durch die Bezeichnung als »Ruhegeld« kann keine Sozialleistung, die nicht BAV ist, in den Schutz des Betriebsrentengesetzes einbezogen werden.[19]

---

16 Das BAG hat im Urteil vom 16.3.2010, 3 AZR 594/09, EzA § 1 BetrAVG Nr. 93 = DB 2010, 1834 hinsichtlich des Begriffs BAV die Grundsätze mit weiteren Rechtsprechungsnachweisen zusammengefasst (s. Rn. 22 ff.); siehe auch *Reinecke* BB 2011, 245.
17 BAG 26.4.1988, 3 AZR 411/86, EzA § 7 BetrAVG Nr. 25 = DB 1988, 220; BAG 3.11.1998, 3 AZR 454/97, EzA § 7 BetrAVG Nr. 56 = DB 1999, 1403; BAG 18.3.2003, 3 AZR 315/02, DB 2004, 1624.
18 BAG 8.5.1990, 3 AZR 121/89, EzA § 7 BetrAVG Nr. 35 = DB 1990, 2375; BAG 12.12.2006, 3 AZR 475/05, DB 2007, 2435 = FA 2007, 57; BAG 12.12.2006, 3 AZR 476/05, EzA § 1 BetrAVG Nr. 89 = DB 2007, 2043; Beispiele bei *Kemper* in: Kemper/Kisters-Kölkes/Berenz/Huber, BetrAVG, § 1 Rdn. 73 f.
19 BAG 26.4.1988, 3 AZR 411/86, EzA § 7 BetrAVG Nr. 25 = DB 1988, 220.

2. Begriff der betrieblichen Altersversorgung

Die in § 1 Abs. 1 S. 1 BetrAVG enthaltenen Begriffselemente sind abschließend. Deshalb ist es ohne Bedeutung, wie die betriebliche Altersversorgung finanziert wird. Weil hierüber früher ein Streit bestand, hat der Gesetzgeber in § 1 Abs. 2 Nr. 3 BetrAVG seit dem 1.1.1999 klargestellt, dass BAV auch dann vorliegt, wenn künftige Entgeltansprüche in eine **wertgleiche** Anwartschaft auf Versorgungsleistungen umgewandelt werden **(Entgeltumwandlung)**. Dies gilt auch für Entgeltumwandlungen vor diesem Stichtag. Es gibt also kein ungeschriebenes Begriffsmerkmal, dass die wirtschaftliche Last der BAV ausschließlich oder teilweise vom Arbeitgeber zu tragen ist.[20] Dies wird besonders hervorgehoben durch den **Anspruch auf BAV durch Entgeltumwandlung** gem. § 1a BetrAVG. Somit ist auch die wirtschaftlich vom Arbeitnehmer finanzierte BAV eine BAV i. S. d. Betriebsrentengesetzes.

10

Auch die ebenfalls seit dem 1.1.1999 in § 1 Abs. 2 Nr. 1 BetrAVG in das BetrAVG aufgenommene Regelung hat deklaratorische Bedeutung: Eine **beitragsorientierte Leistungszusage** ist BAV. Bei dieser Zusagegestaltung wird zunächst vom Arbeitgeber ein »Aufwand« (Beitrag) festgelegt, aus dem die Versorgungsleistung bestimmt wird (z. B. durch eine Umrechnungstabelle). Dabei kann man das Versicherungs- oder Sparprinzip anwenden.[21] Das ist aber für den Begriff BAV kein selbstständiges Element, sondern nur eine Methode zur Leistungsermittlung. Es handelt sich um eine besondere Art einer Leistungszusage. Beitragsorientierte Leistungszusagen sind auch schon vor dem 1.1.1999 erteilt worden.[22]

11

Mit Wirkung ab dem 1.1.2002 hat der Gesetzgeber in § 1 Abs. 2 Nr. 2 BetrAVG neben der klassischen Leistungszusage und der beitragsorientierten Leistungszusage eine neue Zusageform eingeführt. Diese liegt vor, wenn der Arbeitgeber sich verpflichtet, Beiträge zur Finanzierung von Leistungen der BAV an einen Pensionsfonds, eine Pensionskasse oder eine Direktversicherung zu zahlen und für Leistungen zur Altersversorgung das planmäßig zuzurechnende Versorgungskapital auf der Grundlage der gezahlten Beiträge (Beiträge und die daraus erzielten Erträge), mindestens die Summe der zugesagten Beiträge, soweit sie nicht rechnungsmäßig für einen biometrischen Risiko-

12

---

20 BAG 26.6.1990, 3 AZR 641/88, EzA § 1 BetrAVG Nr. 59 = DB 1990, 2475; BAG 8.6.1999, 3 AZR 136/98, EzA § 1 BetrAVG Lebensversicherung Nr. 8 = DB 1999, 2069.
21 *Huber* in: Kemper/Kisters-Kölkes/Berenz/Huber, BetrAVG, § 1 Rdn. 450 ff.
22 *Huber* in: Kemper/Kisters-Kölkes/Berenz/Huber, BetrAVG, § 1 Rdn. 444 ff.; BAG 18.9.2001, 3 AZR 728/00, EzA § 1 BetrAVG Ablösung Nr. 31 = DB 2002, 1114.

I. Betriebliche Altersversorgung und Vertragsfreiheit

ausgleich verbraucht wurden, hierfür zur Verfügung zu stellen. Diese Zusagestruktur nennt man **Beitragszusage mit Mindestleistung.**

13 Bei den versicherungsförmigen Durchführungswegen[23] (Direktversicherung, Pensionskasse, Pensionsfonds) wird damit das Spektrum der Leistungsstrukturen erweitert. Ziel ist es, das Finanzierungsrisiko für den Arbeitgeber zu begrenzen und damit die Bereitschaft zu fördern, eine BAV zuzusagen. Das Besondere an der Beitragszusage mit Mindestleistung ist, dass der Arbeitgeber nur für die Summe der (unverzinst) zugesagten Beiträge einstehen muss. Risikoanteile mindern den Anspruch. Das Finanzierungsrisiko hinsichtlich des Versorgungskapitals wird auf den Arbeitnehmer verlagert, soweit es über die Mindestleistung hinausgeht. Erst bei Eintritt des Versorgungsfalles kann die sich ergebende Leistung ermittelt werden. Mit Ausnahme der Mindestleistung werden keine Leistungen garantiert.

14 Eine »**reine**« **Beitragszusage** ist auch zulässig. Sie ist aber keine BAV, auf die das BetrAVG mit seinem Schutzbereich anzuwenden ist. Bei einer reinen Beitragszusage werden zusätzliche Zahlungen während des bestehenden Arbeitsverhältnisses versprochen, die vermögenswirksamen Leistungen vergleichbar sind und dem Aufbau eines Vermögens dienen.[24] Der Arbeitgeber will sich nicht zu Leistungen verpflichten und damit auch kein Anlage- oder Finanzierungsrisiko tragen. Mit der Zahlung soll vielmehr jegliche Verpflichtung erfüllt sein. Derartige Zusagen, die im Ausland weit verbreitet sind (defined contribution-Pläne), fallen nicht unter das Betriebsrentengesetz. Soweit vom Ausland dominierte Unternehmen versuchen, derartige Pläne umzusetzen, ist im Einzelfall zu prüfen, ob betriebliche Altersversorgung i. S. v. § 1 Abs. 1 S. 1 BetrAVG vorliegt.

15 Der seit dem 1.7.2002 geltende § 1 Abs. 2 Nr. 4 BetrAVG stellt klar, dass BAV auch vorliegt, wenn bei einer Pensionskasse, einem Pensionsfonds oder einer Direktversicherung Eigenbeiträge des Arbeitnehmers geleistet werden, wobei hierunter Beiträge zu verstehen sind, die aus versteuertem und verbeitragtem Einkommen geleistet werden und da-

---

23 *Huber* in: Kemper/Kisters-Kölkes/Berenz/Huber BetrAVG, § 1 Rdn. 458 ff.; *Berenz* Gesetzesmaterialien BetrAVG § 1, S. 56; *Schwark/Raulf* DB 2003, 940; *Uebelhack* Gedenkschrift Blomeyer, S. 467; *Langohr-Plato/Teslau* BetrAVG 2003, 523 = DB 2003, 661; *Blumenstein* FS Kemper, S. 25; *Pophal* FS Kemper, S. 355; a. A. nur *Höfer* BetrAVG Rdn. 2538 ff.
24 BAG 13.11.2007, 3 AZR 635/06; 7.9.2004, 3 AZR 550/03, EzA Art. 141 EG-Vertrag 1999 Nr. 16 = DB 2005, 507.

mit privater Vorsorge und i. e. S. keine BAV sind. Solche Eigenbeiträge gibt es bei Pensionskassen schon seit langem. Voraussetzung für den Einbezug dieser Eigenbeiträge in den Geltungsbereich des Betriebsrentengesetzes ist aber, dass die Zusage des Arbeitgebers auch die Leistungen aus diesen Beiträgen umfasst **(Umfassungszusage).** Mit der Umfassungszusage werden sie zur BAV. Zu beachten ist, dass nur Zusagen erfasst sind, die ab dem 1.1.2003 erteilt wurden.[25] Werden die Leistungen im Kapitaldeckungsverfahren finanziert, sind auf diese Zusagen die Regelungen für die Entgeltumwandlung entsprechend anzuwenden.[26] Werden Eigenbeiträge geleistet, die nicht Bestandteil einer Umfassungszusage sind, ist auf die hieraus resultierenden Leistungen das BetrAVG nicht anzuwenden.[27]

a) Einbindung in ein Arbeitsverhältnis

Die Einbindung in ein Arbeitsverhältnis wird durch den Arbeitsvertrag und den Beginn des Arbeitsverhältnisses dokumentiert. Allein der Bestand des Arbeitsverhältnisses reicht jedoch nicht aus. Es muss die Versorgungszusage des Arbeitgebers hinzukommen. Erst dadurch wird die Versorgungsanwartschaft zugunsten des Arbeitnehmers begründet. Es entsteht das Versorgungsverhältnis. 16

Gem. § 17 Abs. 1 S. 1 BetrAVG steht ein Berufsausbildungsverhältnis einem Arbeitsverhältnis gleich, wenn dem Auszubildenden Versorgungsleistungen versprochen wurden.[28] Auch einer Person, die nicht Arbeitnehmer i. e. S. ist, kann eine betriebliche Altersversorgung zugesagt werden. Zu diesen arbeitnehmerähnlichen Personen gehören insbesondere Geschäftsführer und Vorstände, denen aus Anlass ihres Dienstverhältnisses eine BAV zugesagt wird. Personen, die »für ihr eigenes Unternehmen« tätig sind, fallen dagegen nicht unter den persönlichen Geltungsbereich des Betriebsrentengesetzes, auch dann nicht, wenn ihnen eine Zusage erteilt wurde (zu Unternehmerzusagen Rn. 222 ff.). 17

»Aus Anlass eines Arbeitsverhältnisses« bedeutet, dass das Arbeits- oder arbeitnehmerähnliche Beschäftigungsverhältnis und das Versor- 18

---

25 § 30e BetrAVG.
26 *Huber* in: Kemper/Kisters-Kölkes/Berenz/Huber, BetrAVG, § 1 Rdn. 526 ff.
27 BAG 7.9.2004, 3 AZR 550/03, EzA Art. 141 EG-Vertrag 1999 Nr. 16 = DB 2005, 507.
28 BAG 19.11.2002, 3 AZR 167/02, EzA § 1 BetrAVG Ablösung Nr. 38 = DB 2003, 2131.

I. Betriebliche Altersversorgung und Vertragsfreiheit

gungsverhältnis rechtlich und wirtschaftlich miteinander verknüpft sein müssen. Es muss ein ursächlicher Zusammenhang bestehen. Erforderlich ist eine Kausalitätsprüfung nach den Umständen des Einzelfalles. Sagt ein Unternehmen allen Gesellschaftern und nur ihnen eine Versorgung zu, so spricht das gegen eine Veranlassung durch das Arbeitsverhältnis.[29] Sind bei einer GmbH die Anteile angesichts der Zahl der Gesellschafter in »Streubesitz«, so ist in der Regel die Versorgungszusage durch das Arbeitsverhältnis veranlasst.[30]

19 Es reicht nicht aus, dass die Dienstleistung einem Unternehmen, bei dem der Zusageempfänger nicht beschäftigt ist, mittelbar zugute kommt.[31] Ohne Bedeutung ist, wann die Zusage aus Anlass des Arbeitsverhältnisses erteilt wird. Versorgungszusagen können vor und nach dem Beginn des Arbeitsverhältnisses erteilt werden, aber auch nach dessen Beendigung. Erfolgt das Versorgungsversprechen vor Beginn des Arbeitsverhältnisses, treten die Rechtsfolgen erst mit dem Beginn des Arbeitsverhältnisses ein.

20 Für Arbeitnehmer, die in einem Konzern tätig sind, fordert die Rechtsprechung bei einer Versetzung ins Ausland z. B. zu einer Tochtergesellschaft, zumindest eine Restbeziehung zum zusagenden inländischen Unternehmen. In diesem Fall stellt sich regelmäßig die Frage, ob noch deutsches Recht anzuwenden ist, insbesondere ob Insolvenzschutz besteht.[32]

b) Biologisches Ereignis

21 Nach dem die BAV auslösenden biologischen Ereignis unterscheidet man Alters-, Invaliditäts- und Todesfall-(Hinterbliebenen-)leistungen.

---

29 BAG 19.1.2010, 3 AZR 42/08, EzA § 17 BetrAVG Nr. 11 = DB 2010, 1411 und 3 AZR 409/09 (n. v.).
30 BAG 19.1.2010, 3 AZR 660/09, EzA § 7 BetrAVG Nr. 75 = BetrAV 2010, 177.
31 BAG 20.4.2004, 3 AZR 297/03, EzA § 17 BetrAVG Nr. 10 = DB 2004, 2432; dazu auch *Kemper* in: Kemper/Kisters-Kölkes/Berenz/Huber, BetrAVG, § 1 Rdn. 44 ff. und *Kemper*, FS Andresen, 463 ff., 472 f.
32 BAG 6.8.1985, 3 AZR 185/83, EzA § 7 BetrAVG Nr. 16 = DB 1986, 131; BAG 25.10.1988, 3 AZR 64/87, EzA § 7 BetrAVG Nr. 26 = DB 1989, 278.

2. Begriff der betrieblichen Altersversorgung

- **Alter**

Da der Gesetzgeber selbst nicht definiert, was er unter einem Alter für eine BAV versteht, werden im Rahmen des Versorgungsversprechens die Kriterien festgelegt, die maßgeblich sind. Dies ist i. d. R. das Erreichen einer (festen) Altersgrenze und das Ausscheiden aus dem Arbeitsverhältnis, wobei die letztgenannte Voraussetzung nicht zwingend ist.[33]

22

Wenn BAV durch die Vollendung eines Alters (Pensionsalter) ausgelöst wird, ist der Begriff nur erfüllt, wenn mindestens das 60. Lebensjahr vollendet ist (Ausnahme: besondere Berufsgruppen, z. B. Piloten).[34] Üblich sind Pensionsalter zwischen 60 und 65 Jahren, bei neu erteilten Versorgungszusagen zwischen 60 und 67 Jahren.[35] Wird eine Leistung ab einem früheren Lebensalter gewährt, so handelt es sich möglicherweise um ein Übergangsgeld, das nicht dem Schutzbereich des Betriebsrentengesetzes (z. B. Insolvenzsicherung) unterfällt.[36] Es ist möglich, dass aus einem Übergangsgeld später eine BAV wird, wenn die »reguläre« Altersgrenze erreicht wird.

23

Für Versorgungszusagen, die ab dem 1.1.2012 erteilt werden, will die Finanzverwaltung ein Mindestalter von 62 Jahren fordern. Dies bedeutet nicht, dass auch arbeitsrechtlich diese heraufgesetzte Altersgrenze maßgeblich ist.[37] Wenn allerdings der Versorgungsaufwand steuerlich nicht anerkannt wird, wird man sich auch arbeitsrechtlich an dieser Untergrenze orientieren.

24

Mit dem am 18.8.2006 in Kraft getretenen Allgemeinen Gleichbehandlungsgesetz (AGG)[38] werden u. a. Diskriminierungen wegen des Alters untersagt. Das BAG hat entschieden, dass das AGG auf die BAV

25

---

33 BAG 17.9.2008, 3 AZR 865/06, EzA § 1 BetrAVG Nr. 91 = BetrAV 2009, 165.
34 BMF-Schreiben vom 31.3.2010, BStBl. I S. 420 ff., Rdn. 249 (Anhang); das BAG scheint die tarifliche Übergangsversorgung der Piloten zwischen dem 55. und 63. Lebensjahr nicht als betriebliche Altersversorgung zu qualifizieren; Urteil vom 11.8.2009, 3 AZR 23/08, EzA § 10 AGG Nr. 1 = DB 2010, 341.
35 In Anlehnung an die Heraufsetzung der Regelaltersgrenze in der gesetzlichen Rentenversicherung durch das RV-Altersgrenzenanpassungsgesetz, BGBl. I 2007, S. 554.
36 BAG 3.11.1998, 3 AZR 454/97, EzA § 7 BetrAVG Nr. 56 = DB 1999, 1403; BAG 18.3.2003, 3 AZR 315/02, DB 2004, 1624; hierzu auch Merkblatt des PSVaG 300/M 4, das unter www.psvag.de zur Verfügung steht.
37 BMF-Schreiben vom 31.3.2010, Rdn. 249 (Anhang).
38 Gesetz zur Umsetzung europäischer Richtlinien zur Verwirklichung des Grundsatzes der Gleichbehandlung vom 14.8.2006, BGBl. I S. 1897, zuletzt geändert durch Gesetz vom 12.12.2007, BGBl. I S. 2840.

I. Betriebliche Altersversorgung und Vertragsfreiheit

anzuwenden ist.[39] § 2 Abs. 2 S. 2 AGG bedeutet, dass die Vorschriften des BetrAVG im Verhältnis zum AGG spezielle Regelungen sind (z. B. Altersgrenze bei der gesetzlichen Unverfallbarkeit) und sich daher nicht am AGG messen lassen müssen. Im Übrigen ist das AGG aber anzuwenden. Da jedenfalls nach § 10 S. 3 Nr. 4 AGG Altersgrenzen zulässig sind, wenn es hierfür einen sachlichen Grund gibt, ist es zulässig und sogar geboten, eine Altersleistung vom Erreichen einer Altersgrenze abhängig zu machen. Das BAG hat § 10 AGG als gemeinschaftsrechtskonform eingestuft: »Es ist auch nicht zu beanstanden, dass der nationale Gesetzgeber davon abgesehen hat, konkrete Altersgrenzen für die Teilnahme an einer betrieblichen Altersversorgung bzw. Aufnahme in ein Versorgungswerk selbst zu bestimmen. Es ist anerkannt, dass der Gesetzgeber die wegen eines sozialpolitischen Ziels für geboten erachtete Ungleichbehandlung nicht im Detail selbst regeln muss, sondern den zur Ausgestaltung berufenen Tarifvertrags- und Betriebspartnern Gestaltungs- und Beurteilungsspielräume einräumen kann. Das vom nationalen Gesetzgeber verfolgte Ziel der Förderung der betrieblichen Altersversorgung ist ein legitimes Ziel i. S. d. § 10 S. 1 AGG. Die Festsetzung von Altersgrenzen in Versorgungsordnungen ist daher auch nach deutschem Recht im Regelfall zulässig; im Regelfall liegen die Voraussetzungen des § 10 S. 1 und 2 AGG vor.«[40]

26 Hinzu kommt, dass die BAV Versorgungszwecken dient und sie nach einem altersbedingten Ausscheiden aus dem Erwerbsleben die gesetzliche Rente ergänzen soll, wobei nach der Rechtsprechung des BAG eine Weiterarbeit nach Erreichen der Altersgrenze möglich ist.[41] Der Arbeitnehmer ist dann technischer Rentner.[42]

27 Das Versprechen einer Altersversorgung ist damit nicht diskriminierend, sondern typisch für die BAV. Dies bedeutet aber nicht, dass beliebig die Voraussetzungen für den Leistungsbezug festgelegt werden können. Entscheidend ist, dass allgemeine Kriterien gelten und nicht beliebige.

---

39 BAG 11.12.2007, 3 AZR 249/06, DB 2008, 766 = BetrAV 2008, 108; hierzu eingehend *Rolfs* NZA 2008, 553.
40 BAG 11.8.2009, 3 AZR 23/08, EzA § 10 AGG Nr. 1 = DB 2010, 341.
41 BAG 17.9.2008, 3 AZR 865/06, EzA § 1 BetrAVG Nr. 91 = BB 2009, 840.
42 BAG 18.3.2003, 3 AZR 313/02, EzA § 7 BetrAVG Nr. 68 = BB 2004, 269.

2. Begriff der betrieblichen Altersversorgung

- **Invalidität**

Invalidität ist ein im Einzelnen ausfüllbarer Begriff. Es besteht Gestaltungsfreiheit. Üblich ist, sich an die Begriffe der gesetzlichen Rentenversicherung »anzulehnen«, also an die teilweise oder volle Erwerbsminderung i. S. v. § 43 SGB VI. Soweit Versicherungen abgeschlossen werden, kann Invalidität als versicherungsspezifische Berufsunfähigkeit formuliert sein. Manchmal wird auch ein unternehmensindividueller Begriff der Invalidität definiert. Die Anspruchsvoraussetzungen einer Invaliditätsrente können enger sein als in der gesetzlichen Rentenversicherung.[43] 28

Besondere Probleme sind in der Praxis beim Invaliditätsbegriff entstanden, nachdem sich in der gesetzlichen Rentenversicherung[44] die bisherigen Begriffe Berufs- und Erwerbsunfähigkeit inhaltlich geändert haben und seit dem 1.1.2001 nur noch zwischen teilweiser und voller Erwerbsminderung unterschieden wird, zumindest für die gesetzlich Pflichtversicherten, die nach dem 1.1.1961 geboren wurden. 29

Durch die Gesetzesänderung kann ein Nachweis für die Berufs- oder Erwerbsunfähigkeit nach altem Recht nicht mehr erbracht werden. Das wird aber in den Leistungsplänen üblicherweise gefordert. Dadurch ist eine planwidrige Unvollständigkeit aufgetreten. Es ist eine Regelungslücke entstanden, die so zu schließen ist, dass ein amtsärztliches Attest für den Nachweis der Invalidität im Sinne des früheren Rechts der Berufs- und Erwerbsunfähigkeit notwendig ist.[45] 30

Mit dem zum 1.1.2008 in Kraft getretenen Versicherungsvertragsgesetz (VVG)[46] hat der Gesetzgeber für Berufsunfähigkeitsversicherungen in § 172 Abs. 2 eine eigenständige Definition der Berufsunfähigkeit geschaffen. Dieser Begriff ist auf neu abzuschließende Verträge anzuwenden, wenn keine abweichende Regelung vereinbart wurde.[47] Für vor dem 1.1.2008 abgeschlossene Versicherungsverträge (selbständige Be- 31

---

43 BAG 20.11.2001, 3 AZR 550/00, EzA § 1 BetrAVG Invalidität Nr. 3 = DB 2002, 1510; BAG 16.3.2010, 3 AZR 594/09, EzA § 1 BetrAVG Nr. 93 = DB 2010, 1834; dazu auch *Reinecke* DB 2010, 2167 m. w. N.
44 Gesetz zur Reform der Renten wegen verminderter Erwerbsfähigkeit vom 20.12. 2000, BGBl. I S. 1827.
45 BAG 16.3.2010, 3 AZR 594/09, EzA § 1 BetrAVG Nr. 93 = DB 2010, 1834.
46 Gesetz zur Reform des Versicherungsvertragsrechts vom 23.11.2007, BGBl. I S. 2631.
47 Umkehrschluss aus § 175 VVG.

I. Betriebliche Altersversorgung und Vertragsfreiheit

rufsunfähigkeitsversicherungen, Berufsunfähigkeitszusatzversicherungen) gilt diese Vorschrift nicht.[48]

32 Das AGG verbietet eine Diskriminierung wegen einer Behinderung. Eine Behinderung liegt vor, wenn bei einer Person ihre körperliche Funktion, geistige Fähigkeit oder seelische Gesundheit mit hoher Wahrscheinlichkeit länger als sechs Monate von dem für das Lebensalter typischen Zustand abweicht und daher ihre Teilhabe am Leben der Gesellschaft beeinträchtigt ist.[49] Die Behinderung ist von einer Krankheit abzugrenzen.[50] Eine teilweise oder volle Erwerbsminderung kann auf einer Behinderung beruhen, es muss aber nicht bei einer Erwerbsminderung immer eine Behinderung vorliegen. Beide Begriffe haben eine eigenständige Bedeutung.

33 Wenn unabhängig davon, ob eine Behinderung vorliegt oder nicht, eine betriebliche Invaliditätsleistung erbracht wird, kann kein Verstoß gegen § 1 AGG vorliegen. Sollen allerdings Behinderte generell von der BAV ausgeschlossen oder im Leistungsumfang beeinträchtigt werden, spricht dies für einen Verstoß gegen das AGG.[51] Wobei es unbedenklich sein dürfte, wenn vereinbart wird, dass die bestehende Behinderung nicht als ausreichender Anlass für den Versorgungsfall angesehen wird. Insbesondere die Grauzone zwischen unbedingter Zusage und generellem Ausschluss stellt den Arbeitgeber vor Herausforderungen: Offen ist dabei vor allen Dingen, ab wann ein möglicherweise erhöhtes Invaliditätsrisiko des Arbeitnehmers für den Arbeitgeber eine unverhältnismäßige Belastung darstellt, die es ihm erlaubt, den Anspruch auf Invaliditätsleistungen auszuschließen.[52]

34 Eine Invaliditätsleitung kann zugesagt werden und von konkreten Leistungsvoraussetzungen abhängig gemacht werden, sie muss aber nicht zugesagt werden, auch nicht bei einer BAV, die durch Entgeltumwandlung finanziert wird.[53] Allerdings sind derartige Leistungen wichtig, da der Risikoschutz in der gesetzlichen Rentenversicherung eingeschränkt ist.

---

48 Art. 4 Abs. 3 des Einführungsgesetzes zu dem Gesetz über den Versicherungsvertrag, BGBl. I 2007, S. 2631.
49 § 2 Abs. 1 S. 1 SGB IX.
50 EuGH 11.7.2006, C-13/05, EzA Richtlinie 2000/78 EG-Vertrag 1999 Nr. 1 = DB 2006, 1617.
51 *Kemper* in: Kemper/Kisters-Kölkes/Berenz/Huber, BetrAVG, § 1 Rdn. 63.
52 *Blomeyer/Rolfs/Otto* BetrAVG Anh. § 1 Rdn. 47 f. m. w. N.
53 BAG 12.6.2007, 3 AZR 14/06, EzA § 1a BetrAVG Nr. 2 = DB 2007, 2722.

2. Begriff der betrieblichen Altersversorgung

- **Tod**

Wird BAV für Hinterbliebene durch den Tod des Arbeitnehmers oder Versorgungsempfänger ausgelöst, gibt es häufig Abgrenzungsschwierigkeiten zu anderen betrieblichen Sozialleistungen, z. B. Sterbegeld und Übergangsgeld. Abgrenzungskriterium ist der Leistungszweck, d. h. Zweck der Leistung muss die Versorgung sein. 35

Eine Hinterbliebenenleistung kann zugesagt werden, sie muss aber nicht zugesagt werden. Dies bedeutet, dass die nachfolgend angesprochenen Personengruppen begünstigt sein können, nicht aber begünstigt sein müssen. So ist kein Arbeitgeber verpflichtet, Leistungen an den Lebensgefährten vorzusehen, auch nicht bei einer BAV, die durch Entgeltumwandlung finanziert wird.[54] Dies gilt selbst für den Ehegatten und Kinder.[55] BAV ist keine Vermögensanlage und deshalb auch nicht vererblich.[56] 36

Wird eine Hinterbliebenenversorgung zugesagt, ist in der Versorgungszusage der Begriff der Hinterbliebenen zu bestimmen. Das können nicht nur überlebende Ehegatten, sondern auch eingetragene Lebenspartner sein.[57] Getrennt lebende Ehegatten können als Begünstigte ausgeschlossen werden.[58] Es können aber auch geschiedene ehemalige Ehegatten begünstigt sein. Zu den einschränkenden Regelungen, die bei Hinterbliebenen verwendet werden können, vgl. Rn. 200 ff. 37

Sind Ehegatten begünstigt, müssen nach den gleichen Regeln und in gleicher Höhe auch eingetragene Lebenspartner begünstigt sein. Der EuGH[59] hatte entschieden, dass der Lebenspartner dem Ehegatten gleichzustellen ist, wenn nach deutschem Recht die Lebensverhältnisse im Wesentlichen identisch sind. Für die Zeit seit dem 1.1.2005 hat das BAG dies bejaht, weil seit diesem Stichtag Versorgungsansprüche in der gesetzlichen Rentenversicherung bestehen und im Falle der Aufhebung der Partnerschaft ein Versorgungsausgleich durchzufüh- 38

---

54 BAG 12.6.2007, 3 AZR 14/06, EzA § 1a BetrAVG Nr. 2 = DB 2007, 2722.
55 BAG 12.6.2007, 3 AZR 14/06, EzA § 1a BetrAVG Nr. 2 = DB 2007, 2722.
56 BMF-Schreiben vom 31.3.2010, Rdn. 247 (Anhang).
57 Hierzu BMF-Schreiben vom 25.7.2002, DB 2002, 1690; auch BMF-Schreiben vom 31.3.2010, Rdn. 250 (Anhang).
58 BAG 28.3.1995, 3 AZR 343/94, EzA § 1 BetrAVG Hinterbliebenenversorgung Nr. 4 = DB 1995, 1666.
59 EuGH 1.4.2008, C 267/06, EzA Richtlinie 2000/78 EG-Vertrag 1999 Nr. 4 = DB 2008, 996.

I. Betriebliche Altersversorgung und Vertragsfreiheit

ren ist. Damit seien hinsichtlich der Versorgungssituation vergleichbare Lebensumstände gegeben. Für die Zeit bis zum Inkrafttreten des AGG ergebe sich dies aus dem allgemeinen Gleichbehandlungsgrundsatz, für die Zeit danach aus dem AGG. Ohne Bedeutung ist, wann der verstorbene Arbeitnehmer aus dem Arbeitsverhältnis ausgeschieden ist. Es genügt, wenn ab dem 1.1.2005 ein Anspruch auf Betriebsrente oder eine unverfallbare Anwartschaft besteht.[60]

c) Versorgungszweck

39 Der Versorgungszweck wird durch das biologische Ereignis als auslösendes Element für die BAV dokumentiert. Zielt die Leistung auf einen anderen Zweck, z. B. Unterstützung bei Arbeitslosigkeit, Krankheit, Beerdigungskosten u. Ä., liegt keine BAV vor.[61]

40 Die Erfüllung eines Versorgungszwecks ist nicht abhängig von der Form der zugesagten Leistungen. Er kann mit einer Rentenzahlung (Leibrente, Zeitrente), aber auch mit einer Kapitalzahlung erfüllt werden.[62] Auch Sachleistungen (Deputate) erfüllen einen Versorgungszweck.[63] Auf die Höhe der Leistung kommt es nicht an.

---

60 BAG 14.1.2009, 3 AZR 20/07, EzA § 2 AGG Nr. 2, DB 2009, 1545; BAG 15.9.2009, 3 AZR 294/09, EzA § 2 AGG Nr. 5 = BB 2010 179; BAG 15.9.2009, 3 AZR 797/08, EzA § 2 AGG Nr. 4 = DB 2010, 231, BetrAV 2010, 176.
61 BAG 25.10.1994, 3 AZR 279/94, EzA § 1 BetrAVG Nr. 68 = DB 1995, 83; zum Rentner-Weihnachtsgeld: BAG 29.4.2003, 3 AZR 247/02, EzA § 1 BetrAVG Betriebliche Übung Nr. 4 = FA 2004, 53; BAG 12.12.2006, 3 AZR 475/05, FA 2007, 57; BAG 12.12.2006, 3 AZR 476/05, EzA § 1 BetrAVG Nr. 89 = DB 2007, 2043; zur Abgrenzung *Kemper* in: Kemper/Kisters-Kölkes/Berenz/Huber, BetrAVG, § 1 Rdn. 73 ff.
62 BAG 30.9.1986, 3 AZR 22/85, EzA § 1 BetrAVG Nr. 47 = DB 1987, 1304; BAG 18.11.2008, 3 AZR 277/07, EzA § 1 BetrAVG Hinterbliebenenversorgung Nr. 13 = DB 2009, 294.
63 BAG 19.2.2008, 3 AZR 61/06, EzA § 1 BetrAVG Betriebliche Übung Nr. 9; BAG 16.3.2010, 3 AZR 594/09, EzA § 1 BetrAVG Nr. 93 = DB 2010, 1834.

II. Versorgungsverhältnis

BAV muss – so § 1 Abs. 1 S. 1 BetrAVG – »dem Arbeitnehmer zugesagt« werden. Voraussetzung für ein Versorgungsverhältnis zwischen Arbeitgeber und Arbeitnehmer ist also eine »**Versorgungszusage**«.[1] Wenn eine Versorgungszusage erteilt ist, aber noch keine Leistungen gewährt werden, spricht man von einer **Versorgungsanwartschaft**. Nach Eintritt eines Versorgungsfalls entsteht der **Versorgungsanspruch**. Aus dem **Versorgungsanwärter** wird der **Versorgungsempfänger**.

41

Die Erteilung der Versorgungszusage ist ein rechtlicher Vorgang. Versorgungsverpflichtungen entstehen nicht »von selbst«.[2] Das Recht, bei Eintritt eines Versorgungsfalles Leistungen zu verlangen, ergibt sich aus dem arbeitsrechtlichen Grundverhältnis, das um ein Versorgungsverhältnis ergänzt wird, in dem der Arbeitgeber rechtsverbindlich eine Versorgungszusage erteilt. Eine Verpflichtung aus dem Gleichbehandlungs- oder Gleichberechtigungsgrundsatz steht einer Versorgungszusage gleich. Entsprechendes gilt für eine Leistungspflicht, die durch eine betriebliche Übung begründet wird (§ 1b Abs. 1 S. 5 BetrAVG).

42

Das durch die Versorgungszusage begründete Versorgungsverhältnis beinhaltet einen konkreten **Durchführungsweg**, einen bestimmten **Rechtsbegründungsakt** und einen **Leistungsplan**, die inhaltliche Gestaltung des Versorgungsversprechens.

43

1. Durchführungswege der betrieblichen Altersversorgung

Für die BAV gibt es fünf unterschiedliche Durchführungswege. Die wesentlichen Unterschiede sind nicht arbeitsrechtlich, sondern betriebswirtschaftlich-steuerlich. Die volkswirtschaftliche Bedeutung der BAV kann man an den in den Unternehmen und bei externen Versorgungsträgern bisher angesammelten Deckungsmitteln messen. In 2008 waren dies geschätzt:
bei der unmittelbar zugesagten Versorgung 245,1 Milliarden €,
bei Pensionskassen 107,0 Milliarden €,

44

---

1 Aufschiebend bedingtes Leistungsversprechen.
2 *Kemper* in: Kemper/Kisters-Kölkes/Berenz/Huber, BetrAVG, § 1 Rdn. 33 f.

II. Versorgungsverhältnis

bei Direktversicherungen 50,1 Milliarden €,
bei Unterstützungskassen 37,1 Milliarden € und
beim Pensionsfonds 14,5 Milliarden €.[3]

a) Unmittelbare Versorgungszusage

45 Bei der unmittelbaren Versorgungszusage (Direktzusage) beruht das Versorgungsverhältnis auf einer **Zweierbeziehung** zwischen Arbeitgeber und Arbeitnehmer. Dies gilt sowohl für die Anwartschafts- als auch für die Leistungsphase. Der Arbeitgeber erteilt selbst die Versorgungszusage und erbringt nach Eintritt des Versorgungsfalls unmittelbar aus eigenen Mitteln die Leistung (§ 1 Abs. 1 S. 2 BetrAVG). Der Arbeitnehmer hat üblicherweise[4] einen Rechtsanspruch auf die ihm zugesagten Leistungen. Immer wenn in einer Unternehmensbilanz Pensionsrückstellungen gem. § 249 HGB, § 6a EStG ausgewiesen sind, handelt es sich um den Durchführungsweg unmittelbare Versorgungszusage.

46 In der Anwartschaftsphase wird die Pensionsrückstellung gewinnmindernd aufgebaut. Hierdurch entsteht beim Unternehmen ein **Innenfinanzierungseffekt**. In dieser Zeit treten beim Arbeitnehmer keine steuerlichen Folgen ein. Erst bei Auszahlung der Versorgungsleistung, die eine Betriebsausgabe ist, ist diese vom Versorgungsempfänger gem. § 19 EStG voll zu versteuern (**nachgelagerte Besteuerung**). Viele Betriebsrenten wurden früher steuerfrei ausgezahlt, weil die gesetzliche Rente nur mit dem Ertragsanteil besteuert wurde. Das BVerfG[5] hat aber für die Zeit ab dem 1.1.2005 eine Änderung der Besteuerung der gesetzlichen Renten gefordert. Mit dem Alterseinkünftegesetz[6] wurde zum 1.1.2005 die Besteuerung der gesetzlichen Rente erheblich verändert. Jede Rente wird mit mindestens 50% (Bestandsrentner und Rentner mit Rentenbeginn in 2005) in die steuerliche Bemessungsgrundlage einbezogen. Für jeden künftigen Rentnerjahrgang steigt die Bemessungsgrundlage gem. § 22 EStG. Bei einem

---
3 *Schwind* BetrAV 2010, 383.
4 Fehlt der Rechtsanspruch, ist in der Handelsbilanz, nicht aber in der Steuerbilanz, eine Rückstellung zu bilden.
5 BVerfG 6.3.2002, 2 BvL 17/99, BVerfGE 105, 73.
6 Gesetz zur Neuordnung der einkommensteuerlichen Behandlung von Altersvorsorgeaufwendungen und Altersbezügen (Alterseinkünftegesetz – AltEinkG) vom 5.7.2004, BGBl. I S. 1427.

1. Durchführungswege der betrieblichen Altersversorgung

Rentenbeginn im Jahr 2040 oder später wird die gesetzliche Rente zu 100% in die steuerlichen Bemessungsgrundlagen einbezogen. Im Zeitraum von 2005 bis 2040 werden zudem Versorgungsfreibeträge gem. § 19 Abs. 2 EStG abgeschmolzen. Für die betriebliche Altersversorgung führt dies dazu, dass in größerem Umfang als bisher diese Leistungen besteuert werden, womit die Nettoversorgung sinkt und deshalb der Versorgungsbedarf steigt. Dies zeigt, dass eine BAV durch Entgeltumwandlung noch wichtiger wird.

Ohne Bedeutung für den Arbeitnehmer ist, ob und wie der Arbeitgeber die von ihm zugesagten Leistungen finanziert. Er kann, muss aber nicht z. B. eine Rückdeckungsversicherung abschließen. Eine solche Versicherung, bei der der Arbeitgeber das Bezugsrecht hat und der Arbeitnehmer versicherte Person ist, ist ein reines Finanzierungsinstrument.[7] Zur Abgrenzung einer Rückdeckungsversicherung von einer Direktversicherung vgl. Rn. 61 ff. 47

b) Mittelbare Versorgungszusagen

Die Differenzierung zwischen einer unmittelbaren und einer mittelbaren Durchführung der BAV ist in § 1 Abs. 1 S. 2 BetrAVG ausdrücklich angesprochen. Eine mittelbare Versorgungszusage liegt vor, wenn die BAV über einen externen Versorgungsträger (§ 1b Abs. 2–4 BetrAVG) abgewickelt wird. 48

Bei der mittelbaren Versorgungszusage entsteht also eine **Dreierbeziehung**. Zu Arbeitgeber und Arbeitnehmer tritt der Versorgungsträger. Dieser erhält vom Arbeitgeber die notwendigen Mittel, aus denen bei Eintritt eines Versorgungsfalles die Leistungen an die Begünstigten erbracht werden. Nach dem zwischen Arbeitgeber und Arbeitnehmer geschalteten Versorgungsträger unterscheidet man als mittelbare Durchführungswege die Direktversicherung, die Pensionskasse, den Pensionsfonds und die Unterstützungskasse. 49

Bei den mittelbaren Versorgungszusagen beruhen die Rechte des Arbeitnehmers gegenüber dem Arbeitgeber auch auf dem arbeitsrechtlichen Grundverhältnis. Das bedeutet: Bleiben die Leistungen des externen Versorgungsträgers hinter den zugesagten Leistungen zurück, z. B. weil nicht oder nicht in ausreichendem Umfang Versicherungsbei- 50

---

7 BAG 14.7.1972, 3 AZR 63/72, EzA § 242 BGB Ruhegeld Nr. 16 = DB 1972, 2068.

II. Versorgungsverhältnis

träge (z. B. bei der Direktversicherung) gezahlt wurden, richten sich die Differenzansprüche unmittelbar gegen den Arbeitgeber.[8] Diese **Subsidiärhaftung** des Arbeitgebers (**Verschaffungsanspruch**) hat der Gesetzgeber in § 1 Abs. 1 S. 3 BetrAVG ausdrücklich geregelt. Dadurch wird die Lücke zwischen der Versorgungszusage und der Ausgestaltung des Durchführungsweges geschlossen, insbesondere wenn die Leistung des Versorgungsträgers hinter den Verpflichtungen des Arbeitgebers zurückbleibt.

51 Auch der externe Versorgungsträger kann zu Leistungen aus dem Gleichbehandlungs- bzw. Gleichberechtigungsgrundsatz verpflichtet sein,[9] indem z. B. auch eine Pensionskasse eine Witwerrente zahlen muss, wenn eine Witwenrente zugesagt ist. In diesem Fall trifft den Arbeitgeber mittelbar das Finanzierungsrisiko. Der Arbeitgeber muss z. B. einer in Anspruch genommenen Pensionskasse entsprechende zusätzliche Zuwendungen zukommen lassen. Dasselbe gilt auch für konzernübergreifende Gruppenunterstützungskassen.[10] Zwischen Unterstützungskasse und Arbeitgeber (Trägerunternehmen) besteht Gesamtschuldnerschaft gemäß § 421 BGB. Die Unterstützungskasse hat einen Vorschuss- und Aufwendungsersatzanspruch gem. §§ 669, 670 BGB.

52 Diese Subsidiärhaftung des Arbeitgebers ist fraglich, wenn wegen der Insolvenz des Versorgungsträgers Leistungen ausfallen, weil der Versorgungsträger selbst insolvent wird, also die Aufsicht durch die Bundesanstalt für Finanzdienstleistungsaufsicht (BaFin) die Insolvenz des externen Versorgungsträgers nicht verhindert hat. Im Rahmen des § 1 Abs. 1 S. 3 BetrAVG haftet der Arbeitgeber für das »Versorgungsrisiko«, nicht jedoch für das »Versicherungsrisiko«. Zu Letzterem gehört die Insolvenz des »Versicherungsunternehmens«, die der Arbeitgeber nicht beeinflussen kann. Er darf deshalb der Versicherungsaufsicht vertrauen.[11] Damit dürfte allerdings ein Erfüllungsrisiko des Arbeitgebers aus arbeitsrechtlicher Sicht nicht ausgeschlossen sein, da der Arbeitgeber bei den externen Durchführungswegen die Wahl zwischen sol-

---

8 BAG 17.11.1992, 3 AZR 51/92, EzA § 7 BetrAVG Nr. 45 = DB 1993, 986.
9 EuGH 9.10.2001, Rs. C-379/99, EzA Art. 141 EG-Vertrag 1999 Nr. 7 = DB 2002, 279; BAG 19.11.2002, 3 AZR 631/97, EzA Art. 141 EG-Vertrag 1999 Nr. 11 = DB 2003, 398; BAG 7.9.2004, 3 AZR 550/03, EzA Art. 141 EG-Vertrag 1999 Nr. 16 = DB 2005, 507.
10 BAG 16.2.2010, 3 AZR 216/09, EzA § 1 BetrAVG Gleichbehandlung Nr. 35 = BetrAV 2010, 178.
11 *Kemper* in: Kemper/Kisters-Kölkes/Berenz/Huber, BetrAVG, § 1 Rdn. 243 ff.

1. Durchführungswege der betrieblichen Altersversorgung

chen Versorgungsträgern hat, die dem Sicherungsfonds angehören und solchen Versorgungsträgern, die nicht über den Sicherungsfonds abgesichert sind.[12] Wählt der Arbeitgeber einen Versorgungsträger, der nicht dem Sicherungsfonds direkt (Direktversicherung, beigetretene Pensionskasse) oder mittelbar (rückgedeckte Unterstützungskasse oder rückgedeckter Pensionsfonds) angehört, wird man jedenfalls bei Zusagen, die ab 2005 erteilt wurden, dem Arbeitgeber das Ausfallrisiko zuweisen müssen, denn er bestimmt den Durchführungsweg einseitig.[13]

Für die Verfassungsmäßigkeit des Anspruchs auf Entgeltumwandlung ist diese vom Arbeitgeber selbst zu gestaltende Risikobegrenzung ein wesentliches Argument des BAG.[14] Denn wenn der Arbeitgeber mitbestimmungsfrei selbst entscheidet, welchen Durchführungsweg er vorgibt, dann entscheidet er auch selbst, welche Risiken er zu tragen bereit ist. Was für die Entgeltumwandlung gilt, gilt gleichermaßen für die arbeitgeberfinanzierte BAV. 53

Die Einstandspflicht des Arbeitgebers kann noch weitergehend eingeschränkt werden, indem z. B. nur eine Altersleistung zugesagt wird.[15] Auch über die Beitragszusage mit Mindestleistung werden Risiken eingeschränkt. Nur dann, wenn bei einer Direktversicherung, bei einer Pensionskasse oder einem Pensionsfonds die Leistung des externen Versorgungsträgers nicht ausreicht, um den Mindestanspruch zu erfüllen, trifft den Arbeitgeber die Einstandspflicht. In diesen Fällen muss der Arbeitgeber für die Differenz einstehen. 54

Bei der Beitragszusage mit Mindestleistung bezieht sich die Mindestleistung nur auf die Altersleistung, nicht auch auf die Invaliditäts- oder Hinterbliebenenleistung. Für diese Leistungen sind »nur« Risikoanteile vorgesehen, die den Anspruch auf die Mindestleistung reduzieren. Dies ergibt sich aus § 1 Abs. 2 Nr. 2 BetrAVG. Die über die Risikoprämie hinausgehenden Beiträge werden zur Finanzierung einer Altersversorgung verwendet. Anders als in § 1 Abs. 2 Nr. 1 BetrAVG wird auch nicht von der Invaliditäts- oder Hinterbliebenenversorgung gesprochen. Da die Mindestleistung mit dem planmäßig aufgebauten Versorgungskapital verglichen werden muss und nur für das Alter ein 55

---
12 So BAG 12.6.2007, 3 AZR 14/06, EzA § 1a BetrAVG Nr. 2 = DB 2007, 2722.
13 Siehe Rn. 690 ff.
14 BAG 12.6.2007, 3 AZR 14/06, EzA § 1a BetrAVG Nr. 2 = DB 2007, 2722.
15 BAG 12.6.2007, 3 AZR 14/06, EzA § 1a BetrAVG Nr. 2 = DB 2007, 2722.

II. Versorgungsverhältnis

Kapital aufgebaut wird, kann bei vorzeitigen Leistungsfällen (Invalidität, Tod) keine Mindestleistung gefordert werden.[16]

- **Direktversicherung**

56 Bei der Direktversicherung ist der Versorgungsträger eine Lebensversicherungsgesellschaft (Legaldefinition in § 1b Abs. 2 BetrAVG). Es überlagern sich versicherungs- und arbeitsrechtliche Beziehungen. Das Versicherungsverhältnis, das zwischen dem Arbeitgeber und dem Versicherer besteht, ist das **Deckungsverhältnis**. Das zwischen Arbeitgeber und Arbeitnehmer bestehende Versorgungsversprechen ist das **Valutaverhältnis**. Beim Versicherungsvertrag ist der Arbeitgeber Versicherungsnehmer. Versicherte Person ist der Arbeitnehmer. Bezugsberechtigte hinsichtlich der Leistungen des Versicherers sind der Arbeitnehmer und/oder seine Hinterbliebenen. Der Arbeitgeber muss durch Beitragszahlung sicherstellen, dass der Versicherer im Versorgungsfall die Leistung an den oder die Begünstigten erbringen kann, andernfalls haftet er unmittelbar gegenüber den Versorgungsberechtigten. Ein solcher Fall kann z. B. eintreten, wenn ein Arbeitgeber – ohne dazu arbeitsrechtlich berechtigt gewesen zu sein – versicherungsrechtlich von seinem unabdingbaren Recht als Versicherungsnehmer zur Beitragsfreistellung oder zum Rückkauf der Lebensversicherung Gebrauch gemacht hat und deshalb bei einem Versicherungsfall die Leistung der Versicherungsgesellschaft geringer ist als die vom Arbeitgeber mittelbar »zugesagte« Versorgungsleistung oder wegen Wegfalls des Versicherungsvertrages überhaupt keine Leistung fällig wird. Ob der Arbeitgeber auch einstehen muss, wenn der Versicherer vertragswidrig den Versicherungsvertrag aufgelöst hat, konnte vom BAG offen gelassen werden, weil in der Anwartschaftszeit kein Anspruch auf den Rückkaufswert besteht.[17]

57 Vor Abschluss des Versicherungsvertrages ist die schriftliche Einwilligung des Arbeitnehmers einzuholen (§ 150 Abs. 2 VVG), wenn eine Einzelversicherung abgeschlossen wird oder vor dem 1.1.2008 ein Gruppenversicherungsvertrag (Kollektivlebensversicherungsvertrag) abgeschlossen wurde. Bei Gruppenversicherungen, die ab dem 1.1.2008 abgeschlossen werden, gilt dies nicht. Für Kollektivlebensver-

---

16 *Huber* in: Kemper/Kisters-Kölkes/Berenz/Huber, BetrAVG, § 1 Rdn. 458 ff.; *Blumenstein* FS Kemper, S. 29.
17 BAG 26.5.2009, 3 AZR 816/07, EzA § 1b BetrAVG Nr. 6 = DB 2010, 287.

sicherungen im Bereich der BAV enthält § 150 Abs. 2 VVG eine ausdrückliche Ausnahme, indem auf die Einwilligung verzichtet wird.[18]

Das Bezugsrecht muss dem Arbeitnehmer zustehen. Es kann widerruflich, aber auch (eingeschränkt z. B. erst ab Eintritt der Unverfallbarkeit[19]) unwiderruflich sein. 58

Das Bezugsrecht kann alle Leistungen aus dem Versicherungsvertrag (versicherte Leistungen und Überschussanteile) oder nur Teile (nur Erlebensfall-Leistung, nicht Todesfall-Leistung) erfassen. Es kann auch in der Höhe gespalten sein (garantierte Leistungen stehen dem Arbeitnehmer zu, die Überschussanteile dem Arbeitgeber, z. B. bei einer Beitragsverrechnung).»Für die Frage, ob dem Arbeitgeber oder dem Versorgungsberechtigten die Überschussanteile aus einer Direktversicherung zugutekommen sollen, ist der Inhalt der Versorgungszusage maßgebend. Dies gilt unabhängig davon, dass der Versicherer die Überschussanteile bei versicherungsrechtlicher Betrachtung grundsätzlich dem Arbeitgeber als Versicherungsnehmer schuldet. Denn der Arbeitgeber kann als Versicherungsnehmer – von den Fällen der Entgeltumwandlung und der Eigenbeitragszusage abgesehen – frei entscheiden, ob das Bezugsrecht hinsichtlich der Überschussanteile dem Arbeitnehmer oder ihm selbst zustehen soll.«[20] Bei der BAV durch Entgeltumwandlung muss der Arbeitnehmer für alle Leistungen ab Beginn der Entgeltumwandlung unwiderruflich bezugsberechtigt sein (§ 1b Abs. 5 S. 2 BetrAVG). 59

Eine Direktversicherung liegt nicht vor, wenn ein Arbeitgeber Rahmenbedingungen für einen Gruppenversicherungsvertrag aushandelt, der einzelne Arbeitnehmer aber selbst Versicherungsnehmer wird.[21] Es handelt sich bei einer solchen Versicherung um eine private Versicherung des Arbeitnehmers. 60

Eine Direktversicherung unterscheidet sich von einer **Rückdeckungsversicherung** über das Bezugsrecht. Dieses hat bei der Rückdeckungsversicherung der Arbeitgeber, bei der Direktversicherung der Arbeitnehmer. Werden die Rechte und Pflichten aus einem Rückdeckungs- 61

---

18 Zur Rechtslage bis zum 31.12.2007: BGH 7.5.1997, IV ZR 35/96, NJW 1997, 2381.
19 Zum eingeschränkten unwiderruflichen Bezugsrecht: BAG 15.6.2010, 3 AZR 334/06, EzA § 1b BetrAVG Nr. 4 = BetrAV 2010, 699.
20 BAG 16.2.2010, 3 AZR 479/08, EzA-SD 2010, Nr. 15, 16 = BB 2010, 1916.
21 BAG 10.3.1992, 3 AZR 153/91, EzA § 1 BetrAVG Lebensversicherung Nr. 3 = DB 1993, 490.

II. Versorgungsverhältnis

versicherungsvertrag auf den Arbeitnehmer übertragen (abgetreten), wird aus der Rückdeckungsversicherung eine private Lebensversicherung. Wird nur das Bezugsrecht dem Arbeitnehmer eingeräumt, wird aus der Rückdeckungsversicherung eine Direktversicherung, weil der Arbeitgeber dann Versicherungsnehmer bleibt. Sowohl die Abtretung als auch die Einräumung des Bezugsrechts haben steuerliche Konsequenzen.[22]

62 Die Verpfändung einer Rückdeckungsversicherung verändert deren rechtliche Einordnung nicht. Das Pfandrecht sichert den Arbeitnehmer für den Fall, dass der Arbeitgeber die zugesagten Leistungen nicht erbringt oder wegen Insolvenz nicht erbringen kann.[23]

63 Eine Rückdeckungsversicherung ist kein Durchführungsweg der BAV, auch nicht, wenn sie verpfändet ist. Die Rückdeckungsversicherung ist ein **Finanzierungsinstrument des Arbeitgebers**. Hat er alle zugesagten Leistungen in voller Höhe rückversichert, spricht man von einer **kongruenten** Rückdeckungsversicherung. Sind nur Teile der zugesagten Leistungen versichert, liegt eine **partielle** Rückdeckungsversicherung vor.

64 Die Beiträge, die der Arbeitgeber an das Lebensversicherungsunternehmen für eine Direktversicherung zahlt, sind Betriebsausgaben. Sie fließen dem Arbeitnehmer als Arbeitslohn zu, wenn dieser in einem ersten Dienstverhältnis zum Arbeitgeber steht. Für die steuerliche Behandlung beim Arbeitnehmer ist zwischen solchen Direktversicherungen, die vor dem 1.1.2005 abgeschlossen wurden (Altzusagen)[24] und solchen Direktversicherungen, die nach dem 31.12.2004 abgeschlossen wurden bzw. werden (Neuzusagen), zu unterscheiden. Prämien für neue Direktversicherungen werden gemäß § 3 Nr. 63 EStG lohnsteuerfrei gestellt. Erst die spätere Auszahlung der Versicherungsleistung löst einen steuerlichen Zufluss beim Arbeitnehmer aus (nachgelagerte Besteuerung). Die gesamte Auszahlung ist dann gemäß § 22 Nr. 5 EStG steuerpflichtig.

---

22 Die Abtretung führt zu einem steuerlichen Zufluss beim Arbeitnehmer. Es ist zudem stets darauf zu achten, dass nicht gegen das Abfindungsverbot des § 3 BetrAVG verstoßen wird. Hierzu Rn. 304 ff.
23 BGH 10.7.1997, IX ZR 161/96, DB 1997, 2113 = BetrAV 1997, 282; BGH 7.4.2005, IX ZR 138/04, DB 2005, 1453 = BetrAV 2005, 590; zum Gesellschafter-Geschäftsführer; dazu auch unter Rn. 433 ff.
24 I. S. d. BMF-Schreibens vom 31.3.2010, Rdn. 307 ff. (Anhang).

1. Durchführungswege der betrieblichen Altersversorgung

Für diese neuen Direktversicherungen hat der Gesetzgeber über die steuerlichen Rahmenbedingungen gewisse arbeitsrechtliche Vorgaben gemacht, die einzuhalten sind, wenn die steuerliche Förderung für die BAV genutzt werden soll. So muss die Versorgungsleistung als Rente ausgezahlt werden. Bei der Altersleistung muss eine lebenslange Rente zugesagt sein. Invaliditäts- oder Hinterbliebenenleistungen können lebenslänglich, aber auch befristet gezahlt werden. Unschädlich ist es, wenn dem Arbeitnehmer ein Wahlrecht dahingehend eingeräumt wird, dass statt der Rente einmalig ein Kapital ausgezahlt wird.[25] Statt einer Rentenzusage kommt auch ein Auszahlungsplan in Betracht. Auch kann eine Teilkapitalzahlung mit einer Rentenzahlung verbunden sein.

65

Die Prämienzahlung ist nur beschränkt lohnsteuerfrei, und zwar in Höhe von 4% der jeweiligen BBG (West) der gesetzlichen Rentenversicherung, also in 2011 2.640 € als Jahresprämie. Sie kann für Versorgungszusagen, die ab dem 1.1.2005 erteilt werden, aufgestockt werden um 1.800 €. Während die genannten 4% der BBG nicht nur steuerfrei, sondern auch sozialversicherungsfrei verwendet werden können, sind die im Rahmen der 1.800 €-Grenze zusätzlich aufgewendeten Prämien zwar lohnsteuerfrei, aber sozialversicherungspflichtig.

66

Direktversicherungen, die vor dem 1.1.2005 abgeschlossen wurden, sind in aller Regel auch zukünftig gem. § 40b EStG a. F. pauschal zu versteuern. Weil es sich vielfach um Kapitalversicherungen und nicht um Rentenversicherungen handelt, sind die Voraussetzungen der Steuerbefreiung gem. § 3 Nr. 63 EStG nicht erfüllt. Die Pauschalbesteuerung mit einem Steuersatz von 20% (zzgl. Solidaritätszuschlag und ggf. Kirchensteuer) in der Anwartschaftsphase (vorgelagerte Besteuerung) führt dazu, dass die spätere Auszahlung der Versicherungsleistung i. d. R. nicht mehr steuerpflichtig ist. Wenn bestimmte Voraussetzungen erfüllt sind, bleibt das ausgezahlte Kapital steuerfrei,[26] eine Rente wird dann nur mit dem Ertragsanteil besteuert.

67

---

25 BGH 28.9.2009, II ZR 12/09, BetrAV 2010, 89; *Kisters-Kölkes* in: Kemper/Kisters-Kölkes/Berenz/Huber, BetrAVG, § 3 Rdn. 22.
26 Für Altverträge, die aufgrund der Regelung in Rdn. 307 des BMF-Schreibens vom 31.3.2010 (Anhang) nach dem 31.12.2004 abgeschlossen wurden, ist § 20 Abs. 1 Nr. 6 EStG zu beachten, d. h. es ist bei einer Kapitalauszahlung die Hälfte der Erträge zu versteuern.

II. Versorgungsverhältnis

68 Für Direktversicherungen, die vorgelagert besteuert wurden und werden, gilt ausnahmsweise nicht, dass eine Auszahlung nur an Hinterbliebene im engeren Sinne vorgenommen werden kann.[27]

- **Pensionskasse**

69 Die Pensionskasse ist als Versorgungsträger in der Rechtsform der Aktiengesellschaft oder des Versicherungsvereins auf Gegenseitigkeit (VVaG) eine Sonderform einer Lebensversicherungsgesellschaft.[28] Es gibt Pensionskassen, die auf einen Betrieb, ein Unternehmen oder einen Konzern in ihrem Wirkungsbereich beschränkt sind, aber auch »überbetriebliche Pensionskassen« für eine Branche oder nicht »miteinander verbundene« Trägerunternehmen (Gruppenpensionskassen, z. T. auch Wettbewerbspensionskassen genannt). Seit dem 1.1.2006 ist zwischen den deregulierten und den regulierten Pensionskassen zu unterscheiden. Grundsätzlich sind alle Pensionskassen dereguliert. Unter besonderen Voraussetzungen können sie reguliert werden.[29] Dies gilt insbesondere für Firmenpensionskassen.[30] Zu beachten ist, dass für regulierte Pensionskassen Sonderregelungen gelten können, auf die nicht gesondert eingegangen wird.[31]

70 Aus arbeitsrechtlicher Sicht sind die Verhältnisse weitgehend identisch mit denen bei der Direktversicherung. Die Arbeitnehmer haben einen Rechtsanspruch auf die zugesagten Leistungen. Auch bei der Pensionskasse muss der Arbeitgeber durch Beitragszahlung (Zuwendungen) sicherstellen, dass die zugesagten Versorgungsleistungen erbracht werden können. Ist dies nicht der Fall, kann es aufgrund der Subsidiärhaftung gemäß § 1 Abs. 1 S. 3 BetrAVG zu unmittelbaren Ansprüchen der Versorgungsberechtigten gegen den Arbeitgeber selbst kommen.[32] Hat der Arbeitnehmer das Recht, in einer Pensionskasse versichert zu werden, und erfüllt der Arbeitgeber diese Verpflichtung nicht, führt dies zu einem Verschaffungsanspruch des Arbeitnehmers.[33] Er richtet sich in erster Linie darauf, dass der Arbeitgeber ihn

---

27 BMF-Schreiben vom 31.3.2010, Rdn. 251 (Anhang).
28 Legaldefinition in §§ 118a ff. VAG i. V. m. § 1b Abs. 3 BetrAVG; Pensionskassen können gem. § 124 Abs. 2 VAG dem Sicherungsfonds beitreten, müssen dies aber nicht.
29 Zur Bedeutung der Deregulierung *Schwind* BetrAV 2005, 638 und *Dresp* FS Kemper, S. 111 ff.
30 § 118b VAG.
31 Z. B. § 211 VVG.
32 BAG 7.9.2004, 3 AZR 550/03, EzA Art. 141 EG-Vertrag 1999 Nr. 16 = DB 2005, 201.
33 *Reinecke* FS Kemper, S. 383 ff.

1. Durchführungswege der betrieblichen Altersversorgung

bei der Pensionskasse versichert. Geschieht dies nicht, kann der Arbeitnehmer verlangen, so gestellt zu werden, als habe der Arbeitgeber ihn bei der Pensionskasse versichert. Ihm ist eine nach Art und Umfang gleiche Versorgung einzuräumen.[34] Hat der Arbeitgeber sich in der Versorgungszusage verpflichtet, an eine bestimmte Pensionskasse Beiträge zu zahlen, dann ist er möglicherweise an diese Zusage gebunden und kann nicht den Durchführungsweg wechseln.[35]

Pensionskassenbeiträge, die beim Arbeitgeber Betriebsausgaben sind, waren den Direktversicherungsbeiträgen bis zum 31.12.2001 steuerlich gleichgestellt. Es fand eine Besteuerung in der Anwartschaftsphase statt (vorgelagerte Besteuerung). § 40b EStG a. F. war anwendbar. Dies hat sich ab dem 1.1.2002 geändert. Beiträge, die der Arbeitgeber ab diesem Zeitpunkt an eine Pensionskasse zahlt, sind bis zu 4% der jeweiligen Beitragsbemessungsgrenze in der gesetzlichen Rentenversicherung (West)[36] steuerfrei (§ 3 Nr. 63 EStG), wenn die Zahlung im Rahmen eines ersten Dienstverhältnisses vorgenommen wird (2010: 2640 €). Dabei sind arbeitgeber- und arbeitnehmerfinanzierte Beiträge zusammenzurechnen. Beiträge, die diese Grenze übersteigen, können für Pensionskassenzusagen, die vor dem 1.1.2005 erteilt wurden, im Rahmen von § 40b EStG a. F. pauschalversteuert werden. Für Pensionskassenzusagen, die ab dem 1.1.2005 erteilt wurden und erteilt werden, gibt es im Rahmen des § 3 Nr. 63 EStG einen zusätzlichen Betrag in Höhe von 1.800 € jährlich zur Finanzierung, der steuerfrei, aber sozialversicherungspflichtig ist. Soweit Beiträge steuerfrei bleiben, sind die späteren Versorgungszahlungen voll nachgelagert gem. § 22 Nr. 5 EStG zu versteuern.[37] Für Leistungen aus vorgelagert besteuerten Pensionskassenzusagen gilt, dass Renten nur mit dem Ertragsanteil in der Auszahlungsphase besteuert werden. 71

Bei einer BAV, die über eine Pensionskasse abgewickelt wird, sind mit Wirkung ab dem 1.1.2005 weitere Änderungen eingetreten. Nach § 3 Nr. 63 EStG ist eine steuerfreie Prämienzahlung in den vorgenannten Grenzen nur möglich, wenn eine kapitalgedeckte Altersversorgung aufgebaut wird und die zugesagten Alters-, Invaliditäts- oder Hinter- 72

---

34 BAG 29.8.2000, 3 AZR 201/00, EzA § 1 BetrAVG Zusatzversorgung Nr. 12 = BB 2000, 2527.
35 BAG 12.6.2007, 3 AZR 186/06, EzA § 1 BetrAVG Nr. 90 = BB 2007, 2410; zur Kritik im Fachschrifttum an dieser Entscheidung *Reinecke* DB 2010, 2392 m. w. N.
36 BMF-Schreiben vom 31.3.2010, Rdn. 268 (Anhang).
37 § 22 Nr. 5 i. V. m. § 9a S. 1 Nr. 2 und § 24a EStG.

II. Versorgungsverhältnis

bliebenenversorgungsleistungen in Form einer Rente oder über einen Auszahlungsplan[38] mit Teilkapitalverrentung ab dem 85. Lebensjahr erbracht werden. Diese Anforderungen erfüllen die Versicherungsbedingungen der bestehenden Pensionskassen, da Rentenzusagen allenfalls mit einem Kapitalwahlrecht verknüpft sind.[39] Die Hervorhebung, dass § 3 Nr. 63 EStG nur auf Pensionskassen anzuwenden ist, die kapitalgedeckt finanziert sind, ist darauf zurückzuführen, dass die für den öffentlichen Dienst eingerichteten Pensionskassen häufig umlagefinanziert sind. Auf sie ist folglich § 3 Nr. 63 EStG nicht anzuwenden, sondern § 3 Nr. 56 EStG.[40]

- **Pensionsfonds**

73   Der Pensionsfonds[41] ist seit dem 1.1.2002 als neuer Durchführungsweg vom Gesetzgeber geschaffen worden. Er wird in § 112 VAG definiert als rechtsfähige Versorgungseinrichtung, die im Wege des Kapitaldeckungsverfahrens Leistungen der BAV für einen oder mehrere Arbeitgeber zugunsten von Arbeitnehmern (aktive Arbeitnehmer, mit unverfallbarer Anwartschaft ausgeschiedene ehemalige Arbeitnehmer und Versorgungsempfänger) erbringt. Die Arbeitnehmer haben einen eigenen Anspruch gegen den Pensionsfonds.[42] In § 1b Abs. 3 BetrAVG wird dieser als Rechtsanspruch bezeichnet. Es gibt »betriebliche« und »überbetriebliche« Pensionsfonds wie bei Pensionskassen.

74   Nach der Definition in § 112 VAG kann der Pensionsfonds nur lebenslange Altersrenten im Versorgungsfall »Alter« über Pensionspläne zusagen. Werden die an den Pensionsfonds gezahlten Beiträge gem. § 3 Nr. 63 EStG lohnsteuerfrei eingezahlt, müssen auch Invaliditäts- und Hinterbliebenenleistungen als Rente ausgezahlt werden. Ein Kapitalwahlrecht kommt beim Pensionsfonds allenfalls für die letztgenannten Leistungen in Betracht. Ein Auszahlungsplan mit einer Teilkapitalisierung kann aber als Pensionsplan verwendet werden. Eine Rente ist eine Leibrente oder – z. B. bei Waisen – eine Zeitrente, die an das Leben gebunden ist.

---

38 § 1 Abs. 1 S. 1 Nr. 4 Altersvorsorgeverträge-Zertifizierungsgesetz.
39 BMF-Schreiben vom 31.3.2010, Rdn. 272 (Anhang).
40 Vgl. hierzu BMF-Schreiben vom 31.3.2010, Rdn. 258 ff. und Rdn. 297 ff. (Anhang).
41 *Sasdrich* BetrAV 2006, 34; *Schmidt* BetrAV 2006, 437.
42 § 112 Abs. 1 Nr. 3 VAG.

1. Durchführungswege der betrieblichen Altersversorgung

Der Pensionsfonds unterscheidet sich von der Pensionskasse dadurch, dass die Höhe der Versorgungsleistungen oder die Höhe der für diese Leistungen zu entrichtenden künftigen Beiträge nicht für alle im Pensionsplan vorgesehenen Leistungsfälle durch versicherungsförmige Garantien zugesagt werden kann. Mit der 9. VAG-Novelle[43] wurde es dem Pensionsfonds ermöglicht, für eine gewisse Zeit auf eine vollständige Kapitaldeckung zeitweilig zu verzichten, wenn ein Sanierungsplan vereinbart wird. Ein weiterer wichtiger Unterschied liegt in der »freieren« Mittelanlage. Bei einer Beitragszusage mit Mindestleistung kann es also z. B. bei einer Abwicklung über einen Pensionsfonds zu einer »Nullverzinsung« kommen.

75

Pensionsfonds können nur in der Rechtsform der Aktiengesellschaft oder des Pensionsfondsvereins auf Gegenseitigkeit betrieben werden. Sie unterliegen der Aufsicht durch BaFin.[44] Es handelt sich bei ihnen allerdings nicht um Versicherungsgesellschaften. Pensionsfonds werden aber teilweise wie Versicherungsgesellschaften behandelt.[45]

76

Der Arbeitgeber haftet auch beim Pensionsfonds für die Erfüllung der zugesagten Leistungen und zwar gemäß § 2 Abs. 3a und § 1 Abs. 1 S. 3 BetrAVG.

77

Der Pensionsfonds wird durch Beiträge finanziert. Diese sind beim Arbeitgeber Betriebsausgaben. Die Zahlungen der Beiträge sind beim Arbeitnehmer in der Anwartschaftsphase steuerfrei, wenn sie max. 4% der jeweiligen Beitragsbemessungsgrenze in der gesetzlichen Rentenversicherung (West)[46] betragen und aufgrund eines ersten Dienstverhältnisses gezahlt werden (§ 3 Nr. 63 EStG). Es sind die späteren Versorgungszahlungen dann nachgelagert gem. § 22 Nr. 5 EStG voll zu versteuern.[47] Eine Pauschalbesteuerung nach § 40b EStG a. F. ist nicht möglich. Ebenso wie für Direktversicherungen wurde für den Pensionsfonds die Dotierungsmöglichkeit ab dem 1.1.2005 ausgeweitet, indem der Höchstbetrag von 4% der Beitragsbemessungsgrenze

78

---

43 BGBl. I 2007, S. 3248.
44 Zur Aufsicht: *Tietze* BetrAV 2002, 223; *Schmidt* BetrAV 2006, 437.
45 §§ 113 ff. VAG, § 341 Abs. 4 HGB; fraglich ist in diesem Zusammenhang, ob und wenn ja in welchem Umfang das VVG anwendbar ist. Da der Gesetzgeber, anders als z. B. in § 113 VAG auf § 10a VAG, keine Verweisung für den Pensionsfonds vorgenommen hat, wird man davon ausgehen müssen, dass z. B. § 166 Abs. 4 und § 212 VVG nicht anwendbar sind.
46 BMF-Schreiben vom 31.3.2010, Rdn. 268 (Anhang).
47 § 22 Nr. 5 EStG i. V. m. § 9a S. 1 Nr. 2 und § 24a EStG.

II. Versorgungsverhältnis

(West) (2011: 2.640 €) um einen festen Betrag in Höhe von jährlich 1.800 € aufgestockt werden kann, wenn die Beiträge aufgrund einer Versorgungszusage geleistet werden, die nach dem 31.12.2004 erteilt wird. Die 1.800 € sind lohnsteuerfrei, aber sozialversicherungspflichtig.

79 Wie die jüngere Entwicklung zeigt, steigt die Bedeutung dieses Durchführungsweges, weil Unternehmen ihre bisher unmittelbar zugesagten Versorgungsleistungen auf den Pensionsfonds ganz oder teilweise auslagern. Hierfür gibt es verschiedene Gründe: Zum einen werden Rückstellungen bilanziell aufgelöst und damit die Bilanz verkürzt. Zum anderen wird dadurch der Beitrag, der an den PSVaG zu zahlen ist, auf ein Fünftel reduziert.[48] Dadurch werden die Arbeitgeber finanziell entlastet.

80 Der Gesetzgeber gibt den Unternehmen, die unmittelbare Versorgungszusagen oder Unterstützungskassenzusagen erteilt haben, mit § 3 Nr. 66 EStG die Möglichkeit, die in der Vergangenheit erdienten Anwartschaften gegen Zahlung eines Einmalbeitrages auf einen Pensionsfonds zu übertragen. Der zukünftig erst noch zu erdienende Teil der Anwartschaft ist dann über § 3 Nr. 63 EStG zu finanzieren.[49] Da vielfach das Finanzierungsvolumen nach dieser Vorschrift nicht ausreicht, wird auch eine Kombination von Durchführungswegen gewählt: der Past-Service wird auf den Pensionsfonds ausgelagert, der Future-Service auf eine rückgedeckte Unterstützungskasse.

81 Mit dem Wechsel des Durchführungsweges ändert sich für die Arbeitnehmer die Besteuerung, wenn sie vom Pensionsfonds Versorgungsleistungen beziehen. Die Zahlungen werden nicht mehr gemäß § 19 EStG, sondern gem. § 22 EStG versteuert. Damit ändern sich – bei einem Rentenbeginn bis zum Jahr 2040 – auch die Freibeträge (§ 19 Abs. 2 EStG einerseits, § 24a EStG andererseits).

82 Diese Änderungen treten nicht ein, wenn eine bereits laufende Leistung auf einen Pensionsfonds übertragen wird.[50] Hierfür ist es erforderlich, dass tatsächlich ein Versorgungsanspruch beim Versorgungsempfänger entstanden ist. Der Zeitpunkt des erstmaligen Leistungs-

---

48 § 10 Abs. 3 Nr. 4 BetrAVG; hierzu auch Rn. 449.
49 So jedenfalls die (umstrittene) Auffassung der Finanzverwaltung; BMF-Schreiben vom 31.3.2010, Rdn. 281 (Anhang).
50 Vgl. § 52 Abs. 34c EStG.

1. Durchführungswege der betrieblichen Altersversorgung

bezuges und der Zeitpunkt der Übertragung auf den Pensionsfonds können in einem Monat liegen.[51]

- **Unterstützungskasse**

Die Unterstützungskasse ist gem. § 1b Abs. 4 BetrAVG eine rechtsfähige Versorgungseinrichtung, die auf ihre Leistungen keinen Rechtsanspruch gewährt. Sie wird vielfach in der Rechtsform des eingetragenen Vereins (e. V.) betrieben. Es gibt aber auch Unterstützungskassen in der Rechtsform einer GmbH oder einer Stiftung. 83

Die Unterstützungskasse wird durch Zuwendungen des Arbeitgebers (Trägerunternehmen) in die Lage versetzt, bei Eintritt eines Versorgungsfalles Leistungen an die Begünstigten zu erbringen. Es gibt wie bei Pensionskassen und Pensionsfonds »betriebliche« und »überbetriebliche« Unterstützungskassen (Gruppenunterstützungskasse). Verbreitet ist die »rückgedeckte« Unterstützungskasse. Eine solche Unterstützungskasse schließt als Versicherungsnehmerin bei einem Lebensversicherungsunternehmen Rückdeckungsversicherungen auf das Leben der begünstigten Arbeitnehmer ab, um damit die zugesagten Versorgungsleistungen ganz (kongruent rückgedeckte Unterstützungskasse) oder teilweise (partiell rückgedeckte Unterstützungskasse) zu finanzieren. Aus arbeitsrechtlicher Sicht ist die Art der Finanzierung wegen der Subsidiärhaftung des Arbeitgebers ohne Bedeutung. Eine rückgedeckte Unterstützungskasse wird aber aus steuerlicher Sicht[52] bei der Anwartschaftsfinanzierung besser behandelt als eine nicht rückgedeckte Unterstützungskasse (reservepolsterdotierte Unterstützungskasse),[53] weil bei dieser in der Anwartschaftsphase immer eine Unterdeckung aus steuerlichen Gründen besteht.[54] 84

Der arbeitsrechtliche Verpflichtungsumfang des Arbeitgebers ist in vergleichbarer Weise verfestigt wie bei rechtsverbindlichen unmittelbaren Versorgungszusagen oder mittelbaren Versorgungszusagen über eine Direktversicherung, einen Pensionsfonds oder eine Pensionskasse. Das BAG behandelt den Ausschluss des Rechtsanspruchs und den Freiwilligkeitsvorbehalt in Satzungen oder Leistungsricht- 85

---

51 BMF-Schreiben vom 31.3.2010, Rdn. 340 (Anhang).
52 § 4d EStG.
53 *Buttler/Baier* S. 19 ff.
54 § 4d EStG; zu beachten ist, dass die Unterdeckung bei Kapitalgesellschaften im Anhang auszuweisen ist, Art. 28 Abs. 2 EGHGB.

II. Versorgungsverhältnis

linien von Unterstützungskassen als eine Versorgungszusage, aus der ein Rechtsanspruch erwächst, dieser aber ganz oder teilweise aus sachlichem Grund widerruflich ist.[55] Damit entsteht auch bei einer Unterstützungskasse eine weitgehende arbeitsrechtliche Verfestigung der Leistungen und Leistungserwartungen. Im Gegensatz zu »rechtsverbindlichen« Versorgungszusagen besteht jedoch bei Unterstützungskassen ein einseitiges Widerrufsrecht des Arbeitgebers, wenn ein triftiger oder sachlicher Grund vorliegt.[56] Jedenfalls lässt das BAG die Unterstützungskasse aber auch neben dem Arbeitgeber als Gesamtschuldner haften.[57] Die Unterstützungskasse hat einen Anspruch gegen das Trägerunternehmen auf Vorschuss- und Aufwendungsersatz gemäß §§ 669, 670 BGB.

86 Die Zuwendungen, die der Arbeitgeber im Rahmen des § 4d EStG als Betriebsausgabe an die Unterstützungskasse zahlt, sind vom Arbeitnehmer in der Anwartschaftsphase nicht zu versteuern. Erst die Versorgungszahlungen werden nachgelagert in voller Höhe gem. § 19 EStG besteuert. Damit ist die Unterstützungskassenzusage der unmittelbaren Versorgungszusage in der Auszahlungsphase gleichgestellt.

c) Verschiedene Durchführungswege

87 In der Praxis sind in Unternehmen häufig mehrere Durchführungswege gleichzeitig nebeneinander anzutreffen.

Beispiele:

a) Die Grundversorgung der Gesamtbelegschaft wird über eine Unterstützungskasse abgewickelt, einem objektiv abgrenzbaren Mitarbeiterkreis wird zusätzlich eine unmittelbare Versorgungszusage erteilt.

b) Für die arbeitgeberfinanzierte BAV wird eine unmittelbare Versorgungszusage gewählt. Der Anspruch auf BAV durch Entgelt-

---

55 BAG 11.12.2001, 3 AZR 128/01, EzA § 1 BetrAVG Ablösung Nr. 32 = DB 2003, 214.
56 BAG 17.4.1985, 3 AZR 72/83, EzA § 1 BetrAVG Unterstützungskasse Nr. 2 = DB 1986, 228; BAG 11.12.2001, 3 AZR 128/01, EzA § 1 BetrAVG Unterstützungskasse Nr. 32 = DB 2003, 214; BAG 10.12.2002, 3 AZR 3/02, EzA § 1 BetrAVG Gleichbehandlung Nr. 26 = DB 2003, 2018.
57 BAG 11.12.2007, 3 AZR 249/06, EzA § 2 AGG Nr. 1 = DB 2008, 766; BAG 16.2.2010, 3 AZR 216/09, EzA § 1 BetrAVG Gleichbehandlung Nr. 35 = BetrAV 2010, 178.

umwandlung wird über einen externen Versorgungsträger abgewickelt.

Es gibt auch einen ablösenden Wechsel von Durchführungswegen. 88

Beispiel:

Eine unmittelbare Zusage wird durch einen Pensionsfonds »ersetzt«. Dies geschieht ohne Zustimmung des begünstigten Arbeitnehmers und mitbestimmungsfrei durch einen Wechsel des Durchführungsweges, wenn damit keine Änderung im Versorgungsverhältnis verbunden ist, also der Zusageinhalt unverändert bleibt und in der Zusage kein Durchführungsweg verbindlich vorgegeben wurde.[58]

Wird der Zusageinhalt verändert, stellen sich unter arbeitsrechtlichen 89 Aspekten z. B. Fragen zu Mitbestimmungsrechten des Betriebsrats (dazu unten Rn. 682 ff.) und zur Wahrung von Besitzständen (dazu unter Rn. 630 ff.).

d) Grenzüberschreitende Versorgungseinrichtungen

Mit der Pensionsfondsrichtlinie, die durch das Siebte Gesetz zur Änderung des Versicherungsaufsichtsgesetzes[59] in deutsches Recht umgesetzt wurde, wurde im Ausland tätigen Versorgungseinrichtungen das Recht eingeräumt, auch in Deutschland BAV zu betreiben, wenn bestimmte Voraussetzungen erfüllt sind. Da auch von diesen Versorgungsträgern das Betriebsrentengesetz einzuhalten ist, ändern sich nicht die vorgenannten versicherungsförmigen Durchführungswege. Die BaFin weist dem ausländischen Versorgungsträger den für ihn maßgeblichen Durchführungsweg zu. 90

---

58 BAG 12.6.2007, 3 AZR 186/06, EzA § 1 BetrAVG Nr. 90 = DB 2008, 2034; dazu *Reinecke* DB 2010, 2392 m. w. N.
59 Vom 29.8.2005, BGBl. I S. 2546, vgl. § 118e VAG.

II. Versorgungsverhältnis

e) Treuhandmodelle und Pfandrechte

91 An dem Durchführungsweg der unmittelbaren Versorgungszusage ändert sich nichts, wenn der Arbeitgeber Vermögen auf einen Treuhänder überträgt. Solche Treuhandlösungen werden praktiziert, um im handelsrechtlichen Jahresabschluss des Unternehmens, wenn er nach IFRS oder US-GAAP aufgestellt wird, eine Saldierung vornehmen zu können.[60] Ab 2010 kann auch im deutschen handelsrechtlichen Jahresabschluss eine Saldierung gem. § 246 HGB erfolgen, wenn die Voraussetzungen erfüllt sind. Dann besteht ein Saldierungsgebot.[61]

92 Auch wenn dem Arbeitnehmer ein Pfandrecht gegenüber dem Treuhänder eingeräumt wird, bleibt es bei einer unmittelbaren Verpflichtung des Arbeitgebers.[62] Gleiches gilt für eine Begünstigung im Rahmen eines Vertrages zugunsten Dritter (§ 328 BGB) oder bei einem Schuldbeitritt durch den Treuhänder. Dem Arbeitnehmer wird lediglich ein zusätzliches Recht eingeräumt, was aber im Insolvenzfall nur dann zum Tragen kommt, wenn kein gesetzlicher Insolvenzschutz besteht.[63]

f) Wertguthaben

93 Arbeitszeitkonten, Wertguthaben oder ähnliche Gestaltungen sind keine BAV. Für die BAV ist typisch, dass Zahlungen in aller Regel erst erbracht werden, wenn das Arbeitsverhältnis beendet wurde, also der Versorgungsfall eingetreten ist.[64] Wertguthaben sollen während des bestehenden Arbeitsverhältnisses eine Freistellungsphase finanzieren, haben folglich einen anderen Zweck als BAV.[65] Wird die angestrebte Freistellung nicht vorgenommen, weil z. B. der Arbeitnehmer invalide wird, bevor das Arbeitszeitguthaben aufgebraucht wer-

---

60 Z. B. *Seeger* DB 2008, 697.
61 Gesetz zur Modernisierung des Bilanzrechts (Bilanzrechtsmodernisierungsgesetz – BilMoG) vom 25.5.2009, BGBl. I S. 1102.
62 Hierzu auch BMF-Schreiben vom 31.3.2010, Rdn. 288 (Anhang) sowie § 3 Nr. 65 EStG.
63 Zum Forderungsübergang im Insolvenzfall *Berenz* in: Kemper/Kisters-Kölkes/Berenz/Huber, BetrAVG, § 9 Rdn. 10 ff.
64 Dies ist nicht zwingend Voraussetzung, wie z. B. der Invaliditätsfall zeigt. In aller Regel ist ein Arbeitnehmer wegen der geringen gesetzlichen Invaliditätsleistungen gezwungen, einer Erwerbstätigkeit nachzugehen.
65 *Kümmerle/Buttler/Keller* Betriebliche Zeitwertkonten, passim.

den konnte, kann bei Vereinbarungen, die vor dem 13.11.2008 erfolgten, ein Wertguthaben sozialversicherungsfrei in BAV überführt werden (Einzelheiten hierzu § 23b Abs. 3a S. 2 SGB IV).

2. Rechtsbegründungsakte

Unter einem Rechtsbegründungsakt wird der konkrete Verpflichtungstatbestand für die Begründung des Versorgungsverhältnisses verstanden. **Der Rechtsbegründungsakt ist vom Durchführungsweg zu unterscheiden.** Für jeden Rechtsbegründungsakt können alle fünf Durchführungswege gewählt werden. Der Rechtsbegründungsakt ist nicht nur maßgebend für die Begründung der Arbeitgeberverpflichtung, sondern auch rechtliche Basis für deren Änderung. Bei den einzelnen Rechtsbegründungsakten gibt es unterschiedliche rechtliche Änderungs- und Aufhebungsmodalitäten.[66]

94

a) Einzelzusage

Das Versorgungsverhältnis beruht auf einer Einzelzusage, wenn der Leistungsplan zwischen dem Arbeitgeber und dem einzelnen Arbeitnehmer unter Berücksichtigung der wechselseitigen Interessen »ausgehandelt« worden ist. Es liegen also übereinstimmende Willenserklärungen in Form eines Angebots und einer Annahme (Vertrag) vor.[67] Der Zusageinhalt ist auf eine konkrete Person zugeschnitten. **Die Einzelzusage ist Bestandteil des Arbeitsvertrages** und teilt dessen rechtliches Schicksal. Dabei ist es ohne Bedeutung, ob die Zusage im Arbeitsvertrag formuliert ist oder ob es hierfür einen gesonderten Versorgungsvertrag gibt. Üblicherweise wird die Zusage schriftlich erteilt. Eine mündlich getroffene Vereinbarung reicht aber aus, um ein Versorgungsverhältnis zu begründen.

95

Eine Versorgungszusage liegt auch dann vor, wenn nur eine **Blankettzusage** erteilt wurde. Davon spricht man, wenn die Details der Zusage offen geblieben sind, aber verbindlich Versorgungsleistungen zugesagt worden sind. Die Ausfüllung einer derartigen Zusage durch den Arbeitgeber unterliegt nach § 315 Abs. 3 S. 2 BGB einer gericht-

96

---
66 S. dazu unter Rn. 615 ff.
67 §§ 145 ff. BGB.

II. Versorgungsverhältnis

lichen Kontrolle, bei der dann festgestellt wird, ob der Arbeitgeber sein Ermessen richtig ausgeübt hat. Der Arbeitgeber muss nicht nur die rechtsgeschäftlich verbindlichen Vorgaben berücksichtigen, sondern auch die von ihm geweckten Vorstellungen und Erwartungen.[68]

97 Von der verbindlichen Erteilung einer Versorgungszusage durch übereinstimmende Willenserklärungen ist das unverbindliche Inaussichtstellen einer Versorgung zu unterscheiden. Wird nur für die Zukunft angedeutet, es könne einmal irgendwann eine betriebliche Versorgungsleistung zugesagt werden, liegt noch keine Versorgungszusage vor, weil ein Verpflichtungswille fehlt.

98 Es ist auch möglich, in einer Einzelzusage durch eine **Jeweiligkeitsklausel** dynamisch auf eine allgemeine betriebliche Versorgungsregelung (z. B. in einer Betriebsvereinbarung oder in einem Tarifvertrag) zu verweisen.[69] Dadurch wird sichergestellt, dass bei einer Änderung der allgemeinen Regelung dies auf die Einzelzusage durchschlägt. Das ist z. B. bei einer Versorgungszusage an leitende Angestellte wichtig, deren BAV sich aufgrund des Arbeitsvertrages nach einer Betriebsvereinbarung richten soll, auch wenn diese später verändert wird. Denn leitende Angestellte unterfallen nicht dem persönlichen Geltungsbereich der Betriebsvereinbarung (§ 5 BetrVG). Folglich bestimmt sich über eine arbeitsvertraglich vereinbarte Jeweiligkeitsklausel das Versorgungsverhältnis nach der geänderten Betriebsvereinbarung.

99 Da der Arbeitnehmer selbst Vertragspartner ist, kann er auch durch Änderungsvereinbarung diese Rechte einschränken oder ganz auf sie verzichten.[70] Dadurch unterscheidet sich seine Rechtsposition von einer solchen, die durch Kollektivvertrag begründet wird. In diesem Fall ist die Verfügungsbefugnis ausschließlich in der Hand von z. B. Arbeitgeber und Betriebsrat (Rechtsgrundlage Betriebsvereinbarung). Mitbestimmungsrechte des Betriebsrates müssen aber immer beachtet werden.[71]

---

68 BAG 19.7.2005, 3 AZR 472/04, EzA Art. 141 EGV Nr. 16 = DB 2006, 343; BAG 19.11.2002, 3 AZR 167/02, EzA § 1 BetrAVG Nr. 85 = DB 2003, 2131.
69 Dazu BAG 27.6.2006, 3 AZR 255/05, EzA § 1 BetrAVG Ablösung Nr. 45 = DB 2007, 118; BAG 27.6.2006, 3 AZR 212/05, DB 2007, 2491 = FA 2006, 248.
70 *Kemper* in: Kemper/Kisters-Kölkes/Berenz/Huber, BetrAVG, § 1 Rdn. 341 f.
71 BAG 21.1.2003, 3 AZR 30/02, EzA § 3 BetrAVG Nr. 9 = DB 2003, 2130.

2. Rechtsbegründungsakte

b) Vertragliche Einheitsregelung/Gesamtzusage

Werden Gesamtbelegschaften oder objektiv abgrenzbare Arbeitnehmergruppen von BAV begünstigt, kann als Rechtsbegründungsakt eine vertragliche Einheitsregelung oder eine Gesamtzusage gewählt werden. In diesen Fällen handelt es sich um eine Summe gleichstrukturierter Versorgungszusagen (nicht gleich hoher) mit kollektivem Bezug. Der allgemein geltenden Regelung gehen die Arbeitgeberentscheidungen über die Höhe der einzusetzenden finanziellen Mittel (Dotierungsrahmen) und über die Verteilungsgrundsätze in einem Leistungsplan voraus. Das hat jedoch keinen Einfluss auf die Rechtsnatur der daraus erwachsenden Ansprüche. Diese sind vertragliche Ansprüche und unterscheiden sich insoweit nicht von individualvertraglich begründeten Ansprüchen bei Einzelzusagen.[72] Der Unterschied besteht darin, dass die Inhalte nicht individuell ausgehandelt werden. Vielmehr gibt der Arbeitgeber das Regelwerk unter Wahrung der Mitbestimmungsrechte des Betriebsrats vor.

100

Der Unterschied zwischen einer vertraglichen Einheitsregelung und einer Gesamtzusage ist nicht rechtlicher – **in beiden Fällen werden die Versorgungszusagen Bestandteil der einzelnen Arbeitsverträge** –, sondern mehr formaler Natur.

101

Bei einer **vertraglichen Einheitsregelung** werden z. B. individuell gestaltete Versorgungszusagen (persönliche Anschreiben, Versorgungsurkunden) überreicht, die ausdrücklich vom Begünstigten akzeptiert werden. Angebot und Annahme des »Versorgungsvertrages« werden dokumentiert. Es handelt sich aber nicht um individuell ausgehandelte Einzelzusagen, sondern um ein einheitliches Regelwerk, nach dem sich die »individuellen« Zusagen richten.

102

Bei einer **Gesamtzusage** wird auf individuell gestaltete Versorgungszusagen (Dokumentation von Angebot und Annahme) verzichtet. Der Arbeitgeber hängt z. B. eine »Versorgungsordnung« am »Schwarzen Brett« aus. Die Gesamtzusage muss immer der Belegschaft »bekannt gegeben« werden, Akte der inneren Willensbildung reichen nicht aus, z. B. bei einer GmbH ein Beschluss der Gesellschafterversammlung.[73] Eine ausdrückliche Annahmeerklärung der begünstigten Arbeitnehmer wird nicht erwartet. Die Gesamtzusage wird Bestandteil

103

---

72 BAG 16.9.1986, GS 1/82, EzA § 77 BetrVG 1972 Nr. 17 = DB 1987, 383.
73 BAG 22.12.2009, 3 AZR 136/08, EzA § 1b BetrAVG Nr. 7 = DB 2010, 1074.

II. Versorgungsverhältnis

des einzelnen Arbeitsvertrages, auch wenn die Annahme dem Arbeitgeber gegenüber nicht ausdrücklich erklärt wird. Eine solche Erklärung ist nach der Verkehrssitte nicht zu erwarten (§ 151 BGB).[74]

104 Abgrenzungsfragen ergeben sich, wenn einem bestimmten Arbeitnehmer z. B. eine höhere Leistung als der Allgemeinheit zugesagt wird oder auf die Erfüllung der Wartezeit verzichtet wird. Eine solche Ergänzung macht aus der Gesamtzusage bzw. der vertraglichen Einheitsregelung in der Regel noch keine individuelle Versorgungszusage.[75]

c) Gleichbehandlung und Gleichberechtigung

105 Der Verpflichtung aus einer Versorgungszusage stehen Versorgungsverpflichtungen gleich, die auf dem Grundsatz der Gleichbehandlung beruhen (so deklaratorisch § 1b Abs. 1 S. 4 BetrAVG).[76] Da neben dem BetrAVG das AGG gilt,[77] kann auch aus diesem ein Anspruch abgeleitet werden.[78]

106 Der **Grundsatz der Gleichbehandlung** bedeutet nicht, dass alle Arbeitnehmer eine BAV erhalten müssen. Es können unterschiedliche Versorgungsverhältnisse begründet werden. Auch ist es möglich, zwischen einzelnen Arbeitnehmergruppen zu differenzieren. Der Gleichbehandlungsgrundsatz greift ein, wenn der Arbeitgeber nach einem bestimmten System Versorgungszusagen erteilt.[79] Dann muss bei einer Abgrenzung zwischen dem begünstigten und dem nicht begünstigten Personenkreis eine nachvollziehbare sachlich begründete Differenzierung vorgenommen werden. Werden die Entscheidungen zur BAV unternehmensübergreifend getroffen, ist auch unternehmensübergreifend der Gleichbehandlungsgrundsatz zu berücksichtigen.[80]

---

74 BAG 16.9.1986, GS 1/82, EzA § 77 BetrVG 1972 Nr. 17 = DB 1987, 383; BAG 18.3.2003, 3 AZR 101/02, EzA § 1 BetrAVG Ablösung Nr. 39 = DB 2004, 327.
75 BAG 24.11.1977, 3 AZR 732/76, EzA § 242 BGB Ruhegeld Nr. 67 = DB 1978, 545.
76 BAG 16.2.2010, 3 AZR 216/09, EzA § 1 BetrAVG Gleichbehandlung Nr. 35 = BetrAV 2010, 178; hierzu eingehend *Doetsch* FS Kemper, S. 91.
77 BAG 11.12.2007, 3 AZR 249/06, EzA § 2 AGG Nr. 1 = DB 2008, 766.
78 Vgl. *Beitze* in: Hey AGG, § 2 Rdn. 24 ff.
79 BAG 25.5.2004, 3 AZR 15/03, EzA § 1b BetrAVG Gleichbehandlung Nr. 1 = BetrAV 2005, 199 ff.
80 BAG 22.12.2009, 3 AZR 136/08, EzA § 1b BetrAVG Nr. 7 = DB 2010, 1074.

2. Rechtsbegründungsakte

»Der arbeitsrechtliche Gleichbehandlungsgrundsatz ist die privatrechtliche Ausprägung des Gleichheitssatzes Art. 3 Abs. 1 GG. Er ist verletzt, wenn sich für die Ungleichbehandlung ein vernünftiger, aus der Natur der Sache folgender oder sonst wie sachlich einleuchtender Grund nicht finden lässt; dies ist vor allem dann der Fall, wenn eine Gruppe von Arbeitnehmern im Vergleich zu anderen Arbeitnehmern anders behandelt wird, obwohl zwischen beiden Gruppen keine Unterschiede von solcher Art und solchem Gewicht entstehen, dass sie die Ungleichbehandlung rechtfertigen könnten. Billigenswerte Differenzierungsgründe sind solche, die auf vernünftigen, einleuchtenden Erwägungen beruhen und nicht gegen übergeordnete Wertentscheidungen verstoßen. Dabei richtet sich die Beurteilung auch im Bereich der betrieblichen Altersversorgung nach dem Zweck der Leistung. Der Arbeitgeber kann hier unterschiedliche Zwecke verfolgen: Leistungen der betrieblichen Altersversorgung sollen die wirtschaftliche Lage der Arbeitnehmer im Alter verbessern. Daneben tritt vielfach der Zweck, die von den Arbeitnehmern erwartete Betriebstreue zu fördern und zu belohnen. Eine Ungleichbehandlung kann deshalb auch an einem typischerweise unterschiedlichen Versorgungsbedarf anknüpfen. Sie kann aber auch wegen eines nachvollziehbar unterschiedlichen Interesses an fortdauernder Betriebstreue der betreffenden Arbeitnehmergruppe gerechtfertigt sein. Dabei muss sich der geltend gemachte Differenzierungsgrund aus dem betrieblichen Versorgungswerk selbst ergeben. Die Versorgungsordnung darf nicht im Widerspruch zu diesem Differenzierungsgrund stehen. Nur dann, wenn sie sich an die behaupteten Ordnungsgrundsätze hält, können diese einen sachlichen Grund abgeben.«[81]

107

Wird der allgemeine Gleichbehandlungsgrundsatz verletzt, führt dies nicht zur Nichtigkeit der bestehenden Versorgungsregelungen. Vielmehr ist die ohne sachlichen Grund benachteiligte Arbeitnehmergruppe so zu behandeln wie die von der BAV begünstigen Arbeitnehmer.[82]

108

Nach der Rechtsprechung des BAG[83] darf der Arbeitgeber in der BAV bei einem typischerweise unterschiedlichen Versorgungsbedarf ein-

109

---

81 So Orientierungssatz zu BAG 19.3.2002, 3 AZR 229/01, juris.
82 BAG 9.12.1997, 3 AZR 661/96, EzA § 1 BetrAVG Gleichbehandlung Nr. 16 = DB 1998, 1823; BAG 16.2.2010, 3 AZR 216/09, EzA § 1 BetrAVG Gleichbehandlung Nr. 35 = BetrAV 2010, 178.
83 BAG 25.4.1995, 3 AZR 446/94, EzA § 1 BetrAVG Gleichbehandlung Nr. 8.

II. Versorgungsverhältnis

zelne Arbeitnehmergruppen ungleich behandeln. Eine derartige Differenzierung steht in Übereinstimmung mit den üblichen Zwecken betrieblicher Versorgungswerke. Der Arbeitgeber kann deshalb eine Arbeitnehmergruppe von der BAV ausschließen, die aufgrund ihres Einkommens in der Lage ist, Eigenvorsorge zu betreiben.

110 Auch kann einem Versorgungsversprechen die Funktion zukommen, besonders qualifizierte[84] Arbeitnehmer oder Arbeitnehmer in gehobenen Positionen enger an das Unternehmen zu binden.

111 Der vorstehend beschriebene allgemeine Gleichbehandlungsgrundsatz ist vom **Gleichberechtigungsgrundsatz** zu unterscheiden. Dieser fordert, dass Männer und Frauen bei der BAV gleich zu behandeln sind. Dabei wird zwischen unmittelbarer und mittelbarer Diskriminierung unterschieden. Eine unmittelbare Diskriminierung liegt vor, wenn zwischen Männern und Frauen erkennbar unterschieden wird (unterschiedliche feste Altersgrenzen; Witwenversorgung, keine Witwerversorgung). Eine mittelbare Diskriminierung liegt vor, wenn mehr Frauen als Männer (oder umgekehrt) durch eine Versorgungsregelung benachteiligt werden, ohne dass dies unmittelbar aus dem Versorgungsversprechen abgeleitet werden kann. Weil Teilzeitarbeit überwiegend Frauenarbeit ist, liegt nach der Rechtsprechung z. B. eine Frauendiskriminierung vor, wenn Teilzeitkräfte von einer BAV ausgeschlossen werden. Für die BAV gelten diese Grundsätze schon lange, so dass mit dem AGG keine neue Rechtslage geschaffen wurde. Unabhängig davon gilt das AGG, wenn bei seinem Inkrafttreten am 18.8.2006 ein Versorgungsverhältnis bestanden hat.[85]

112 In der BAV haben sich besondere Problemkreise herausgebildet, bei denen der Grundsatz der Gleichbehandlung und der Grundsatz der Gleichberechtigung der Geschlechter gem. Art. 3 Abs. 2 und 3 GG und Art. 157 AEUV (früher Art. 119 bzw. 141 EG-Vertrag) besondere Bedeutung erlangt haben. Dies gilt nicht nur für unmittelbare Versorgungszusagen, sondern auch für mittelbar zugesagte Leistungen.[86] Auch dann, wenn der betroffene Arbeitnehmer oder dessen Hinterbliebene den Anspruch unmittelbar gegenüber ihrem Arbeitgeber geltend machen könnten, steht ihnen ein Anspruch gegenüber dem externen

---

84 BAG 20.7.2004, 3 AZR 316/03, EzA § 1 BetrAVG Gleichbehandlung Nr. 27.
85 BAG 20.4.2010, 3 AZR 509/08, DB 2010, 2000.
86 EuGH 9.10.2001, Rs. C-379/99, EzA Art. 141 EG-Vertrag 1999 Nr. 7 = DB 2002, 279; BAG 19.11.2002, 3 AZR 631/97, EzA Art. 141 EG-Vertrag 1999 Nr. 11 = DB 2003, 398.

2. Rechtsbegründungsakte

Versorgungsträger (Pensionskasse) zu.[87] Dieser hat selbst und primär[88] dafür einzustehen, wenn Frauen diskriminiert werden und kann für eine Verletzung des Gleichberechtigungsgrundsatzes unmittelbar in Anspruch genommen werden. Fehlen dem externen Versorgungsträger die Mittel hierfür, muss der Arbeitgeber diesem die Mittel zur Verfügung stellen (§ 1 Abs. 1 S. 3 BetrAVG) oder selbst zahlen. Zwischen dem Arbeitgeber und einer Unterstützungskasse besteht dabei Gesamtschuldnerschaft (§ 421 BGB). Die Unterstützungskasse hat aber einen Anspruch auf Vorschuss und Aufwendungsersatz gemäß §§ 669, 670 BGB gegen den Arbeitgeber (Trägerunternehmen).[89]

Männer und Frauen dürfen in Leistungsplänen nicht unterschiedlich behandelt werden. So ist es unzulässig, dass bei der Zusage einer Witwenleistung eine Witwerleistung nicht erbracht werden soll.[90] Eine Entgeltdiskriminierung wegen des Geschlechts liegt auch vor, wenn eine Witwerrente nur gezahlt werden soll, wenn die Arbeitnehmerin den Unterhalt überwiegend bestritten hat. Diese Einschränkung verstößt gegen Art. 157 AEUV. Die anspruchseinschränkende Bestimmung ist deshalb nicht anzuwenden.[91] Bei der Gleichbehandlung in der Hinterbliebenenversorgung gibt es keine Übergangsregelung. Dies bedeutet, dass bei der Verletzung des Gleichberechtigungsgrundsatzes rückwirkend die Arbeitnehmerinnen den Arbeitnehmern gleichzustellen sind. 113

Das Lohngleichheitsgebot von Mann und Frau des Art. 157 AEUV ist auch bei unterschiedlichen Altersgrenzen für Männer und Frauen zu beachten. So liegt z. B. eine unmittelbare Diskriminierung von Männern vor, wenn Frauen mit Vollendung des 60. Lebensjahrs, Männer jedoch erst mit Vollendung des 65. Lebensjahrs eine betriebliche Altersleistung beanspruchen können.[92] 114

Dies gilt bei unterschiedlichen Altersgrenzen allerdings nur für Leistungen fur nach dem 17.5.1990 (Datum der sog. Barber-Entscheidung 115

---

87 BAG 7.9.2004, 3 AZR 550/03, EzA Art 141 EG-Vertrag 1999 Nr. 16 = BetrAV 2005, 201.
88 *Reinecke* FS Kemper, S. 383.
89 BAG 16.2.2010, 3 AZR 216/09, EzA § 1 BetrAVG Gleichbehandlung Nr. 35 = BetrAV 2010, 178; Ziegler FS Kemper, S. 429.
90 BAG 5.9.1989, 3 AZR 575/88, EzA Art. 3 GG Nr. 25 = DB 19989, 2651; für Pensionskassen BAG 7.9.2004, 3 AZR 550/03, EzA Art. 141 EGV Nr. 16 = DB 2005, 507.
91 BAG 19.11.2002, 3 AZR 631/97, EzA Art. 141 EG-Vertrag 1999 Nr. 11 = DB 2002, 279; BAG 11.12.2007, 3 AZR 249/06, BetrAV 2008, 108 = DB 2008, 766.
92 EuGH 17.5.1990, Rs. C-626/88 – Barber, EzA Art. 119 EG-Vertrag Nr. 4.

II. Versorgungsverhältnis

des EuGH) zurückgelegte Beschäftigungszeiten.[93] Für Beschäftigungszeiten davor wird weder gegen Art. 157 AEUV noch gegen Art. 3 Abs. 2 GG verstoßen: Nach Art. 3 Abs. 2 GG dürfen die bisher noch für Frauen bestehenden Nachteile in der beruflichen Entwicklung durch die Festsetzung eines früheren Rentenalters ausgeglichen werden.[94] Für die Zeit ab dem 18.5.1990 müssen nicht nur gleiche Pensionsalter verwendet werden, sondern auch gleich hohe versicherungsmathematische Abschläge bzw. Zuschläge.[95] Auf die Rechtsprechung des EuGH und des BAG hat der Gesetzgeber reagiert. Er stellt über § 30a BetrAVG die Männer fiktiv den Frauen bei vorzeitigen Altersleistungen gleich.[96]

116 Sind in einer Versorgungsregelung unterschiedliche Pensionsalter für Männer und Frauen vorgesehen, ergibt sich folgende Differenzierung:

Ist ein Mann nach dem 17.5.1990 in dieses Unternehmen eingetreten, ist für ihn von Anfang an die für Frauen vorgesehene Altersgrenze maßgeblich (z. B. Alter 60). Versicherungsmathematische Abschläge sind unzulässig. Ist bei einem vorzeitigen Ausscheiden das Quotierungsverfahren anzuwenden, ist auf das Pensionsalter der Frauen bei der möglichen Betriebszugehörigkeit abzustellen.

117 Ist der Mann vor dem 17.5.1990 ein- und wieder ausgetreten, ist ausschließlich die für Männer vorgesehene Altersgrenze maßgeblich.

118 Wurde das Arbeitsverhältnis vor dem 17.5.1990 begründet und über dieses Datum hinaus fortgesetzt, ergeben sich zwei Rentenstämme. Der erste mit dem Pensionsalter der Männer berechnete Rentenstamm erfasst die Zeit vom Eintritt bis zum 17.5.1990. Für diesen Rententeil ist auf das für Männer vorgesehene Pensionsalter abzustellen. Der zweite Rententeil erfasst die Zeit ab dem 18.5.1990 bis zum Ausscheiden. Hierfür ist das Pensionsalter der Frauen maßgeblich.

---

93 Dies gilt auch für schwerbehinderte Arbeitnehmer: BAG 23.5.2000, 3 AZR 228/99, EzA § 1 BetrAVG Gleichbehandlung Nr. 20 = DB 2001, 767.
94 BAG 18.3.1997, 3 AZR 759/95, EzA Art. 3 GG Nr. 61 = BB 1997, 1417; BAG 3.6.1997, 3 AZR 910/95, EzA Art. 119 EG-Vertrag Nr. 45 = DB 1997, 1778; BAG 23.9.2003, 3 AZR 304/02, EzA § 1 BetrAVG Gleichberechtigung Nr. 13 = DB 2004, 2645.
95 BAG 23.9.2003, 3 AZR 304/02, EzA § 1 BetrAVG Gleichberechtigung Nr. 13 = DB 2004, 2645; BAG 17.9.2008, 3 AZR 1061/06, EzA § 2 BetrAVG Nr. 31.
96 Siehe auch Rn. 404.

2. Rechtsbegründungsakte

Weitere Problembereiche bei der BAV sind unterschiedliche Versorgungsregelungen bei Vollzeit- und Teilzeitkräften,[97] bei Arbeitern und Angestellten,[98] haupt- und nebenberuflich Beschäftigten,[99] Außen- und Innendienstlern,[100] Polieren und kaufmännischen Angestellten[101] sowie sog. Auslandskräften.[102] Auch können Arbeitnehmer, die einer Flexibilisierung ihrer Arbeitszeit zugestimmt haben, eine höhere BAV erhalten.[103]

119

Für Teilzeitkräfte, zu denen geringfügig Beschäftigte gehören, und für befristet Beschäftigte wird in § 4 des Teilzeit- und Befristungsgesetzes (TzBfG) ein Diskriminierungsverbot vorgegeben. Danach dürfen diese Personengruppen nicht schlechter behandelt werden als Vollzeitbeschäftigte bzw. unbefristet Beschäftigte, es sei denn, dass sachliche Gründe eine unterschiedliche Behandlung rechtfertigen. Man wird davon ausgehen können, dass in der BAV ein Ausschluss dieser Personenkreise in der Regel[104] nicht gerechtfertigt ist. Zu beachten ist, dass Teilzeitbeschäftigte und befristet Beschäftigte einen Anspruch auf BAV durch Entgeltumwandlung gem. § 1a BetrAVG haben, wenn sie in der gesetzlichen Rentenversicherung pflichtversichert sind.[105]

120

---

97 BAG 5.10.1993, 3 AZR 695/92, EzA § 1 BetrAVG Lebensversicherung Nr. 5 = DB 1994, 739; zu geringfügig Beschäftigten: BAG 27.2.1996, 3 AZR 886/94, EzA Art. 3 GG Nr. 53 = DB 1996, 1827 und BAG 22.2.2000, 3 AZR 845/98, EzA § 1 BetrAVG Gleichbehandlung Nr. 18 = DB 2000, 1083.
98 BAG 10.12.2002, 3 AZR 3/02, EzA § 1 BetrAVG Gleichbehandlung Nr. 26 = DB 2003, 2018; BAG 22.12.2009, 3 AZR 895/07, EzA § 1 BetrAVG Gleichbehandlung Nr. 34; BAG 16.2.2010, 3 AZR 216/09, EzA § 1 BetrAVG Gleichbehandlung Nr. 35 = BetrAV 2010, 178.
99 BAG 22.11.1994, 3 AZR 349/94, EzA § 1 BetrAVG Gleichbehandlung Nr. 6 = DB 1995, 930.
100 BAG 17.2.1998, 3 AZR 783/96, EzA § 1 BetrAVG Gleichbehandlung Nr. 14 = DB 1998, 1139; BAG 9.12.1997, 3 AZR 661/96, EzA § 1 BetrAVG Gleichbehandlung Nr. 16 = DB 1998, 1823.
101 BAG 19.3.2002, 3 AZR 229/01, n. v.
102 BAG 21.8.2007, 3 AZR 269/06, EzA § 1 BetrAVG Gleichbehandlung Nr. 29 = DB 2008, 710.
103 BAG 18.9.2007, 3 AZR 639/06, EzA § 1 BetrAVG Gleichbehandlung Nr. 30 = DB 2008, 823.
104 Es ist umstritten, ob geringfügig Beschäftigte von einer arbeitgeberfinanzierten BAV ausgeschlossen werden dürfen. Für Gesamtversorgungssysteme: BAG 22.2.2000, 3 AZR 845/98, EzA § 1 BetrAVG Gleichbehandlung Nr. 16. Für Versorgungssysteme, die nicht in Abhängigkeit von der gesetzlichen Rentenversicherung ausgestaltet sind, liegen keine höchstrichterlichen Entscheidungen vor. Bei einer Befristung des Arbeitsverhältnisses auf ein Jahr ist ein Ausschluss von der Versorgung zulässig: BAG 13.12.1994, 3 AZR 367/94, EzA § 1 BetrAVG Gleichbehandlung Nr. 5 = DB 1995, 931.
105 § 17 Abs. 1 S. 3 BetrAVG; vgl. auch Rn. 513 ff.

II. Versorgungsverhältnis

121 Natürlich sind bei Teilzeitkräften im Verhältnis zu Vollzeitkräften Differenzierungen im Versorgungsniveau entsprechend dem Beschäftigungsgrad zulässig und geboten.[106] Bei einem Wechsel des Beschäftigungsgrades ist auf den durchschnittlichen Beschäftigungsgrad während des Arbeitsverhältnisses abzustellen.[107]

122 Bei Arbeitern und Angestellten wurde in der Vergangenheit vielfach bei der BAV differenziert. Dies war darauf zurückzuführen, dass – historisch bedingt – Arbeiter »mit Handarbeit« und Angestellte »mit Kopfarbeit« in unterschiedliche Kategorien aufgeteilt wurden. Allein der Status war entscheidend. Diese Differenzierung ist seit dem **1.7.1993** in der BAV nicht mehr rechtmäßig. Das BAG[108] hat entschieden, dass eine Differenzierung allein aufgrund der Einordnung in die Kategorie der Arbeiter oder Angestellten nicht mehr zulässig ist. Ab diesem Stichtag ist die benachteiligte Gruppe nach den Versorgungsregelungen zu behandeln, die für die bis dahin bevorrechtigte Gruppe gelten.[109]

> **Beispiel:**
>
> In einer Betriebsvereinbarung ist für Arbeiter und Angestellte geregelt, dass beide Gruppen für die ersten 10 Jahre jeweils 1% des versorgungsfähigen Arbeitsverdienstes erhalten; für alle weiteren Dienstjahre erhalten die Arbeiter einen Steigerungssatz von 0,4%, die Angestellten von 0,6%.
>
> Ein Arbeiter, geboren am 1.7.1948, ist am 1.7.1973 bei diesem Arbeitgeber eingetreten. Er erhält eine Altersrente im Alter von 65 Jahren in Höhe von 520 €, wenn sein versorgungsfähiger Arbeitsverdienst 2.000 € beträgt. Diese Rente ermittelt sich wie folgt:
>
> 1.7.1973–30.6.1983 = 10%
> 1.7.1983–30.6.1993 = 4%
> 1.7.1993–30.6.2013 = 12%
> 26% × 2.000 € = 520 €

---

106 BAG 3.11.1998, 3 AZR 432/97, EzA § 1 TVG Auslegung Nr. 31 = DB 1999, 1809; BAG 5.10.1993, 3 AZR 695/92, EzA § 1 BetrAVG Lebensversicherung Nr. 5 = DB 1994, 739.
107 BAG 24.7.2001, 3 AZR 567/00, EzA § 6 BetrAVG Nr. 25 = BetrAV 2002, 409.
108 BAG 10.12.2002, 3 AZR 3/02, EzA § 1 BetrAVG Gleichbehandlung Nr. 26 = DB 2003, 2018; BAG 16.2.2010, 3 AZR 216/09, EzA § 1 BetrAVG Gleichbehandlung Nr. 35 = BetrAV 2010, 178.
109 Zur Gleichbehandlung von Arbeitern und Angestellten, wenn Rechtsgrundlage ein Tarifvertrag ist: BAG 22.12.2009, 3 AZR 895/07, EzA § 1 BetrAVG Gleichbehandlung Nr. 34 = DB 2010, 2816.

2. Rechtsbegründungsakte

Der Gleichbehandlungsgrundsatz ist nicht darauf beschränkt, Arbeitnehmer in eine Versorgung einzuschließen oder sie hiervon auszugrenzen. Er erfasst vielmehr auch die zugesagten Leistungen (z. B. Invaliditätsleistung)[110] und deren Leistungshöhe. Ist eine bezügeabhängige Versorgung zugesagt, können zwar gewisse Bezügebestandteile, wie die variable Vergütung, bei der Bemessungsgrundlage ausgeklammert werden.[111] Werden aber bei den Arbeitnehmern unterschiedliche Vergütungssysteme eingesetzt, muss die Leistungsbemessung so gestaltet werden, dass Arbeitnehmer mit gleicher Stellung oder Funktion gleich hohe Leistungen bekommen. 123

> **Beispiel:**
> Im Vertrieb erhalten die Arbeitnehmer überwiegend eine variable Vergütung. Vergleichbare Arbeitnehmer in der Produktion erhalten einen Stundenlohn. Bei gleichen Jahresbezügen müssen gleich hohe Versorgungsbausteine erworben werden.

Keine Gleichbehandlung kann verlangt werden, wenn nach einem Betriebsübergang gem. § 613a BGB unterschiedliche Vergütungssysteme fortgeführt werden. Für die übergegangenen Arbeitsverhältnisse bleibt die Regelung bestehen, die vor dem Übergang maßgeblich war. Der Besitzstand bleibt erhalten. Auch längere Zeit nach dem Übergang besteht keine Pflicht zur Harmonisierung.[112] 124

An den vorstehenden Abgrenzungen ändert sich nichts durch das AGG. Die Rechtsprechung zur Gleichberechtigung von Männern und Frauen hat bereits das Recht angewandt, welches das AGG in § 1 fordert, die Gleichbehandlung zwischen den Geschlechtern. 125

Das Verbot der Benachteiligung wegen des Alters gerät im Rahmen der BAV regelmäßig mit verschiedenen Regelungen in Konflikt. Schließlich knüpft die BAV per definitionem (u. a.) zumeist an das biologische Ereignis »Alter« an. Eine Altersdiskriminierung in der BAV ist aber in der Regel nicht zu erkennen. Jedenfalls wird eine Ungleichbehandlung wegen des Alters im Rahmen der BAV regelmäßig durch § 10 S. 3 Nr. 4 AGG gerechtfertigt. Zudem bildet § 2 Abs. 2 S. 2 AGG, der auf die Re- 126

---
110 BAG 17.2.1997, 3 AZR 578/96, EzA § 1 BetrAVG Nr. 15 = DB 1998, 1239.
111 LAG Düsseldorf 29.6.2001, 16 Sa 495/01, NZA-RR 2002, 38.
112 BAG 31.8.2005, 5 AZR 517/04, EzA § 613a BGB Nr. 39 = BB 2006, 440.

II. Versorgungsverhältnis

gelungen der BAV verweist, eine Kollisionsnorm, welche die Regelungen des BetrAVG der Kontrolle nach dem AGG entzieht.[113]

127 Unproblematisch ist jedenfalls, dass die Höhe der Versorgungsleistung von der Dauer der Betriebszugehörigkeit abhängig gemacht wird. Damit werden zwar ältere Arbeitnehmer, die schon länger in einem Arbeitsverhältnis zum Arbeitgeber stehen, gegenüber jüngeren Arbeitnehmern bevorzugt. Diese Ungleichbehandlung wegen des Alters ist jedoch durch § 10 S. 3 Nr. 4 AGG gerechtfertigt, da die BAV in der Regel eine Gegenleistung für die erbrachte Betriebstreue ist und derjenige, der ein größeres Maß an Betriebstreue gezeigt hat, besser gestellt werden kann als derjenige, der (bisher) weniger Betriebstreue gezeigt hat. Dies ergibt sich auch aus der Parallele zu § 2 Abs. 1 BetrAVG, der die Höhe der unverfallbaren Anwartschaft maßgeblich von der Dauer der Betriebszugehörigkeit abhängig macht. Deshalb dürfte auch das Quotierungsverfahren nicht gegen das AGG verstoßen.

128 Auch die gesetzliche Unverfallbarkeitsfrist in § 1b Abs. 1 BetrAVG bzw. das darin geregelte Mindestalter stehen nicht im Widerspruch zum AGG.[114]

d) Betriebliche Übung

129 BAV kann durch betriebliche Übung begründet werden (so deklaratorisch § 1b Abs. 1 S. 4 BetrAVG). Unter einer betrieblichen Übung ist ein gleichförmiges und wiederholtes Verhalten des Arbeitgebers zu verstehen, aus dem die Arbeitnehmer schließen können, ihnen solle eine Leistung oder Vergünstigung auf Dauer eingeräumt werden.[115]

130 Im Bereich der BAV ist das Entstehen einer betrieblichen Übung z. B. dann möglich, wenn in vergleichbaren Versorgungssituationen von dem ursprünglich festgelegten Leistungsplan abgewichen wird, z. B.

---

113 BAG 11.12.2007, 3 AZR 249/06, EzA § 2 AGG Nr. 1 = DB 2008, 766.
114 *Blomeyer/Rolfs/Otto* § 1b Rdn. 71a ff.
115 BAG 25.6.2002, 3 AZR 360/01, EzA § 1 BetrAVG Betriebliche Übung Nr. 3 = DB 2003, 1004; BAG 22.1.2002, 3 AZR 554/00, EzA § 242 BGB Betriebliche Übung Nr. 36 = DB 2002, 1896; BAG 29.4.2003, 3 AZR 247/02, EzA § 1 BetrAVG Betriebliche Übung Nr. 4 = FA 2004, 53; BAG 29.4.2003, 3 AZR 339/02, n. v.; BAG 12.12.2006, 3 AZR 57/06, EzA § 1 BetrAVG Betriebliche Übung Nr. 8 = DB 2007, 2435; BAG 19.8.2009, 3 AZR 194/07, EzA § 1 BetrAVG Gleichbehandlung Nr. 32; BAG 16.2.2010, 3 AZR 118/08, EzA § 1 BetrAVG Betriebliche Übung Nr. 10 = DB 2010, 1947.

bei vorbehaltloser Gewährung einer »dreizehnten Zahlung« (Rentnerweihnachtsgeld), ohne dass dies im Leistungsplan vorgesehen ist.[116]

Eine betriebliche Übung kann auch vorliegen, wenn allen Arbeitnehmern innerhalb bestimmter Fristen übereinstimmende Versorgungszusagen erteilt werden.[117] Bei einer betrieblichen Übung wird die BAV Bestandteil der einzelnen Arbeitsverträge wie bei einer Einzelzusage. 131

e) Betriebsvereinbarung

Betriebsvereinbarungen als Rechtsbegründungsakt für eine BAV sind häufig und wegen der Flexibilität bei denkbaren künftigen Änderungen zu empfehlen.[118] 132

Die Formvorschriften des § 77 Abs. 2 BetrVG müssen eingehalten werden. Eine Betriebsvereinbarung liegt vor, wenn Arbeitgeber und Betriebsrat über eine Angelegenheit des Unternehmens einen gemeinsamen Beschluss fassen, dieser schriftlich niedergelegt und von beiden Seiten gemeinsam unterzeichnet wird. Die Verpflichtung des Arbeitgebers, die Betriebsvereinbarung (Kollektivvertrag) an geeigneter Stelle im Betrieb auszulegen, hat keine konstitutive Bedeutung. 133

Betriebsvereinbarungen gelten unmittelbar und zwingend. Sie gestalten also unmittelbar das Versorgungsverhältnis solcher Arbeitnehmer, die von der Betriebsvereinbarung erfasst werden. Die Arbeitnehmer brauchen dem Abschluss einer Betriebsvereinbarung, von deren persönlichem Geltungsbereich sie erfasst werden, nicht individuell zuzustimmen. Werden Arbeitnehmern durch die Betriebsvereinbarung Rechte eingeräumt, ist dies für sie positiv. Der zwingende Rechtscharakter wirkt sich im Wesentlichen bei Änderungen aus, insbesondere bei Verschlechterungen.[119] Will ein Arbeitnehmer im Einzelfall 134

---

116 BAG 30.10.1984, 3 AZR 236/82, EzA § 242 BGB Betriebliche Übung Nr. 14 = DB 1985, 1747; BAG 29.4.2003, 3 AZR 339/02 und 3 AZR 247/02, EzA § 1 BetrAVG Betriebliche Übung Nr. 4; BAG 16.2.2010, 3 AZR 118/08, EzA § 1 BetrAVG Betriebliche Übung Nr. 10 = DB 2010, 1947.
117 BAG 29.10.1985, 3 AZR 462/83, EzA § 1 BetrAVG Nr. 38 = DB 1986, 2189.
118 *Kemper* in: Kemper/Kisters-Kölkes/Berenz/Huber BetrAVG, § 1 Rdn. 141 ff.; *Andresen/Förster/Rößler/Rühmann* Teil 7 A Rdn. 257 ff.
119 Dazu Rn. 623 ff.

II. Versorgungsverhältnis

auf Rechte verzichten, ist ein solcher Verzicht nur mit Zustimmung des Betriebsrates zulässig (§ 77 Abs. 4 BetrVG).[120]

135 Betriebsvereinbarungen können mit unmittelbarer Wirkung nur für die Personen abgeschlossen werden, die der Betriebsrat vertritt. Dies sind die im Betrieb, Unternehmen oder Konzern aktiven Arbeitnehmer mit Ausnahme der leitenden Angestellten (§ 5 BetrVG). Nicht vom Betriebsrat vertreten werden ehemalige Arbeitnehmer (Versorgungsempfänger, mit unverfallbarer Anwartschaft ausgeschiedene Anwärter),[121] es sei denn, es wurde eine Jeweiligkeitsklausel vereinbart.[122] In jüngerer Zeit hat das BAG[123] mehrfach offen gelassen, ob die Rechtsetzungskompetenz der Betriebsparteien auch Versorgungsempfänger erfassen kann. In diesen Fällen ist das Gericht über Jeweiligkeitsklauseln zu dem Ergebnis gelangt, das auch Versorgungsempfänger erfasst werden, allerdings nur dann, wenn der Gleichbehandlungsgrundsatz nicht verletzt wird.[124]

136 Für den Abschluss der Betriebsvereinbarung ist der Betriebsrat des einzelnen Betriebes, der Gesamtbetriebsrat oder der Konzernbetriebsrat zuständig. Existiert ein Gesamtbetriebsrat, sind nicht die einzelnen Betriebsräte für Fragen der BAV zuständig, sondern der Gesamtbetriebsrat (§ 50 Abs. 1 S. 1 BetrVG), weil bei der BAV die Notwendigkeit einer unternehmenseinheitlichen Regelung besteht.[125] Die Zuständigkeitsverteilung zwischen dem örtlichen Betriebsrat und dem Gesamtbetriebsrat gem. § 50 Abs. 1 BetrVG ist zwingend. Sie kann nicht durch den Abschluss einer Betriebsvereinbarung abbedungen werden.[126] Die originäre Zuständigkeit des Konzernbetriebsrates ist nach den selben Kriterien zu bestimmen, wie die Zuständigkeit des Gesamtbetriebs-

---

120 BAG 3.6.1997, 3 AZR 25/96, EzA § 77 BetrVG 1972 Nr. 59 = DB 1998, 267; BAG 21.1.2003, 3 AZR 30/02, EzA § 3 BetrAVG Nr. 9 = DB 2003, 2130.
121 BAG 25.10.1988, 3 AZR 483/86, EzA § 77 BetrVG 1972 Nr. 26 = DB 1989, 1195; in seinen Entscheidungen vom 12.12.2006, 3 AZR 476/05, EzA § 1 BetrAVG Nr. 89 und vom 10.2.2009, 3 AZR 653/07, EzA § 1 BetrAVG Betriebsvereinbarung Nr. 6, hat das BAG diese Frage ausdrücklich offen gelassen.
122 BAG 23.9.1997, 3 AZR 529/96, EzA § 1 BetrAVG Ablösung Nr. 14 = DB 1998, 318.
123 BAG 12.10.2004, 3 AZR 557/03, EzA § 1 BetrAVG Hinterbliebenenversorgung Nr. 11 = BetrAV 2005, 297; BAG 14.12.2010, 3 AZR 799/08.
124 BAG 10.2.2009, 3 AZR 653/07, EzA § 1 BetrAVG Betriebsvereinbarung Nr. 6 = DB 2009, 1303.
125 BAG 21.1.2003, 3 ABR 26/02, EzA § 50 BetrVG 2001 Nr. 2 = DB 2003, 2131; BAG 24.5.2006, 7 AZR 201/05, EzA § 29 BetrVG 2001 Nr. 1 = DB 2007, 696.
126 BAG 21.1.2003, 3 ABR 26/02, EzA § 50 BetrVG 2001 Nr. 2 = DB 2003, 2131.

rates. Zwingende Erfordernisse für eine konzerneinheitliche Regelung genügen (§ 58 Abs. 1 BetrVG).[127]

Die Zuständigkeit des Gesamtbetriebsrats kann nicht durch Tarifvertrag oder Betriebsvereinbarung abbedungen werden.[128] Der Betriebsrat kann auch nicht auf seine Mitbestimmungs- und Gestaltungsrechte verzichten, indem er sich der jeweils bei der Konzernmuttergesellschaft geltenden Betriebsvereinbarung unterwirft.[129] 137

Betriebsvereinbarungen müssen zwingend den Gleichbehandlungs- und den Gleichberechtigungsgrundsatz berücksichtigen (§ 75 Abs. 1 BetrVG).[130] 138

Eine Betriebsvereinbarung über BAV ist eine freiwillige Betriebsvereinbarung, soweit es um die Begründung von Rechten und den Dotierungsrahmen der BAV geht. Lediglich die Verteilungsgrundsätze des Leistungsplans sind erzwingbare Elemente. Es handelt sich also um teilmitbestimmte Betriebsvereinbarungen.[131] 139

Bei einer Betriebsvereinbarung beruhen die Versorgungszusagen auf einem Kollektivvertrag und werden nicht Bestandteil der individuellen Arbeitsverträge. Diese Aussage ist von Bedeutung, wenn nach Zusageerteilung die Versorgungszusagen geändert werden sollen.[132] 140

Auch wenn Betriebsvereinbarungen nicht für leitende Angestellte gem. § 5 BetrVG gelten, ist es möglich, bei dieser Arbeitnehmergruppe vertraglich die Geltung einer Betriebsvereinbarung über BAV »in der jeweils gültigen Fassung« (Jeweiligkeitsklausel) zu vereinbaren. Auch können leitende Angestellte mittels einer Betriebsvereinbarung begünstigt werden.[133] 141

---

127 BAG 24.1.2006, 3 AZR 483/04, EzA § 1 BetrAVG Ablösung Nr. 46.
128 BAG 21.1.2003, 3 ABR 26/02, EzA § 50 BetrVG 2001 Nr. 2 = DB 2003, 2131.
129 BAG 22.8.2006, 3 AZR 319/05, EzA § 77 BetrVG 2001 Nr. 17 = DB 2007, 639.
130 BAG 10.2.2009, 3 AZR 653/07, EzA § 1 BetrAVG Betriebsvereinbarung Nr. 6 = DB 2009, 1303.
131 BAG 26.10.1993, 1 AZR 46/93, EzA § 77 BetrVG 1972 Nr. 53 = DB 1994, 987; BAG 17.1.1995, 1 ABR 29/94, EzA § 77 BetrVG 1972 Nr. 54 = DB 1995, 1918; BAG 11.5.1999, 3 AZR 21/98, EzA § 1 BetrAVG Betriebsvereinbarung Nr. 1 = DB 2000, 525; BAG 17.8.1999, 3 ABR 55/98, EzA § 1 BetrAVG Betriebsvereinbarung Nr. 2 = DB 2000, 774.
132 Siehe dazu Rn. 623 ff.
133 Vertrag zugunsten Dritter gem. § 328 BGB.

II. Versorgungsverhältnis

f) Vereinbarungen nach dem Sprecherausschussgesetz

142 Bei leitenden Angestellten gem. § 5 BetrVG, die nicht vom Betriebsrat vertreten werden, können als Rechtsbegründungsakt für eine betriebliche Altersversorgung auch Vereinbarungen nach § 28 Abs. 2 SprAuG[134] gewählt werden.[135] Nur derartige Vereinbarungen mit unmittelbarer und zwingender Wirkung haben ebenso wie Betriebsvereinbarungen eigenen Normcharakter. Die Versorgungszusagen werden also nicht Bestandteil der einzelnen Arbeitsverträge. Richtlinien nach § 28 Abs. 1 SprAuG reichen nicht aus, weil sie keine normative Wirkung haben.[136]

g) Tarifvertrag

143 Versorgungsrechte können auch durch einen Tarifvertrag begründet werden, also auf diesem beruhen. Ein Tarifvertrag ist ein schriftlicher Vertrag, den eine Gewerkschaft mit einem Arbeitgeberverband (Verbandstarifvertrag) oder einem einzelnen Arbeitgeber (Haustarifvertrag, Firmentarifvertrag) zur BAV abschließt. Die Regelungen des Tarifvertrages gelten unmittelbar und zwingend für die tarifgebundenen Arbeitgeber (Verbandsmitglieder) und für die tarifgebundenen Arbeitnehmer, die Mitglieder der Gewerkschaft sind, die diesen Tarifvertrag abgeschlossen hat. Die normative Wirkung des Tarifvertrages führt dazu, dass die Regelungen selbst nicht zum Inhalt des Arbeitsverhältnisses werden. Wenn aber zwischen nicht tarifgebundenen Arbeitnehmern und Arbeitgebern arbeitsvertraglich, z. B. durch Verweisung oder Bezugnahme auf den jeweiligen Tarifvertrag, die Geltung eines Tarifvertrages vereinbart wird, handelt es sich nicht um den Rechtsbegründungsakt durch Tarifvertrag, sondern möglicherweise um eine vertragliche Einheitsregelung.[137]

---

134 Gesetz über Sprecherausschüsse der leitenden Angestellten – Sprecherausschussgesetz vom 20.12.1988, BGBl. I S. 2312, zuletzt geändert durch Art. 222 der Verordnung vom 21.10.2006, BGBl. I S. 2407.
135 Dazu i. E. *Blomeyer/Rolfs/Otto* Anh. § 1 Rdn. 113 ff.
136 *Blomeyer/Rolfs/Otto* Anh. § 1 Rdn. 116.
137 Dazu Rn. 100 ff.

2. Rechtsbegründungsakte

Ausnahmsweise können Tarifverträge auch für allgemeinverbindlich erklärt werden. Sie erfassen dann auch die nicht tarifgebundenen Arbeitgeber und Arbeitnehmer.[138]

144

Von einem Tarifvertrag, der selbst BAV begründet, ist ein Tarifvertrag zu unterscheiden, der es erst ermöglicht, eine BAV durch individuelle Erklärung des einzelnen Arbeitnehmers zu erhalten. Dies ist insbesondere bei Entgeltumwandlungen gem. § 1 Abs. 2 Nr. 3 BetrAVG der Fall. Sollen beim Anspruch auf BAV durch Entgeltumwandlung i. S. v. § 1a BetrAVG Bezüge umgewandelt werden, die auf einem Tarifvertrag beruhen, muss der Tarifvertrag für die tarifgebundenen Arbeitnehmer dies ausdrücklich vorsehen oder zulassen (Tarifvorrang gem. § 17 Abs. 5 BetrAVG). Dies gilt aber nur für Entgeltumwandlungen, die auf Versorgungszusagen beruhen, die nach dem 29.6.2001 erteilt worden sind (§ 30h BetrAVG). Das bedeutet, dass Entgeltumwandlungen, die vor diesem Termin vereinbart wurden und die eine tarifgebundene Vergütung betrafen, arbeitsrechtlich nicht zu beanstanden sind, auch wenn eine tarifliche Öffnungsklausel nicht existierte (zur BAV durch Entgeltumwandlung im Einzelnen s. Rn. 505 ff.).[139]

145

Die BAV des öffentlichen Dienstes beruht überwiegend auf Tarifverträgen. Auch in der Bauindustrie existiert eine BAV im Rahmen von Tarifverträgen.

146

Wird die BAV in einem Tarifvertrag geregelt, können keine Betriebsvereinbarungen hierzu abgeschlossen werden. § 77 Abs. 3 BetrVG sperrt den Abschluss, es sei denn, der Tarifvertrag lässt den Abschluss von Betriebsvereinbarungen ausdrücklich zu. Abweichungen von tarifvertraglichen Regelungen durch Individualvereinbarungen sind immer dann zulässig, wenn sie sich zugunsten des Arbeitnehmers auswirken (Günstigkeitsprinzip § 4 Abs. 3 TVG)

147

Durch Tarifverträge kann von wesentlichen Bestimmungen des BetrAVG, z. B. § 1a (Entgeltumwandlung), § 2 (Höhe der unverfallbaren Anwartschaft), § 3 (Abfindung), § 4 (Übertragung) und § 16 (Anpassung) abgewichen werden. Diese Abweichungen gelten dann – im Gegensatz zu § 17 Abs. 5 BetrAVG – auch für nicht tarifgebundene Arbeitgeber und Arbeitnehmer, wenn zwischen diesen die Anwendung der

148

---

138 § 5 TVG; dazu *Kemper* in: Kemper/Kisters-Kölkes/Berenz/Huber, BetrAVG, § 1 Rdn. 154
139 Zur Frage des Günstigkeitsprinzips in diesem Zusammenhang *Blomeyer* DB 2001, 1413; *Heither* BetrAV 2001, 720; *Schoden* BetrAV § 1 Rdn. 67.

II. Versorgungsverhältnis

einschlägigen tariflichen Regelungen vereinbart ist (§ 17 Abs. 3 S. 1 und 2 BetrAVG). Derartige Vereinbarungen können allerdings zwischen nicht tarifgebundenen Arbeitgebern und Arbeitnehmern ohne Rücksicht auf den Tarifvertrag jederzeit wieder aufgehoben werden, z. B. wenn ein Tarifvertrag nur bestimmte Entgeltumwandlungsmöglichkeiten vorsieht, die nicht gewünscht werden.

h) Gesetz

149   Ausnahmsweise wird eine BAV auch durch Gesetz vorgegeben. Dies ist z. B. für die Arbeiter und Angestellten der Stadt Hamburg geschehen.[140]

i) Verhältnis der Rechtsbegründungsakte zueinander

150   Das Rangverhältnis der Rechtsbegründungsakte zueinander bestimmt sich in derselben Weise wie bei den sonstigen Rechtsquellen des Arbeitsrechts (Europarecht, Grundgesetz, Gesetz, Tarifvertrag, Betriebsvereinbarung, Arbeitsvertrag).

151   Auf derselben Rechtsquellenstufe gilt das Ablösungsprinzip und das Spezialitätsprinzip, beim Aufeinandertreffen verschiedener Rechtsquellen das Günstigkeitsprinzip.[141]

152   Vergleicht man die Rechtsbegründungsakte, die Bestandteil der einzelnen Arbeitsverträge werden (Einzelzusage, vertragliche Einheitsregelung, Gesamtzusage, Gleichbehandlung, betriebliche Übung) miteinander, so gilt das Ablösungsprinzip (Zeitkollisionsregel). Der jüngere Vertrag ersetzt den älteren, wenn es zu einer einvernehmlichen vertraglichen Änderung kommt. Das Entsprechende gilt bei »zeitlich hintereinander« abgeschlossenen Tarifverträgen oder Betriebsvereinbarungen.

---

140   Hamburger Ruhegeldgesetz (Gesetz zur Neuregelung der zusätzlichen Alters- und Hinterbliebenenversorgung für Angestellte und Arbeiter der Freien und Hansestadt Hamburg) zurzeit i. d. F. vom 7.3.1995 (GVBl. 53), zuletzt geändert am 28.6.2000 (GVBl. 131).
141   *Blomeyer/Rolfs/Otto* Anh. zu § 1 Rdn. 105 ff.

3. Leistungsplan

153 Beim Aufeinandertreffen von verschiedenen Rechtsbegründungsakten (z. B. Tarifvertrag trifft auf Gesamtzusage) gilt das Günstigkeitsprinzip, zumindest im Bereich der BAV.[142]

154 Beim Zusammentreffen von Tarifvertrag und Betriebsvereinbarung ist die Sperrwirkung des § 77 Abs. 3 BetrVG zu beachten. Es gilt dann nicht das Günstigkeitsprinzip.

3. Leistungsplan

155 Der Leistungsplan bestimmt die konkreten Rechte und Pflichten von Arbeitgeber und Arbeitnehmer im Versorgungsverhältnis. Bei der Aufstellung des Leistungsplans gilt der Grundsatz der Gestaltungsfreiheit des Arbeitgebers, der allerdings die Mitbestimmungsrechte des Betriebsrats zu beachten hat.[143]

156 Beim Pensionsfonds, der Pensionskasse und der Direktversicherung ist die Gestaltungsfreiheit eingeschränkt, weil der Gesetzgeber für die steuerliche Förderung lebenslange Renten vorschreibt, wenn die Zusagen ab dem 1.1.2005 erteilt werden.[144] Allerdings sind auch Auszahlungspläne[145] möglich, die in gewissen Grenzen eine Teilkapitalisierung ermöglichen. Zudem räumt das Steuerrecht die Möglichkeit ein, statt einer Rente ein Kapital zu wählen.[146] Damit ist eine Einmalzahlung unter bestimmten Voraussetzungen nach wie vor möglich. Eine solche Auszahlung im Rahmen des Kapitalwahlrechts ist keine Abfindung i. S. d. § 3 BetrAVG, weil vor der ersten Fälligkeit einer Leistung aus dem Rentenstammrecht eine originäre Kapitalleistung wird, wenn das Wahlrecht ausgeübt wird.[147]

157 Sind die einzelnen Elemente eines Leistungsplanes nicht eindeutig geregelt und ergeben sich dadurch Auslegungsprobleme, kann die sog. **Unklarheitenregel** zur Anwendung kommen. Allerdings müssen zu-

---

142 *Kemper* in: Kemper/Kisters-Kölkes/Berenz/Huber, BetrAVG, § 1 Rdn. 155.
143 S. dazu unter Rn. 682 ff.
144 Ausnahme Pensionsfonds. Für diesen mussten bereits seit 2002 Altersrenten vorgesehen sein, vgl. § 112 VAG.
145 Zum Auszahlungsplan § 112 Abs. 1 Nr. 4 VAG i. V. m. § 1 Abs. 1 Nr. 4 Altersvorsorgeverträge-Zertifizierungsgesetz.
146 BMF-Schreiben vom 31.3.2010, Rdn. 272 (Anhang).
147 BGH 28.9.2009, II ZR 12/09, BetrAV 2010, 89; *Kisters-Kölkes* in: Kemper/Kisters-Kölkes/Berenz/Huber, BetrAVG, § 3 Rdn. 22.

II. Versorgungsverhältnis

nächst alle in Betracht kommenden Auslegungsmethoden angewandt werden.[148] Bleiben dann noch Zweifel, gehen diese zulasten desjenigen, der den Leistungsplan formuliert hat. Die Unklarheitenregel, die das BAG in ständiger Rechtsprechung anwendet, hat heute ihre rechtliche Ausformung in § 305c Abs. 2 BGB. Sie fordert z. b., dass den Arbeitnehmer belastende Regelungen ausdrücklich, übersichtlich, klar und eindeutig getroffen sein müssen. § 305c BGB ist auf Formularverträge und allgemeine Versorgungsbedingungen anwendbar, also jedenfalls auf (vermeintliche) »Einzelverträge«, die gleichlautend z. B. für eine Personengruppe verwendet werden, nicht auf Tarifverträge oder Betriebsvereinbarungen (§ 310 Abs. 4 S. 1 BGB).[149]

158 Bei Direktversicherungen und Pensionskassen ist neben dem arbeitsrechtlichen Grundverhältnis, das zwischen Arbeitgeber und Arbeitnehmer existiert (Valutaverhältnis), auch das Deckungsverhältnis zu beachten, das sich aus dem Versicherungsvertrag ergibt, den der Arbeitgeber mit dem Versicherungsunternehmen abgeschlossen hat. Für das Versicherungsverhältnis gilt das Versicherungsvertragsgesetz (VVG), dass z. B. vorgibt, dass dem Arbeitgeber (nicht dem Arbeitnehmer) vor Vertragsschluss eine Beratung zukommen muss und Informationen zu geben sind (§§ 6, 7 VVG). Da zu diesen auch die Allgemeinen Versicherungsbedingungen gehören, gelten die vorstehenden Regeln auch für diese Vertragsbestandteile, wenn sie der Arbeitgeber im Rahmen des Versorgungsversprechens an den Arbeitnehmer weiterleitet.[150] Von den Informationspflichten nach VVG sind diejenigen nach § 10a VAG zu unterscheiden. Nach dieser Vorschrift sind dem Arbeitnehmer bei Beginn des Versorgungsverhältnisses die Vertragsbedingungen einschließlich der Tarifbestimmungen, soweit sie für das Versorgungsverhältnis gelten, zu übergeben. Diese Informationen müssen ausführlich und aussagekräftig sein. Sind sie unverständlich oder gar in sich widersprüchlich, gilt auch für sie die Unklarheitenregel.

---

148 BAG 22.1.2002, 3 AZR 554/00, EzA § 77 BetrVG 1972 Ruhestand Nr. 2 = DB 2002, 1896; BAG 24.4.2001, 3 AZR 210/00, EzA § 1 BetrAVG Nr. 75; BAG 12.6.2007, 3 AZR 83/06, EzA § 16 BetrAVG Nr. 50 = DB 2008, 480; BAG 2.7.2009, 3 AZR 501/07, DB 2009, 1939.
149 Dazu *Kemper* in: Kemper/Kisters-Kölkes/Berenz/Huber, BetrAVG, § 1 Rdn. 186.
150 Für regulierte Pensionskassen vgl. die Ausnahmen in § 211 VVG.

3. Leistungsplan

a) Versorgungsniveau

Das Versorgungsniveau insgesamt, den Dotierungsrahmen, gibt der Arbeitgeber bei einer arbeitgeberfinanzierten BAV vor.[151] Der Leistungsplan im Einzelnen bestimmt die Verteilungsgrundsätze im Rahmen der Gesamtdotierung für die einzelnen Begünstigten.

159

Bei einer arbeitnehmerfinanzierten BAV gibt es naturgemäß keinen vom Arbeitgeber festgesetzten Dotierungsrahmen, sondern nur eine Summe der einzelnen Umwandlungsbeträge der einzelnen Arbeitnehmer. Dieser Unterschied hat Auswirkungen auf die Mitbestimmungsrechte des Betriebsrates.[152]

160

Nicht Bestandteil des Versorgungsniveaus sind die Abgaben im weitesten Sinne, die bei Auszahlung der Versorgungsleistung vom Versorgungsempfänger zu tragen sind, also insbesondere Steuern und Sozialabgaben. Auch soweit in der Anwartschaftsphase Steuern und Sozialabgaben anfallen, beeinflussen sie nicht das Versorgungsniveau. Die vom Arbeitgeber oder Versorgungsträger zugesagten Versorgungsleistungen sind Bruttoleistungen.

161

In der Anwartschaftsphase sind – unabhängig vom Durchführungsweg – alle arbeitgeberfinanzierten Anwartschaften (in den versicherungsförmigen Durchführungswegen Zusagen seit dem 1.1.2005) sozialversicherungs- und steuerfrei. Dafür sind die später ausgezahlten Leistungen beitrags- und steuerpflichtig, wobei hinsichtlich der Sozialversicherungsbeiträge nur Kranken- und Pflegeversicherungsbeiträge, nicht aber Renten- und Arbeitslosenversicherungsbeiträge zu zahlen sind. Das BVerfG hat entschieden, dass die Belastung der Versorgungsempfänger mit dem vollen Beitragssatz seit dem 1.1.2004 verfassungsgemäß ist.[153] Ebenso verfassungsmäßig ist grundsätzlich die Beitragspflicht von Versorgungsbeziehen bei Direktversicherungen als Kapitallebensversicherung in der Kranken- und Pflegeversicherung.[154] Verfassungswidrig ist allerdings die Beitragspflicht bei Kapitalleistungen, die auf Beiträgen beruhen, die ein Arbeitnehmer nach

162

---

151 *Recktenwald* FS Andresen, S. 489.
152 Dazu Rn. 699 ff.
153 BVerfG 28.2.2008, 1 BvR 2137/06; zur Verfassungsmäßigkeit der Beitragspflicht bei Kapitalzahlungen BVerfG 7.4.2008, 1 BvR 1924/07.
154 BVerfG 6.9.2010, 1 BvR 739/08 und 28.9.2010, 1 BvR 1660/08, BetrAV 2010, 704.

II. Versorgungsverhältnis

Beendigung einzahlt, nachdem der Versicherungvertrag auf ihn übertragen wurde.[155]

b) Leistungsplanstruktur

163 Frei gestaltbar ist die Leistungsplanstruktur. Üblich ist es, sowohl eine Dienstzeit- als auch eine Entgeltkomponente vorzusehen. Wer länger arbeitet und/oder mehr verdient, erhält höhere Versorgungsleistungen. Dies stellt keine unzulässige Ungleichbehandlung wegen des Alters im Sinne des AGG dar. Bei einer dienstzeitabhängigen und/oder gehaltsabhängigen Ausgestaltung ist eine Teilzeitbeschäftigung entsprechend dem Teilzeitgrad zu berücksichtigen.[156]

164 Das Spektrum der Leistungsplanstrukturen reicht von Festbetragssystemen (z. B. 10 € pro Dienstjahr) über dynamische Systeme (z. B. 0,5% vom letzten rentenfähigen Arbeitseinkommen pro Dienstjahr) zu Gesamtversorgungssystemen (z. B. 70% des Bruttoeinkommens abzüglich der individuellen Sozialversicherungsrente). Eine Dynamik kann nur in der Anwartschaftsphase gegeben sein (Halbdynamik), sie kann aber auch die Leistungsphase mit erfassen (Volldynamik).

165 Pläne mit persönlicher Verdienstrelation (Renteneckwertsysteme) sehen z. B. einen Festbetrag pro Dienstjahr vor, der sich nach einem bestimmten Normeinkommen richtet, z. B. einem Tarifgehalt. Diesem wird ein Eckwert × zugeordnet. Der individuelle Festbetrag wird dann nach dem Verhältnis des individuellen Arbeitseinkommens zu dem »Normeinkommen« bestimmt.

Beispiel:

Persönliche Verdienstrelation: $\dfrac{\text{individueller rentenfähiger Arbeitsverdienst}}{\text{Einheitlicher Vergleichsverdienst}}$

Vergleichsverdienst: 1.300 €

---

155 Zu den Einzelheiten BVerfG Beschl. vom 28.9.2010, 1 BvR 1660/08, BetrAV 2010, 704.
156 BAG 3.11.1998, 3 AZR 432/97, EzA § 1 TVG Auslegung Nr. 31 = DB 1999, 1809; BAG 5.10.1993, 3 AZR 695/92, EzA § 1 BetrAVG Lebensversicherung Nr. 5 = DB 1994, 739; BAG 24.7.2001, 3 AZR 567/00, EzA § 6 BetrAVG Nr. 25 = DB 2002, 588.

individueller rentenfähiger
Arbeitsverdienst: 1.500 €

vordefinierte Altersrente: 300 €

persönliche Altersrente: $\dfrac{1.500\ €}{1.300\ €} \times 300\ € = 346{,}15\ €$

Üblich sind auch sog. Bausteinmodelle, bei denen die Leistungsbemessung bei dynamischer Planstruktur sich nicht nach dem Endgehalt, sondern nach dem Lebensdurchschnittseinkommen (wie in der gesetzlichen Rentenversicherung) richtet (z. B. 0,5% vom rentenfähigen Arbeitseinkommen im Monat Juli eines jeden Dienstjahres). 166

Beispiel:

0,5% × rentenfähiger Arbeitsverdienst des jeweiligen Jahres

		Baustein	erdiente Summe
01	1.000 €	5,00 €	5,00 €
02	1.030 €	5,15 €	10,15 €
03	1.061 €	5,30 €	15,45 €
04	1.093 €	5,46 €	20,91 €
05	1.126 €	5,63 €	26,54 €
:			
35	2.732 €	13,66 €	302,31 €
36	2.814 €	14,07 €	316,38 €
37	2.898 €	14,49 €	330,87 €
38	2.985 €	14,93 €	345,80 €
39	3.075 €	15,37 €	361,17 €
40	3.167 €	15,84 €	377,01 €

Ein Bausteinmodell besonderer Art ist die beitragsorientierte Leistungszusage (§ 1 Abs. 2 Nr. 1 BetrAVG), die durch einen Beitrag und 167

II. Versorgungsverhältnis

eine Leistung definiert wird.[157] Der Baustein bestimmt sich nach einer sog. Umrechnungstabelle aus dem »Beitragsaufwand« des Unternehmens in einem Dienstjahr für den einzelnen Begünstigten.[158] Es wird dabei nach bestimmten Regeln festgelegt, welcher »Beitrag« in einem Jahr auf jeden einzelnen Arbeitnehmer entfällt. Dieser Beitrag wird dann in Abhängigkeit vom Alter des Arbeitnehmers im Umwandlungsjahr in einen Versorgungsbaustein, der Leistung bei Eintritt des Versorgungsfalles, umgerechnet.

168 Die Umrechnungstabellen können nach dem Spar- oder nach dem Versicherungsprinzip ausgerichtet sein. Beim Versicherungsprinzip wird der jeweilige Versorgungsaufwand im Zeitpunkt der Einbringung durch Anwendung eines Verrentungsfaktors in einen versicherungsmathematisch gleichwertigen Baustein umgerechnet. Beim Sparprinzip wird für den einzelnen Arbeitnehmer fiktiv ein Versorgungskonto geführt, aus dem bei Eintritt des Versorgungsfalles die angesammelten Leistungen erbracht werden. Die angesammelten Mittel werden verzinst.[159] Wird eine Versorgungsleistung als Rente erbracht, wird aus dem angesammelten Kapital nach versicherungsmathematischen Grundsätzen eine Rente ermittelt, wobei häufig die Sterbetafeln zugrunde gelegt werden, die bei Rentenbeginn maßgeblich sind.[160] Ist eine solche Gestaltung von Anfang an vorgesehen, ist dies unbedenklich. Anders ist dies, wenn nachträglich eine solche Gestaltung eingeführt wird.

169 Eine beitragsorientierte Leistungszusage kann mit einer Rückdeckungsversicherung, einem Wertpapierdepot oder einem Investmentfonds unterlegt werden. Es kann dabei vorgesehen sein, dass der Arbeitnehmer die jeweils höhere Leistung aus der Umrechnungstabelle oder der Mittelanlage erhält. Durch eine solche Gestaltung wird aus der beitragsorientierten Leistungszusage keine Beitragszusage mit Mindestleistung, wenn in die Umrechnungstabelle eine Verzinsung eingerechnet wurde.

---

157 BAG 18.9.2001, 3 AZR 728/00, EzA § 1 BetrAVG Ablösung Nr. 31 = DB 2002, 1114.
158 Beispiele für Umrechnungstabellen bei *Huber* in: Kemper/Kisters-Kölkes/Berenz/Huber, BetrAVG, § 1 Rdn. 456; *Andresen/Förster/Rößler/Rühmann* Teil 6 Rdn. 133; *Höfer* BetrAVG Rdn. 2524.
159 Zum Zinsfuß bei beitragsorientierten Leistungszusagen und bei der Beitragszusage mit Mindestleistung z. B. *Blumenstein* FS Kemper, S. 25.
160 *Huber* in: Kemper/Kisters-Kölkes/Berenz/Huber, BetrAVG, § 1 Rdn. 444 ff.

3. Leistungsplan

Eine Direktversicherung ist häufig als typische beitragsorientierte Leistungszusage gestaltet. Der Arbeitgeber verpflichtet sich zur Zahlung eines Beitrags an das Lebensversicherungsunternehmen. Der Versicherer weist im Versicherungsschein die garantierte Leistung aus. Je jünger der Arbeitnehmer ist, umso höher ist die garantierte Leistung, weil mehr Beitragsjahre und damit auch Jahre einer Verzinsung vorliegen werden. 170

Neben der »normalen« Leistungszusage und der beitragsorientierten Leistungszusage, die eine Unterart der Leistungszusage ist, besteht für die versicherungsförmigen Durchführungswege (Pensionsfonds, Direktversicherung, Pensionskasse) seit dem 1.1.2002 die Möglichkeit, eine Beitragszusage mit Mindestleistung (§ 1 Abs. 2 Nr. 2 BetrAVG) zu wählen.[161] Dabei verpflichtet sich der Arbeitgeber, Beiträge zur Finanzierung von Leistungen der BAV an den externen Versorgungsträger zu zahlen und für Leistungen zur Altersversorgung das planmäßig dem Arbeitnehmer zuzurechnende Versorgungskapital auf der Grundlage der gezahlten Beiträge (Beiträge und die daraus erzielten Erträge) für die Versorgung dem Arbeitnehmer bei Eintritt des Versorgungsfalles Alter zur Verfügung zu stellen. Das dem Arbeitnehmer zugerechnete Versorgungskapital wird dabei nach den im Leistungsplan festgelegten Regeln erst im Versorgungsfall in eine Versorgungsleistung umgerechnet.[162] Mindestens muss dem Arbeitnehmer die Summe der zugesagten Beiträge, soweit sie nicht rechnungsmäßig für einen biometrischen Risikoausgleich verbraucht wurden, als Berechnungsgrundlage für die zu zahlende Versorgungsleistung zur Verfügung stehen, wobei die Risikobeiträge zur Finanzierung einer zugesagten Invaliditäts- und Hinterbliebenenleistung verwendet werden. Diese Form der Zusagegestaltung weist das Anlagerisiko und die Anlagechance, also die Entwicklung der Kapitalanlage, dem Arbeitnehmer zu.[163] Den Arbeitgeber trifft keine Zinsgarantie. Lediglich in Höhe des Mindestbetrages trifft den Arbeitgeber eine Einstandspflicht, wenn nicht der externe Versorgungsträger für die Mindestleistung eine Garantie im Rahmen eines sog. Hybridproduktes übernimmt. Diese Einstandspflicht be- 171

---

161 *Blomeyer* BetrAV 2001, 430; *Husmann* BetrAV 2001, 101; *Uebelhack* Gedenkschrift Blomeyer, S. 467; *Sasdrich/Wirth* BetrAV 2001, 401; *Berenz* Gesetzesmaterialien BetrAVG § 1 S. 56; *Schwark/Raulf* DB 2003, 940; *Langohr-Plato/Teslau* DB 2003, 661; *Blumenstein* FS Kemper, S. 25; *Pophal* FS Kemper, S. 355; a. A. nur *Höfer* BetrAVG Rdn. 2538 ff.
162 *Andresen/Förster/Rößler/Rühmann* Teil 6 Rdn. 171 ff.
163 *Huber* in: Kemper / Kisters-Kölkes / Berenz / Huber, BetrAVG, § 1 Rdn. 458 ff.

II. Versorgungsverhältnis

steht nicht nur in der Anwartschaftsphase, sondern auch in der Leistungsphase.

172 Die Beitragszusage mit Mindestleistung ist dadurch gekennzeichnet, dass der begünstigte Arbeitnehmer erst bei Eintritt des Versorgungsfalles Alter weiß, welche Versorgungsleistung er laufend als Rente erhält, weil erst zu diesem Zeitpunkt das mit den Beiträgen finanzierte und angelegte Kapital einschließlich der bis zum Versorgungsfall gutgeschriebenen Erträge zur Leistungserbringung verwendet wird. Anders als bei der Leistungszusage steht also die Leistung nicht von vornherein fest. Damit der Arbeitnehmer bei einer im Wert schwankenden Kapitalanlage nicht leer ausgeht, wenn zu einem ungünstigen Zeitpunkt der Versorgungsfall Alter eintritt, ist die Mindestleistung vorgegeben. Diese Mindestleistung darf nur um Risikobeiträge vermindert werden, nicht um Kosten (Verwaltungskosten des externen Versorgungsträgers, PSVaG-Beiträge etc.). Es ist folglich nicht zulässig, das für den einzelnen Arbeitnehmer angesammelte Kapital zu mindern, wenn die Summe der bis zum Eintritt des Versorgungsfalles zugesagten Beiträge unterschritten wird.

173 Eine andere Sache ist es, wenn aus den Erträgen der Kapitalanlage Kosten gedeckt werden, ohne dass die Mindestleistung unterschritten wird. Hierzu wird bei der arbeitgeberfinanzierten BAV die Auffassung vertreten, dass Kosten aus den Erträgen bestritten werden können. Denn das Gesetz räumt ein Gestaltungsrecht bei der Definition des planmäßig zuzurechnenden Versorgungskapitals ein. Problematisch ist dies aber bei der BAV durch Entgeltumwandlung, weil diese »wertgleich« sein muss (s. hierzu Rn. 540 ff.).

174 Die Beitragszusage mit Mindestleistung ist von einer reinen Beitragszusage zu unterscheiden. Bei dieser ist der Arbeitgeber nur zur Zahlung von Beiträgen an einen externen Versorgungsträger verpflichtet. Eine Mindestleistung ist nicht vorgegeben. Der Arbeitnehmer trägt in vollem Umfang das Anlagerisiko. Solche im Ausland weit verbreiteten Zusagegestaltungen in Form des »defined contribution benefit« sind in Deutschland zwar zulässig, aber sie fallen nicht unter den Anwendungsbereich des BetrAVG.[164]

---

[164] BAG 7.9.2004, 3 AZR 550/03, EzA Art. 141 EGV Nr. 16 = DB 2005, 507 = BetrAV 2005, 201; BAG 13.11.2007, 3 AZR 635/06, n.v.

3. Leistungsplan

Wird eine Beitragszusage mit Mindestleistung oder eine beitragsorientierte Leistungszusage von einem Versicherer oder einem Pensionsfonds[165] erteilt, muss unabhängig davon, wie die Leistung finanziert wird, der Versicherer gem. § 10a Abs. 2 VAG i. V. m. Anlage D den Arbeitnehmer über die Vertragsbedingungen und die Risiken unterrichten. Die Information hat schriftlich, ausführlich und aussagekräftig zu sein.[166]

175

c) Leistungsform

Die Versorgungsleistungen können grundsätzlich in Einmalbeträgen (Kapitalzahlungen) und in Rentenform erbracht werden. Im Rahmen der Gestaltungsfreiheit sind alle Zwischenformen, z. B. ratenweise Auszahlung eines Kapitals und Zeitrenten anstelle von lebenslänglich laufenden Renten (Leibrenten) möglich. Die Auszahlung von Renten und Raten erfolgt in aller Regel nachschüssig. Kapitalleistungen werden vielfach erst in dem Jahr fällig, das dem Jahr folgt, in dem der Versorgungsfall eingetreten ist. Dies geschieht, um die steuerlichen Belastungen zu reduzieren.[167]

176

Ein Auszahlungsplan[168] muss ab Eintritt des Versorgungsfalles während der gesamten Auszahlungsphase gleichbleibende Raten bis zur Vollendung des 85. Lebensjahres – längstens bis zum Tod – vorsehen. Für die Zeit ab Vollendung des 85. Lebensjahres muss eine Teilkapitalverrentung einsetzen, die eine gleichbleibende oder steigende Rente gewährleistet. Bei einem Auszahlungsplan kann vereinbart werden, dass bis zu zwölf Monatszahlungen zusammengefasst werden.

177

In den versicherungsförmigen Durchführungswegen Direktversicherung, Pensionskasse und Pensionsfonds wird für Versorgungszusagen ab dem 1.1.2005 durch die neu geschaffenen steuerlichen Rahmenbedingungen des § 3 Nr. 63 EStG die Gestaltungsfreiheit begrenzt. Grundsätzlich wird die Zahlung einer lebenslangen Rente gefordert. Auch ein Auszahlungsplan ist möglich. 30% des bei Eintritt des Versorgungsfalles zur Verfügung stehenden Betrages können dabei teilkapi-

178

---

165 § 113 Abs. 2 VAG.
166 Hierzu auch *Reinecke* DB 2006, 555; *Doetsch* BetrAV 2008, 21.
167 BFH 11.11.2009, IX R 12/09, n. v.
168 § 1 Abs. 1 Nr. 4 Altersvorsorgeverträge-Zertifizierungsgesetz (AltZertG).

II. Versorgungsverhältnis

talisiert werden. Steuerlich nicht schädlich ist auch ein Kapitalwahlrecht.[169]

179 Ursprünglich hatte der Gesetzgeber nur beim Durchführungsweg Pensionsfonds Einschränkungen für die Leistungsformen in § 112 Abs. 1 Nr. 4 VAG vorgesehen, indem eine Altersrente als Auszahlungsform oder ein Auszahlungsplan vorgegeben wird. Diese Vorgaben wurden auf die Pensionskasse und auf Direktversicherungen ausgedehnt. Beim Pensionsfonds ist die Besonderheit zu beachten, dass zwar eine Teilkapitalisierung bis zu 30% vorgenommen werden kann, nicht aber ein Kapitalwahlrecht eingeräumt werden kann.

180 BAV wird üblicherweise als Geldleistung erbracht. Es gibt aber auch BAV als Sachleistungen, z. B. Deputate.[170]

d) Leistungsvoraussetzungen

181 Die Leistungsvoraussetzungen für die einzelnen Leistungsarten der BAV (üblicherweise Alters-, Invaliditäts- und Todesfallleistungen) sind jeweils im Rahmen der rechtlichen Grenzen frei gestaltbar. Auch hier gilt die Unklarheitenregel: Auslegungszweifel gehen zulasten desjenigen, der den Leistungsplan formuliert hat; das ist in der Regel der Arbeitgeber.[171]

- **Allgemeine Leistungsvoraussetzungen**

182 Allgemeine Leistungsvoraussetzungen sind Bestimmungen in Leistungsplänen, nach denen ein Teil der Belegschaft nicht oder erst ab einem bestimmten Zeitpunkt begünstigt werden soll.

---

169 BMF-Schreiben vom 31.3.2010, Rdn. 272 (Anhang); allerdings nicht beim Pensionsfonds.
170 BAG 12.12.2006, 3 AZR 475/05, FA 2007, 57; BAG 12.12.2006, 3 AZR 476/05, EzA § 1 BetrAVG Nr. 89 = DB 2007, 2043; zum Personalrabatt BAG 19.2.2008, 3 AZR 61/06, EzA § 1 BetrAVG Betriebliche Übung Nr. 9; zum Hausbrand: BAG 16.3.2010, 3 AZR 594/09, EzA § 1 BetrAVG Nr. 93 = DB 2010, 1834; zu Deputaten insgesamt: *Kemper* in: Kemper/Kisters-Kölkes/Berenz/Huber BetrAVG, § 1 Rdn. 208 f.
171 BAG 27.1.1998, 3 AZR 444/96, EzA § 1 BetrAVG Unterstützungskasse Nr. 11 = DB 1998, 1671; BAG 12.12.2006, 3 AZR 388/05, EzA § 1 BetrAVG Zusatzversorgung Nr. 18 = FA 2007, 324.

3. Leistungsplan

- **Höchstaufnahmealter/Mindestaufnahmealter/Mindestdienstzeit**

Durch ein Höchstaufnahmealter kann geregelt werden, dass Mitarbeiter, die nach Erreichen eines bestimmten Lebensalters (z. B. 50. oder 55. Lebensjahr) in die Dienste des Unternehmens treten, nicht mehr bei der arbeitgeberfinanzierten BAV versorgungsberechtigt sein sollen.[172] Die damit verbundene Ungleichbehandlung wegen des Alters ist nach § 10 S. 3 Nr. 4 AGG gerechtfertigt, da das Höchstalter in der Regel dazu dient, das System der betrieblichen Altersversorgung abzusichern.[173] Mitarbeiter, die bei Dienstbeginn das Höchstalter überschritten haben, erhalten folglich keine Versorgungszusage.

183

Die Bestimmung eines Mindestalters und / oder einer Mindestdienstzeit sind jedenfalls nicht geeignet, den Eintritt der Unverfallbarkeit hinauszuschieben. Die »Zusage auf eine Zusage« (BAV gibt es ab Alter 30 oder nach fünf im Unternehmen abgeleisteten Dienstjahren) ist bereits eine Versorgungszusage und unterliegt deshalb den gesetzlichen Unverfallbarkeitsregeln.[174] Dies gilt auch für eine Versorgung, die nach Ablauf der Probezeit einsetzen soll. Mitarbeitern, die bei Diensteintritt das Mindestalter und / oder die Mindestdienstzeit noch nicht erreicht bzw. abgeleistet haben, ist eine Versorgungszusage mit Beginn des Arbeitsverhältnisses erteilt worden. Wenn der Leistungsplan dienstzeitabhängig gestaltet ist, kann sich eine Mindestdienstzeit / ein Mindestalter also lediglich bei der Leistungshöhe und / oder der Wartezeit auswirken, wenn diese dienstzeitabhängig gestaltet ist.

184

Derartige Klauseln sind auch unter dem AGG zulässig und stellen keine ungerechtfertigte Ungleichbehandlung wegen des Alters dar. § 10 S. 3 Nr. 4 AGG lässt eine unterschiedliche Behandlung wegen des Alters dann zu, wenn die Klausel objektiv und angemessen und durch ein legitimes Ziel gerechtfertigt ist. Dem Arbeitgeber steht es im Rahmen seines Gestaltungsrechtes frei, die Leistung von der Erfüllung einer Wartezeit abhängig zu machen bzw. die Leistungshöhe durch eine Höchstzahl versorgungsfähiger Dienstjahre zu begren-

185

---

172 BAG 14.1.1986, 3 AZR 456/84, EzA § 1 BetrAVG Nr. 40 = DB 1986, 2030.
173 *Kemper* in: Kemper / Kisters-Kölkes / Berenz / Huber BetrAVG, § 1 Rdn. 220; *Beitze* in: Hey AGG, § 10 Rdn. 80; a. A. *Preis* BetrAV 2010, 513.
174 BAG 7.7.1977, 3 AZR 572/76, EzA § 1 BetrAVG Wartezeit Nr. 3 = DB 1977, 1704; BAG 24.2.2004, 3 AZR 5/03, EzA § 1b BetrAVG Nr. 2 = DB 2004, 1158.

II. Versorgungsverhältnis

zen.[175] Damit bezweckt er primär eine Begrenzung seiner Kostenlast und zugleich eine Bindung der Arbeitnehmer an sein Unternehmen.

- **Stellungsbezogene Kriterien**

186 Es ist bei der arbeitgeberfinanzierten BAV möglich, nur Arbeitnehmer zu begünstigen, die einen bestimmten Status im Unternehmen einnehmen (z. B. BAV für die Außendienstmitarbeiter oder nach Erteilung der Prokura u. Ä.).[176] Dabei muss der Gleichbehandlungs- und Gleichberechtigungsgrundsatz und natürlich auch das AGG beachtet werden.[177] Dies bedeutet, dass für die Differenzierung – gemessen an den mit der Regelung verfolgten Zwecken – sachliche Gründe vorliegen müssen. Diese können darin bestehen, dass bestimmte Arbeitnehmer aus nachvollziehbaren Gründen in besonderer Art und Weise an das Unternehmen gebunden werden sollen.[178] Vor Erreichen des Status ist noch keine Versorgungszusage erteilt.[179]

- **Wartezeit**

187 Die Wartezeit ist eine Leistungsausschlussphase. Während der Wartezeit können bei Eintritt eines Versorgungsfalles keine Leistungen beansprucht werden, obwohl die Versorgungszusage besteht. Naturgemäß beziehen sich Wartezeiten nur auf den Ausschluss von vorzeitigen Leistungsfällen bei Invalidität oder Tod. Die Dauer einer Wartezeit ist nicht beschränkt. Sie kann fünf Jahre, aber auch 20 Jahre betragen.[180] Sie kann unabhängig von den Unverfallbarkeitsfristen bestimmt werden (§ 1b Abs. 1 S. 5 BetrAVG).

---

175 *Kemper* in: Kemper/Kisters-Kölkes/Berenz/Huber BetrAVG, § 1b Rdn. 52 f.; *Beitze* in: Hey AGG, § 10 Rdn. 76 ff.
176 BAG 20.4.1982, 3 AZR 1118//79, EzA § 1 BetrAVG Nr. 20 = DB 1982, 1879; BAG 28.7.1992, 3 AZR 173/92, EzA § 1 BetrAVG Gleichbehandlung Nr. 2 = DB 1993, 169; BAG 17.2.1998, 3 AZR 783/96, EzA § 1 BetrAVG Gleichbehandlung Nr. 14 = DB 1998, 1139.
177 BAG 9.12.1997, 3 AZR 661/96, EzA § 1 BetrAVG Nr. 16 = DB 1998, 1823.
178 BAG 17.2.1998, 3 AZR 783/96, EzA § 1 BetrAVG Gleichbehandlung Nr. 14 = DB 1998, 1139.
179 Dazu auch *Kemper* in: Kemper/Kisters-Kölkes/Berenz/Huber BetrAVG, § 1b Rdn. 60 ff.
180 BAG 9.3.1982, 3 AZR 389/79, EzA § 1 BetrAVG Nr. 18 = DB 1982, 2089.

3. Leistungsplan

> **Beispiel:**
>
> Es ist eine leistungsausschließende Wartezeit von fünf Jahren vorgesehen. Der Arbeitnehmer ist am 1.6.2005 in das Unternehmen eingetreten und hat eine Versorgungszusage erhalten. Am 23.7.2009 verunglückt er und wird auf Dauer invalide (oder verstirbt). Eine Versorgungsleistung ist nicht zu zahlen.

Eine Wartezeit kann wie ein Höchstaufnahmealter wirken, wenn z. B. im Leistungsplan gefordert wird, dass die Wartezeit spätestens bis zur Vollendung des 65. Lebensjahres erfüllt sein muss. Enthält der Leistungsplan bei einer arbeitgeberfinanzierten BAV eine zehnjährige oder fünfjährige Wartezeit, sind damit alle Mitarbeiter von der BAV ausgeschlossen, die nach Vollendung des 55. bzw. 60. Lebensjahres in das Unternehmen eintreten.[181] Enthält eine Versorgungszusage ein Mindestalter und/oder eine Mindestdienstzeitbestimmung, ist diese in eine Wartezeit umzudeuten.[182] Derartige Leistungsvoraussetzungen sind im konkreten Fall immer auf Übereinstimmung mit dem AGG zu prüfen. 188

- **Antrag**

Es kann vorgesehen werden, dass ein Antrag auf Leistungsgewährung zu stellen ist. Bei einer solchen Voraussetzung kann der Arbeitgeber mit den Versorgungsleistungen nicht in Verzug kommen (§ 286 BGB).[183] 189

- **Ruhen der Leistungen**

Vielfach wird in Leistungsplänen bestimmt, dass die Versorgungsleistungen, die vor dem Erreichen der festen Altersgrenze (§ 2 Abs. 1 S. 1 BetrAVG) ausgelöst werden, so lange ruhen, wie noch anderweitiges Einkommen aus diesem oder einem anderen Arbeitsverhältnis bezogen wird. Das ist zulässig. 190

---

181 BAG 7.7.1977, 3 AZR 570/76, EzA § 1 BetrAVG Nr. 1 = DB 1977, 1608.
182 BAG 7.7.1977, 3 AZR 572/76, EzA § 1 BetrAVG Wartezeit Nr. 3 = DB 1977, 1704; BAG 24.2.2004, 3 AZR 5/03, EzA § 1b BetrAVG Nr. 2 = DB 2004, 281.
183 BAG 18.2.2003, 3 AZR 264/02, EzA § 1 BetrAVG Nr. 83 = DB 2003, 2448.

II. Versorgungsverhältnis

- **Spezielle Leistungsvoraussetzungen**

191 Die speziellen Leistungsvoraussetzungen beziehen sich auf die einzelnen Leistungsarten.

- **Altersleistung**

192 Bei der Altersleistung sind übliche Leistungsvoraussetzungen die Vollendung eines Pensionsalters (Regelaltersgrenze in der gesetzlichen Rentenversicherung oder eine frühere feste Altersgrenze) und das Ausscheiden aus dem Arbeitsverhältnis bzw. Erwerbsleben. Bei den vorzeitigen Altersleistungen (s. dazu unter Rn. 385 ff.) wird in der Regel an die Inanspruchnahme einer vorzeitigen Altersrente aus der gesetzlichen Rentenversicherung und das Ausscheiden aus dem Arbeitsverhältnis bzw. aus dem Erwerbsleben angeknüpft.

193 Altersgrenzen sind nach wie vor zulässig, weil § 10 S. 3 Nr. 4 AGG die Festsetzung von Altersgrenzen für den Bezug von Leistungen bei den betrieblichen Systemen der sozialen Sicherheit erlaubt.

194 Mit dem RV-Altersgrenzenanpassungsgesetz[184] wird in der gesetzlichen Rentenversicherung sukzessive die Altersgrenze von 65 auf 67 angehoben. Für pflichtversicherte Arbeitnehmer bedeutet dies, dass sie ihre gesetzliche Rente ungekürzt erst zu einem späteren Zeitpunkt in Anspruch nehmen können, wenn sie nach 1947 geboren wurden. Für Arbeitnehmer des Geburtsjahrgangs 1964 und jünger ist die Regelaltersgrenze im Alter 67 erreicht.

195 Der Gesetzgeber hat bewusst davon abgesehen, auch für die BAV entsprechende Vorgaben zu machen. Deshalb bleibt es bei der Altersgrenze, die in der Versorgungszusage vorgegeben bzw. vereinbart ist. Damit wirken sich die zusätzlichen Berufsjahre, die über die Altersgrenze der Versorgungsordnung hinausgehen, für den Arbeitnehmer nicht anwartschaftssteigernd aus. Die sich aus einer solchen Altersgrenze möglicherweise ergebende mittelbare Benachteiligung wegen des Alters ist jedenfalls als gerechtfertigt anzusehen.[185] Eine automatische Anhebung der Altersgrenze erfolgt nur dann, wenn ausdrücklich auf die jeweils in der gesetzlichen Rentenversicherung geltende Regelaltersgrenze Bezug genommen wurde. Soll bei den Arbeitnehmern, die schon vor dem 1.1.2008 eine Versorgungszusage erhalten haben (oder

---

184 Gesetz vom 20.04.2007, BGBl. I S. 554.
185 Dazu *Rolfs* NZA 2008, 553, 557 m. w. N.

vor einem Änderungsstichtag) die Altersgrenze angehoben werden, sind hierfür die Regeln maßgeblich, die das BAG für die Änderung von Versorgungszusagen vorgegeben hat.[186] Lediglich für neue Versorgungszusagen kann ohne Probleme auf eine höhere Altersgrenze, sinnvollerweise auf die jeweilige Regelaltersgrenze in der gesetzlichen Rentenversicherung, abgestellt werden.

- **Invaliditätsleistung**

Leistungsvoraussetzungen sind üblicherweise die im Rahmen der Gestaltungsfreiheit definierte Invalidität und die Beendigung des Arbeitsverhältnisses. Bei der Invaliditätsleistung ist an besondere Regelungen zu denken, wenn die Leistungsvoraussetzungen entsprechend der teilweisen oder vollen Erwerbsminderung in der gesetzlichen Rentenversicherung bestimmt werden. Die gesetzliche Rente ist in aller Regel zeitlich befristet und kann damit entfallen. Dies kann dazu führen, dass die Arbeitnehmer nicht bereit sind, trotz bestehender Invalidität eine betriebliche Rente abzurufen und damit den Arbeitsplatz aufzugeben. Um dies zu vermeiden, kann z. B. ein befristeter Wiedereinstellungsanspruch eingeräumt werden. 196

Ist die Invaliditätsleistung mit einer Wartezeit verknüpft, muss die Invalidität nach Ablauf der Wartezeit eintreten, um eine Versorgungsleistung auszulösen. Tritt die Invalidität während des Laufs der Wartezeit ein, kann später nur ein Anspruch auf eine Altersleistung entstehen, wenn im Zeitpunkt der Beendigung des Arbeitsverhältnisses eine gesetzlich unverfallbare Anwartschaft bestand.[187] 197

Wird die Invaliditätsleistung nicht nur von der Erfüllung einer Wartezeit abhängig gemacht, sondern auch von der Beendigung des Arbeitsverhältnisses, ist die Wartezeit erst abgelaufen, wenn beide Voraussetzungen (Invalidität und Beendigung) kumulativ erfüllt sind.[188] 198

Ungeklärt ist, ob eine Invaliditätsleistung für solche Arbeitnehmer ausgeschlossen werden kann, die z. B. aufgrund einer vor Vertragsabschluss bereits bestehenden Behinderung nicht versicherbar (z. B. beim Abschluss einer Direktversicherung) sind. Da – anders als beim Alter (§ 10 S. 3 Nr. 4 AGG) – für die Behinderung keine Ausnahmeregelung im Gesetz enthalten ist, dürfen Behinderte nicht von einer Invali- 199

---

186 Hierzu Rn. 629 ff.
187 BAG 18.3.1986, 3 AZR 641/84, EzA § 1 BetrAVG Nr. 41 = DB 1986, 1930.
188 BAG 9.1.1990, 3 AZR 319/88, EzA § 1 BetrAVG Nr. 54 = DB 1990, 1195.

II. Versorgungsverhältnis

ditätsleistung ausgeschlossen werden. Eine andere Frage ist, ob eine Leistungseinschränkung zulässig ist.

• **Todesfall-Leistung**

200 Die Todesfall-Leistung wird durch den Tod des Versorgungsanwärters oder des Versorgungsempfängers ausgelöst.

201 Bei Todesfall-Leistungen sind die begünstigten Hinterbliebenen (z. B. überlebender Ehegatte, Kind des Verstorbenen) zu bestimmen. Es kann ein Ehegatte namentlich benannt werden oder allgemein von der Witwe/dem Witwer die Rede sein. Auch kann vorgesehen sein, dass nur der Ehegatte begünstigt ist, mit dem der verstorbene Arbeitnehmer während seines Beschäftigungsverhältnisses verheiratet war.[189] Wird in einem solchen Fall die Ehe erst nach dem Ausscheiden mit gesetzlich unverfallbarer Anwartschaft geschlossen, werden keine Hinterbliebenenleistungen für den Ehegatten fällig.[190] Partner einer eingetragenen Lebenspartnerschaft sind, wenn eine Witwen-/Witwerversorgung vorgesehen ist, ab dem 1.1.2005 ebenso wie Ehegatten zu versorgen.[191]

202 Es gibt zusätzliche »Risikobegrenzungsklauseln« bei Hinterbliebenenleistungen, z. B. bei Ehegatten Spätehenklauseln[192], Ehedauerklauseln[193] und Klauseln, die auf Altersunterschiede der Ehegatten abstellen (Altersdifferenzklauseln).[194] Ob eine »Hauptenährerklausel«

---

189 BAG 20.4.2010, 3 AZR 509/08, EzA § 1 BetrAVG Hinterbliebenenversorgung Nr. 14 = DB 2010, 2000.
190 BAG 19.12.2000, 3AZR 186/00, EzA § 1 BetrAVG Hinterbliebenenversorgung Nr. 9 = DB 2001, 2303.
191 BAG 14.1.2009, 3 AZR 20/07, EzA § 2 AGG Nr. 3 = DB 2009, 1545; BAG 15.9.2009, 3 AZR 294/09, EzA § 2 AGG Nr. 5 und 3 AZR 797/08, EzA § 2 AGG Nr. 4 = DB 2010, 231.
192 BAG 15.9.2009, 3 AZR 797/08, EzA § 2 AGG Nr. 4; BAG 20.4.2010, 3 AZR 509/08, EzA § 1 BetrAVG Hinterbliebenenversorgung Nr. 14 = DB 2010, 2000.
193 BAG 11.8.1987, 3 AZR 6/86, EzA § 1 BetrAVG Hinterbliebenenversorgung Nr. 2 = DB 1988, 347.
194 BAG 18.7.1972, 3 AZR 472/71, EzA § 242 BGB Ruhegeld Nr. 17 = DB 1972, 2067; BAG 26.8.1997, 3 AZR 235/96, EzA § 1 BetrAVG Ablösung Nr. 17 = DB 1998, 1190; das BAG hat mit Beschluss vom 27.6.2006, 3 AZR 352/05 (A), EzA Richtlinie 2000/78 EG-Vertrag 1999 Nr. 2 = DB 2006, 2524, dem EuGH die Frage vorgelegt, ob eine Altersdifferenzklausel gegen Primärrecht der EU verstößt und wenn ja, ob ein Rechtfertigungsgrund in der Risikobegrenzung für den Arbeitgeber gegeben sein kann. Des Weiteren wird gefragt, ob eine unbegrenzte Rückwirkung eintritt oder nicht. Der EuGH hat diese Fragen offen gelassen und die Anwendbarkeit der Richtlinie im konkreten Fall verneint; dazu kritisch *Preis* BetrAV 2010, 515, der einen Verstoß gegen das AGG sieht; dazu auch *Beitze* in: Hey AGG, § 10 Rdn. 83.

zulässig ist, ist offen.[195] Es kann auch eine Hinterbliebenenleistung ausgeschlossen sein, wenn die Witwe/der Witwer eine vorgegebene Altersgrenze noch nicht überschritten hat.[196]

Rechtsprechung zu altersabhängigen Klauseln liegt für die Zeit nach Inkrafttreten des AGG noch nicht vor. Insoweit könnte von Bedeutung sein, dass § 10 S. 3 Nr. 4 AGG nur Alters- und Invaliditätsleistungen, nicht Hinterbliebenenleistungen anspricht. 203

In Einzelfällen[197] kann mit steuerlicher Wirkung auch ein Lebensgefährte (also eine in nicht ehelicher Gemeinschaft mit dem Arbeitnehmer zusammenlebende Person) begünstigt sein. Arbeitsrechtlich ist die Gestaltungsfreiheit des Arbeitgebers bei Begünstigung von Lebensgefährten aber über das Steuerrecht hinausgehend möglich. Bei anderen, dem Arbeitnehmer nahestehenden Personen, kommt es darauf an, ob dem Arbeitnehmer bezogen auf die begünstigte Person bei typisierender Betrachtung ein Versorgungsinteresse unterstellt werden kann.[198] Kein Arbeitgeber ist jedoch verpflichtet, Lebensgefährten in ein Versorgungsversprechen einzubeziehen. Zu Lebenspartnern einer eingetragenen Partnerschaft vgl. Rn. 38. 204

Bei Leistungen an Waisen ist ein Endalter vorzusehen. Üblich ist, dass derartige Leistungen grundsätzlich nur bis zur Vollendung des 18. oder 21. Lebensjahres gewährt werden. Bei längeren Bezugszeiten wird die Gewährung der Waisenleistung häufig an die Dauer einer Berufsausbildung geknüpft. Die Leistung an eine Waise kann davon abhängig sein, dass die Voraussetzungen gem. § 32 Abs. 3 und 4 S. 1 Nr. 1–3 und Abs. 5 EStG erfüllt sind.[199] 205

Es können auch Waisenleistungen an Stief- oder Pflegekinder erbracht werden, die dauerhaft im Haushalt des Arbeitnehmers leben, wenn 206

---

195 BAG 26.9.2000, 3 AZR 387/99, EzA § 1 BetrAVG Hinterbliebenenversorgung Nr. 8 = DB 2000, 2075; Jedenfalls stellt die Ungleichbehandlung von Männern und Frauen in diesem Zusammenhang einen Verstoß gegen das AGG dar und führt dazu, dass die benachteiligte Gruppe der anderen Gruppe gleichzustellen ist, BAG 11.12.2007, 3 AZR 249/06, EzA § 2 AGG Nr. 1 = DB 2008, 766.
196 BAG 19.2.2002, 3 AZR 99/01, EzA § 1 BetrAVG Hinterbliebenenversorgung Nr. 10 = DB 2002, 1459.
197 BMF-Schreiben vom 31.3.2010, Rdn. 250 (Anhang) sowie BMF-Schreiben vom 25.7.2002 (Anhang), DB 2002, 1690 und 8.1.2003 BetrAV 2003, 61.
198 BAG 18.11.2008, 3 AZR 277/07, EzA § 1 BetrAVG Hinterbliebenenversorgung Nr. 13 = DB 2009, 294.
199 BMF-Schreiben vom 31.3.2010, Rdn. 250 (Anhang).

II. Versorgungsverhältnis

dies der Arbeitgeber zugesagt hat. Auch faktische Stiefkinder können begünstigt sein. Auch Enkelkinder können Leistungen erhalten, wenn sie auf Dauer im Haushalt der Großeltern leben und versorgt werden.[200]

207 Unzulässig ist es, nichteheliche Kinder von einer Waisenleistung auszunehmen.[201] Auch ist es unzulässig, eine Zahlung einzustellen, wenn die Waise heiratet.[202]

208 Als problematisch sieht es das BAG an, wenn eine Versorgungszusage Eltern oder Erben begünstigt. Insoweit ist offen geblieben, ob eine BAV vorliegt.[203]

- **Bemessungsgrößen**

209 Ist die Zusage dienstzeitabhängig ausgestaltet, muss geregelt sein, welche Dienstjahre bei der Leistungsbemessung und bei einer Wartezeit berücksichtigt werden. Es können alle Dienstjahre zählen, es können alle angefangenen Dienstjahre oder nur alle vollendeten Dienstjahre berücksichtigt werden. Die Anzahl der Dienstjahre kann auch durch Höchstprozentsatz beschränkt sein (z. B. 0,3% je Dienstjahr, maximal 9%, also werden maximal 30 Dienstjahre berücksichtigt). So können z. B. Ausbildungszeiten, Zeiten eines ruhenden Arbeitsverhältnisses oder Probezeiten ausgenommen sein. Die mögliche Ungleichbehandlung wegen des Alters durch die Begrenzung der anrechenbaren Dienstjahre kann jedenfalls durch ein legitimes Ziel des Arbeitgebers gerechtfertigt sein.[204] Werden nur Dienstjahre ab einem bestimmten Alter gezählt (z. B. ab Alter 30) oder wird die Anzahl der zu berücksichtigenden Dienstjahre beschränkt (z. B. maximal 30 Jahre) ist dies ebenfalls kein Verstoß gegen das AGG.

210 Besondere Bedeutung hat die Definition eines versorgungsfähigen Arbeitsverdienstes, wenn er bei der Leistungsbemessung zu berücksichtigen ist. Es können nicht regelmäßig gezahlte Einkommensteile ausgenommen werden (z. B. Weihnachtsgeld, Tantieme, Urlaubsgeld).[205]

---

200 BMF-Schreiben vom 31.3.2010, Rdn. 250 (Anhang).
201 LAG Mainz 21.1.1999, 11 Sa 786/98.
202 LAG Hamm 20.5.1980, 6 Sa 177/80, EzA Art. 6 EG Nr. 1.
203 BAG 19.1.2010, 3 AZR 42/08, EzA § 17 Nr. 11 = DB 2010, 1411; BAG 19.1.2010, 3 AZR 660/09, EzA § 7 BetrAVG Nr. 75.
204 *Blomeyer/Rolfs/Otto* Anh. § 1 Rdn. 229.
205 Zur tariflichen Sonderzahlung und zum tariflichen Urlaubsgeld BAG 24.1.2006, 3 AZR 479/04, DB 2006, 1128; zu Zuschlägen zur Sonntags-, Feiertags- und Nachtarbeit: BAG 18.10.2005, 3 AZR 48/05, EzA § 1 BetrAVG Nr. 86 = DB 2006, 224.

3. Leistungsplan

Fehlt eine genaue Definition für die Einkommensbemessung, ergeben sich Auslegungszweifel.[206] Der Begriff »Bruttoentgelt« beinhaltet nicht notwendigerweise alle Bruttobezüge.[207] Unter dem Begriff Tariflohn sind nicht tarifliche Vergütungszuschläge für Mehr-, Nacht-, Sonn- und Feiertagsarbeit sowie Gratifikationen und vermögenswirksame Leistungen zu verstehen.

Besondere Bedeutung haben Leistungspläne mit einer gespaltenen Rentenformel. Sie sehen z. B. vor, dass für Bezügebestandteile bis zur Beitragsbemessungsgrenze in der gesetzlichen Rentenversicherung 0,5% pro Dienstjahr gewährt werden, für Bezügebestandteile oberhalb der BBG ein höherer Steigerungsprozentsatz, z. B. 1%. Da der Gesetzgeber zum 1.1.2003 eine außerordentliche Anhebung der BBG vorgenommen hat, musste das BAG entscheiden, wie sich diese Erhöhung auf die Versorgungsleistungen auswirkt. Das Gericht hat für bestehende Versorgungszusagen eine Regelungslücke festgestellt, die es dadurch schließt, dass mit der »alten« BBG die Versorgungsleistung zu ermitteln ist. Von dieser Rente ist der Betrag abzuziehen, um den sich die gesetzliche Rente infolge höherer Beitragszahlungen erhöht hat.[208]

211

---

206 Dazu im Einzelnen *Kemper* in: Kemper/Kisters-Kölkes/Berenz/Huber BetrAVG, § 1 Rdn. 217.
207 Zu folgenden Entgeltbestandteilen im Einzelnen: PKW: BAG 14.8.1990, 3 AZR 321/89, EzA § 1 BetrAVG Nr. 58 = DB 1991, 343; BAG 21.8.2001, 3 AZR 746/00, EzA § 1 BetrAVG Nr. 78 = DB 2002, 735; Überstundenpauschale: BAG 16.6.1992, 3 AZR 243/91, EzA § 1 BetrAVG Nr. 63; Weihnachtsgeld: BAG 20.7.1993, 3 AZR 706/92, n. v.; Bruttogehalt: BAG 10.3.2009, 3 AZR 199/08, DB 2010, 2114.
208 BAG 21.4.2009, 3 AZR 695/08, EzA § 1 BetrAVG Auslegung Nr. 1 = BetrAV 2009, 267; BAG 21.4.2009, 3 AZR 640/07, DB 2009, 2499 = BetrAV 2009, 559; dazu auch *Kemper* in: Kemper/Kisters-Kölkes/Berenz/Huber BetrAVG, § 1 Rdn. 198.

III. Betriebsrentengesetz

Einen besonderen Einfluss auf den Inhalt des Versorgungsverhältnisses haben die Bestimmungen des Betriebsrentengesetzes (BetrAVG). Sie sind gem. § 17 Abs. 3 S. 3 BetrAVG weitgehend zwingend. Es kann von ihnen nicht zu Ungunsten des Arbeitnehmers abgewichen werden.

Von den §§ 1a, 2–5, 16, 18a S. 1, 27, 28 BetrAVG kann nur in Tarifverträgen abgewichen werden (§ 17 Abs. 3 S. 1 BetrAVG). Die abweichenden Bestimmungen haben zwischen nicht tarifgebundenen Arbeitgebern und Arbeitnehmern Geltung, wenn zwischen diesen die Anwendung der einschlägigen tariflichen Regelung vereinbart ist (§ 17 Abs. 3 S. 2 BetrAVG).[1] Allerdings kann eine solche Anwendungsvereinbarung auch einvernehmlich aufgehoben werden mit der Konsequenz, dass dann die abweichenden Bestimmungen des Tarifvertrages nicht mehr gelten.

Diese Möglichkeit, in Tarifverträgen von den gesetzlichen Bestimmungen abzuweichen, ist von dem Tarifvorrang gem. § 17 Abs. 5 BetrAVG zu unterscheiden. Diese Vorschrift schränkt nur das Recht auf BAV durch Entgeltumwandlung[2] ein. Ein Tarifvertrag, der die Entgeltumwandlung zulässt, muss nicht – auch – von den gesetzlichen Bestimmungen abweichende Regelungen schaffen. Er kann dies aber.

Die Regelungsbefugnis der Tarifvertragsparteien aus § 17 Abs. 3 S. 1 BetrAVG erfasst eine arbeitgeberfinanzierte BAV ebenso wie eine gemischt arbeitgeber- und arbeitnehmerfinanzierte BAV und auch eine nur arbeitnehmerfinanzierte BAV.

Abweichungen vom BetrAVG durch Tarifverträge sind in der Praxis insbesondere von Bedeutung bei der Unverfallbarkeit der Höhe nach und bei der Anpassung gem. § 16 BetrAVG. Allerdings haben die Tarifvertragsparteien nicht die Möglichkeit, abweichend von § 1b BetrAVG neue Durchführungswege zu kreieren oder die Unverfallbarkeitskriterien zu verlängern. Sie dürfen auch nicht von der gesetzlichen Definition der BAV abweichen.

§ 1a BetrAVG ist in einer Vielzahl von Tarifverträgen modifiziert worden bis hin zum vollständigen Ausschluss oder der Beschränkung auf

---
1 *Huber* in: Kemper / Kisters-Kölkes / Berenz / Huber, BetrAVG, § 17 Rdn. 25.
2 Siehe hierzu Rn. 573 ff.

III. Betriebsrentengesetz

nicht steuerlich geförderte Durchführungswege.[3] Das ist wegen der umfassenden Tarifdispositivität in § 17 Abs. 3 S. 1 BetrAVG zulässig.[4] Allerdings ist zu beachten, dass § 1 BetrAVG nicht tarifdispositiv ist. Folglich sind die dortigen Vorgaben auch für Tarifverträge zwingend. So können die Tarifvertragsparteien z. B. nicht regeln, dass eine Beitragszusage ohne Mindestleistung erteilt wird oder dass dem Arbeitgeber die Erträge zustehen.

218 Soweit den Tarifvertragsparteien eine Gestaltungsfreiheit eingeräumt wird, kann auch bei Vereinbarungen mit Organpersonen (Geschäftsführer, Vorstände) einzelvertraglich von den Vorgaben des Gesetzes abgewichen werden.[5]

219 Regelungen im Leistungsplan zugunsten der Arbeitnehmer bleiben natürlich jederzeit möglich. Dies gilt auch für Vereinbarungen, die außerhalb von Tarifverträgen geschlossen werden. Es können ebenso günstigere Unverfallbarkeitsregelungen vereinbart werden (vertragliche Unverfallbarkeit). Auch kann eine Anpassung der laufenden Versorgungsleistungen vertraglich – auch durch Betriebsvereinbarung – günstiger ausgestaltet sein als die gesetzlichen Regelungen.

1. Schutzbereich

220 Vom Schutzbereich des BetrAVG werden im Grundsatz die Arbeitnehmer und die zu ihrer Berufsausbildung Beschäftigten erfasst (§ 17 Abs. 1 S. 1 BetrAVG), sobald ihnen eine Versorgungszusage erteilt wurde. Den Anspruch auf BAV durch Entgeltumwandlung nach § 1a BetrAVG gibt es nur für Arbeitnehmer, die in der gesetzlichen Rentenversicherung pflichtversichert sind (§ 17 Abs. 1 S. 3 BetrAVG). Keinen Anspruch haben z. B. angestellte Rechtsanwälte oder Ärzte, die einem berufständischen Versorgungswerk angehören.

221 Durch das BetrAVG werden auch Nichtarbeitnehmer geschützt, wenn ihnen BAV aus Anlass der Tätigkeit[6] für ein fremdes Unternehmen zugesagt worden ist (arbeitnehmerähnliche Personen, § 17 Abs. 1 S. 2

---

3 *Förster* BetrAV 2002, 123; *Schack/Tacke/Thau* S. 429 ff.
4 *Schliemann* BetrAV 2001, 732; *Steinmeyer* BetrAV 2001, 727; einschränkend *Heither* BetrAV 2001, 720; *Hanau*, DB 2004, 2266 ff.
5 BAG 21.4.2009, 3 AZR 285/07, DB 2010, 2004.
6 BAG 25.1.2000, 3 AZR 769/98, EzA § 17 BetrAVG Nr. 9 = DB 2001, 2102.

BetrAVG). Durch diese Vorschrift werden z. B. nichtbeteiligte **Geschäftsführer** einer GmbH (Fremdgeschäftsführer) oder **Vorstandsmitglieder** einer AG begünstigt. Auch Freiberufler (z. B. Ärzte) können eine BAV erhalten, die durch das Gesetz geschützt ist.[7] Zu den arbeitnehmerähnlichen Personen gehören auch Handelsvertreter.[8]

Ist jemand für ein Unternehmen tätig, an dem er selbst beteiligt ist, z. B. Geschäftsführer und Gesellschafter einer GmbH (**GGF**) oder ein Vorstandsaktionär, kommt es darauf an, ob er eine Tätigkeit für ein »eigenes Unternehmen« oder für ein »fremdes Unternehmen« ausübt. Dies richtet sich im Wesentlichen nach der Höhe der Beteiligung und dem Haftungsumfang.[9] Die bloße Gesellschafterstellung reicht nicht aus. Die Zusage muss immer aus Anlass eines arbeitnehmerähnlichen Beschäftigungsverhältnisses erfolgen.[10] 222

So sind z. B. Einzelkaufleute, persönlich haftende Gesellschafter einer offenen Handelsgesellschaft (oHG) oder einer Gesellschaft bürgerlichen Rechts (GbR) und Komplementäre einer Kommanditgesellschaft (KG) unabhängig von der Beteiligungsquote nicht vom Schutzbereich des BetrAVG erfasst, weil sie »Vollhafter« und damit Unternehmer und nicht schutzbedürftige arbeitnehmerähnliche Personen sind.[11] Sie lenken das Unternehmen (Unternehmerinitiative) und tragen das unternehmerische Risiko. 223

Dasselbe gilt für Gesellschafter-Geschäftsführer einer GmbH, wenn sie allein eine beherrschende Beteiligung (50% und mehr) oder zusammen mit anderen Gesellschafter-Geschäftsführern mehr als 50% Beteiligung halten, vorausgesetzt, kein Gesellschafter ist alleine mit mehr als 50% beteiligt. Insoweit gilt eine Zusammenrechnungsregel, die alle Gesellschafter-Geschäftsführer berücksichtigt, die zumindest mit 10% und mehr beteiligt sind. Entscheidend ist neben der Höhe der Kapitalbeteiligung auch die Höhe des Stimmrechts. So können Stimmbindungsverträge zu einer Mehrheitsbeteiligung führen. 224

---

7 BGH 13.7.2006, IX ZR 90/05, DB 2006, 1951 = BetrAV 2006, 682.
8 *Huber* in: Kemper/Kisters-Kölkes/Berenz/Huber, BetrAVG, § 17 Rdn. 3.
9 BAG 19.1.2010, 3 AZR 660/09, EzA § 7 BetrAVG Nr. 75 = BetrAV 2010, 177; hierzu im Einzelnen: *Huber* in: Kemper/Kisters-Kölkes/Berenz/Huber, BetrAVG, § 17 Rdn. 5 ff.; *Blomeyer/Rolfs/Otto* BetrAVG, § 17 Rdn. 77 ff. und E 1 ff.; *Doetsch/Lenz* S. 19 ff.; *Langohr-Plato* Rechtshandbuch, Rdn. 1620 ff.;
10 BAG 19.1.2010, 3 AZR 409/09, n. v.; bei Streubesitz der Gesellschafter: BAG 19.1.2010, 3 AZR 660/09, EzA § 7 BetrAVG Nr. 75 = BetrAV 2010, 177.
11 Ausnahme: angestellte Komplementäre.

III. Betriebsrentengesetz

> **Beispiel:**
> Eigene Beteiligung des GGF: 48%, zusätzlich über Stimmbindung 10% ergibt eine Mehrheitsbeteiligung.

225 Allein die Tatsache, dass ein GGF mit einer nicht im Unternehmen tätigen Gesellschafterin verheiratet ist, reicht nicht aus, um die Anteile und Stimmrechte zusammenzurechnen, weil allein aus der Ehe keine gleichgerichteten Interessen abgeleitet werden können.[12]

226 Bei Personen, die zeitweise als Arbeitnehmer und zeitweise als Unternehmer für ein und dasselbe Unternehmen tätig sind, ist eine zeitanteilige Aufteilung vorzunehmen.[13]

227 In § 112 Abs. 3 VAG wird ab dem 1.7.2002 für den Pensionsfonds ausdrücklich die Anwendung von § 17 Abs. 1 S. 2 BetrAVG geregelt, der nur für arbeitnehmerähnliche Personen gilt. Daraus wird – über den Wortlaut hinausgehend – abgeleitet, dass auch ein beherrschender Gesellschafter-Geschäftsführer – also ein Unternehmer – zu dem Personenkreis gehört, der über einen Pensionsfonds eine BAV erhalten kann.

2. Unverfallbarkeit

228 BAV hat überwiegend **Entgeltcharakter**. Auch eine Teilbetriebstreue soll »belohnt« werden. Deshalb enthalten die §§ 1b und 2 BetrAVG Bestimmungen über die Unverfallbarkeit einer Versorgungsanwartschaft, wenn das Arbeitsverhältnis endet, ohne dass ein Versorgungsfall eingetreten ist.

229 Ohne die Bestimmungen zur Unverfallbarkeit würden Arbeitnehmer, die nicht bis zum Eintritt des Versorgungsfalles im Unternehmen verbleiben, keinen Anspruch auf Zahlung von Versorgungsleistungen erwerben. Die Bedingung, dass der Arbeitnehmer bis zum Eintritt des Versorgungsfalles im Unternehmen verbleibt, wäre nicht erfüllt. Die Anwartschaft würde mit dem vorzeitigen Ausscheiden verfallen. Da diese Konsequenzen bei erbrachter Betriebstreue nicht eintreten dürfen, weil BAV auch Entgelt für in der Vergangenheit geleistete Arbeit ist, hat das BAG mit Urteil vom 10.3.1972 vorgesetzlich entschieden,

---
12 BVerfG 12.3.1985, 1 BvR 571/81,1 BvR 494/82, 1 BvR 47/83, DB 1985, 1320.
13 BGH 2.4.1990, II ZR 156/89, BetrAV 1990, 206.

2. Unverfallbarkeit

dass der Verfall der Anwartschaft nicht rechtens ist und Anwartschaften auch bei einer Verfallklausel aufrechtzuerhalten sind, wenn der Arbeitnehmer beim Ausscheiden vor Eintritt eines Versorgungsfalles eine mindestens 20-jährige Betriebstreue abgeleistet hatte.[14] Diese vorgesetzliche **richterrechtliche Unverfallbarkeit** wurde in die **gesetzliche Unverfallbarkeit** des BetrAVG überführt. Der richterlichen Unverfallbarkeit kommt heute keine Bedeutung mehr zu, weil zwischenzeitlich die Personen, denen nach den von der Rechsprechung aufgestellten Regeln eine Anwartschaft aufrecht zu erhalten war, das Pensionsalter erreicht haben, also Versorgungsempfänger sind.

Sind günstigere als die gesetzlichen Unverfallbarkeitsmodalitäten vorgesehen, handelt es sich um eine **vertragliche Unverfallbarkeit**. 230

a) Gesetzliche Unverfallbarkeit dem Grunde nach

Die gesetzliche Unverfallbarkeit differenziert danach, ob die BAV durch Entgeltumwandlung finanziert wird oder ob sie der Arbeitgeber finanziert. Bei einer Entgeltumwandlung ist von Anfang an eine sofortige gesetzliche Unverfallbarkeit gegeben, unabhängig von der Höhe des Umwandlungsbetrages und auch unabhängig vom Alter des Arbeitnehmers im Umwandlungs- oder Ausscheidezeitpunkt (§ 1b Abs. 5 BetrAVG). Bei der arbeitgeberfinanzierten BAV tritt die Unverfallbarkeit nach fünfjährigem Zusagebestand ein, wenn der Arbeitnehmer im Ausscheidezeitpunkt das 30. Lebensjahr vollendet hat.[15] 231

Unverfallbarkeit tritt darüber hinaus ein, wenn ein Ausscheiden aufgrund einer Vorruhestandsregelung vorliegt (§ 1b Abs. 1 S. 2 BetrAVG).[16] 232

---

14 BAG 10.3.1972, 3 AZR 278/71, EzA § 242 BGB Ruhegeld Nr. 11 = DB 1972, 1486; BAG 16.10.1980, 3 AZR 1/80, EzA § 7 BetrAVG Nr. 8 = DB 1981, 644; BAG 20.1.1987, 3 AZR 503/85, EzA § 7 BetrAVG Nr. 22 = DB 1987, 1793.
15 Zu den Unverfallbarkeitsregeln, die vor dem 1.1.2001 bestanden, vgl. die Vorauflage. Auch der Übergangsregelung in § 30f BetrAVG a. F. kommt keine Bedeutung mehr zu.
16 BAG 28.3.1995, 3 AZR 496/94, EzA § 1 BetrAVG Nr. 70 = DB 1995, 1867; das LAG Köln geht in einer rechtskräftigen Entscheidung vom 11.11.2005, 11 Sa 787/05, davon aus, dass hierunter nur solche Regelungen zu verstehen sind, »die sich im Rahmen des inzwischen außer Kraft getretenen Vorruhestandsgesetzes bewegen.« Damit hätte diese Vorschrift keine Bedeutung mehr. A. A. *Kemper* in: Kemper/Kisters-Kölkes/Berenz/Huber BetrAVG, § 1b Rdn. 110.

III. Betriebsrentengesetz

233 Mit dem Gesetz zur Förderung der betrieblichen Altersvorsorge[17] wurde für Versorgungszusagen, die ab dem 1.1.2009 erteilt werden, das Mindestausscheidealter von 30 auf 25 Jahre herabgesetzt. Die Zusage muss weiterhin mindestens 5 Jahre bestanden haben. Damit soll erreicht werden, dass mehr Frauen, die vorzeitig ausscheiden, eine Anwartschaft behalten. In einer Übergangsregelung (§ 30f Abs. 2 BetrAVG) ist vorgesehen, dass bei Arbeitnehmern, die vor dem 1.1.2009, aber nach dem 31.12.2000 eine Versorgungszusage erhalten haben, bei einem Ausscheiden auf das Alter 25 abzustellen ist, wenn die Zusage seit dem 1.1.2009 fünf Jahre bestanden hat.[18] Eine noch weitergehende Herabsetzung der Unverfallbarkeitsmodalitäten, wie sie von der EU angestrebt wird,[19] wurde bisher vom Gesetzgeber nicht umgesetzt.

- **Beendigung des Arbeitsverhältnisses**

234 Es ist die **vorzeitige** Beendigung des Arbeitsverhältnisses gemeint, d. h. die Beendigung vor Eintritt eines Versorgungsfalles. Jede Beendigung (Kündigung, Aufhebungsvertrag, Befristung) kommt in Betracht mit Ausnahme der Beendigung durch den Tod. Wird das Arbeitsverhältnis durch Tod beendet, ist zu prüfen, ob nach der erteilten Zusage Hinterbliebenenleistungen zu erbringen sind. Ein vorzeitiges Ausscheiden liegt dann nicht vor. Das Ausscheiden durch Tod löst den Versorgungsfall aus, wenn Hinterbliebenenleistungen vorgesehen sind.

235 Entscheidend ist der Tag, mit dessen Ablauf das Arbeitsverhältnis endet. Auf Arbeitsverhältnisse, die lediglich ruhen, sind die Unverfallbarkeitsregeln nicht anzuwenden. Auch wenn ein Arbeitgeberwechsel gem. § 613a BGB stattfindet, gelten diese Regeln nicht, weil das Arbeitsverhältnis fortbesteht.[20]

- **Vollendung eines Mindestalters von 30 Jahren**

236 Es gilt die bürgerlich-rechtliche Altersbestimmung des § 187 Abs. 2 S. 2 BGB.

---

17 Vom 10.12.2007, BGBl. I S. 2838.
18 Zur Berechnung der Frist vgl. BAG 14.1.2009, 3 AZR 529/07, DB 2009, 2724 = BetrAV 2009, 85; BAG 26.5.2009, 3 AZR 816/07, EzA § 1b BetrAVG Nr. 6 = DB 2010, 287.
19 Dazu: Portabilitätsrichtlinienentwurf BetrAV 2005, 776, der bisher gescheitert ist, BetrAV 2007, 368.
20 Hierzu im Einzelnen Rn. 747 ff.

2. Unverfallbarkeit

Beispiel:

Wer z. B. am 30.9.1980 geboren wurde, hat am 29.9.2010 um 24.00 Uhr das 30. Lebensjahr vollendet.[21]

Das Mindestalter von 30 ist keine mittelbare Diskriminierung von Frauen und verstößt nicht gegen Art. 157 AEUV.[22] Die Frage, ob das Mindestalter von 30 eine Altersdiskriminierung i. S. d. AGG ist, ist zu verneinen, weil insoweit das BetrAVG lex specialis im Verhältnis zum AGG ist.[23] Das BAG wird sich mit der Frage der Vereinbarkeit der gesetzlichen Mindestaltersgrenze für die Unverfallbarkeit von Versorgungsanwartschaften mit Europa- und Verfassungsrecht noch einmal befassen.[24]

237

Scheidet ein Arbeitnehmer wenige Wochen oder Tage vor der Vollendung des maßgeblichen Lebensalters aus dem Unternehmen aus, verfällt die Versorgungsanwartschaft ersatzlos. Das Mindestalter muss folglich erreicht oder überschritten sein. Der Arbeitgeber muss über die Konsequenzen der Nichterfüllung der Unverfallbarkeitsvoraussetzungen nicht aufklären.[25] Auf Nachfrage des Arbeitnehmers muss aber eine richtige Auskunft erteilt werden.[26]

238

Dem Mindestalter von 25 kommt zurzeit noch keine Bedeutung zu, weil seit dem 1.1.2009 (oder später) die Zusage 5 Jahre bestanden haben muss. Die ist frühestens mit Ablauf des 31.12.2013 der Fall. Solange bleibt es beim Mindestalter 30.

239

---

21 *Blomeyer/Rolfs/Otto* § 1b Rdn. 72.
22 BAG 18.10.2005, 3 AZR 506/04, EzA Art. 141 EG-Vertrag 1999 Nr. 19 = DB 2006, 1014, zum Mindestalter von 35 Jahren, wobei davon auszugehen ist, dass das BAG zum Alter 30 dies ebenso entscheiden würde. Hierzu auch *Langohr-Plato* BetrAV 2006, 454.
23 BAG 11.12.2007, 3 AZR 249/06, DB 2008, 766 = BetrAV 2008, 766; LAG Köln 18.1.2008, 11 Sa 1077/07, ZIP 2008, 1548; dazu auch *Blomeyer/Rolfs/Otto* § 1b Rdn. 71b und *Beitze* in: Hey AGG, § 10 Rdn. 86 f.; *Preis* BetrAV 2010, 513 nimmt einen Verstoß gegen das AGG an.
24 3 AZR 477/10: Revision gegen das Urteil des LAG Hamburg vom 19.1.2010 – 4 Sa 40/09.
25 BAG 3.7.1990, 3 AZR 382/89, EzA § 611 BGB Aufhebungsvertrag Nr. 7 = DB 1990, 2431 (Ausscheiden weniger als drei Wochen vor Vollendung des 35. Lebensjahres); BAG 22.2.2000, 3 AZR 4/99, EzA § 1 BetrAVG Nr. 72 = DB 2001, 2203; Bedenken bei *Reinecke* DB 2006, 555.
26 Hierzu im Einzelnen *Reinecke* RdA, 2005, 129; *ders.* DB 2006, 555.

III. Betriebsrentengesetz

- **Zusagebestand**

240 Die Frist beginnt mit der Erteilung der Versorgungszusage und endet mit der Beendigung des Arbeitsverhältnisses. Eine Versorgungszusage ist dann erteilt, wenn die Arbeitgeberverpflichtung gegenüber dem Begünstigen erstmals entstanden ist. Das richtet sich nach dem gewählten Rechtsbegründungsakt. Bei kollektivvertraglichen Rechtsbegründungsakten ist dies der Abschlusszeitpunkt der Betriebsvereinbarung oder des Tarifvertrages (wenn das Arbeitsverhältnis zu diesem Zeitpunkt der erstmaligen Einführung einer BAV bereits besteht) bzw. der Zeitpunkt, in dem ein Arbeitnehmer von dem persönlichen Geltungsbereich erfasst wird (er tritt in das zusagende Unternehmen ein und gehört von Anfang an zum begünstigten Personenkreis). Frühester Zeitpunkt ist der rechtliche Beginn des Arbeitsverhältnisses. Bei individualvertraglichen Rechtsbegründungsakten ist der Zusagezeitpunkt der Zeitpunkt des Zustandekommens des Versorgungsvertrages, ebenfalls frühestens der Beginn des Arbeitsverhältnisses.

241 Für den Zusagebestand kommt es darauf an, dass das Arbeitsverhältnis nicht unterbrochen wurde.[27] Jede auch nur ganz kurzfristige Unterbrechung führt dazu, dass die Frist nicht erfüllt ist. Hat die Zusage vier Jahre und acht Monate bestanden, verfällt die Anwartschaft ersatzlos. Die Grundsätze über die Zusammenrechnung bei einem inneren sachlichen Zusammenhang der Arbeitsverhältnisse können nicht herangezogen werden.[28] Ob diese Grundsätze auch für Saisonarbeitnehmer gelten, hat das BAG offen gelassen.[29]

- **Einzelzusage/Vertragliche Einheitsregelung/Gesamtzusage/ Betriebliche Übung/Gleichbehandlung**

242 Eine Einzelzusage ist erteilt, wenn der Versorgungsvertrag zustande gekommen ist. Das richtet sich nach den allgemeinen bürgerlich-rechtlichen Regeln. Eine – mündliche oder schriftliche – Einigung durch Angebot und Annahme gem. §§ 145 ff. BGB ist notwendig. Frühester Zeitpunkt der Zusageerteilung ist der rechtliche Beginn des Arbeitsverhältnisses.

---

27 BAG 22.2.2000, 3 AZR 4/99, EzA § 1 BetrAVG Nr. 72 = DB 2001, 2203; BAG 29.9.1987, 3 AZR 99/86, EzA § 1 BetrAVG Nr. 49; BAG 19.10.1982, 3 AZR 629/80, BB 1984, 537 = BetrAV 1984, 73.
28 BAG 12.7.1988, 3 AZR 131/87, n. v.
29 BAG 20.2.2001, 3 AZR 407/99, EzA § 1 BetrAVG Nr. 74.

Beispiel:

Der Arbeitgeber hat mit dem künftigen Arbeitnehmer am 15.10.2009 einen Arbeitsvertrag abgeschlossen und ihm gleichzeitig eine Versorgungszusage erteilt. Das Arbeitsverhältnis beginnt am 1.1.2010. Die Zusage ist am 1.1.2010 erteilt

Das Entsprechende gilt für eine vertragliche Einheitsregelung und eine Gesamtzusage. Die Zusage ist erteilt, wenn der Arbeitnehmer zu dem von der Gesamtzusage erfassten Personenkreis gehört. Besteht die Gesamtzusage bei Beginn des Arbeitsverhältnisses, ist auch ab Beginn des Arbeitsverhältnisses die Zusage erteilt.[30] Eine betriebliche Übung und der Grundsatz der Gleichbehandlung als Rechtsbegründungsakt führen zu einer Zusage mit »vertraglicher« Anspruchsbegründung, d. h. die Zusage ist erteilt, wenn der Arbeitnehmer von der betrieblichen Übung erfasst ist oder ab dem Zeitpunkt der Verletzung des Gleichbehandlungsgrundsatzes. 243

Sieht man von neu eingeführten Versorgungssystemen ab, kann summarisch festgestellt werden, dass z. B. bei einer vertraglichen Einheitsregelung/Gesamtzusage, die schon lange in einem Unternehmen praktiziert werden, üblicherweise Zusagezeitpunkt und rechtlicher (nicht tatsächlicher) Beginn des Arbeitsverhältnisses übereinstimmen. Dasselbe gilt, wenn die betriebliche Übung schon vor dem Beginn des Arbeitsverhältnisses besteht. Beim Gleichbehandlungsgrundsatz kommt es auf den Zeitpunkt des Verstoßes an. 244

- **Betriebsvereinbarung/Tarifvertrag**

Zusagezeitpunkt bei einer Betriebsvereinbarung ist der Zeitpunkt, in dem die formellen Voraussetzungen des § 77 Abs. 2 BetrVG (mit Ausnahme des Aushangs am »Schwarzen Brett«) erfüllt sind, wenn also erstmals eine Betriebsvereinbarung zur BAV abgeschlossen wird. Besteht beim Eintritt eines Arbeitnehmers in ein Unternehmen bereits die Betriebsvereinbarung und wird der Arbeitnehmer von ihrem persönlichen Geltungsbereich erfasst, hat er ab Beginn des Arbeitsverhältnisses eine Versorgungszusage. Auch hier fällt dann bei schon lange in einem Unternehmen installierten Versorgungswerken der Zusagezeit- 245

---

30 BAG 10.12.2002, 3 AZR 671/01, DB 2004, 1568 und 3 AZR 92/02, EzA § 1 BetrAVG Ablösung Nr. 37 = DB 2004, 1566.

III. Betriebsrentengesetz

punkt mit dem Beginn des Arbeitsverhältnisses zusammen. Das Entsprechende gilt für Tarifverträge.

- **Blankettzusage**

246 Eine Versorgungszusage ist auch erteilt, wenn nicht alle Einzelheiten des Leistungsplans feststehen (**Blankettzusage**).[31] Voraussetzung ist, dass eine verbindliche Einigung vorliegt und nicht nur die spätere Erteilung einer Versorgungszusage in Aussicht gestellt wird.[32]

247 Der Arbeitgeber ist verpflichtet, die Einzelheiten des Leistungsplanes in angemessener Frist und nach billigem Ermessen gem. § 315 BGB zu bestimmen. Erfüllt er diese Verpflichtung nicht oder entspricht die Festlegung nicht den Billigkeitsgrundsätzen, haben die Gerichte zu entscheiden.

- **Vorschaltzeiten**

248 Durch zeitbezogene Kriterien kann der Zusagezeitpunkt nicht hinausgeschoben werden. Wenn in einer Gesamtzusage oder Betriebsvereinbarung z. B. bestimmt wird, dass die Versorgungszusage erst nach Vollendung eines bestimmten Alters und/oder Ableistung einer Mindestdienstzeit erteilt wird, handelt es sich um eine den Zusagezeitpunkt nicht beeinflussende Vorschaltzeit. **Eine Zusage auf eine Zusage ist schon eine Zusage**. Die Zusage ist mit Eintritt in das Unternehmen erteilt und muss ab diesem Zeitpunkt fünf Jahre bestehen. Die Vorschaltzeiten sind in leistungsausschließende Wartezeiten umzudeuten.[33] Dies bedeutet, dass eine in der Versorgungszusage vorgesehene Wartezeit ab dem Mindestaufnahmealter/der Mindestdienstzeit zu laufen beginnt. Gleiches gilt bei einer dienstzeitabhängigen Versorgungszusage für die anrechenbaren Dienstjahre, d. h. für die Leistungshöhe.

---

31 BAG 23.11.1978, 3 AZR 708/77, EzA § 242 BGB Ruhegeld Nr. 77 = DB 1979, 364; BAG 9.3.1982, 3 AZR 565/79, n. v.
32 Eine betriebliche Übung kann inhaltlich einer kollektiven Blankettzusage ähneln: BAG 25.6.2002, 3 AZR 360/01, EzA § 1 BetrAVG Betriebliche Übung Nr. 3 = DB 2003, 1004.
33 BAG 7.7.1977, 3 AZR 572/76, EzA § 1 BetrAVG Wartezeit Nr. 3 = DB 1977, 1704; BAG 24.2.2004, 3 AZR 5/03, EzA § 1b BetrAVG Nr. 2 = BetrAV 2004, 281 = DB 2004, 1158.

2. Unverfallbarkeit

Beispiel:

Aufgenommen werden alle Arbeitnehmer ab Vollendung des 30. Lebensjahres. Ein Arbeitnehmer, der mit 25 Jahren in das Arbeitsverhältnis eintritt, hat sofort eine Versorgungszusage. Diese wird unverfallbar, wenn die Zusage fünf Jahre besteht und das Alter 30 vollendet ist. Für die versorgungsfähige Dienstzeit (Leistungshöhe) und die Erfüllung der Wartezeit kann allerdings erst die Zeit ab Vollendung des 30. Lebensjahres zählen, wenn man davon ausgeht, es liegt wegen § 10 S. 3 Nr. 4 AGG keine Diskriminierung wegen des Alters vor.

Das gilt bei den Durchführungswegen unmittelbare Versorgungszusage und Unterstützungskasse, eingeschränkt bei Direktversicherung, Pensionskasse und Pensionsfonds.[34] Bei diesen drei Durchführungswegen wird in § 1b Abs. 2 S. 4 und Abs. 3 S. 2 BetrAVG für den Zeitpunkt der Zusageerteilung auf den Versicherungsbeginn (Versorgungsbeginn beim Pensionsfonds), frühestens auf den Beginn der Betriebszugehörigkeit, abgestellt. Folglich kann der Versicherungsbeginn (Versorgungsbeginn) nach dem Eintritt in das Arbeitsverhältnis liegen. Sinn und Zweck dieser Regelung ist es, z. B. bei arbeitgeberfinanzierten Direktversicherungen, zu einem einheitlichen Stichtag alle neu eingetretenen Arbeitnehmer zu versichern, damit z. B. bei einem Ausscheiden in der Probezeit keine Rückabwicklung des Versicherungsvertrages erforderlich wird. Aufgrund der besonderen Regelung im BetrAVG ist diese Verschiebung des Zusagezeitpunktes zulässig, wenn damit keine sachwidrige Verlegung des Zusagezeitpunktes vorgenommen wird. Wenn der Versicherungsbeginn weniger als ein Jahr später liegt als der Beginn des Arbeitsverhältnisses, wird man unterstellen können, dass die versicherungsrechtlichen Besonderheiten für die Verlegung des Versicherungsbeginns maßgeblich waren. In einem solchen Fall ist § 1b Abs. 2 S. 4 bzw. § 1b Abs. 3 S. 2 BetrAVG anzuwenden.[35] Zu den Besonderheiten bei der Entgeltumwandlung s. Rn. 585 ff.

249

---

34 BAG 19.4.1983, 3 AZR 24/81, EzA § 1 BetrAVG Lebensversicherung Nr. 1 = DB 1983, 2474, zu einer Vorschaltzeit von zehn Jahren bei einer Direktversicherung, die nicht zulässig ist.
35 *Kemper* in: Kemper/Kisters-Kölkes/Berenz/Huber, BetrAVG, § 1b Rdn. 130 ff.; a. A. *Blomeyer/Rolfs/Otto* § 1b Rdn. 253 ff.; *Höfer* BetrAVG, Rdn. 3019, die die Gleichbehandlung aller Durchführungswege fordern.

III. Betriebsrentengesetz

- **Stellungsbezogene Kriterien**

250 Keine Vorschaltzeit liegt vor, wenn die arbeitgeberfinanzierte Zusage an das Erreichen einer bestimmten Stellung im Unternehmen geknüpft ist, z. B. an eine bestimmte Hierarchiestufe (Abteilungsleiter oder Prokurist). In diesem Fall ist die Zusage erst bei Erreichen des Status erteilt.[36]

- **Unverfallbarkeitsfrist und Wartezeit**

251 Wartezeiten sind von der Unverfallbarkeitsfrist scharf zu unterscheiden. Erfüllt der Arbeitnehmer die gesetzliche Unverfallbarkeit und scheidet er ohne Versorgungsfall aus, so ist die Versorgungsanwartschaft unverfallbar. Die Wartezeit ist eine Leistungsausschlussphase in Form einer Anspruchsvoraussetzung. Die Versorgungszusage besteht auch während der Wartezeit. Der Ablauf der Wartezeit wird durch die Beendigung des Arbeitsverhältnisses nach Erfüllung der Unverfallbarkeit nicht berührt (§ 1b Abs. 1 S. 5 BetrAVG). Das bedeutet, dass die Wartezeit auch noch außerhalb des Unternehmens, spätestens bis zum Eintritt des Versorgungsfalls, erfüllt werden kann.

> **Beispiele:**
>
> Es ist eine Wartezeit von zehn Jahren vorgesehen. Ein Arbeitnehmer ist am 1.7.2003 eingetreten und hat eine Versorgungszusage erhalten, die eine Alters-, Invaliditäts- und Todesfallleistung vorsieht. Er wird durch einen Verkehrsunfall am 2.9.2006 invalide. Es ist keine Versorgungsleistung zu zahlen. Wird infolge der Invalidität vor dem 30.6.2008 das Arbeitsverhältnis beendet, ist keine unverfallbare Anwartschaft aufrechtzuerhalten.
>
> Geschieht der Unfall am 2.9.2009, ist ebenfalls keine Versorgungsleistung zu zahlen, weil die Wartezeit nicht erfüllt ist. Wird dieses Arbeitsverhältnis nach dem 2.9.2009 beendet, entsteht eine unverfallbare Anwartschaft, vorausgesetzt, der Arbeitnehmer ist 30 Jahre alt. Aus dieser unverfallbaren Anwartschaft kann später (nach dem 29.6.2013) ein Anspruch auf eine Alters- oder Hinterbliebenenleistung entstehen, wenn der Versorgungsfall eintritt.

---

[36] BAG 17.2.1998, 3 AZR 783/96, EzA § 1 BetrAVG Gleichbehandlung Nr. 14 = DB 1998, 1139; BAG 28.7.1992, 3 AZR 173/92, EzA § 1 Gleichbehandlung Nr. 2 = DB 1993, 169; dazu auch *Kemper* in: Kemper/Kisters-Kölkes/Berenz/Huber, BetrAVG, § 1b Rdn. 60 f.

2. Unverfallbarkeit

- **Inkrafttreten**

Wird mittels einer Betriebsvereinbarung eine BAV neu eingeführt, werden i. d. R. mit Abschluss der Betriebsvereinbarung Versorgungszusagen erteilt. Enthält die Betriebsvereinbarung besondere Regelungen, nach denen sie rückwirkend in Kraft tritt, ist im Zweifel der Zusagezeitpunkt vorverlegt,[37] wenn nicht für die Unverfallbarkeit auf die gesetzlichen Regelungen abgestellt wird.

252

- **Änderung der Versorgungszusage**

Die Änderung der Versorgungszusage unterbricht nicht die Dauer des Zusagebestandes (§ 1b Abs. 1 S. 3 BetrAVG). Maßgebend bleibt der erstmalige Zeitpunkt der Zusageerteilung. Dabei spielt es keine Rolle, auf welche Weise die Versorgungszusage geändert wird. Es kann sich dabei um Erhöhungen oder Reduzierungen im selben Rechtsbegründungsakt und in verschiedenen Rechtsbegründungsakten, im selben Durchführungsweg oder in verschiedenen Durchführungswegen handeln. Es können auch Versorgungszusagen ausgetauscht werden.

253

Beispiele:

Die ursprüngliche Versorgungszusage beruht auf einer Unterstützungskasse. Diese wird abgelöst durch eine unmittelbare Versorgungszusage (Austausch des Durchführungsweges!) Oder: die ursprüngliche Versorgungszusage beruht auf einer Gesamtzusage. Diese wird durch eine Betriebsvereinbarung wirksam abgelöst (Austausch des Rechtsbegründungsaktes!).

Eine Änderung kann z. B. erfolgen, indem Leistungsbeträge erhöht werden. Eine Änderung liegt aber auch vor, wenn z. B. statt einer Beitragserhöhung bei einer bestehenden Direktversicherung weitere Direktversicherungen für einen Arbeitnehmer während des bestehenden Arbeitsverhältnisses abgeschlossen werden.[38]

254

Es gilt der Grundsatz der Einheit der Versorgungszusage.[39] Eine Ausnahme besteht dann, wenn verschiedene Versorgungszusagen nicht in

255

---

37 BAG 6.3.1984, 3 AZR 82/82, EzA § 1 BetrAVG Nr. 31 = DB 1984, 2516; dazu auch *Kemper* in: Kemper/Kisters-Kölkes/Berenz/Huber, BetrAVG, § 1b Rdn. 64 ff.
38 BAG 12.2.1981, 3 AZR 163/80, EzA § 1 BetrAVG Nr. 13 = DB 1981, 1622.
39 BAG 12.2.1981, 3 AZR 163/80, EzA § 1 BetrAVG Nr. 13 = DB 1981, 1622; BAG 28.4.1981, 3 AZR 184/80, EzA § 1 BetrAVG Nr. 22; *Blomeyer/Rolfs/Otto* § 1b

III. Betriebsrentengesetz

einem sachlichen Zusammenhang zueinander stehen.[40] Dies ist z. B. der Fall, wenn eine arbeitgeberfinanzierte BAV auf eine wirtschaftlich vom Arbeitnehmer getragene Entgeltumwandlungs-BAV trifft oder eine arbeitgeberfinanzierte Rentenzusage neben einer Kapitalzusage besteht und beide Zusagen voneinander getrennt erteilt wurden. Hier laufen für jede Versorgungszusage eigenständige Unverfallbarkeitsfristen.[41] Es richtet sich nach objektiven Kriterien, ob ein oder kein innerer Zusammenhang besteht. Es reicht nicht aus, lediglich durch eine Klausel im Zusagetext zu behaupten, es liege eine Neuzusage vor.[42]

256 Handelt es sich um die Unverfallbarkeitsmodalität »mindestens 12jährige Betriebszugehörigkeit«, die bis zum 30.12.2005 gegolten hat, ist bei der gesetzlichen Unverfallbarkeit in »Uraltzusagen« noch die sog. »Heranreichungsrechtsprechung« zu beachten.[43] Bei der Berechnung der gesetzlichen Unverfallbarkeit ist bei der Dauer der Betriebszugehörigkeit grundsätzlich zwar auf jedes Arbeitsverhältnis für sich abzustellen. Eine Ausnahme gilt bei zugesagter Anrechnung von Dienstzeiten bei einem früheren Arbeitgeber und wenn die Betriebszugehörigkeit von einer Versorgungszusage begleitet war.[44]

- **Ruhendes Arbeitsverhältnis**

257 Die Zusage besteht fort bei einem ruhenden Arbeitsverhältnis, z. B. bei Elternzeit und Mutterschutz. Diese Zeiten zählen also immer für die gesetzliche Unverfallbarkeit mit, unabhängig davon, ob sie im Leistungsplan für die Erfüllung der Wartezeit und/oder Leistungshöhe überhaupt berücksichtigt werden. Es ist zulässig, Zeiten, in denen das Arbeitsverhältnis ruht, bei der Leistungsbemessung und bei der Wartezeit nicht zu berücksichtigen. Dies muss allerdings ausdrücklich geregelt werden.[45]

Rdn. 114 ff. wertet das Prinzip der Einheit der Versorgungszusage als Auslegungsregel, was im Ergebnis keine praktische Abweichung bedeutet.
40 BAG 28.4.1992, 3 AZR 354/91, BetrAV 1992, 229.
41 *Höfer* BetrAVG, Rdn. 2792 ff.; *Kemper* BetrAV 1992, 250 (253).
42 *Kemper* in: Kemper/Kisters-Kölkes/Berenz/Huber, BetrAVG, § 1b Rdn. 67 ff.; Formulierungsvorschlag bei *Langohr-Plato* Rechtshandbuch, Rdn. 326; hierzu auch *Cisch* FS Kemper, S. 61 ff.
43 BAG 15.6.2010, 3 AZR 31/07, DB 2010, 2498.
44 BAG 3.8.19787, 3 AZR 19/77, EzA § 7 BetrAVG Nr. 1 = DB 1978, 2127; BAG 11.1.1983, 3 AZR 212/80, EzA § 7 BetrAVG Nr. 12 = DB 1984, 195.
45 BAG 20.4.2010, 3 AZR 370/08, EzA Art. 3 GG Nr. 109 = DB 2010, 2734.

2. Unverfallbarkeit

- **Wechsel des Arbeitgebers**

Die Übernahme durch eine andere Person unterbricht nicht den Bestand der Versorgungszusage (§ 1b Abs. 1 S. 3 BetrAVG). Mit einer Übernahme ist eine schuldbefreiende Übernahme gem. § 4 Abs. 2 Nr. 1 BetrAVG gemeint. Bei einem Betriebsübergang gem. § 613a BGB liegt keine vertragliche Übernahme vor. Es findet ein Arbeitgeberwechsel kraft Gesetzes statt. Aber auch hier gilt, dass beim neuen Inhaber der Zusagezeitpunkt beim früheren Inhaber maßgeblich bleibt.[46] Dies gilt gleichermaßen für eine arbeitgeber- und arbeitnehmerfinanzierte BAV (dazu Abschnitt VII). 258

b) Gesetzliche Unverfallbarkeit der Höhe nach

Für die Unverfallbarkeit dem Grunde nach hat die Dauer der Betriebszugehörigkeit ihre Bedeutung verloren. Sie ist allerdings nach wie vor von Bedeutung für die Unverfallbarkeit der Höhe nach, wenn sich diese nach dem Quotierungsverfahren gem. § 2 Abs. 1 BetrAVG bemisst. Dabei wird die tatsächlich im Unternehmen abgeleistete Betriebszugehörigkeit zu der bis zur festen Altersgrenze (ggf. Regelaltersgrenze) möglichen Betriebszugehörigkeit ins Verhältnis gesetzt (pro-rata-temporis-Methode, m/n-tel Methode). 259

Das Quotierungsverfahren ist bei allen Leistungszusagen anzuwenden. Es ist auch maßgeblich für beitragsorientierte Leistungszusagen, die vor dem 1.1.2001 erteilt wurden. Für beitragsorientierte Leistungszusagen, die ab dem 1.1.2001 erteilt wurden und werden, ist ausschließlich § 2 Abs. 5a BetrAVG anzuwenden. Dies gilt auch für eine BAV, die durch Entgeltumwandlung finanziert wird, auch dann, wenn es sich um eine Leistungszusage handelt. 260

Für die Beitragszusage mit Mindestleistung, die es seit dem 1.1.2002 gibt, wurde in § 2 Abs. 5b BetrAVG unabhängig von der Finanzierungsform eine eigenständige Regelung für die Höhe der unverfallbaren Anwartschaft geschaffen. 261

---

46 BAG 20.7.1993, 3 AZR 99/93, EzA § 613a BGB Nr. 110 = DB 1994, 151.

III. Betriebsrentengesetz

- **Quotierungsverfahren**

262 Die Dauer der Betriebszugehörigkeit ist i. d. R. gleichzusetzen mit der rechtlichen Bestandsdauer des Arbeitsverhältnisses. Die Betriebszugehörigkeit beginnt und endet mit dem Beginn und Ende des Arbeitsverhältnisses. Ein Berufsausbildungsverhältnis steht einem Arbeitsverhältnis gleich (§ 17 Abs. 1 S. 1 BetrAVG).[47] Dies bedeutet, dass in den Fällen, in denen sich unmittelbar an das Ausbildungsverhältnis ein Arbeitsverhältnis anschließt, der Beginn des Ausbildungsverhältnisses maßgeblich ist. Ein Berufsausbildungsverhältnis gilt für die Unverfallbarkeit also auch dann als Betriebszugehörigkeit, wenn Auszubildende erst in die BAV »aufgenommen« werden, wenn sie die »Stellung« des Arbeitnehmers erlangt haben. Die Zusageerteilung erfolgt mit Beginn des Anstellungsverhältnisses. Zusagezeitpunkt und Beginn der Betriebszugehörigkeit fallen dann also zeitlich auseinander.

263 Bei einem Betriebsübergang gem. § 613a BGB wird die Betriebszugehörigkeit nicht unterbrochen. Im Rahmen der gesetzlichen Unverfallbarkeit sind die beim alten und beim neuen Arbeitgeber abgeleisteten Dienstzeiten zusammenzurechnen. Allerdings kann bei einem Betriebsübergang der neue Arbeitgeber bei einer erstmals von ihm erteilten Versorgungszusage die beim Vorarbeitgeber verbrachte Betriebszugehörigkeit bei der Leistungshöhe bzw. Wartezeit unberücksichtigt lassen, nicht dagegen bei der Betriebszugehörigkeit hinsichtlich der Unverfallbarkeit, die durchzuzählen ist. Dies gilt auch dann, wenn die Arbeitnehmer bereits eine Versorgungszusage bei ihrem Vorarbeitgeber hatten.[48] Auch Beschäftigungszeiten in der ehemaligen DDR zählen als Betriebszugehörigkeit im Sinne des § 2 Abs. 1 BetrAVG.[49]

- **Angerechnete Vordienstzeiten**

264 Sonderfragen ergeben sich, wenn Vordienstzeiten von Vorarbeitgebern und aus Vorarbeitsverhältnissen angerechnet werden. Da derartige Anrechnungen auf Vereinbarungen (z. B. Arbeitsvertrag, Betriebsvereinbarung oder Tarifvertrag) beruhen, muss klargestellt werden, ob angerechnete Zeiten den Zusagebeginn vorverlegen sollen oder ob sie sich nur auf die Leistungshöhe bzw. Wartezeit auswirken sollen. Bei

---

47 BAG 19.11.2002, 3 AZR 167/02, EzA § 1 BetrAVG Ablösung Nr. 38 = DB 2003, 2131.
48 BAG 24.7.2001, 3 AZR 660/00, EzA § 613a BGB Nr. 204 = DB 2002, 955.
49 BAG 19.12.2000, 3 AZR 451/99, EzA § 613a BGB Nr. 197 = DB 2001, 2407; BAG 19.1.2010, 3 AZR 660/09, EzA § 7 BetrAVG Nr. 75 = BetrAV 2010, 177.

vor dem 1.1.2001 erteilten Zusagen wirkt sich die Anrechnung von Dienstzeiten i. d. R. auf die Dauer der Betriebszugehörigkeit aus. Es erfolgt über die Unverfallbarkeitsmodalität »Drei-Jahre-Zusagebestand, zwölf Jahre Betriebszugehörigkeit« eine Verkürzung der Unverfallbarkeitsfrist[50], wenn bei der Anrechnung nicht klargestellt wurde, dass die angerechnete Vordienstzeit nur bei der Leistungshöhe und/oder Wartezeit zu berücksichtigen war.

Angerechnete Dienstzeiten wirken i. d. R. nicht zulasten des PSVaG. 265
Eine Ausnahme besteht dann, wenn eine von einer Versorgungszusage begleitete Beschäftigungszeit angerechnet wird, die deshalb beim Vorarbeitgeber verfallen würde, weil die gesetzlichen Unverfallbarkeitsvoraussetzungen im Ausscheidezeitpunkt noch nicht erfüllt sind. Weitere Voraussetzung ist, dass der Folgearbeitgeber (neuer Arbeitgeber) diese von einer Versorgungszusage begleitete Vordienstzeit bei seiner eigenen Versorgung anrechnet, bevor die Anwartschaft beim Vorarbeitgeber erloschen ist. Es muss also die Anrechnungsvereinbarung vor der Beendigung des Arbeitsverhältnisses beim Vorarbeitgeber getroffen worden sein. Zusätzlich müssen beide Arbeitsverhältnisse unmittelbar aneinander anschließen.[51] Das nennt man die »Heranreichungsrechtsprechung« des BAG.[52] Wurde beim Vorarbeitgeber eine gesetzlich unverfallbare Anwartschaft erworben, kann diese nur gem. § 4 Abs. 2 BetrAVG auf den neuen Arbeitgeber übertragen werden.

Es gibt kein Arbeitsverhältnis im Konzern. Folglich ist ein Wechsel 266
vom Unternehmen A zum Unternehmen B innerhalb eines Konzerns genau so zu beurteilen, als wenn der Arbeitnehmer zu einem konzernfremden Unternehmen wechselt. Es ist bei Versetzungen innerhalb von Konzernunternehmen i. d. R. davon auszugehen, dass die für die gesetzliche Unverfallbarkeit maßgebende Betriebszugehörigkeit nicht durchläuft, wenn nicht vertraglich etwas anderes vereinbart wird.[53]

---

50 BAG 15.6.2010, 3 AZR 31/07, ZIP 2010, 2260.
51 BAG 22.2.2000, 3 AZR 4/99, EzA § 1 BetrAVG Nr. 72 = DB 2001, 2203; BAG 28.3.1995, 3 AZR 496/94, EzA § 1 BetrAVG Nr. 70 = DB 1995, 1867; hierzu auch *Berenz* in: Kemper/Kisters-Kölkes/Berenz/Huber, BetrAVG, § 11 Rdn. 21 ff.
52 BAG 15.6.2010, 3 AZR 31/07, DB 2010, 2498.
53 Zur Ausnahme bei gleichlautenden Versorgungsregelungen im Konzern vgl. PSVaG – Merkblatt 300/M 5, abrufbar im Internet unter www.psvag.de.

III. Betriebsrentengesetz

267 Gesetzliche Fiktionen der Betriebszugehörigkeit,[54] z. B. beim Wehrdienst[55] oder Zivildienst, haben immer nur Bedeutung für die gesetzliche Unverfallbarkeit der Höhe nach, da ausschließlich Betriebszugehörigkeitszeiten und nicht Zusagezeiten angerechnet werden. Um die gesetzlich vorgegebene angerechnete Betriebszugehörigkeit verlängert sich die tatsächliche und mögliche Betriebszugehörigkeit.

- **Ruhendes Arbeitsverhältnis**

268 Bei einem ruhenden Arbeitsverhältnis besteht die Betriebszugehörigkeit fort. Eine Unterbrechung findet nicht statt. Es ist jedoch zulässig, die Zeiten des Ruhens bei der Berechnung der Wartezeit oder der Höhe der Anwartschaft in der Versorgungsordnung auszuschließen.[56] Dies wirkt sich zwar nicht unmittelbar auf die Zeit der Betriebszugehörigkeit aus, ist aber im Rahmen der Feststellung der Leistungshöhe zu berücksichtigen.

- **Berechnungsschema beim Quotierungsverfahren**

269 In einem **ersten Schritt** ist beim Eintritt des konkreten Versorgungsfalles (Erreichen der Altersgrenze, Invalidität, Tod) die Leistung nach Maßgabe des Leistungsplanes festzustellen, die ohne vorzeitige Beendigung des Arbeitsverhältnisses bei Eintritt des Versorgungsfalles zu erbringen wäre.

Beispiel:

Der Leistungsplan sieht vor, dass für die ersten zehn Dienstjahre als Altersrente ein Sockelprozentsatz von 10% des rentenfähigen Arbeitsverdienstes gewährt wird und danach für jedes weitere angefangene Dienstjahr die Steigerungsprozentsätze 0,5% bis zum Alter 65 betragen.

Ein am 17.3.1965 geborener Arbeitnehmer ist am 1.7.1995 in ein Unternehmen eingetreten und hat eine derartige Zusage bei Beginn des Arbeitsverhältnisses erhalten.

Er scheidet am 31.3.2009 aus. Er würde bei dem im Leistungsplan vorgesehenen Pensionsalter 65 eine Altersrente erhalten von 10%

---

54 *Höfer* BetrAVG, Rdn. 2879 ff.
55 Vgl. z. B. § 6 Abs. 2 S. 1 ArbPlSchG.
56 BAG 20.4.2010, 3 AZR 370/08, EzA Art. 3 GG Nr. 109 = DB 2010, 2734.

(für die ersten zehn Dienstjahre) zuzüglich 25 × 0,5% (für die nächsten 25 Dienstjahre) = 22,5% des rentenfähigen Arbeitsverdienstes. Maßgebend für die Berechnung der Leistung ist aber gem. § 2 Abs. 5 BetrAVG nicht der rentenfähige Arbeitsverdienst im **Pensionsalter**, sondern derjenige im Ausscheidezeitpunkt, also bei Vollendung des 45. Lebensjahres. **Die Bemessungsgrößen sind auf den Ausscheidezeitpunkt festzuschreiben.**

Dieser so ermittelte Betrag ist dann in einem **zweiten Schritt** zu gewichten mit dem Unverfallbarkeitsquotienten. In den Zähler ist die tatsächlich abgeleistete Betriebszugehörigkeit zu setzen, in den Nenner die fiktive Betriebszugehörigkeit bis zur im Leistungsplan vorgesehenen festen Altersgrenze (§ 2 Abs. 1 S. 1 BetrAVG). Beim Zeitwertfaktor ist die gesamte Betriebszugehörigkeit zu berücksichtigen. Eine unmittelbar vorgelagerte Berufsausbildung zählt mit.[57] Bei der Dauer der Betriebszugehörigkeit können gesetzlich oder vertraglich angerechnete Vordienstzeiten zu berücksichtigen sein, und zwar sowohl bei der tatsächlich abgeleisteten als auch bei der möglichen Betriebszugehörigkeit.

Beispiel (Fortsetzung):

Dieser Arbeitnehmer hat im Unternehmen tatsächlich 165 Monate gearbeitet. Bis zur festen Altersgrenze von 65 Jahren wären 416 Monate möglich gewesen, sodass seine Unverfallbarkeitsquote 165/416 (39,66%) beträgt. Unterstellt man, dass der rentenfähige Arbeitsverdienst bei Beendigung des Arbeitsverhältnisses im 45. Lebensjahr 2.000 € betragen hat, so ergibt sich die Höhe der unverfallbaren Anwartschaft auf Altersrente aus folgendem Rechengang: 22,5% von 2.000 € sind 450 €, 39,66% von 450 € sind 178,47 €.

Diesen Betrag erhält der mit unverfallbarer Anwartschaft ausgeschiedene Arbeitnehmer aber erst, wenn er das 65. Lebensjahr vollendet hat. Die Unverfallbarkeit bewirkt nur die Aufrechterhaltung einer Teilanwartschaft.

Die allgemeine Formel lautet:

$$m/n \times V.$$

---

57 BAG 19.11.2002, 3 AZR 167/02, EzA § 1 BetrAVG Ablösung Nr. 38 = DB 2003, 2131.

III. Betriebsrentengesetz

273 Dabei ist »m« die tatsächlich im Unternehmen abgeleistete Betriebszugehörigkeit und »n« die bis zur festen Altersgrenze mögliche Betriebszugehörigkeit, jeweils gerechnet nach Tagen oder Monaten,[58] nicht nach Jahren. »V« ist die Leistung, die der Arbeitnehmer nach Maßgabe der ihm erteilten Zusage erhalten hätte, wenn er bis zum Eintritt des Versorgungsfalles im Unternehmen verblieben wäre.

274 In vielen Versorgungszusagen wird für die Altersleistung eine feste Altersgrenze von 65 Jahren festgelegt. Nachdem in der gesetzlichen Rentenversicherung die Regelaltersgrenze sukzessive von 65 auf 67 angehoben wird, stellt sich die Frage, ob auch die Altersgrenze für die BAV entsprechend ansteigt.[59] Dies ist nicht der Fall. Ein automatischer Anstieg der Altersgrenze kommt nur dann in Betracht, wenn in der Versorgungszusage auf die jeweils in der gesetzlichen Rentenversicherung vorgesehene Regelaltersgrenze abgestellt wurde. In allen anderen Fällen bleibt es bei der vertraglich vorgegebenen Altersgrenze. Soll diese Altersgrenze angehoben werden, muss für Neuzusagen eine entsprechende Änderung vorgenommen werden. Bei schon erteilten Versorgungszusagen kann nur unter Berücksichtigung der von der Rechtsprechung aufgestellten Änderungsgrundsätze eine Änderung herbeigeführt werden.[60]

275 Es gelten keine speziellen Rahmenbedingungen für besonders langjährig Versicherte, auch wenn dieser Personenkreis ausdrücklich in § 2 Abs. 1 S. 2 am Ende BetrAVG angesprochen wird. Für diese Arbeitnehmer gilt bei einem vorzeitigen Ausscheiden mit unverfallbarer Anwartschaft, dass die Unverfallbarkeitsquote mit der bis zur festen Altersgrenze möglichen Betriebszugehörigkeit berechnet wird, also bei einer festen Altersgrenze von 67 auf das Alter 67 abgestellt wird. Eine Neuberechnung der Quote ist auch nicht vorzunehmen, wenn später im Alter von 65 nachgewiesen wird, dass der ehemalige Arbeitnehmer eine Altersrente für besonders langjährig Versicherte bezieht. Die im Gesetz vorgesehene Ausnahme für besonders langjährig Versicherte bezieht sich nur auf den Fall, dass der aktive Arbeitnehmer aus dem Arbeitsverhältnis ausscheidet und **gleichzeitig** eine Altersrente für besonders langjährig Versicherte in Anspruch nimmt. Hat dieser bis zum Ausscheidezeitpunkt tätige Arbeitnehmer eine feste Al-

---

58 BAG 22.2.1983, 3 AZR 546/80, EzA § 7 BetrAVG Nr. 11 = DB 1983, 2254; BAG 4.10.1994, 3 AZR 215/94, EzA § 2 BetrAVG Nr. 14 = BB 1995, 881.
59 *Kisters-Kölkes* in: Kemper/Kisters-Kölkes/Berenz/Huber, BetrAVG, § 2 Rdn. 29 ff.
60 Siehe hierzu Rn. 615 ff.

tersgrenze von 67 Jahren, gibt das Gesetz nur für diesen Fall vor, dass das Ausscheiden im Alter 65 kein vorzeitiges Ausscheiden ist, sondern ein Ausscheiden im Versorgungsfall, auch wenn die feste Altersgrenze noch nicht erreicht ist.[61]

Ist ein Arbeitnehmer teilweise in Vollzeit und teilweise in Teilzeit für das Unternehmen tätig gewesen, ist dies bei dem ersten Rechenschritt zu berücksichtigen, wenn die Versorgungszusage einen durchschnittlichen Beschäftigungsgrad vorsieht. Dabei darf nur der tatsächliche Beschäftigungsgrad berücksichtigt werden, der auf die Dauer des tatsächlich abgewickelten Arbeitsverhältnisses entfällt. Es ist nicht zulässig, für die Zeit zwischen dem vorzeitigen Ausscheiden und dem Eintritt des Versorgungsfalles einen Beschäftigungsgrad in Teilzeit zu fingieren.[62] 276

Enthält der Leistungsplan auch andere Leistungsarten, z. B. vorzeitige Altersleistungen, Invaliditäts- und/oder Todesfall-Leistungen, **so ist bei Eintritt eines entsprechenden Leistungsfalles immer die Versorgungsleistung für den »betriebstreuen« Arbeitnehmer nach Maßgabe des Leistungsplanes neu zu rechnen.** 277

Würde im **Beispielsfall** in dem Leistungsplan auch eine **Invaliditätsleistung** enthalten sein, so wäre bei Eintritt der Invalidität, z. B. fünf Jahre nach Ausscheiden mit unverfallbarer Anwartschaft (Vollendung des 50. Lebensjahres) festzustellen, welche Invaliditätsleistung der ehemalige Arbeitnehmer erhalten hätte, wenn er nicht mit gesetzlich unverfallbarer Anwartschaft ausgeschieden wäre, sondern bis zum 50. Lebensjahr betriebstreu geblieben und dann invalide geworden wäre (1. Schritt!). Diese Invaliditätsleistung bei unterstellter Betriebstreue bis zum Eintritt der Invalidität – berechnet mit den Bemessungsgrundlagen im Ausscheidezeitpunkt (45. Lebensjahr) – ist zu gewichten mit dem feststehenden Unverfallbarkeitsquotienten 165/416 (2. Schritt!). Bei vorzeitigen Versorgungsfällen ändert sich nicht die Unverfallbarkeitsquote, weil die mögliche Dauer der Betriebszugehörigkeit gem. § 2 Abs. 1 BetrAVG auf die Altersgrenze abstellt und nicht auf den Zeitpunkt des Eintritts des Versorgungsfalles zu berechnen ist. 278

---

61 *Baumeister/Merten* BetrAV 2007, 398 = DB 2007, 1306.
62 BAG 24.7.2001, 3 AZR 567/00, EzA § 6 BetrAVG Nr. 25 = DB 2002, 588.

III. Betriebsrentengesetz

> **Beispiel:**
>
> 1. Schritt: 10% für zehn Dienstjahre + 10 × 0,5% für weitere zehn Dienstjahre = 15% von 2.000 € = 300 €.
>
> 2. Schritt: 300 € × 39,66% = 118,98 €. Als Invaliditätsrente sind monatlich 118,98 € zu zahlen.

279 Bei Leistungen wegen Invalidität oder Tod vor Erreichen der Altersgrenze kann in einem 3. **Schritt** als zusätzliche Begrenzung die **Limitierungsklausel** des § 2 Abs. 1 S. 2 BetrAVG zu beachten sein. Danach dürfen die Leistungen aus der unverfallbaren Anwartschaft nicht höher sein als der Betrag, den man als Betriebstreuer im Zeitpunkt des Ausscheidens bei Eintritt eines vorzeitigen Versorgungsfalles (Invalidität, Tod) vor Erreichen des Pensionsalters erhalten hätte. Die Limitierungsklausel hat aber in der Praxis kaum Bedeutung.

280 Besondere Probleme ergeben sich bei vorzeitigen Altersleistungen aus unverfallbaren Anwartschaften. Hierzu wird auf Rn. 396 ff. verwiesen.

281 Ist während der Beschäftigungsdauer das Versorgungsversprechen geändert worden, ist der erworbene Besitzstand auch beim vorzeitigen Ausscheiden zu berücksichtigen.[63]

282 Scheidet ein Arbeitnehmer mit einer unverfallbaren Anwartschaft aus, werden bei der Anwendung des Quotierungsverfahrens nach § 2 Abs. 5 BetrAVG **die maßgeblichen Versorgungsregelungen und die Bemessungsgrundlagen auf den Ausscheidezeitpunkt festgeschrieben**. Wird nach dem Ausscheiden die Versorgungszusage der im Unternehmen verbliebenen Arbeitnehmer verbessert, ist dies ebenso ohne Bedeutung wie eine vorgenommene Verschlechterung. Es werden auch die Bezugsgrößen für die Berechnung der Leistungen festgeschrieben, also z. B. das maßgebliche Gehalt. Dadurch tritt im Laufe der Zeit eine Entwertung der Anwartschaft ein. Das BAG hat diesen Festschreibungseffekt gebilligt.[64]

- **Beitragsorientierte Leistungszusagen**

283 Bei beitragsorientierten Leistungszusagen in den Durchführungswegen unmittelbare Versorgungszusage, Unterstützungskasse und

---

63 Hierzu vgl. Rn. 680 f.
64 BAG 24.7.2001, 3 AZR 567/00, EzA § 6 BetrAVG Nr. 25 = DB 2002, 588; BAG 17.8.2004, 3 AZR 318/03, EzA § 2 BetrAVG Nr. 22 = DB 2005, 563.

2. Unverfallbarkeit

Pensionsfonds ist eine besondere Berechnungsregel in **Abweichung vom Quotierungsprinzip** anzuwenden (§ 2 Abs. 5a Hs. 2 BetrAVG). Es ist die Anwartschaft aufrechtzuerhalten, die vom Zeitpunkt der Zusage auf BAV bis zum Ausscheiden aus den bis dahin zugeteilten Beiträgen erdient wurde.[65] Diese Unverfallbarkeitsberechnungsmethode gilt nur für Versorgungszusagen, die ab dem 1.1.2001 erteilt wurden und werden (§ 30g Abs. 1 S. 1 BetrAVG).

Beispiel:

Einem Arbeitnehmer wurde im Alter 30 über eine Unterstützungskasse ein Kapitalbaustein durch eine beitragsorientierte Leistungszusage in Höhe von 7.634 € zugesagt. In den folgenden Jahren kamen 7.199 €, 6793 €, 6.406 € und 6.046 € hinzu. Scheidet er nach fünf Jahren aus, sind ihm 34.078 € aufrechtzuerhalten.

Bei »Altzusagen«, die vor dem 1.1.2001 erteilt wurden, muss die Anwendung dieser Berechnungsmethode zwischen Arbeitgeber und Arbeitnehmer ausdrücklich vereinbart werden (§ 30g Abs. 1 S. 2 BetrAVG). Dies ist nur durch Individualvertrag und nicht durch Betriebsvereinbarung möglich, selbst wenn der ursprüngliche Rechtsbegründungsakt eine Betriebsvereinbarung war. Denn eine solche Vereinbarung kann sich zulasten des Arbeitnehmers auswirken.[66] 284

Für Direktversicherungen und Pensionskassen gelten diese Unverfallbarkeitsregeln bei beitragsorientierten Leistungszusagen nicht. Bei diesen beiden Durchführungswegen steht die versicherungsförmige Lösung gem. § 2 Abs. 2 S. 2 ff. und Abs. 3 S. 2 BetrAVG zur Verfügung.[67] 285

- **Beitragszusage mit Mindestleistung**

Für diese Leistungsstruktur, die es seit dem 1.1.2002 gibt, gilt ebenfalls eine Abweichung vom Quotierungsprinzip (§ 2 Abs. 5b BetrAVG). Dem Arbeitnehmer ist das bis zum Ausscheiden planmäßig zuzurechnende Versorgungskapital aufrechtzuerhalten, das auf der Grundlage der bis zu seinem Ausscheiden geleisteten Beiträge (Beiträge und die bis zum Eintritt des Versorgungsfalles erzielten Erträge) berechnet 286

---

65 Zu beitragsorientierten Leistungszusagen mit variablen Überschüssen *Karst/Paulweber* BetrAV 2005, 524 = BB 2005, 1498.
66 *Höfer* DB 2001, 1145; *ders.* BetrAVG, Rdn. 3480 f.
67 Hierzu Rn. 291 ff.

III. Betriebsrentengesetz

wurde. Mindestens ist die Summe der bis zum Ausscheiden zugesagten Beiträge aufrechtzuerhalten, soweit sie nicht rechnungsmäßig für einen biometrischen Risikoausgleich verbraucht wurden. Die planmäßig zustehende Leistung ist die Leistung, die ab Erreichen der Altersgrenze aus dem dann vorhandenen Versorgungskapital zu leisten ist. Zu diesem Zeitpunkt muss auch die Mindestleistung zur Verfügung stehen.

287 § 2 Abs. 5b BetrAVG gilt nur für die Direktversicherung, die Pensionskasse und für den Pensionsfonds, da nur bei diesen Durchführungswegen Beitragszusagen mit Mindestleistung möglich sind. Für Direktversicherungen und Pensionskassen bedeutet dies, dass bei der Beitragszusage mit Mindestleistung die versicherungsförmige Lösung nicht zur Anwendung kommt. Sie wird verdrängt, weil § 2 Abs. 5b BetrAVG an die Stelle der Regelung in den Abs. 2 und 3 tritt.[68]

288 Mit dem Versorgungskapital ist keine Kapitalleistung gemeint, sondern das für den einzelnen Arbeitnehmer geführte »Versorgungskonto«. Diesem werden die Beiträge und Erträge aus diesen Beiträgen, die angelegt werden, gutgeschrieben. Bei Eintritt des Versorgungsfalles wird aus dem bis dahin angesammelten Versorgungskapital die Leistung ermittelt. Diese Leistung kann nur ausnahmsweise ein Kapital sein. I. d. R. muss es sich um eine Rentenleistung handeln, da § 3 Nr. 63 EStG die Rentenzusage vorgibt. Bei Pensionskassen und Direktversicherungen kommt eine Kapitalauszahlung nur in Betracht, wenn der Arbeitnehmer von seinem Wahlrecht Gebrauch gemacht hat, wenn ihm ein solches eingeräumt wurde.[69] Zu beachten ist, dass die Versorgungsleistung nicht nur aus den angelegten Beiträgen ermittelt wird, sondern auch aus den Erträgen, die bis zum Eintritt des Versorgungsfalles erzielt wurden. Dies bedeutet, dass Gutschriften aus Erträgen / Überschüssen immer und ausschließlich den einzelnen Begünstigten zukommen müssen, und zwar nicht nur die bis zum Ausscheiden zugeteilten,[70] sondern auch die zwischen dem Ausscheidezeitpunkt und dem Eintritt des Versorgungsfalles zugewiesenen.

---

68 *Kisters-Kölkes* in: Kemper / Kisters-Kölkes / Berenz / Huber, BetrAVG, § 2 Rdn. 190.
69 BMF-Schreiben vom 31.3.2010, Rdn. 272 (Anhang).
70 Die Aussage des BAG (29.7.1986, 3 AZR 15 / 85, EzA § 2 BetrAVG Nr. 9 = DB 1987, 743), dem Arbeitnehmer stünden bei einem versicherungsförmigen Durchführungsweg nur die während des bestehenden Arbeitsverhältnisses zugeteilten Überschüsse zu, ist auf die Beitragszusage mit Mindestleistung nicht übertragbar.

Bei unmittelbaren Versorgungszusagen und bei Unterstützungskassenzusagen ist § 2 Abs. 5b BetrAVG nicht anwendbar. Dies ergibt sich aus dem eindeutigen Wortlaut des Gesetzes in § 1 Abs. 2 Nr. 2 BetrAVG. 289

- **Entgeltumwandlung**

Hierzu wird auf Rn. 505–614 verwiesen. 290

- **Versicherungsförmige Lösung bei Direktversicherung und Pensionskasse**

Bei der Direktversicherung und der Pensionskasse gibt es für Leistungszusagen und beitragsorientierte Leistungszusagen neben dem Quotierungsverfahren ein eigenständiges Berechnungsverfahren, das heute versicherungsförmige Lösung genannt wird (früher vielfach versicherungsvertragliche Lösung). Die versicherungsförmige Lösung führt zu besonderen Unverfallbarkeitsmodalitäten der Höhe nach. 291

Zunächst gilt auch für diese beiden Durchführungswege das Quotierungsprinzip. Auf den aufrecht zu erhaltenen Teil kann der Arbeitgeber jedoch das anrechnen, was er in der Direktversicherung und Pensionskasse schon durch seine Beiträge oder Zuwendungen ausfinanziert hat (§ 2 Abs. 2 S. 1 und Abs. 3 S. 1 BetrAVG). Ein beim Quotierungsverfahren verbleibender Restanspruch richtet sich gegen den Arbeitgeber unmittelbar. 292

> **Beispiel:**
>
> Zugesagt ist dem Arbeitnehmer eine garantierte Altersrente in Höhe von 100 €. Bei Eintritt des Versicherungsfalles stehen aus der beitragsfreien Versicherung einschließlich der Überschüsse 45 € zur Verfügung. Nach dem Quotierungsverfahren sind 50 € aufrechtzuerhalten. Der Differenzanspruch in Höhe von 5 € richtet sich gegen den Arbeitgeber.

Unter Erfüllung der sozialen Auflagen gem. § 2 Abs. 2 S. 2 ff. und Abs. 3 S. 2 ff. BetrAVG[71] ist es aber auch möglich, die versicherungsförmige Lösung für die Unverfallbarkeit der Höhe nach zu wählen. Den Wert, der sich aus dieser »beitragsfrei gestellten« Versicherung ergibt, 293

---

71 *Kisters-Kölkes* in: Kemper / Kisters-Kölkes / Berenz / Huber, BetrAVG, § 2 Rdn. 120 ff.

bekommt der ausgeschiedene Arbeitnehmer. Dies kann mehr oder weniger als die Leistung nach dem Quotierungsverfahren sein. Grund für diese gesetzliche Regelung ist im Wesentlichen eine Verwaltungsvereinfachung bei den versicherungsförmigen Durchführungswegen Direktversicherung und Pensionskasse. Beim vorstehenden Beispiel würde dies bedeuten, dass dem Arbeitnehmer nur 45 € zustehen.

294 Voraussetzung für die Wahl der versicherungsförmigen Lösung ist, dass die im BetrAVG genannten sozialen Auflagen erfüllt werden. Hierzu gehört im Wesentlichen bei der Direktversicherung und der Pensionskasse, dass alle Überschussanteile ab Versicherungsbeginn zur Erhöhung der Versicherungsleistung verwendet werden und der Arbeitnehmer nach dem Ausscheiden mit unverfallbarer Anwartschaft das Recht hat, die Versicherung mit eigenen Beiträgen fortzuführen.

295 Bei der Direktversicherung muss hinzukommen, dass eine Abtretung, Beleihung, Verpfändung innerhalb von drei Monaten nach dem Ausscheiden rückgängig gemacht wird und etwaige Beitragsrückstände ausgeglichen werden.[72]

296 Seine Entscheidung zur versicherungsförmigen Lösung muss der Arbeitgeber dem Arbeitnehmer und dem Versicherer innerhalb von drei Monaten seit dem Ausscheiden mitteilen. Diese Mitteilung ist von der Entscheidung bei Abschluss des Versicherungsvertrages zu unterscheiden. Hat der Arbeitgeber als Form der Überschussbeteiligung die Bardividende gewählt, kann er später nicht von der versicherungsförmigen Lösung Gebrauch machen, weil die Überschussanteile nicht zur Erhöhung der Leistung verwendet wurden. Hat er dagegen die verzinsliche Ansammlung gewählt, kann er später nach Ausscheiden entscheiden, ob er von der versicherungsförmigen Lösung Gebrauch machen will. Für die Praxis bedeutet dies, dass bereits bei Abschluss des Versicherungsvertrages entschieden werden muss, welche Art der Überschussverwendung maßgeblich sein soll.

297 Mit der versicherungsförmigen Lösung ist häufig ein Versicherungsnehmerwechsel verbunden. Der Arbeitgeber überträgt seine Versicherungsnehmerstellung auf den ehemaligen Arbeitnehmer. Entgegen einer weit verbreiteten Meinung wird damit der ehemalige Arbeit-

---

[72] Bei der Pensionskasse in der Rechtsform der Aktiengesellschaft besteht eine Regelungslücke.

geber nicht von allen Leistungs- und Haftungsrisiken frei. Hatte er z. B. den Gleichbehandlungs- oder Gleichberechtigungsgrundsatz verletzt, muss hierfür der ehemalige Arbeitgeber aus dem arbeitsrechtlichen Grundverhältnis einstehen, weil die übertragene Versicherungsnehmerstellung aus der Direktversicherungs-/Pensionskassenzusage diese Rechtsverletzung nicht abdeckt. Insoweit muss sich der ehemalige Arbeitnehmer unmittelbar an seinen ehemaligen Arbeitgeber halten. Der Vorteil der Übertragung der Versicherungsnehmerstellung besteht damit lediglich darin, dass der Versicherer die künftige Korrespondenz unmittelbar mit dem Arbeitnehmer führen kann. Zudem kann ein neuer Arbeitgeber die Versicherung zugunsten des Arbeitnehmers fortführen, wenn er Versicherungsnehmer wird. Die Finanzverwaltung geht davon aus, dass die Anwendbarkeit von § 40b EStG a. F. erhalten bleibt, auch wenn der Arbeitnehmer zwischenzeitlich selbst Beiträge entrichtet hat.[73]

Wurde die Versicherungsnehmerstellung vom ehemaligen Arbeitgeber auf den Arbeitnehmer übertragen, kann dieser zwar den Versicherungsvertrag kündigen. Er erhält aber nicht den Rückkaufswert. Die Versicherung wird lediglich beitragsfrei gestellt. Es bleibt der gem. § 169 Abs. 3 VVG ermittelte Wert erhalten (bei Versicherungen mit einem Versicherungsabschluss ab dem 1.1.2008; bei zuvor abgeschlossenen Versicherungen ist § 176 VVG a. F. anzuwenden). 298

Für die Direktversicherung (§ 2 Abs. 2 Satz 7 BetrAVG) und für die Pensionskasse (§ 2 Abs. 3 Satz 2 BetrAVG) wurde eine Regelung geschaffen, nach der auch noch dann eine Abfindung in den Grenzen des § 3 BetrAVG möglich ist, wenn der Arbeitgeber von der versicherungsförmigen Lösung Gebrauch gemacht hat. Diese Regelung geht ins Leere, wenn der Arbeitgeber den Versicherer nicht zur Abfindung bevollmächtigt hat, da nur der Arbeitgeber ein Abfindungsrecht hat, nicht der Versicherer.[74] 299

In der Praxis stellt sich die Frage, ob nicht auch bei einer Beitragszusage mit Mindestleistung die Versicherungsnehmerstellung auf den Arbeitnehmer nach Ausscheiden mit unverfallbarer Anwartschaft übertragen werden kann. Gesetzlich ist dies nicht geregelt, weil § 2 Abs. 5b BetrAVG die Höhe der Anwartschaft bestimmt, der Arbeitneh- 300

---

73 BMF-Schreiben vom 31.3.2010, Rdn. 315 (Anhang).
74 Dazu *Kisters-Kölkes* in: Kemper/Kisters-Kölkes/Berenz/Huber BetrAVG, § 2 Rdn. 153.

III. Betriebsrentengesetz

mer also auf die Mindestleistung und die Erträge verwiesen wird. Ein praktisches Bedürfnis für ein solches Vorgehen ergibt sich aus dem Umstand, dass dann die Versicherungskorrespondenz nicht mehr mit dem ehemaligen Arbeitgeber zu führen ist, sondern unmittelbar mit dem Arbeitnehmer. Auch wenn dies noch nicht gerichtlich entschieden ist, sprechen diese Gesichtspunkte für eine solche Vorgehensweise, zumal der Schutz vor vorzeitigen Verfügungen durch den Arbeitnehmer (Kündigung und Inanspruchnahme des Rückkaufwertes) durch § 3 BetrAVG ausgeschlossen ist. Der Arbeitnehmer kann keine Abfindung verlangen. Der Versicherer hat kein Abfindungsrecht. Folglich bleibt die Versorgungsanwartschaft arbeitsrechtlich bestehen.

- **Keine versicherungsförmige Lösung beim Pensionsfonds und bei der Unterstützungskasse**

301 Eine versicherungsförmige Lösung wie bei der Direktversicherung oder der Pensionskasse ist für den Pensionsfonds nicht vorgesehen. Gleiches gilt für rückgedeckte Unterstützungskassen. Dies bedeutet, dass die Übertragung der Versicherungsnehmerstellung von der Unterstützungskasse auf den Arbeitnehmer anlässlich des Ausscheidens mit unverfallbarer Anwartschaft eine Abfindung ist, die nur in den Grenzen von § 3 BetrAVG zulässig ist.

3. Abfindung

302 Die Möglichkeit, gesetzlich unverfallbare Anwartschaften abzufinden, wird durch § 3 BetrAVG eingeschränkt. Entsprechendes gilt für laufende Leistungen, wenn der Rentenbeginn[75] nach dem 31.12.2004 liegt (§ 30g Abs. 2 BetrAVG). Damit enthält § 3 BetrAVG Einschränkungen der Gestaltungsfreiheit.

303 Keine Abfindung liegt vor, wenn dem Arbeitnehmer vor Eintritt des Versorgungsfalles das Recht zusteht, statt einer Rentenzahlung ein Kapital zu wählen. In diesem Fall wird durch die Ausübung des Rechts das Versorgungsversprechen erst konkretisiert. Von einer Abfindung ist nur dann auszugehen, wenn die Rentenzusage aufgrund einer

---

75 Das Gesetz spricht ungenau vom Zahlungsbeginn.

3. Abfindung

den ursprünglichen Vertrag abändernden Vereinbarung in eine Kapitalzahlung umgestaltet wird.[76]

a) Abfindung von Anwartschaften

Zu den bis zum 31.12.2004 geltenden Abfindungsregelungen gem. § 3 BetrAVG wird auf die 3. Auflage verwiesen. 304

Der Gesetzgeber hat mit Wirkung ab dem 1.1.2005 neue Abfindungsregeln für die Arbeitnehmer geschaffen, die mit einer gesetzlich unverfallbaren Anwartschaft aus dem Arbeitsverhältnis ausgeschieden sind. Betroffen sind Arbeitnehmer, die mit einer gesetzlich unverfallbaren Anwartschaft aus dem Arbeitsverhältnis nach dem 31.12.2004 ausscheiden oder bereits vor dem 1.1.2005 ausgeschieden waren, wenn nach dem 31.12.2004 eine Abfindung vorgenommen wird. 305

Vom Anwendungsbereich des § 3 BetrAVG nicht erfasst werden aktive Anwärter, wenn eine Beendigung des Arbeitsverhältnisses nicht absehbar ist. Auch Arbeitnehmer, die mit einer vertraglich unverfallbaren Anwartschaft ausscheiden, sind nicht betroffen. Dies bedeutet, dass für diese beiden genannten Personenkreise uneingeschränkt[77] Abfindungsmöglichkeiten bestehen, ggf. jedoch nur mit Zustimmung des Betriebsrates.[78] 306

Die gesetzliche Neugestaltung begründet der Gesetzgeber mit der zunehmenden Bedeutung von Betriebsrenten für die Alterssicherung. Deshalb sollen Anwartschaften ausgeschiedener Arbeitnehmer bis zum Rentenbeginn aufrechterhalten und nicht kapitalisiert werden. 307

Der ehemalige Arbeitgeber hat ein einseitiges Abfindungsrecht, unabhängig vom Einverständnis des mit gesetzlich unverfallbarer Anwartschaft ausgeschiedenen Arbeitnehmers, wenn eine geringfügige Anwartschaft aufrechtzuerhalten ist. Der Arbeitgeber kann eine unverfallbare Anwartschaft nur abfinden, wenn die gem. § 2 BetrAVG ermittelte unverfallbare Altersrentenanwartschaft 1% der Bezugsgröße gem. § 18 SGB IV nicht übersteigt. Das sind in 2011 25,55 € (West; Ost 2011: 308

---

[76] BGH 28.9.2009, II ZR 12/09, BetrAV 2010, 89 = VersR 2010, 276.
[77] Zum Betriebsübergang gem. § 613a BGB vgl. Rn. 731 ff.
[78] BAG 21.1.2003, 3 AZR 30/02, EzA § 3 BetrAVG Nr. 9 = DB 2003, 2130; BAG 3.6.1997, 3 AZR 25/96, EzA § 77 BetrVG 1972 Nr. 59 = DB 1998, 267; BAG 24.1.2006, 3 AZR 484/04, EzA § 87 BetrVG 2001 Altersversorgung Nr. 1 = DB 2007, 471.

22,40 €). Bei einem zugesagten Kapital sind dies in 2011 3.066 € West bzw. 2.688 € Ost. Diese Abfindung von »Minianwartschaften« soll einen unverhältnismäßigen Verwaltungsaufwand für den Arbeitgeber vermeiden. Abfindbar sind sowohl arbeitgeberfinanzierte als auch durch Entgeltumwandlung finanzierte Anwartschaften. Bestehen in einem Durchführungsweg mehrere Anwartschaften, sind diese zusammenzurechnen. Dies gilt entsprechend bei Anwartschaften in mehreren Durchführungswegen und einem Zusammentreffen von einer arbeitgeberfinanzierten BAV mit einer BAV aus Entgeltumwandlung.

309 Macht der mit unverfallbarer Anwartschaft ausgeschiedene Arbeitnehmer von seinem Mitnahmerecht gem. § 4 Abs. 3 BetrAVG Gebrauch, wird das Abfindungsrecht des Arbeitgebers verdrängt.

310 Abfindungen von Anwartschaften, die während des Insolvenzverfahrens erdient wurden, sind zulässig, und zwar unabhängig von der Höhe der Anwartschaft.[79]

311 Arbeitnehmer, die – zum Teil schon vor Jahren – mit einer gesetzlich unverfallbaren Anwartschaft aus dem Arbeitsverhältnis ausgeschieden sind und denen die Beiträge zur gesetzlichen Rentenversicherung erstattet wurden, haben eine der Höhe nach uneingeschränkte Abfindungsmöglichkeit. Sie haben das Recht, eine Abfindung zu verlangen. Damit kann gegen den Willen des Arbeitgebers – anders als nach dem bis zum 31.12.2004 geltenden Recht – eine Kapitalisierung geltend gemacht werden. Es handelt sich dabei i. d. R. um in ihr Heimatland zurückgekehrte ehemalige Arbeitnehmer. Das Abfindungsrecht besteht nicht mehr, wenn zwischenzeitlich der Versorgungsfall eingetreten ist.

312 Soweit nach § 3 BetrAVG eine Abfindung zulässig ist, richtet sich die Höhe des Abfindungsbetrages nach dem jeweiligen Durchführungsweg. Bei einer unmittelbaren Versorgungszusage und bei einer Unterstützungskassenzusage ist dies der Barwert der nach § 2 BetrAVG bemessenen künftigen Versorgungsleistung im Zeitpunkt der Abfindungszahlung (§ 3 Abs. 5 i. V. m. § 4 Abs. 5 BetrAVG). Bei einer Direktversicherung, einer Pensionskassen- oder einer Pensionsfondszusage ist das im Zeitpunkt der Abfindung gebildete Kapital auszuzahlen.

313 Der Barwert ist mit den Rechnungsgrundlagen und den anerkannten Regeln der Versicherungsmathematik zu berechnen. Es wird im Gesetz kein Zins genannt. Daraus wird zum Teil gefolgert, dass nach wie vor

---

79 BAG 22.12.2009, 3 AZR 814/07, EzA § 3 BetrAVG Nr. 12 = DB 2010, 1018.

3. Abfindung

bei unmittelbaren Versorgungszusagen eine Abzinsung mit 6% zulässig ist.[80] Da es sich bei § 3 BetrAVG um eine aufgedrängte Abfindung handelt, dürfte es dem Sinn und Zweck der Vorschrift entsprechen, die Abfindung mit dem Marktzins im Abfindungszeitpunkt zu berechnen, den der Arbeitgeber auch für die Rückstellungsbildung in der Handelsbilanz anzusetzen hat.[81] Zum gebildeten Kapital vgl. Rn. 335.

Wird bei einem mit unverfallbarer Anwartschaft ausgeschiedenen Anwärter gegen das gesetzliche Abfindungsverbot verstoßen, ist die Abfindungszahlung gem. § 134 BGB nichtig. Der Arbeitgeber wird nicht von seiner Leistungspflicht frei. Bei Eintritt des Versorgungsfalles hat er aus der gesetzlich unverfallbaren Anwartschaft die zugesagten Versorgungsleistungen zu erbringen. Er kann allenfalls versuchen, nach den Grundsätzen der ungerechtfertigten Bereicherung vom ehemaligen Arbeitnehmer die Abfindungszahlung zurückzufordern, wenn dieser noch bereichert sein sollte (§ 817 S. 2 BGB).[82] Da dies i. d. R. nicht der Fall ist, kommt es faktisch zu einer doppelten Zahlung durch den Arbeitgeber. 314

b) Abfindung von laufenden Versorgungsleistungen

Für vor dem 1.1.2005 entstandene Versorgungsansprüche gilt § 3 BetrAVG nicht.[83] Einvernehmlich können jederzeit laufende Versorgungsleistungen (Renten, Raten) abgefunden werden, unabhängig von der Rentenhöhe. 315

Für solche abfindbaren Versorgungsansprüche sind der Höhe nach keine Berechnungsregeln vorgegeben. Üblicherweise wird der Abfindungsbetrag nach versicherungsmathematischen Grundsätzen ermittelt. Ob eine Anpassung nach § 16 BetrAVG zu berücksichtigen ist, ist offen. Jedenfalls sind vertraglich zugesagte Anpassungen in die Berechnungen einzubeziehen, also insbesondere eine garantierte Anpassung (in Analogie zu § 16 Abs. 3 Nr. 1 BetrAVG zugesagt). 316

---

80 *Blomeyer/Rolfs/Otto* BetrAVG, § 4 Rdn. 163.
81 Vgl. § 253 HGB
82 BAG 17.10.2000, 3 AZR 7/00, EzA § 3 BetrAVG Nr. 7 = DB 2001, 2201.
83 BAG 21.3.2000, 3 AZR 127/99, EzA § 3 BetrAVG Nr. 6 = DB 2001, 2611; so auch ausdrücklich § 30g BetrAVG.

III. Betriebsrentengesetz

317 Laufende Betriebsrenten mit einem Rentenbeginn nach dem 31.12. 2004 werden in das Abfindungsverbot des § 3 BetrAVG einbezogen. Den Versorgungsempfängern soll die lebenslang versprochene Leistung erhalten bleiben. Eine einvernehmliche Abfindung ist unzulässig.

318 Es besteht für den Arbeitgeber bei Neurentnern ein einseitiges Abfindungsrecht nur dann, wenn die Altersrente 1% der monatlichen Bezugsgröße gem. § 18 SGB IV nicht übersteigt (in 2011: 25,55 € alte Bundesländer, 22,40 € neue Bundesländer).

319 Die Höhe der Abfindung richtet sich nach dem Übertragungswert (§ 3 Abs. 5 i. V. m. § 4 Abs. 5 BetrAVG). Dabei ist nach Durchführungswegen zu differenzieren. Bei unmittelbaren Zusagen und Unterstützungskassenzusagen ist der Barwert der Rente der Abfindungsbetrag, bei Direktversicherungen, Pensionskassen und beim Pensionsfonds das gebildete Kapital. Hierzu wird auf Rn. 335 verwiesen.

320 Wird gegen das Abfindungsverbot verstoßen, wird der Arbeitgeber nicht von seiner Leistungspflicht frei. Die Abfindung ist zu Unrecht erfolgt. Sie kann nur gem. §§ 812 ff. BGB nach den Grundsätzen der ungerechtfertigten Bereicherung zurückgefordert werden. Wirtschaftlich betrachtet kann es zu einer doppelten Inanspruchnahme des Arbeitgebers kommen.

321 Ob die Einschränkung der Gestaltungsmöglichkeiten bei unmittelbaren Versorgungszusagen und bei Unterstützungskassenzusagen dazu führen wird, dass neue Versorgungszusagen nur noch Kapitalleistungen vorsehen werden, lässt sich nicht eindeutig feststellen.

c) Abfindungsvorbehalt

322 Da für Versorgungsempfänger mit einem Rentenbeginn vor dem 1.1.2005 das Abfindungsverbot nicht gilt, stellt sich für diesen Personenkreis die Frage, ob ohne deren Zustimmung eine Abfindung (Kapitalisierung) vorgenommen werden kann, wenn bereits bei Zusageerteilung diese unter den Vorbehalt gestellt wurde, die Verpflichtung später abfinden zu können, ohne dass der Versorgungsempfänger hierzu sein Einverständnis erklären muss. Ein solcher Vorbehalt ist ar-

4. Übertragung

beitsrechtlich zulässig.[84] Allerdings muss die Höhe des Abfindungsbetrages äquivalent sein.

d) Abfindung bei Entgeltumwandlung

Hierzu wird auf Rn. 593 f. verwiesen. 323

e) Liquidation

Soll ein Unternehmen liquidiert werden, kommt eine Abfindung nur in den Grenzen des § 3 BetrAVG in Betracht. Der Arbeitgeber kann gem. § 4 Abs. 4 BetrAVG eine schuldbefreiende Übertragung auf eine Pensionskasse oder auf ein Lebensversicherungsunternehmen ohne Zustimmung des Arbeitnehmers/Versorgungsempfängers vornehmen. Um Liquidationen zu erleichtern, wurde diese Möglichkeit geschaffen. Sie wird, gerade auch im Interesse der Arbeitnehmer, steuerlich gefördert.[85] Der Arbeitgeber hat deshalb kein Recht, auch nicht bei einem Rentenbeginn vor dem 1.1.2005, dem Versorgungsempfänger eine Abfindung aufzudrängen. 324

f) Abfindung beim Betriebsübergang

Wird im Zusammenhang mit einem Betriebsübergang eine Abfindung oder ein (Teil-)Erlass vereinbart, verstößt dies gegen § 613a BGB. Die Vereinbarung ist unwirksam.[86] 325

4. Übertragung

§ 4 BetrAVG regelt den Schuldnerwechsel, der als »Übertragung« bezeichnet wird, wenn ein einzelner Arbeitnehmer, der mit einer gesetzlich unverfallbaren Anwartschaft aus dem Arbeitsverhältnis ausgeschieden ist, den Arbeitgeber wechselt. Hiermit ist eine befreiende 326

---

84 Zum Steuerrecht vgl. BMF-Schreiben vom 6.4.2005, BStBl. I S. 619, und 1.9.2005, BStBl. I 2005 S. 860.
85 § 3 Nr. 65 EStG.
86 Hierzu siehe Rn. 731 ff.

III. Betriebsrentengesetz

Schuldübernahme und eine Übertragung mit Übertragungswert, aber auch der Mitnahmeanspruch des Arbeitnehmers gemeint. Von dem Arbeitgeberwechsel im Einzelfall ist die in Abs. 4 geregelte Liquidationsversicherung zu unterscheiden, von der i. d. R. eine Mehrzahl/ Vielzahl von Versorgungsempfängern/unverfallbaren Anwärtern betroffen sein können.

327 Eine **befreiende Schuldübernahme** gem. § 4 Abs. 2 Nr. 1 BetrAVG ist von einem **Schuldbeitritt** zu unterscheiden. Bei diesem wird der Altschuldner nicht aus seiner (Haftungs-) Verpflichtung gem. § 1 Abs. 1 S. 3 BetrAVG endgültig entlassen. Es tritt vielmehr ein weiterer Schuldner hinzu.[87] Bei der befreienden Schuldübernahme wird dagegen der ehemalige Arbeitgeber aus allen Leistungspflichten aus der unverfallbaren Anwartschaft endgültig freigestellt, weil der neue Arbeitgeber die bestehende Zusage mit befreiender Wirkung übernimmt.

328 Der Wechsel des Durchführungsweges ist im BetrAVG nicht geregelt.[88] Er fällt nicht unter § 4 BetrAVG. Gleiches gilt für einen Betriebsübergang/Teilbetriebsübergang gemäß § 613a BGB.[89] Ebenso wenig ist § 4 BetrAVG im Rahmen einer Gesamtrechtsnachfolge, z. B. der Ausgliederung einer Rentnergesellschaft anzuwenden.[90]

a) Übertragung von Anwartschaften Ausgeschiedener

329 Der Gesetzgeber hat § 4 BetrAVG mit Wirkung ab dem 1.1.2005 neu gefasst. In § 4 Abs. 2 BetrAVG ist geregelt, dass es für Arbeitnehmer, die mit einer gesetzlich unverfallbaren Anwartschaft ausgeschieden sind, zwei Arten von Übertragungsmöglichkeiten gibt, wenn nach dem 31.12.2004 eine Übertragung vom alten Arbeitgeber auf einen neuen Arbeitgeber vorgenommen wird. Ohne Bedeutung ist, ob vor oder nach diesem Stichtag das Ausscheiden aus dem Arbeitsverhältnis erfolgte. Ohne Bedeutung ist auch, ob die BAV durch den Arbeitgeber und/oder den Arbeitnehmer finanziert wurde.[91] In beiden Fällen

---

87 Zur steuerlichen Behandlung BMF-Schreiben vom 31.3.2010, Rdn. 288 (Anhang) und vom 16.12.2005, DB 2005, 2778 = BetrAV 2006, 69; *Wellisch/Bleckmann* DB 2006, 120 = BetrAV 2006, 142.
88 BAG 12.12.1989, 3 AZR 540/88, EzA § 9 BetrAVG Nr. 3 = DB 1990, 895.
89 Hierzu siehe Rn. 731 ff.
90 BAG 11.3.2008, 3 AZR 358/06, EzA § 4 BetrAVG Nr. 7 = DB 2008, 2369.
91 Zur Übertragung nach nationalem und EU-Recht *Steinmeyer* FS Andresen, S. 259.

muss es zu einem Einvernehmen zwischen dem ehemaligen Arbeitgeber, dem neuen Arbeitgeber und dem Arbeitnehmer kommen. Verweigert einer die Mitwirkung, scheitert die Übertragung. Dies bedeutet, dass eine »echte« Portabilität nicht besteht.

- **Übernahme der Zusage**

Nach § 4 Abs. 2 Nr. 1 BetrAVG kann der neue Arbeitgeber vom alten Arbeitgeber die bestehende Zusage mit befreiender Wirkung übernehmen und fortführen. Diese Übernahme setzt das Einverständnis des Arbeitnehmers mit dem Schuldnerwechsel voraus (einvernehmliche Einigung von drei Parteien). Der alte Arbeitgeber wird von seiner Verpflichtung frei. Allein der neue Arbeitgeber muss die zugesagten Leistungen erbringen. Die Übernahme der Zusage bedeutet, dass der neue Arbeitgeber in das gesamte Versorgungsverhältnis einschließlich des arbeitsrechtlichen Grundverhältnisses eintritt. War dieses vor der Übernahme gestört, weil z. B. der alte Arbeitgeber den Gleichbehandlungsgrundsatz verletzt hatte oder weil bei der Entgeltumwandlung die Wertgleichheit nicht gegeben war, muss der neue Arbeitgeber hierfür einstehen, unabhängig davon, ob er diese Störungen kannte.[92] 330

Weil diese befreiende Schuldübernahme im Einvernehmen aller Beteiligten erfolgt, hat der Gesetzgeber es nicht für erforderlich gehalten, hierfür weitergehende Regelungen vorzusehen. Insbesondere muss § 4 Abs. 5 BetrAVG nicht beachtet werden, der einen Übertragungswert der Höhe nach vorgibt. Die Übernahme kann mit einer Gegenleistung verbunden sein, sie muss aber eine solche nicht vorsehen. 331

Ist die Versorgungszusage vor der Übernahme einvernehmlich wirksam geändert worden, geht die geänderte Zusage über. Die Zusage kann aber auch nach der Übernahme geändert werden,[93] wobei hierfür die allgemeinen Änderungsgrundsätze gelten.[94] 332

- **Übertragung mit Übertragungswert**

Für Versorgungsanwärter, die mit einer gesetzlich unverfallbaren Anwartschaft aus dem Arbeitsverhältnis ausgeschieden sind, wurde – unabhängig vom Ausscheidezeitpunkt – eine weitere Übertragungsmöglichkeit in § 4 Abs. 2 Nr. 2 BetrAVG neu geschaffen, indem eine 333

---

92 Hierzu auch *Rolfs* BetrAV 2005, 533.
93 *Blomeyer/Rolfs/Otto* § 4 Rdn. 89.
94 Siehe Rn. 615 ff.

III. Betriebsrentengesetz

Übertragung in der Form ermöglicht wird, dass der neue Arbeitgeber eine dem Übertragungswert wertgleiche Zusage erteilt. Hierfür ist ebenfalls eine einvernehmliche Vereinbarung zwischen dem alten Arbeitgeber, dem neuen Arbeitgeber und dem Arbeitnehmer erforderlich. Bei der Übertragung wird der Wert der vom Arbeitnehmer beim alten Arbeitgeber erworbenen Anwartschaft (Übertragungswert) auf den neuen Arbeitgeber übertragen, d. h. es wird nicht wie bei der Übernahme der Versorgungszusage die Zusage übernommen, sondern »nur« eine wertgleiche neue Zusage durch den neuen Arbeitgeber erteilt. Dies hat den praktischen Vorteil, dass diese übernommene Anwartschaft in das beim neuen Arbeitgeber bestehende Versorgungssystem integriert werden kann. Damit verbundene Änderungen im Versorgungsinhalt und/oder im Durchführungsweg sind zulässig, hat doch der Arbeitnehmer hierzu sein Einverständnis erteilt.[95]

334 Für diese wertgleiche Übertragung der unverfallbaren Anwartschaft ist der Übertragungswert vorgegeben. Dieser ist bei einer unmittelbaren Versorgungszusage des alten Arbeitgebers oder bei einer Unterstützungskassenzusage der Barwert der nach § 2 BetrAVG bemessenen künftigen Versorgungsleistung im Zeitpunkt der Übertragung (§ 4 Abs. 5 BetrAVG). Für die Berechnung des Barwertes sind die Rechnungsgrundlagen und die anerkannten Regeln der Versicherungsmathematik maßgebend. Nicht möglich ist es, den Barwert bei einer unmittelbaren Versorgungszusage an der vom Arbeitgeber gebildeten Pensionsrückstellung auszurichten. Das steuerlich zulässige Reservepolster bei einer Unterstützungskassenzusage ist ebenso ohne Bedeutung wie der Rückkaufswert einer abgeschlossenen Rückdeckungsversicherung.[96] Im Gesetz wird ein Zinsfuß nicht genannt. Dieser muss vereinbart werden. Ist der Arbeitnehmer mit dem Abzinsungsfaktor nicht einverstanden, den ihm der ehemalige Arbeitgeber anbietet, kann er sein Einverständnis verweigern. Der ehemalige Arbeitgeber wird mangels Übertragung nicht von seiner Verpflichtung frei (§ 4 Abs. 6 BetrAVG).

335 Bei den versicherungsförmigen Durchführungswegen (Direktversicherung, Pensionskasse, Pensionsfonds) wird der Übertragungswert durch das für den Arbeitnehmer gebildete Kapital vorgegeben. Das gebildete Kapital wird im Gesetz nicht definiert. Gemeint sein dürfte das

---

95 *Blomeyer/Rolfs/Otto* § 4 Rdn. 96.
96 BT-Drs. 15/2150 S. 54.

4. Übertragung

vorhandene Deckungskapital ohne Stornoabschläge. Dazu ist für Versicherungen, die ab dem 1.1.2008 abgeschlossen werden, auf § 169 Abs. 3 oder 4 VVG zu verweisen. Anzusetzen ist danach der Rückkaufswert oder der Zeitwert der Versicherung. Für vor dem 1.1.2008 abgeschlossene Versicherungen ist zu berücksichtigen, dass weder das VVG noch das BetrAVG bestimmt, wie das gebildete Kapital zu bemessen ist. Eine Auslegungshilfe hierzu hat das Bundesministerium für Gesundheit und Soziale Sicherung in einem Schreiben vom 14.12.2004[97] gegeben. Darin heißt es: »Soweit die betriebliche Altersversorgung über eine **Pensionskasse** oder eine **Direktversicherung** durchgeführt worden ist, ergibt sich das gebildete Kapital aus dem zum Zeitpunkt der Übertragung vorhandenen Deckungskapital für die ohne Abzüge ermittelte Anwartschaft des Arbeitnehmers zuzüglich des Guthabens aus der verzinslichen Ansammlung und dem Anteil am Schlussüberschuss. Soweit die Berechnung des Deckungskapitals nicht zum Geschäftsplan gehört, entspricht das gebildete Kapital dem Zeitwert der Versicherung einschließlich der Überschuss- und Schlussüberschussanteile gem. § 176 Abs. 3 Versicherungsvertragsgesetz ohne Abzüge.

Ohne Abzüge bedeutet, dass folgende Positionen nicht abgezogen werden dürfen: 336

– Ein Ausgleich für die risikomäßige Verschlechterung des Versicherungsbestandes,
– die mit der Stornierung und Übertragung verbundenen Verwaltungskosten,
– die noch nicht getilgten Abschlusskosten (wobei im Wege der Zillmerung gedeckte Abschlusskosten als bereits getilgt gelten).«

Für die betriebliche Altersversorgung aus Entgeltumwandlung hat das BAG entschieden, dass für Versicherungen, die vor dem 1.1.2008 abgeschlossen wurden, eine Verteilung der Abschluss- und Vertriebskosten über fünf Jahre in Betracht kommen kann, so wie es der Gesetzgeber für die Zeit ab dem 1.1.2008 vorgesehen hat.[98] Ob diese Rechtsprechung auf den Übertragungswert übertragen werden kann, ist offen, kann aber wohl deshalb dahinstehen, weil eine Übertragung 337

---

97 BetrAV 2005, 64; zum Übertragungswert bei Anwendung des Direktversicherungs- und Pensionskassenabkommens *Blumenstein* DB 2008, 1269.
98 BAG 15.9.2009, 3 AZR 17/09, EzA § 1 BetrAVG Entgeltumwandlung Nr. 1 = DB 2010, 61.

gem. § 4 Abs. 2 Nr. 2 BetrAVG aus der Sicht eines Arbeitnehmers eine ausgesprochen ungünstige Vorgehensweise ist. Denn der beim alten Arbeitgeber bestehende Versicherungs- oder Versorgungsvertrag (Pensionsfonds) wird aufgelöst und beim neuen Arbeitgeber wird ein neuer Vertrag mit neuen Abschlusskosten und vielleicht einem schlechteren Garantiezins abgeschlossen. Ggf. verliert der Arbeitnehmer auch die Möglichkeit der Pauschalversteuerung gem. § 40b EStG a. F., wenn z. B. der alte Direktversicherungsvertrag vor dem 1.1.2005 abgeschlossen wurde. Deshalb ist nicht die einvernehmliche Übertragung mit Übertragungswert ein sinnvolles Vorgehen, sondern die Nutzung des Übertragungsabkommens,[99] welches Versicherer und Pensionskassen abgeschlossen haben und welches die steuerschädlichen Folgen nicht eintreten lässt.[100] Zwischenzeitlich wurde das Übertragungsabkommen auf den Pensionsfonds erweitert.

338 Wird trotz der vorgenannten Bedenken eine Übertragung vorgenommen, erlischt mit der vollständigen Übertragung des Übertragungswertes die Zusage des alten Arbeitgebers gem. § 4 Abs. 6 BetrAVG. Er wird von allen Pflichten frei.[101]

339 Da die Übertragung nach § 4 Abs. 2 Nr. 2 BetrAVG in eine wertgleiche Anwartschaft nur einvernehmlich möglich ist, war es aus der Sicht des Gesetzgebers nicht erforderlich, dem Arbeitnehmer einen Auskunftsanspruch im Rahmen des § 4a BetrAVG einzuräumen. Dennoch wird der Arbeitnehmer seine Zustimmung zur Übertragung der Anwartschaft nur erteilen, wenn ihm bekannt ist, wie hoch der Übertragungswert ist und welche wertgleichen Leistungen damit beim neuen Arbeitgeber finanziert werden können.

340 Ist eine Übertragung nach § 4 Abs. 2 Nr. 2 BetrAVG vorgenommen worden, gelten für die neue Anwartschaft die Regelungen über Entgeltumwandlung entsprechend. Damit besteht eine sofortige Unverfallbarkeit. Es sind die Vorgaben des § 1b Abs. 5 BetrAVG maßgeblich und es ist § 16 Abs. 5 BetrAVG zu beachten, wenn der neue Arbeitgeber oder dessen Versorgungsträger eine Leistungszusage oder beitragsorientierte Leistungszusage erteilt.

---

99 http://www.gdv.de/Themen/LebensversicherungAltersvorsorge/Altersvorsorgepolitik/Lebensversicherung_Altersvorsorge/inhaltsseite15591.html.
100 BMF-Schreiben vom 31.3.2010, Rdn. 313 ff. (Anhang).
101 A. A. *Rolfs* BetrAV 2005, 533.

4. Übertragung

- **Gesetzlicher Insolvenzschutz bei Übertragung**

Der gesetzliche Insolvenzschutz ist in den ersten beiden Jahren nach der Übernahme gem. § 4 Abs. 2 Nr. 1 BetrAVG nach dem Wortlaut des Gesetzes nicht gegeben. Denn in § 7 Abs. 5 S. 3 BetrAVG wird nur für Übertragungen nach § 4 Abs. 2 Nr. 2 BetrAVG und nicht auch für Zusagen nach § 4 Abs. 2 Nr. 1 BetrAVG eine Ausnahme für den gesetzlichen Insolvenzschutz geschaffen. Bei der Übernahme der Zusage gibt es keinen Übertragungswert. Ob der Insolvenzschutz danach in den ersten beiden Jahren beschränkt ist auf Zusagen, bei denen der Übertragungswert die Beitragsbemessungsgrenze in der allgemeinen Rentenversicherung nicht übersteigt, ist damit nicht geklärt. 341

Bei der Übertragung mit Übertragungswert ist die Beitragsbemessungsgrenze im Zeitpunkt der Beendigung des Arbeitsverhältnisses und nicht die Beitragsbemessungsgrenze im Zeitpunkt der Insolvenz des neuen Arbeitgebers gemeint. Wird – was möglich ist – die Beitragsbemessungsgrenze überschritten, kann vertraglich in den ersten zwei Jahren ein Insolvenzschutz herbeigeführt werden.[102] Dies betrifft unmittelbare Zusagen, die der neue Arbeitgeber erteilt, aber auch Zusagen des neuen Arbeitgebers, die über eine Unterstützungskasse oder einen Pensionsfonds abgewickelt werden. Ein vertraglicher Insolvenzschutz bei Direktversicherungen und Pensionskassen ist nicht erforderlich, weil dem Arbeitnehmer ein unwiderrufliches Bezugsrecht einzuräumen ist. 342

- **Steuerliche Flankierung**

Anders als bei der Übernahme gem. § 4 Abs. 2 Nr. 1 BetrAVG wird die Übertragung gem. § 4 Abs. 2 Nr. 2 BetrAVG steuerlich flankiert, indem § 4d EStG dahingehend ergänzt wurde, dass auch der Übertragungswert einer Unterstützungskasse als Betriebsausgabe vom alten Arbeitgeber zugewandt werden kann. Zudem wurde § 3 EStG um eine Nr. 55 ergänzt, wonach der Übertragungswert ohne steuerlichen Zufluss beim Arbeitnehmer in einen versicherungsförmigen Durchführungsweg eingezahlt werden kann, wenn auch beim alten Arbeitgeber die Anwartschaft in einem versicherungsförmigen Durchführungsweg erworben wurde. Steuerfrei ist nach dieser Vorschrift auch die Zahlung des Übertragungswertes von einem Arbeitgeber oder einer Unterstüt- 343

---
102 BT-Drs. 15/2150 S. 54.

III. Betriebsrentengesetz

zungskasse an den neuen Arbeitgeber oder dessen Unterstützungskasse.

b) Portabilität (Mitnahmeanspruch)

344 Mit Wirkung ab dem 1.1.2005 wurde den Arbeitnehmern das Recht eingeräumt, bei einem Arbeitgeberwechsel eine gesetzlich unverfallbare Versorgungsanwartschaft mitzunehmen (Portabilität).

345 Der Mitnahmeanspruch ist in § 4 Abs. 3 BetrAVG geregelt, wobei dieser Anspruch in mehrfacher Hinsicht eingeschränkt ist:

346 Den Anspruch haben nur Arbeitnehmer, die ab dem 1.1.2005 eine Versorgungszusage erhalten.[103] Ohne Bedeutung ist dabei, ob die unverfallbare Anwartschaft arbeitgeberfinanziert ist oder ob sie durch Entgeltumwandlung finanziert wird.

347 Weitere Voraussetzung ist, dass der die Versorgung zusagende Arbeitgeber die Durchführungswege Pensionskasse, Direktversicherung oder Pensionsfonds gewählt hat. Damit ist ein Mitnahmeanspruch in den Durchführungswegen Direktzusage (unmittelbare Versorgungszusage) und Unterstützungskasse ausgeschlossen, auch dann, wenn die BAV durch Entgeltumwandlung finanziert wurde.

348 Hat der Arbeitnehmer einen Mitnahmeanspruch, muss er diesen innerhalb einer Frist von einem Jahr nach Beendigung des Arbeitsverhältnisses ausüben, indem er von seinem ehemaligen Arbeitgeber die Auszahlung des Übertragungswertes verlangt. Die vollständige Auszahlung dieses Wertes, der nach § 4 Abs. 5 BetrAVG bemessen wird (hierzu Rn. 335), führt dazu, dass der ehemalige Arbeitgeber von seiner Verpflichtung aus der Versorgungszusage frei wird. Ausnahmsweise richtet sich der Anspruch auf Auszahlung des Übertragungswertes nicht gegen den ehemaligen Arbeitgeber, wenn dieser in den Durchführungswegen Direktversicherung oder Pensionskasse von der versicherungsförmigen Lösung Gebrauch gemacht hat oder wenn der Arbeitnehmer nach dem Ausscheiden in den Durchführungswegen Direktversicherung, Pensionskasse oder Pensionsfonds von seinem Recht Gebrauch gemacht hat, die Versicherung oder Ver-

---

103 § 30b BetrAVG.

4. Übertragung

sorgung mit eigenen Beiträgen fortzuführen. In diesen Fällen richtet sich der Anspruch gegen den Versorgungsträger.

In den drei vorgenannten Durchführungswegen besteht ein Mitnahmerecht allerdings nur dann, wenn der Übertragungswert im Zeitpunkt der Beendigung des Arbeitsverhältnisses die jeweilige jährliche Beitragsbemessungsgrenze in der allgemeinen Rentenversicherung nicht übersteigt (2011: 66.000 € alte Bundesländer; 57.000 € neue Bundesländer). 349

Wird von dem Mitnahmeanspruch Gebrauch gemacht, ist der neue Arbeitgeber verpflichtet, dem Arbeitnehmer eine dem Übertragungsbetrag wertgleiche Zusage zu erteilen, die nur über eine Pensionskasse, einen Pensionsfonds oder eine Direktversicherung abgewickelt werden kann. Den Versorgungsträger, auf den die Verpflichtung übertragen wird, wählt der neue Arbeitgeber aus. 350

Der Gesetzgeber geht davon aus, dass die Abwicklung des Zahlungsvorgangs unmittelbar zwischen den externen Versorgungsträgern erfolgt, also z. B. die Pensionskasse alt an die Pensionskasse neu den Übertragungswert überweist, mithin weder der neue Arbeitgeber noch Arbeitnehmer eine Verfügungsmöglichkeit erhält. Dies bedeutet auch, dass die Zahlung beim Arbeitnehmer keinen steuerlichen Zufluss darstellt, also keine nachteiligen steuerlichen Konsequenzen durch die Zahlung des Übertragungswertes eintreten. Die Zahlung des Übertragungswertes löst keine Lohnsteuer aus (§ 3 Nr. 55 EStG).[104] 351

Um von seinem Mitnahmeanspruch Gebrauch machen zu können, erhält der Arbeitnehmer einen Auskunftsanspruch, der in § 4a BetrAVG geregelt ist. Der alte Arbeitgeber muss ihm – allerdings nur auf Verlangen – die Höhe des Übertragungswertes schriftlich mitteilen. Dieser Auskunftsanspruch kann sich auch gegen den externen Versorgungsträger des ehemaligen Arbeitgebers richten. Gegenüber dem neuen Arbeitgeber oder dessen Versorgungsträger hat der Arbeitnehmer einen Anspruch darauf zu erfragen, welche Altersleistung der Höhe nach ihm aus dem Übertragungswert zusteht und ob eine Hinterbliebenen- und/oder Invaliditätsversorgung eingeschlossen ist, wobei diese Leistungen nicht zu beziffern sind. Auch diese Auskunft ist schriftlich zu erteilen. Wer die Kosten der Auskunft trägt, ist gesetzlich nicht gere- 352

---

104 BMF-Schreiben vom 31.3.2010, Rdn. 282 ff. (Anhang).

III. Betriebsrentengesetz

gelt. Da aber die Arbeitgeber zur Auskunft verpflichtet werden, werden diese die Kosten tragen müssen.

353 Auch wenn der Mitnahmeanspruch die einzige Möglichkeit ist, ein solches Recht geltend zu machen, ist er aus der Sicht eines Arbeitnehmers nicht eine optimale Lösung. Denn auch hier wird, wie in Rn. 337 ausgeführt, der bestehende Vertrag zurückgekauft und ein neuer Vertrag abgeschlossen. Da ist eine Vorgehensweise, die das Übertragungsabkommen nutzt, deutlich interessengerechter.

- **Übertragungsabkommen**

354 Die Lebensversicherungsunternehmen und Pensionskassen und Pensionsfonds, die dem Übertragungsabkommen beigetreten sind,[105] haben sich untereinander verpflichtet, bestehende Verträge zu »übernehmen«, indem zwar bei dem übernehmenden Versicherungsunternehmen ein neuer Vertrag abgeschlossen wird – ggf. auch mit einem Garantiezins von 2,25% (2011) –, aber keine neuen Abschluss- und Vertriebskosten entstehen. Damit steht sich der Arbeitnehmer deutlich besser, ohne dass Nachteile für den neuen Arbeitgeber entstehen, denn es kann i. d. R. die Versicherung bei dem Versicherer des neuen Arbeitgebers »fortgesetzt« werden. Als Alternative hierzu kommt in Betracht, dass der neue Arbeitgeber bei dem Versicherer die Versicherung fortsetzt, bei dem sie ursprünglich abgeschlossen worden war, also ohne z. B. eine Änderung des Garantiezinses. Dabei ist allerdings durch den neuen Arbeitgeber klarzustellen, dass keine Übernahme der Zusage vorliegt, sondern eine Verpflichtung für ihn aus dem Vertrag nur für die Zeit besteht, in der bei ihm ein Arbeitsverhältnis besteht, also genau so, als sei ein neuer Vertrag abgeschlossen worden. Denn der neue Arbeitgeber will nicht in das arbeitsrechtliche Grundverhältnis eintreten, welches beim alten Arbeitgeber bestanden hat. Er will keine Risiken aus der Vergangenheit übernehmen, sondern dem Arbeitnehmer nur entgegenkommen, indem er den bestehenden Vertrag fortsetzt. Arbeits- nicht versicherungsrechtlich muss folglich dieser Vertrag in zwei Verträge aufgespalten werden.

---

105 http://www.gdv.de/Downloads/Themen_2010/Uebertragungsabkommen_Beitrittsliste_Juli2010.pdf/

4. Übertragung

c) Übernahme von laufenden Leistungen

§ 4 BetrAVG wird ausdrücklich auf Versorgungsempfänger ausgedehnt, indem diese durch einen neuen Abs. 1 in den Geltungsbereich der Vorschrift einbezogen werden. Dies bedeutet eine Bestätigung der bisherigen Rechtsprechung,[106] aber auch eine Beschränkung der Übertragungsmöglichkeit mit befreiender Wirkung für diesen Personenkreis ausschließlich auf den Fall der Übertragung bei Einstellung der Betriebstätigkeit unter Liquidation des Unternehmens. Die Abs. 2 und 3 sind auf Versorgungsempfänger nicht anzuwenden, da es bei diesem Personenkreis i. d. R. keinen neuen Arbeitgeber gibt. 355

Keine Übernahme liegt vor, wenn nach den Vorschriften des Umwandlungsgesetzes eine Rentnergesellschaft abgespalten wird. In diesem Fall erfolgt der Schuldnerwechsel über eine Gesamtrechtsnachfolge, bei der bestimmte Voraussetzungen erfüllt sein müssen.[107] 356

Da § 4 BetrAVG ausschließlich die schuldbefreiende Übertragung regelt, nicht aber einen Wechsel des Durchführungsweges, bleibt dieser nach wie vor auch für Versorgungsempfänger möglich. Er wird vom Gesetzgeber als zulässig vorausgesetzt, wie §§ 3 Nr. 66 und 52 Abs. 34c EStG zeigen. 357

d) Übernahme bei aktiven Arbeitnehmern

Das BAG[108] hatte angedeutet, § 4 BetrAVG könne vielleicht auch auf aktive Arbeitnehmer, die noch in einem Arbeitsverhältnis stehen, anwendbar sein. Diese Überlegung geht ins Leere, da eine Abspaltung des Versorgungsverhältnisses vom Arbeitsverhältnis undenkbar ist. Wenn bei einem bestehenden Arbeitsverhältnis der bisherige Versorgungsträger durch einen anderen Versorgungsträger ersetzt wird, liegt keine befreiende Schuldübernahme in dem Sinne vor, dass der Arbeitgeber auch nicht mehr subsidiär haftet. Es bleibt bei einem solchen Wechsel des Durchführungsweges lediglich bei derselben rechtlichen Situation, die bestehen würde, wenn der Arbeitgeber von vorneherein 358

---

106 BAG 17.3.1987, 3 AZR 605/85, EzA § 4 BetrAVG Nr. 3 = DB 1988, 122; BAG 18.3.2003, 3 AZR 313/02, EzA § 7 BetrAVG Nr. 68 = BB 2004, 269.
107 BAG 11.3.2008, 3 AZR 358/06, EzA § 4 BetrAVG Nr. 7 = DB 2008, 2369.
108 BAG 14.12.1999, 3 AZR 675/98, EzA § 4 BetrAVG Nr. 5 = DB 2000, 1719.

einen anderen Versorgungsträger eingeschaltet hätte. Der Wechsel des Durchführungsweges fällt nicht unter § 4 BetrAVG.

e) Wechsel des Durchführungsweges

359 Ein Wechsel des Durchführungsweges kann in unterschiedlicher Form erfolgen. Es kann eine bisher extern zugesagte BAV vom Arbeitgeber »übernommen« und als unmittelbare Versorgungszusage fortgeführt werden. Diese Rechtsfolge tritt automatisch ein, wenn ein Betrieb oder Betriebsteil gekauft wird und die bisher über eine Unterstützungskasse abgewickelte Versorgung nicht mehr extern weiterführt wird.[109]

360 Ein Arbeitgeber kann aber auch eine unmittelbare Versorgungszusage auf einen externen Versorgungsträger »übertragen«. Dies kann eine Direktversicherung, eine Pensionskasse, ein Pensionsfonds oder eine Unterstützungskasse sein. Es kann die gesamte Verpflichtung überführt werden oder – bei aktiven Anwärtern – nur die zukünftig erdienbare Anwartschaft.

361 Werden z. B. Versorgungsanwartschaften (aktiver Arbeitnehmer oder unverfallbar ausgeschiedener Arbeitnehmer) oder bereits bestehende Versorgungsverpflichtungen auf einen Pensionsfonds übertragen, wird der Versorgungsträger ausgetauscht, ohne dass das arbeitsrechtliche Grundverhältnis beseitigt wird. Die Übertragung hat zur Folge, dass der Arbeitgeber nicht mehr selbst zahlen muss, solange und soweit der Pensionsfonds die bestehenden Verpflichtungen erfüllt. Es bleibt aber die Subsidiärhaftung nach § 1 Abs. 1 S. 3 BetrAVG bestehen. Ein solcher Wechsel des Durchführungsweges ist gemeint, wenn in § 3 Nr. 66 EStG von einer Übernahme gesprochen wird. Insofern ist es unglücklich, dass diese Vorschrift nicht an die arbeitsrechtliche Terminologie angepasst ist. Es liegt weder eine Übernahme noch eine Übertragung i. S. v. § 4 BetrAVG vor, weil der Wechsel des Durchführungsweges von dieser Vorschrift gar nicht erfasst wird.

362 Der vom Gesetzgeber steuerlich unterstützte Wechsel des Durchführungsweges i. S. v. § 3 Nr. 66 EStG ist also weder eine befreiende Übernahme noch eine befreiende Übertragung i. S. v. § 4 BetrAVG.

---

[109] BAG 15.3.1979, 3 AZR 859/77, EzA § 613 BGB Nr. 22 = DB 1979, 1462.

Der Wechsel des Durchführungsweges ist allerdings dann eingeschränkt oder gar ganz ausgeschlossen, wenn der Arbeitgeber sich in der Versorgungszusage auf einen einzigen Durchführungsweg festgelegt hat.[110]

363

- **Steuerliche Rahmenbedingungen**

Ein arbeitsrechtlich möglicher Wechsel des Durchführungsweges kann an den steuerlichen Rahmenbedingen scheitern. Soll ganz oder teilweise die bestehende Verpflichtung auf eine Pensionskasse oder eine Direktversicherung ausgelagert werden, scheitert dies i. d. R. daran, dass das steuerlich zur Verfügung stehende Dotierungsvolumen nicht ausreicht, weil nur 4% der BBG zur Verfügung stehen. Jedenfalls wird der Past-Service nicht finanzierbar sein. Die Vervielfältigungsregel des § 3 Nr. 63 EStG ist nicht anwendbar, weil das Arbeitsverhältnis nicht beendet wird. Beim Wechsel zur rückgedeckten Unterstützungskasse steht dem Wechsel des Durchführungsweges entgegen, dass nur laufende gleich bleibende oder steigende Beiträge steuerlich gem. § 4d EStG zugewendet werden dürfen, keine Einmalbeiträge für Anwärter. Der Wechsel zum Pensionsfonds wird erleichtert durch Einmalzuwendungen i. R. v. § 3 Nr. 66 EStG, scheitert aber vielfach hinsichtlich des Future-Service daran, dass die Finanzverwaltung die Auffassung vertritt, dieser sei ausschließlich über § 3 Nr. 63 EStG zu finanzieren.[111] Will ein Unternehmen in vollem Umfang den Durchführungsweg wechseln, ist dies vielfach nur durch eine Kombination von Unterstützungskasse und Pensionsfonds möglich.

364

f) Liquidation

Der Gesetzgeber hat besondere Übernahmemöglichkeiten im Rahmen einer Liquidation mit Betriebsaufgabe geschaffen, weil hierfür ein praktisches Bedürfnis bestehe. In § 4 Abs. 4 BetrAVG wird die seit 1999 bestehende Möglichkeit, eine Liquidationsversicherung abzu-

365

---

110 BAG 12.6.2007, 3 AZR 186/06, EzA § 1 BetrAVG Nr. 90;= DB 2008, 2034; hierzu auch *Reinecke* DB 2010, 2392, der sich kritisch zu *Kemper* in: Kemper/Kisters-Kölkes/Berenz/Huber § 1 Rdn. 38, *Höfer* Rdn. 1300, *Löwisch/Diller* BetrAV 2010, 411 äußert. Zum Wechsel des Durchführungsweges auch *Thüsing/Granetzny* BetrAV 2009, 485.
111 BMF-Schreiben vom 31.3.2010, Rdn. 281 (Anhang).

III. Betriebsrentengesetz

schließen und damit befreiend die Verpflichtung auf einen Versicherer zu übertragen, geregelt.

366 Es wurde die bisherige Formulierung aufgegeben, dass eine »Versorgungsleistung« übernommen wird. In der neuen Fassung ist von der Übernahme der Zusage die Rede. Im Vergleich mit der Regelung in § 4 Abs. 2 Nr. 1 BetrAVG wird damit erkennbar, dass die Zusage mit befreiender Wirkung übernommen werden muss und damit eine Veränderung des Zusageinhalts nicht in Betracht kommt, weil eine Übertragung mit wertgleicher Zusage nicht genannt wird. Damit wird verdeutlicht, dass das nach wie vor fehlende Zustimmungserfordernis zu keinem Nachteil beim Arbeitnehmer führen kann.

367 Eine schuldbefreiende Übernahme kann in allen fünf Durchführungswegen vorgenommen werden. Als Übernehmer kommen allerdings nur ein Lebensversicherer oder eine Pensionskasse in Betracht. Bei einer Pensionskasse und bei einer Direktversicherung als bisherigem Durchführungsweg ändert sich nicht der Träger der Versorgung, aber es ist doch ein Unterschied, ob eine Pensionskasse als externer Versorgungsträger für die Erfüllung der Verpflichtung des Arbeitgebers eingeschaltet wird und ein Arbeitgeber neben der Pensionskasse gem. § 1 Abs. 1 S. 3 BetrAVG haftet oder ob eine Pensionskasse als alleiniger Schuldner für die Erfüllung der Zusage einzustehen hat. Entsprechendes gilt, wenn aus einer Direktversicherung über einen befreienden Schuldnerwechsel ein Lebensversicherer alleiniger Schuldner wird.

368 Der Schuldnerwechsel ist ohne Zustimmung des mit unverfallbarer Anwartschaft ausgeschiedenen Arbeitnehmers oder des Versorgungsempfängers zulässig. Da die unveränderte Zusage zu übernehmen ist, ist diese auch nicht erforderlich. Bei Kollektivlebensversicherungsverträgen ist keine Einwilligung einzuholen (§ 150 Abs. 2 VVG), wohl aber bei Einzelversicherungen. Muss vor der Übernahme der Zusageinhalt geändert werden, ist hierfür die individuelle Einwilligung jedes einzelnen Betroffenen einzuholen.

369 Ab Rentenbeginn müssen alle Überschussanteile zur Erhöhung der Leistung verwendet werden. Es sind Verfügungsbeschränkungen einzuhalten.

370 Soweit in § 4 Abs. 5 BetrAVG ein Übertragungswert vorgegeben wird, ist diese Regelung bei der Übernahme im Rahmen der Liquidation

nicht anwendbar.[112] Dies bedeutet, dass die Einmalprämie, die an die Pensionskasse oder das Lebensversicherungsunternehmen zu zahlen ist, höher sein muss als der Übertragungswert. Dies ergibt sich z. B. aus den unterschiedlichen Rechnungsgrundlagen. Würde nur der Übertragungswert an das Versicherungsunternehmen oder an die Pensionskasse zu zahlen sein, würde der Wert der Zusage gemindert, was dem Sinn und Zweck der Vorschrift widerspricht.

Die steuerliche Behandlung richtet sich nach § 3 Nr. 65 EStG. Die gezahlte Einmalprämie fließt lohnsteuerfrei zu. Erst die später ausgezahlten Versorgungsleistungen sind zu versteuern. 371

5. Auskunftsanspruch

Die Auskunftspflicht des Arbeitgebers oder des externen Versorgungsträgers wurde mit Wirkung ab dem 1.1.2005 erweitert. Nunmehr haben neben den mit gesetzlich unverfallbarer Anwartschaft ausgeschiedenen Arbeitnehmern auch aktive Arbeitnehmer einen Auskunftsanspruch, wenn sie bei einem Ausscheiden aus dem Arbeitsverhältnis eine gesetzlich unverfallbare Anwartschaft hätten. 372

Die Auskunft ist schriftlich zu erteilen, wenn der Arbeitnehmer dies verlangt, also von sich aus tätig wird. Das Verlangen setzt ein berechtigtes Interesse voraus, z. B. das Anliegen des Arbeitnehmers, seine private oder betriebliche Altersversorgung zu gestalten (z. B. durch Entgeltumwandlung). 373

Die Auskunft ist beschränkt auf die Versorgungsleistung, die bei Erreichen der Altersgrenze zu erwarten ist. Damit ist gerade jungen Arbeitnehmern, für die der Schutz bei Invalidität oder Tod besonders wichtig ist, wenig geholfen. 374

Der aktive Arbeitnehmer, der einen Arbeitgeberwechsel plant, hat darüber hinaus das Recht, vom alten Arbeitgeber oder dessen Versorgungsträger den Übertragungswert zu erfragen, der sich ergeben würde, wenn von dem Mitnahmerecht gemäß § 4 Abs. 3 BetrAVG Gebrauch gemacht würde. Da es vielfach nicht opportun sein wird, den Übertragungswert vor Kündigung des Arbeitsverhältnisses zu erfragen, steht dieses Auskunftsrecht dem Arbeitnehmer auch zu, wenn 375

---

112 A. A. *Blomeyer/Rolfs/Otto* § 4 Rdn. 145; *Höfer* Rdn. 3686.55.

III. Betriebsrentengesetz

er mit einer gesetzlich unverfallbaren Anwartschaft aus dem Arbeitsverhältnis bereits ausgeschieden ist. Ein berechtigtes Interesse liegt immer vor, da der ehemalige Arbeitnehmer das Recht hat zu prüfen, ob er von seinem Mitnahmeanspruch Gebrauch machen will. Allerdings ist die Jahresfrist für den Anspruch auf Portabilität zu berücksichtigen.[113]

376 Der mit einer gesetzlich unverfallbaren Anwartschaft ausgeschiedene Arbeitnehmer, der seine BAV mitnehmen will, hat darüber hinaus das Recht, von dem neuen Arbeitgeber oder dessen Versorgungsträger zu erfragen, in welcher Höhe aus dem Übertragungswert eine Altersversorgung zu erwarten ist. Der Betrag ist zu beziffern. Darüber hinaus ist ihm Auskunft zu erteilen, ob eine Invaliditäts- und/oder Hinterbliebenenversorgung eingeschlossen ist, wobei die Höhe dieser Leistungen nicht zu beziffern ist. Mit diesen Auskunftsrechten soll die Mitnahme von Versorgungsanwartschaften erleichtert werden.[114]

377 Die Auskunft ist nach Ausübung des Verlangens unverzüglich zu erteilen, d.h. ohne schuldhafte Verzögerung. Ist ein externer Versorgungsträger auskunftspflichtig und verzögert dieser fahrlässig die Auskunftserteilung, hat der Arbeitgeber für das Verschulden des Versorgungsträgers einzustehen. Die Auskunft ist eine Wissenserklärung und schafft keine eigenständige Verpflichtungsgrundlage.[115]

378 Über § 4a BetrAVG hinaus gibt es weitere Auskunftspflichten.[116] So ist der Arbeitgeber nach § 1 NachwG verpflichtet, bei der Einstellung Auskünfte zu erteilen. Eine Auskunftspflicht kann sich auch während des Arbeitsverhältnisses über § 4a BetrAVG hinausgehend aus besonderen Umständen im Einzelfall ergeben, z. B. anlässlich eines Wechsels des Durchführungsweges, im Zusammenhang mit einem geplanten Übertritt in eine Altersteilzeit oder anlässlich der bevorstehenden Beendigung des Arbeitsverhältnisses. Auskunftspflichten treffen den Arbeitgeber insbesondere, wenn er durch sein Verhalten eine Gefahrenquelle für den Arbeitnehmer geschaffen hat. Ansonsten gilt der Grund-

---

113 Hierzu siehe Rn. 348.
114 Hierzu siehe Rn. 344 ff.
115 BAG 8.11.1983, 3 AZR 511/81, EzA § 2 BetrAVG Nr. 4 = DB 1984, 836; dies gilt auch für Auskünfte, die der PSVaG gem. § 9 Abs. 1 BetrAVG erteilt: BAG 29.9.2010, 3 AZR 546/08, DB 2011, 247.
116 *Reinecke* RdA 2005, 129 ff.; *ders.* DB 2006, 555 ff.; *ders.* FS Andresen, S. 189; *ders.* RdA 2009, 13 ff.; *Doetsch* BetrAV 2003, 48; *Blomeyer/Rolfs/Otto* § 4a Rdn. 73 ff.; *Kisters-Kölkes* in: Kemper/Kisters-Kölkes/Berenz/Huber, BetrAVG, § 4a Rdn. 74 ff.; *Doetsch* BetrAV 2008, 21.

5. Auskunftsanspruch

satz, dass der Arbeitnehmer seine Interessen selbst wahrzunehmen hat, er sich ggf. sachkundigen Rat einzuholen hat. Hierzu kann er auch den Arbeitgeber oder den Versorgungsträger befragen, jedoch muss dieser nicht von sich aus tätig werden.

Hat der Arbeitgeber eine Auskunft erteilt, muss diese richtig sein. Dies gilt auch für die Auskunft des externen Versorgungsträgers. Für die Richtigkeit der Auskünfte, die eigentlich vom Arbeitgeber zu erteilen sind, haftet der Arbeitgeber, sofern es sich nicht um eigenständige Auskunftspflichten des Versicherers handelt. Der Arbeitnehmer kann Schadensersatzansprüche bei fehlerhafter Auskunft haben, insbesondere wenn er aufgrund fehlerhafter Auskunft eine Disposition tätigt oder unterlässt und dadurch ihm oder seinen Hinterbliebenen ein Schaden entsteht.

Beispiel:

Der Arbeitnehmer bittet den Arbeitgeber um Mitteilung seiner Alters- und Invaliditätsanwartschaft mit dem Hinweis, dass er ggf. eine private Berufsunfähigkeitsversicherung abschließen will. Er erhält die – unrichtige – Auskunft, seine Invaliditätsleistung betrage 1.000 € monatlich.

Der Arbeitnehmer unterlässt den Abschluss einer privaten Versicherung, weil er davon ausgeht, dass er zusammen mit der gesetzlichen Rente für die Invalidität ausreichend versichert sei.

Zwei Jahre später wird er invalide. Die richtig berechnete betriebliche Invalidenrente beträgt nur 700 €.

Der Arbeitgeber ist schadensersatzpflichtig.[117]

Von den Auskunftspflichten, die den Arbeitgeber treffen, sind die Verpflichtungen zu unterscheiden, die die Versorgungsträger aus eigenem Verpflichtungsgrund zu erfüllen haben: Nach § 10a VAG i. V. m. Anhang D zum VAG haben die Pensionskasse, der Pensionsfonds[118] und das Lebensversicherungsunternehmen den Versorgungsanwärter schon vor Abschluss des Versorgungsvertrages verständlich und aussagekräftig z. B. über die Versicherungsbedingungen und die mit dem Versorgungssystem verbundenen Risiken und die Art und Auftei-

---
117 LAG Frankfurt 22.8.2001, 8 Sa 146/00, MDR 2002, 650.
118 § 113 Abs. 2 Nr. 4 VAG.

III. Betriebsrentengesetz

lung der Risiken zu informieren. Während des bestehenden Versorgungsverhältnisses sind ebenfalls jährlich Informationspflichten unaufgefordert zu erfüllen. Diese betreffen z. B. die Höhe des zu erwartenden Anspruchs, die Anlagerisiken und die Lage der Einrichtung. Damit gehen die Auskunftspflichten bei den versicherungsförmigen Durchführungswegen weiter als die Verpflichtungen nach § 4a BetrAVG. Sie beziehen sich auf jeden Anwärter, ohne dass es auf die gesetzliche Unverfallbarkeit ankommt. Sie sind ohne Verlangen jährlich zu erfüllen. Sie erfassen auch den Versorgungsempfänger.

381 Mit dem Versicherungsvertragsgesetz sind neue Auskunfts- und Beratungspflichten geschaffen worden. Hierzu ist zunächst auf § 166 Abs. 4 VVG zu verweisen, der den Versicherer (Pensionskasse, Lebensversicherungsunternehmen bei der Direktversicherung) verpflichtet, den Arbeitnehmer als versicherte Person zu unterrichten, wenn der Arbeitgeber mit der Beitragszahlung in Verzug gerät und deshalb der Versicherer die Versicherung kündigen will. Damit erhält der Arbeitnehmer die Möglichkeit, den Vertrag mit eigenen Beiträgen fortzuführen und den Versicherungsschutz aufrecht zu erhalten.

382 Die Möglichkeit, nach einer Elternzeit die beitragsfrei gestellte Versicherung im bisherigen Tarif gem. § 212 VVG fortzuführen, ist nicht mit einer ausdrücklichen Auskunftsverpflichtung verbunden. Ob der Versicherer oder der Arbeitgeber den Arbeitnehmer nach Beendigung der Elternzeit hierüber informieren muss, ist damit offen.

383 Die Beratungs- und Informationspflichten des Versicherers aus §§ 6, 7 VVG richten sich an den Arbeitgeber als Versicherungsnehmer. In den Pflichtenkreis ist der Arbeitnehmer – anders als in § 166 Abs. 4 VVG – nicht unmittelbar einbezogen, auch dann nicht, wenn die BAV durch Entgeltumwandlung finanziert wird. Mit den Informationen, die der Arbeitgeber jetzt automatisch vom Versicherer erhält, hat dieser aber die Möglichkeit, seine Arbeitnehmer zu informieren. Diese Informationspflichten beziehen sich auf alle ab dem 1.1.2008 abgeschlossenen Versicherungen. Mit Urteil vom 15.9.2009 hat das BAG[119] für die Zeit vor dem 1.1.2008 entschieden, dass der Arbeitgeber nicht schadensersatzpflichtig ist, wenn er die vom Versicherer erhaltenen Informationen an den Arbeitnehmer weitergeleitet hat. Dies muss erst Recht für die Zeit ab dem 1.1.2008 gelten, da der Gesetzgeber im Detail vorgege-

---

119 BAG 15.9.2009, 3 AZR 17/09, EzA § 1b BetrAVG Entgeltumwandlung Nr. 1 = DB 2010, 61.

ben hat, welche Informationen der Versicherungsnehmer erhalten muss. Da der Arbeitgeber nicht Verbraucher ist i. S. v. § 13 BGB, ist ihm kein Produktinformationsblatt auszuhändigen. Dieses enthält in kurzer, übersichtlicher Form alle für den Vertrag wesentlichen Informationen. Deshalb ist, jedenfalls bei der Entgeltumwandlung, der Arbeitgeber gut beraten, wenn er sich vom Versicherer das Produktinformationsblatt geben lässt und dieses an den Arbeitnehmer weiterleitet.[120]

§ 166 Abs. 4 und § 212 VVG beziehen sich auf alle Versicherungen, sie sind folglich auch auf Versicherungen anzuwenden, die vor dem 1.1.2008 abgeschlossen wurden. Soweit nach § 166 Abs. 4 VVG eine Informationspflicht des Versicherers besteht, ist der Arbeitnehmer unmittelbar anzuschreiben, nicht über den Arbeitgeber. Denn sonst könnte der Schutzzweck der Norm nicht erfüllt sein.

6. Vorzeitige Altersleistung

In der BAV können nach dem Grundsatz der Vertragsfreiheit Altersleistungen auch vor Vollendung der Regelaltersgrenze in der gesetzlichen Rentenversicherung zugesagt werden. So kann eine betriebliche Altersrente z. B. ab Vollendung des 60. Lebensjahres gezahlt werden, und zwar unabhängig davon, ob zu diesem Zeitpunkt eine gesetzliche Rente schon beansprucht werden kann. Ist eine Altersgrenze von mehr als 60 Jahren vorgesehen, schreibt das BetrAVG in Durchbrechung des Grundsatzes der Vertragsfreiheit zwingend einen **Gleichlauf** zwischen Sozialversicherungsrenten und betrieblicher Leistung vor, auch wenn keine vorzeitige Altersleistung zugesagt wurde. Dies bedeutet, dass diese Vorschrift nur dann anzuwenden ist, wenn die Versorgungsregelung eine Altersgrenze von mehr als 60 Jahren vorgibt.

a) Grundsatz

§ 6 BetrAVG bestimmt, dass bei Inanspruchnahme vorzeitiger Altersrenten aus der gesetzlichen Rentenversicherung der Arbeitgeber ebenfalls und gleichzeitig eine Betriebsrente (oder auch ein vorzeitiges Alterskapital) zahlen muss, wenn der Arbeitnehmer dies verlangt. Dies

---

120 *Reinecke* RdA 2009, 13.

III. Betriebsrentengesetz

gilt nur bei Sozialversicherungsrenten, die in voller Höhe in Anspruch genommen werden, nicht jedoch für Teilrenten gem. § 42 SGB VI. Bei Renten, die nicht aus der deutschen Sozialversicherung gezahlt werden, besteht kein Anspruch.[121]

387 Vorzeitige Altersrenten aus der gesetzlichen Rentenversicherung können nur beansprucht werden, wenn das Arbeitsverhältnis beendet wird und der Arbeitnehmer aus dem Erwerbsleben ausscheidet (Einkünfte sind nur im Rahmen der Hinzuverdienstgrenzen möglich, § 34 SGB VI). Weitere Voraussetzung ist die Erfüllung bestimmter Bedingungen in der gesetzlichen Rentenversicherung, z. B. lange Versicherungszeiten, Arbeitslosigkeit oder Schwerbehinderung.[122]

b) Berufsständische Versorgungswerke

388 Bei Leistungen aus berufsständischen Versorgungswerken ist § 6 BetrAVG nicht anwendbar.[123] In diesem Fall kann, muss aber nicht eine vorzeitige Altersleistung vorgesehen sein.

c) Wartezeit und sonstige Leistungsvoraussetzungen

389 Ein Arbeitnehmer hat nur dann Anspruch auf eine vorzeitige betriebliche Altersleistung nach § 6 BetrAVG, wenn er bei weiterer Fortsetzung des Arbeitsverhältnisses einen Anspruch auf eine »normale« betriebliche Altersleistung erwerben konnte. Deshalb müssen eine im Leistungsplan vorgesehene Wartezeit und sonstige Leistungsvoraussetzungen erfüllt sein. Erst dann kann eine vorzeitige Altersleistung beansprucht werden.

Beispiel:

Wird die vorzeitige Altersrente aus der gesetzlichen Rentenversicherung, z. B. wegen Arbeitslosigkeit ab dem 60. Lebensjahr bean-

---

121 Zur Freizügigkeit und zum Anspruch auf Gleichbehandlung bei im Ausland lebenden ehemaligen Arbeitnehmern *Kisters-Kölkes* in: Kemper/Kisters-Kölkes/Berenz/Huber BetrAVG, § 6 Rdn. 8.
122 Vgl. im Einzelnen §§ 36, 37, 40 SGB VI i. V. m. §§ 236, 236a, 237, 237a, 238 SGB VI.
123 Gleiches gilt für befreiende Lebensversicherungen, die allerdings heute keine Bedeutung mehr haben.

6. Vorzeitige Altersleistung

sprucht, würde die Wartezeit in der Versorgungsregelung aber erst bei Vollendung des 63. Lebensjahres ablaufen, ist die vorzeitige Betriebsrente erst ab dem 63. Lebensjahr zu zahlen.

Die Wartezeit kann auch nach dem Ausscheiden aus dem Arbeitsverhältnis erfüllt werden. Der Arbeitnehmer, der aus der gesetzlichen Rentenversicherung eine Rente bezieht, aber die Wartezeit noch nicht erfüllt, ist (technischer) Rentner, nicht mit unverfallbarer Anwartschaft ausgeschieden.[124] 390

§ 6 BetrAVG gilt auch, wenn der ausscheidende Arbeitnehmer mit Inanspruchnahme der Sozialversicherungsrente, also bei Beendigung des Arbeitsverhältnisses, die gesetzlichen Unverfallbarkeitsmodalitäten noch nicht erfüllt hat.[125] 391

d) Höhe der vorzeitigen Altersleistung

§ 6 BetrAVG schreibt die Höhe der vorzeitigen betrieblichen Altersleistung nicht vor. Diese kann im Leistungsplan unter Beachtung der Mitbestimmungsrechte des Betriebsrats festgelegt werden[126] oder sich aus allgemeinen Grundsätzen ergeben. 392

- **Äquivalenzprinzip**

Der Arbeitgeber ist berechtigt,[127] eine Kürzung gegenüber der Leistung vorzunehmen, die z. B. ab Vollendung des 65. Lebensjahres beansprucht werden könnte.[128] Der Umfang der Kürzung ist danach zu bemessen, was der Arbeitgeber zusätzlich erbringt. Es ist eine Äquivalenz herzustellen. Diese ist gegeben, wenn ein angemessener versicherungsmathematischer Wertausgleich vereinbart wird.[129] Dabei können auch Erfahrungs- bzw. Näherungswerte benutzt werden. Eine Kür- 393

---

124 BAG 28.2.1989, 3 AZR 470/87, EzA § 6 BetrAVG Nr. 12 = DB 1989, 1579.
125 BAG 28.2.1989, 3 AZR 470/87, EzA § 6 BetrAVG Nr. 12 = DB 1989, 1579.
126 Siehe dazu unter Rn. 682 ff.
127 BAG 1.6.1978, 3 AZR 216/77, EzA § 6 BetrAVG Nr. 1 = DB 1978, 1793.
128 Zum versicherungsmathematischen Abschlag für Männer für Beschäftigungszeiten vor dem 17.5.1990: BAG 23.3.1999, 3 AZR 647/97, EzA § 1 BetrAVG Gleichbehandlung Nr. 17 = DB 1999, 2119; BAG 23.9.2003, 3 AZR 304/02, EzA § 1 BetrAVG Gleichberechtigung Nr. 13 = DB 2004, 2645.
129 Hierzu auch *Kisters-Kölkes* in: Kemper/Kisters-Kölkes/Berenz/Huber, BetrAVG, § 6 Rdn. 48 ff.

III. Betriebsrentengesetz

zung um 0,5% für jeden Monat des vorgezogenen Rentenbezuges entspricht i. d. R. diesem Äquivalenzprinzip und ist nicht unbillig.[130] Wird ein höherer versicherungsmathematischer Abschlag vorgenommen, muss dies aus besonderen Gründen gerechtfertigt sein.[131] Ist in der Versorgungszusage nur pauschal von einer versicherungsmathematischen Kürzung die Rede, ohne dass ein konkreter Kürzungsprozentsatz genannt wird, kann jedenfalls bei Versorgungsfällen, die bis zum Jahr 2002 eingetreten sind, ein Abschlag mit 0,5% je Monat vorgenommen werden.[132]

394 Derartige versicherungsmathematische Abschläge müssen unmittelbar im Leistungsplan geregelt sein. Fehlt es an einer Abrede der Vertragsparteien, kann sich eine Kürzung wegen der vorzeitigen Inanspruchnahme auch aus der Leistungsplanstruktur ergeben.

Beispiel:

Je Dienstjahr sind 5 € vorgesehen. Es zählen die Dienstjahre bis zum Eintritt des Versorgungsfalles. Versorgungsfall ist der Zeitpunkt des Ausscheidens mit Inanspruchnahme der gesetzlichen Rente. Es zählen also nur die Dienstjahre bis dahin.

395 Fehlt eine Kürzungsregel im Leistungsplan oder nach der Leistungsplanstruktur, kann nur eine Kürzung wegen fehlender Dienstjahre der im festgelegten Pensionsalter erreichbaren Altersleistung in entsprechender Anwendung von § 2 BetrAVG vorgenommen werden. Das BAG spricht insoweit von einem unechten versicherungsmathematischen Abschlag.[133] Im Leistungsplan kann aber auch bestimmt werden, dass auf die bis zur Inanspruchnahme der vorzeitigen Altersleistung in der gesetzlichen Rentenversicherung erdiente Altersrente zusätzlich versicherungsmathematische Abschläge vorzunehmen sind. Eine derartige Regelung entspricht dem versicherungsmathematischen Äquivalenzprinzip (z. B. Versicherungsbedingungen der berufsständischen Versorgungswerke).

---

130 BAG 20.4.1982, 3 AZR 1137/79, EzA § 6 BetrAVG Nr. 5 = DB 1982, 1830 und BAG 28.5.2005, 3 AZR 358/01, BAGE 101, 163 = FA 2002, 388.
131 BAG 29.4.2008, 3 AZR 266/06, EzA § 2 BetrAVG Nr. 30 = BetrAV 2009, 75.
132 BAG 29.9.2010, 3 AZR 557/08, BB 2011, 243.
133 BAG 20.3.2001, 3 AZR 229/00, EzA § 6 BetrAVG Nr. 22; BAG 24.7.2001, 3 AZR 567/00, EzA § 6 BetrAVG Nr. 25 = DB 2002, 588.

6. Vorzeitige Altersleistung

• »Doppelte Kürzung« bei unverfallbaren Anwartschaften

§ 6 BetrAVG gilt auch bei Leistungen aus unverfallbaren Anwartschaften. Hierbei kann es zu einer »doppelten Kürzung« kommen. Die erste Kürzung folgt aus der Unverfallbarkeitsquote gem. § 2 BetrAVG. Die zweite Kürzung ergibt sich aus im Leistungsplan vorgesehenen Abschlägen.[134] Eine dreifache Kürzung ist dagegen nicht zulässig. Insoweit hat das BAG zum Teil seine Rechtsprechung geändert.[135] Weil in § 2 Abs. 1 BetrAVG nur die Altersleistung und nicht auch die vorzeitige Altersleistung angesprochen wird,[136] geht das BAG davon aus, dass bei einem Arbeitnehmer, der mit einer unverfallbaren Anwartschaft ausgeschieden ist, die im Alter von 65 Jahren erreichbare Leistung, die ggf. um versicherungsmathematische Abschläge gekürzt wird, mit der Unverfallbarkeitsquote zu gewichten ist und nicht die sich aus dem Leistungsplan ergebende erreichte Leistung zum Zeitpunkt des vorzeitigen Bezuges der vorzeitigen Altersleistung.[137] Zwischenzeitlich fühlt sich das BAG durch den Gesetzgeber bestätigt, der eine ursprünglich beabsichtigte Änderung des Gesetzes nicht umgesetzt hat.[138]

396

Die in der Praxis vielfach verwandte Berechnungsmethode, die nur die **bis zum Eintritt des Versorgungsfalles** abgeleistete Zeit leistungssteigernd berücksichtigt, diese Leistung mit versicherungsmathematischen Abschlägen oder entsprechend § 2 BetrAVG kürzt und anschließend bei ausgeschiedenen Anwärtern darauf die Unverfallbarkeitsquote anwendet, wurde damit vom BAG bei Leistungen aus unverfallbaren Anwartschaften (nicht jedoch bei Leistungen aus dem aktiven Arbeitsverhältnis ausscheidender Arbeitnehmer) verworfen.

397

---

134 BAG 13.3.1990, 3 AZR 338/89, EzA § 6 BetrAVG Nr. 13 = DB 1990, 1619; BAG 12.3.1991, 3 AZR 102/90, EzA § 2 BetrAVG Nr. 11 = DB 1991, 1784.
135 Hierzu *Bepler* FS Förster, S. 237; *Neumann* FS Förster, S. 219; *Berenz* DB 2001, 2346; *Höfer* DB 2001, 2045; *Grabner/Bode* BB 2001, 2425; *Heubeck/Oster* BetrAV 2001, 230.
136 *Bepler* FS Förster, S. 250.
137 BAG 23.1.2001, 3 AZR 164/00, EzA § 6 BetrAVG Nr. 23 = DB 2001, 1887; BAG 24.7.2001, 3 AZR 567/00, EzA § 6 BetrAVG Nr. 25 = DB 2002, 588; BAG 18.11.2003, 3 AZR 517/02, EzA § 6 BetrAVG Nr. 26 = DB 2004, 1375; BAG 23.3.2004, 3 AZR 279/03, FA 2004, 344; BAG 17.9.2004, 3 AZR 524/03, EzA § 6 BetrAVG Nr. 27 = DB 2005, 839; BAG 21.3.2006, 3 AZR 374/05, EzA § 2 BetrAVG Nr. 24 = DB 2006, 2354.
138 BAG 29.4.2008, 3 AZR 266/06, EzA § 2 BetrAVG Nr. 30 = BetrAV 2009, 75.

III. Betriebsrentengesetz

Beispiel:

Es ist eine Altersleistung vorgesehen, die für jedes Dienstjahr 0,5%, max. 15%[139] vorgibt. Ein Arbeitnehmer ist mit 36 Jahren eingetreten und bezieht ab dem 60. Lebensjahr eine vorzeitige Altersrente aus der gesetzlichen Rentenversicherung. Aufgrund einer Vorruhestandsregelung ist er mit 58 Jahren unter Aufrechterhaltung seiner Anwartschaft ausgeschieden. Seine Bezüge betragen 2.000 €. Es ist geregelt, dass für jeden Monat, den die Betriebsrente vor Vollendung des 65. Lebensjahres in Anspruch genommen wird, eine versicherungsmathematische Kürzung um 0,5% je Vorgriffsmonat vorgenommen wird.

Das BAG rechnet wie folgt:

29 × 0,5% von 2.000 €	= 290,00 €
abzügl. 60 × 0,5%	= 87,00 €
	= 203,00 €
22 / 29 × 203 €	= 154,00 €

Das Unternehmen hatte gerechnet:

24 × 0,5% von 2.000 €	= 240,00 €
abzgl. 60 × 0,5%	= 72,00 €
	= 168,00 €
22 / 29 × 168 €	= 127,45 €

398 Dieses Beispiel zeigt, dass es dem BAG darum geht, eine dreifache Kürzung zu verhindern, indem nur die Dienstjahre bis zur vorzeitigen Inanspruchnahme leistungssteigernd berücksichtigt werden, ein versicherungsmathematischer Abschlag wegen der vorzeitigen Inanspruchnahme vorgenommen wird und auf die so ermittelte Leistung des betriebstreuen Arbeitnehmers die Unverfallbarkeitsquote angewandt wird.[140]

399 Die an dieser Rechtsprechung geübte Kritik hat das BAG zur Kenntnis genommen, an seiner Rechtsprechung aber festgehalten,[141] jedoch für

---

139 Vgl. hierzu auch Rn. 209.
140 *Kisters-Kölkes* in: Kemper / Kisters-Kölkes / Berenz / Huber, BetrAVG, § 6 Rdn. 82 ff; auch BAG 18.11.2003, 3 AZR 517/02, EzA § 6 BetrAVG Nr. 26 = DB 2004, 1375.
141 BAG 21.3.2006, 3 AZR 374/05, EzA § 2 BetrAVG Nr. 24 = DB 2006, 2354.

»untypische Versorgungsregelungen« eine Korrekturprüfung angekündigt.[142] Ein solcher Fall liegt z. B. vor, wenn die Betriebsrente des vorzeitig Ausgeschiedenen höher ist als diejenige eines bis zur vorgezogenen Inanspruchnahme betriebstreu Gebliebenen.

- **Sonderfall: Art. 157 AEUV (früher Art. 141 EG-Vertrag)**

Angelehnt an die gesetzliche Rentenversicherung wurden früher vielfach Versorgungszusagen erteilt, die für Männer und Frauen unterschiedliche feste Altersgrenzen vorsahen (z. B. Männer 65, Frauen 60). Der EuGH und das BAG haben schon vor Jahren entschieden,[143] dass derartige Regelungen nicht rechtens sind, wenn Versorgungszusagen ab dem 18.5.1990 erstmals erteilt werden. 400

Für Arbeitnehmer, die am 17.5.1990 in einem Arbeitsverhältnis standen und eine Versorgungszusage mit einem unterschiedlichen Pensionsalter hatten, ist bei der Ermittlung einer Altersleistung und bei einer Unverfallbarkeitsquote zwischen der Zeit, die vor dem 18.5.1990 im Unternehmen abgeleistet wurde (Vor-Barber-Zeit) und der Zeit, die ab dem 18.5.1990 abgeleistet wurde (Nach-Barber-Zeit) zu differenzieren. In der Vor-Barber-Zeit waren unterschiedliche Altersgrenzen zulässig. Es ist also bei der Berechnung für einen männlichen Arbeitnehmer auf die ihm zugesagte Altersgrenze abzustellen und ggf. eine Kürzung mit einem versicherungsmathematischen Abschlag vorzunehmen. In der Nach-Barber-Zeit verstoßen unterschiedliche Altersgrenzen gegen Art. 157 AEUV (früher Art. 141, noch früher Art. 119 EU-Vertrag) und gegen Art. 3 GG, weil durch diese Regelung männliche Arbeitnehmer eine geringere Vergütung in Form einer BAV erhalten als weibliche Arbeitnehmer. Folglich ist für die Zeit ab der sog. Barber-Entscheidung bei Männern und Frauen von einem einheitlichen Pensionsalter – demjenigen der Frauen – auszugehen und ein versicherungsmathematischer Abschlag unzulässig 401

War ein Arbeitnehmer bereits vor dem 18.5.1990 aus dem Arbeitsverhältnis ausgeschieden, ist ausschließlich auf die Altersgrenze der Männer abzustellen. 402

---

142 BAG 24.7.2001, 3 AZR 567/00, EzA § 6 BetrAVG Nr. 25 = DB 2002, 588.
143 EuGH 17.5.1990, Rs. C-262/88–Barber, EzA Art. 119 EG-Vertrag Nr. 4 = DB 1990, 1824; BAG 7.9.2004, 3 AZR 550/03, EzA Art. 141 EG-Vertrag 1999 Nr. 16 = DB 2005, 507.

III. Betriebsrentengesetz

403 Bei der Berechnung einer Altersleistung für einen Arbeitnehmer, der vor dem 17.5.1990 in das Unternehmen eingetreten ist und danach eine Versorgungsleistung in Anspruch nimmt oder mit unverfallbarer Anwartschaft ausscheidet, sind zwei Rentenstämme zu bilden.[144] Ob ein dritter Rentenstamm zu bilden ist, wenn später für Männer und Frauen die Altersgrenze wieder angehoben wurde, hat das BAG offen gelassen.[145]

404 Diese Rechtsprechung hat der Gesetzgeber zum Anlass genommen, in § 30a BetrAVG die Gleichberechtigung bei vorzeitigen Altersleistungen umzusetzen.

405 Durch den ab dem 17.5.1990 in Kraft getretenen § 30a BetrAVG wird das Gleichlaufprinzip des § 6 BetrAVG für einen Spezialfall unterbrochen. Es gibt nämlich noch für die Geburtsjahrgänge vor 1952 in der gesetzlichen Rentenversicherung unterschiedliche Beginnalter für vorzeitige Altersrenten. Deshalb fingiert § 30a BetrAVG, dass Männer, obwohl sie die Voraussetzungen für eine vorzeitige Altersrente in der Sozialversicherung tatsächlich noch nicht erfüllen, eine sofort einsetzende betriebliche Altersversorgung beanspruchen können. Dies gilt aber nur für den Teil der Leistung, der nach dem 17.5.1990 (Datum der Verkündung der Barber-Entscheidung) als Beschäftigungszeit zurückgelegt wurde.[146]

e) Diskriminierung wegen Alters

406 Die Regelungen der §§ 6, 30a BetrAVG stellen keine Diskriminierung wegen des Alters im Sinne des AGG dar.[147] Sie sind Ausfluss der Regelungen, die bei der gesetzlichen Rentenversicherung die Inanspruchnahme einer vorzeitigen Altersrente regeln. Insofern begünstigen sie die Personen, die vor Erreichen der festen Altersgrenze eine betriebliche Leistung in Anspruch nehmen wollen. Im Übrigen haben die Vorschriften des Betriebsrentengesetzes Vorrang vor dem AGG.[148]

---

144 BAG 17.9.2008, 3 AZR 1061/06, EzA § 2 BetrAVG Nr. 31 = DB 2009, 296; BAG 29.9.2010, 3 AZR 557/08, BB 2011, 243.
145 BAG 29.4.2008, 3 AZR 266/06, EzA § 2 BetrAVG Nr. 30 = BetrAV 2009, 75.
146 BAG 3.6.1997, 3 AZR 910/95, EzA Art. 119 EG-Vertrag Nr. 45 = DB 1997, 1778; BAG 23.5.2000, 3 AZR 228/99, EzA § 1 BetrAVG Gleichbehandlung Nr. 20 = DB 2001, 767.
147 Gesetz vom 14.8.2006, BGBl. I S. 1897.
148 BAG 11.12.2007, 3 AZR 249/06, EzA § 2 AGG Nr. 1 = DB 2008, 766.

Auch Arbeitnehmer, die noch nicht das Alter 60 erreicht haben, werden nicht wegen ihres Alters diskriminiert. Sie erfüllen nicht die Voraussetzungen für einen Leistungsbezug.

7. Insolvenzsicherung

Die beste BAV ist wertlos, wenn sie der Arbeitnehmer wegen Insolvenz des Arbeitgebers nicht mehr erhält. Die §§ 7 ff. BetrAVG enthalten deshalb eine gesetzliche Insolvenzsicherung. Träger der Insolvenzsicherung ist der Pensions-Sicherungs-Verein a. G. (PSVaG) mit Sitz in Köln.[149] Der PSVaG ist nicht Rechtsnachfolger des insolventen Arbeitgebers.[150] Der PSVaG leistet an die Versorgungsberechtigten auf Grund eines gesetzlichen Schuldverhältnisses. Er ist Schuldner einer Ausfallhaftung.[151]

Die Beitragspflicht zum PSVaG entsteht kraft Gesetzes. Die Insolvenzsicherung ist eine gesetzliche Zwangsversicherung wie die gesetzliche Unfallversicherung. Alle Arbeitgeber, die eine insolvenzgefährdete BAV haben, sind beitragspflichtig. Es gilt der allgemeine Arbeitgeberbegriff.[152] Der PSVaG muss auch leisten, wenn der Arbeitgeber keine Beiträge entrichtet hat. Andererseits führt die Beitragszahlung nicht zu einem Rechtsanspruch auf Leistungen im Insolvenzfall.[153] Beitrags- und Leistungspflicht korrespondieren nicht.[154]

Von der gesetzlichen Insolvenzsicherung durch den PSVaG ist ein zivilrechtlich eingeräumter Insolvenzschutz zu unterscheiden. Bei diesem werden dem Arbeitnehmer auf vertraglicher Grundlage Sicherungsrechte eingeräumt.[155]

---

[149] Allgemein zur Insolvenzsicherung der BAV vgl. Merkblatt 300/M3 des PSVaG, das im Internet unter www.psvag.de zur Verfügung steht.
[150] Dies gilt unabhängig von Forderungs- und Vermögensübergängen gem. § 9 Abs. 2 und 3 BetrAVG.
[151] BAG 23.3.1999, 3 AZR 625/97, EzA § 7 BetrAVG Nr. 58 = DB 1999, 2015.
[152] Dazu: *Kemper* in: Kemper/Kisters-Kölkes/Berenz/Huber, BetrAVG, § 1 Rdn. 42 ff.
[153] BAG 19.1.2010, 3 AZR 409/09, n. v.
[154] *Berenz* in: Kemper/Kisters-Kölkes/Berenz/Huber, BetrAVG, § 7 Rdn. 3.
[155] BGH 7.5.2005, IX ZR 138/04, DB 2005, 1453 = ZIP 2005, 909.

III. Betriebsrentengesetz

a) Insolvenzgefährdete Durchführungswege

411 BAV ist bei den Durchführungswegen **unmittelbare Versorgungszusage** und **Unterstützungskasse** immer insolvenzgefährdet und damit beitragspflichtig beim PSVaG. Privatrechtliche Sicherungsmaßnahmen befreien nicht von der Beitragspflicht und schließen im Insolvenzfall die Leistungspflicht des PSVaG nicht aus. Dies gilt auch für kongruent rückgedeckte, also ausfinanzierte unmittelbare Versorgungszusagen[156] und kongruent rückgedeckte Leistungen bei Unterstützungskassen.[157] Geschützt werden die Arbeitnehmer vor der Insolvenz des Arbeitgebers. Dabei ist es unerheblich, ob der konkrete Versorgungsträger die Leistungen erbringen kann oder nicht. Ist im Insolvenzfall z. B. bei einer Firmen-Unterstützungskasse Vermögen vorhanden, so geht dieses gem. § 9 Abs. 3 BetrAVG auf den PSVaG über. Gleiches gilt grundsätzlich gemäß § 9 Abs. 3a BetrAVG auch für den Pensionsfonds. Übergegangene Vermögenswerte, die den Barwert der PSVaG-Leistungen übersteigen, sind entsprechend der Satzung der Unterstützungskasse (des Pensionsfonds) zu verwenden. Dies gilt auch für Gruppenunterstützungskassen. Bei diesen findet allerdings kein Vermögensübergang statt. Vielmehr hat der PSVaG einen Zahlungsanspruch gegen die Gruppenunterstützungskasse in Höhe des Betrages, der dem Vermögen entspricht, welches auf das insolvente Unternehmen entfällt.

412 Einen vergleichbaren Forderungsübergang kann es gem. § 9 Abs. 2 BetrAVG bei zur Sicherung unmittelbarer Versorgungszusagen verpfändeten Rückdeckungsversicherungen oder Wertpapierdepots geben.[158] Auch eine Besicherung über sog. Contractual Trust Arrangements (CTA) kann zum Forderungsübergang führen.[159] Dies gilt immer nur für die Leistungspflichten, die der PSVaG zu erfüllen hat.

413 **Direktversicherungen** sind nur insolvenzgefährdet, wenn ein widerrufliches Bezugsrecht besteht oder bei einem unwiderruflichen Bezugsrecht eine Abtretung oder Beleihung erfolgt ist. In der Praxis wer-

---

156 BVerwG 25.8.2010, 8 C 40.09, DB 2011, 181; 8 C 23.09, DB 2011, 184.
157 BVerwG 25.8.2010, 8 C 23.09, DB 2011, 184.
158 Zu weiteren Forderungsrechten *Berenz* in: Kemper/Kisters-Kölkes/Berenz/Huber, BetrAVG, § 9 Rdn. 13 ff.
159 *Berenz* in: Kemper/Kisters-Kölkes/Berenz/Huber, BetrAVG, § 9 Rdn. 15; hierzu auch: *Berenz* BetrAV 2010, 322, der zutreffend darauf verweist, dass ein CTA kein Versorgungsträger i. S. v. § 7 Abs. 4 BetrAVG ist, weil die Versorgungsträger abschließend in § 1b Abs. 2–4 BetrAVG aufgeführt sind (so auch § 1b Abs. 1 S. 2 BetrAVG).

den deshalb i. d. R. unwiderrufliche Bezugsrechte gem. § 159 VVG eingeräumt. Ist das Bezugsrecht widerruflich, hat der Insolvenzverwalter das Recht und die Pflicht, das Deckungskapital zur Insolvenzmasse zu ziehen.[160] Dies soll auch dann gelten, wenn entgegen § 1b Abs. 5 S. 2 BetrAVG bei der Entgeltumwandlung kein unwiderrufliches Bezugsrecht eingeräumt wurde. Mit Urteil vom 15.6.2010[161] hat das BAG entschieden, dass bei einem bedingt widerruflichen Bezugrecht ein Widerruf jedenfalls dann nicht zulässig ist, wenn das Arbeitsverhältnis nach der Insolvenzeröffnung gemäß § 613a BGB auf einen neuen Arbeitgeber übergeht. Folglich kann der Insolvenzverwalter den Rückkaufswert nicht zur Masse ziehen. Wird eine Direktversicherung von einem Folgearbeitgeber fortgeführt, ist für die Entstehung eines unwiderruflichen Bezugsrechts auf die Dauer des Zusagebestandes aller Arbeitsverhältnisse abzustellen und nicht auf jedes einzelne.[162]

Der **Pensionsfonds** ist in den gesetzlichen Insolvenzschutz einbezogen. Auch hier werden die Arbeitnehmer entsprechend den Verhältnissen bei einer Unterstützungskasse vor der Insolvenz des Arbeitgebers (nicht des Pensionsfonds) geschützt (§ 7 Abs. 1 S. 2 Nr. 2 BetrAVG). Nach Auffassung des Gesetzgebers soll bei einem Pensionsfonds ein geringes Insolvenzrisiko bestehen. Deshalb sind die Beiträge zum PSVaG bei diesem Durchführungsweg ermäßigt (§ 10 Abs. 3 Nr. 4 BetrAVG). 414

Die **Pensionskasse** ist nach dem Verständnis des Gesetzgebers kein insolvenzgefährdeter Durchführungsweg, weil die Pensionskasse unter Versicherungsaufsicht steht und strenge Anlagevorschriften anzuwenden sind.[163] 415

b) Sicherungsfälle

Der PSVaG leistet in folgenden **Sicherungsfällen** (§ 7 Abs. 1 BetrAVG): 416

– bei Eröffnung des Insolvenzverfahrens über das Vermögen des Arbeitgebers;

---

160 BAG 8.6.1999, 3 AZR 136/98, EzA § 1 BetrAVG Lebensversicherung Nr. 8 = DB 1999, 2069.
161 BAG 15.6.2010, 3 AZR 334/06, BetrAV 2010, 478 = DB 2010, 2814.
162 BAG 15.6.2010, 3 AZR 31/07, DB 2010, 2678 = FA 2010, 381.
163 BAG 12.6.2007, 3 AZR 14/06, EzA § 1a BetrAVG Nr. 2 = DB 2007, 2722.

III. Betriebsrentengesetz

- bei der Abweisung des Antrags auf Eröffnung des Insolvenzverfahrens mangels Masse;
- beim außergerichtlichen Vergleich (Stundungs-, Quoten- oder Liquidationsvergleich), wenn der PSVaG diesem zustimmt und
- bei der vollständigen Beendigung der Betriebstätigkeit, wenn ein Antrag auf Eröffnung des Insolvenzverfahrens nicht gestellt worden ist und ein Insolvenzverfahren offensichtlich mangels Masse nicht in Betracht kommt.

417 Der Sicherungsfall der wirtschaftlichen Notlage ist seit dem 1.1.1999 ersatzlos aus dem BetrAVG gestrichen worden.[164] Es besteht kein Vertrauensschutz auf die gesetzliche Beibehaltung dieses Sicherungsfalles.[165] In derartigen Fällen ist die Einschaltung des PSVaG nur noch im Rahmen eines außergerichtlichen Vergleichs möglich. Bei der Prüfung, ob der PSVaG einem solchen Vergleich zustimmt und damit Leistungsverpflichtungen übernimmt, wendet der PSVaG die Grundsätze an, die die Rechtsprechung zur Anerkennung des Sicherungsfalles der wirtschaftlichen Notlage entwickelt hatte.[166] Es darf insbesondere nicht zu einem Sonderopfer der Pensionäre und Anwärter kommen. Vielmehr müssen alle Gläubiger, die Anteilseigner und ggf. auch die aktiven Arbeitnehmer zur Sanierung des Unternehmens beitragen.

418 Die **Liquidation** eines Unternehmens ist kein Sicherungsfall. Der PSVaG kann in einem solchen Fall die Versorgungsverpflichtungen nicht übernehmen, auch dann nicht, wenn der Arbeitgeber ihm hierfür die entsprechenden Deckungsmittel geben will.[167] Bei einer Liquidation ist nur eine Übertragung mit befreiender Wirkung gem. § 4 Abs. 4 BetrAVG möglich.[168]

---

164 Zur zeitlichen Abgrenzung: BAG 17.6.2003, 3 AZR 396/02, EzA § 7 BetrAVG Nr. 69 = DB 2004, 324; 31.7.2007, 3 AZR 373/06, EzA § 7 BetrAVG Nr. 72; BAG 31.7.2007, 3 AZR 372/06, FA 2008, 92 = DB 2008, 1505; 18.11.2008, 3 AZR 417/07, EzA § 7 BetrAVG Nr. 74 = DB 2009, 1079.
165 BAG 31.7.2007, 3 AZR 372/06, FA 2008, 92 und 3 AZR 373/06, EzA § 7 BetrAVG Nr. 72 = DB 2007, 2849 in Bestätigung von BAG 17.6.2003, 3 AZR 396/02, EzA § 7 BetrAVG Nr. 69 = DB 2004, 324.
166 *Berenz* in: Kemper/Kisters-Kölkes/Berenz/Huber, BetrAVG, § 7 Rdn. 37 ff.
167 Merkblatt 300/M8 des PSVaG, das im Internet unter www.psvag.de zur Verfügung steht.
168 Dazu *Kisters-Kölkes* in: Kemper/Kisters-Kölkes/Berenz/Huber, BetrAVG, § 4 Rdn. 88 ff.; zur steuerlichen Behandlung vgl. § 3 Nr. 65 EStG.

c) Sachlicher Geltungsbereich

Der PSVaG sichert **laufende Leistungen** (Ansprüche) sowie **gesetzlich und richterrechtlich unverfallbare**[169] **Versorgungsanwartschaften** (§ 7 Abs. 1 und 2 BetrAVG), nicht jedoch vertraglich unverfallbare Anwartschaften. Laufende Leistungen aus vertraglich unverfallbaren Anwartschaften sind dagegen geschützt.[170] Der gesetzliche Insolvenzschutz ist nicht disponibel.[171]

419

Nicht insolvenzgeschützt sind reine Unternehmerzusagen. Diese liegen dann vor, wenn nur den Gesellschaftern des Unternehmens Zusagen erteilt wurden, nicht den »normalen« Arbeitnehmern. Ob eine Unternehmerzusage vorliegt, ist im Einzelfall zu prüfen.[172]

420

§ 7 Abs. 5 S. 1 bis 3 BetrAVG schützen den PSVaG vor Missbrauch. Diese Annahme ist insbesondere gerechtfertigt, wenn bei Erteilung der Versorgungszusage oder ihrer Verbesserung der Arbeitgeber wirtschaftlich nicht in der Lage gewesen ist, die Zusage zu erfüllen.

421

> **Beispiel:**
>
> Der Arbeitgeber hat in der Zeit vor 1987 eine unmittelbare Versorgungszusage erteilt, für diese aber keine Pensionsrückstellungen gebildet, weil damals ein Passivierungswahlrecht bestand. Wäre die Rückstellungsbildung erfolgt, wäre ein Verlust entstanden, was Indiz für die Nichterfüllbarkeit der Zusage ist.

In § 7 Abs. 5 S. 3 BetrAVG ist eine Missbrauchsklausel in Form einer unwiderlegbaren Vermutung[173] enthalten. Danach sind Versorgungszusagen erst zwei Jahre nach der Erteilung insolvenzgeschützt. Diese Bestimmung spricht zwar nur von »Verbesserungen« der Versorgungszusage in den letzten beiden Jahren vor dem Eintritt des Sicherungsfalles. Sie gilt aber auch bei erstmals erteilten Versorgungszusagen,[174] da

422

---

169 BAG 16.10.1980, 3 AZR 1/80, EzA § 7 BetrAVG Nr. 8 = DB 1981, 644; BAG 20.1.1987, 3 AZR 503/85, EzA § 7 BetrAVG Nr. 22 = DB 1987, 1793.
170 *Berenz* in: Kemper/Kisters-Kölkes/Berenz/Huber, BetrAVG, § 7 Rdn. 5.
171 *Berenz* in: Kemper/Kisters-Kölkes/Berenz/Huber, BetrAVG, § 7 Rdn. 73 m. w. N.
172 BAG 19.1.2010, 3 AZR 42/08, EzA § 17 BetrAVG Nr. 11 = DB 2010, 1411; BAG 19.1.2010, 3 AZR 409/09, n. v.; BAG 19.1.2010, 3 AZR 660/09, EzA § 7 BetrAVG Nr. 75 = FA 2010, 1200.
173 BAG 24.6.1986, 3 AZR 645/84, EzA § 7 BetrAVG Nr. 20 = DB 1987, 587.
174 BAG 24.11.1998, 3 AZR 423/97, EzA § 7 BetrAVG Nr. 57 = DB 1999, 914.

III. Betriebsrentengesetz

die Neuerteilung einer Versorgungszusage das »Maximum« einer Verbesserung darstellt.

423 Liegt nicht eine Verbesserung der Versorgungszusage selbst vor, sondern werden nur deren Bemessungsgrundlagen planmäßig oder automatisch verbessert (z. B. tarifliche Erhöhungen eines versorgungsfähigen Einkommens), ist § 7 Abs. 5 S. 3 BetrAVG nicht anzuwenden.[175]

424 Eine Ausnahme von der Zweijahresfrist gibt es nur für die BAV aus Entgeltumwandlung (§ 7 Abs. 5 S. 3 Nr. 1 BetrAVG). Für Versorgungszusagen aus Entgeltumwandlung, die ab dem 1.1.2002 erteilt worden sind oder erteilt werden und deren Beträge 4% der Beitragsbemessungsgrenze in der gesetzlichen Rentenversicherung nicht überschreiten, besteht ein sofortiger gesetzlicher Insolvenzschutz. Entsprechendes gilt gem. § 7 Abs. 5 Nr. 2 BetrAVG bei Übertragungen im Rahmen des § 4 BetrAVG bei Versorgungszusagen, die anlässlich einer Übertragung gegeben werden, soweit der Übertragungswert die Beitragsbemessungsgrenze in der allgemeinen Rentenversicherung nicht übersteigt.[176]

425 Bei von einer Insolvenz betroffenen aktiven Mitarbeitern ist für die Bestimmung der gesetzlichen Unverfallbarkeit maßgebend der Zeitpunkt des Eintritts des Sicherungsfalles (z. B. Eröffnung des Insolvenzverfahrens), nicht das Ende des Arbeitsverhältnisses (§ 7 Abs. 2 S. 4 BetrAVG).

426 Die Höhe der bei einer Insolvenz vom PSVaG zu erbringenden Leistung ist davon abhängig, ob bereits ein Versorgungsanspruch besteht oder ob eine gesetzlich (oder richterrechtlich) unverfallbare Anwartschaft abzusichern ist. Eine bereits **fällige Versorgungsleistung** wird in voller Höhe gesichert, es sei denn, es wird gem. § 7 Abs. 3 BetrAVG die Höchstgrenze bei der ersten Fälligkeit[177] der Leistung des PSVaG überschritten. Dies ist bei einer monatlichen Rente das Dreifache der Bezugsgröße gem. § 18 SGB IV. Die Höchstgrenze beträgt im Jahr 2011 bei einer laufenden Leistung 7.665 € in den alten Bundesländern.

---

175 BAG 20.7.1993, 3 AZR 99/93, EzA § 613a BGB Nr. 110 = DB 1994, 151.
176 Dazu im Einzelnen *Berenz* in: Kemper/Kisters-Kölkes/Berenz/Huber, BetrAVG, § 7 Rdn. 143a ff. und *Berenz* FS Kemper, S. 5 ff.
177 Zur Fälligkeit *Berenz* in: Kemper/Kisters-Kölkes/Berenz/Huber, BetrAVG, § 7 Rdn. 128 ff.

7. Insolvenzsicherung

Bei einer Kapitalleistung ist in 2011 von einem Betrag von (120 × 7.665 € =) 919.800 € auszugehen.[178]

Bei der Anwendung der Höchstgrenze geht der BGH davon aus, dass auf die konkrete Versorgungsleistung abzustellen ist, also auf die Witwenrente, wenn diese gezahlt wird und nicht auf die Mannesrente, die durch Tod entfallen ist.[179]

427

Bei einem **Versorgungsanwärter** ist im Zeitpunkt des Eintritts des Sicherungsfalles die gesetzlich unverfallbare Anwartschaft insolvenzgesichert. Bei einer unmittelbaren Versorgungszusage ist das Quotierungsverfahren des § 2 Abs. 1 BetrAVG anzuwenden (§ 7 Abs. 2 S. 3 BetrAVG). Soweit der Arbeitnehmer bei Eintritt der Insolvenz noch in einem Arbeitsverhältnis steht, ist für die tatsächliche Betriebszugehörigkeitsdauer die Zeit bis zur Eröffnung des Insolvenzverfahrens anzusetzen (§ 7 Abs. 2 S. 4 BetrAVG). Bei einer BAV aus Entgeltumwandlung und bei einer beitragsorientierten Leistungszusage ist zu unterscheiden. Für Versorgungszusagen, die vor dem 1.1.2001 erteilt wurden, ist das Quotierungsprinzip anzuwenden, für ab diesem Stichtag erteilte Versorgungszusagen ist die bis zum Ausscheiden gem. § 2 Abs. 5a BetrAVG erreichte Anwartschaft insolvenzgeschützt.

428

Beim Pensionsfonds, bei dem es nur Zusagen ab dem 1.1.2002 geben kann, erfolgt bei einer Leistungszusage eine Berechnung nach dem Quotierungsverfahren (§ 2 Abs. 3a BetrAVG). Bei einer beitragsorientierten Leistungszusage und bei einer BAV aus Entgeltumwandlung ist die erreichte Anwartschaft insolvenzgeschützt (§ 7 Abs. 2 i. V. m. § 2 Abs. 5a BetrAVG). Wurde beim Pensionsfonds eine Beitragszusage mit Mindestleistung verwendet, ist unabhängig von der Finanzierung § 2 Abs. 5b BetrAVG die Maßgröße, d. h. der PSVaG sichert die Mindestleistung.[180]

429

Ist ausnahmsweise bei einer Direktversicherung Insolvenzschutz zu gewähren, ist bei einer Leistungszusage von der versicherungsförmigen Lösung auszugehen. Dies gilt auch für eine beitragsorientierte Zusage und eine BAV aus Entgeltumwandlung. Bei einer Beitragszusage

430

---

178 In den neuen Bundesländern beträgt die Höchstgrenze im Jahr 2011 bei einer laufenden Leistung 6.510 € monatlich, bei einer Kapitalleistung 781.200 €.
179 BGH 11.10.2004, II ZR 403/02, DB 2005, 344 = BB 2004, 2639; BGH 20.10.2008, II ZR 240/07, ZIP 2009, 144 = NZA 2009, 497; kritisch dazu: *Berenz* in: Kemper/Kisters-Kölkes/Berenz/Huber, BetrAVG, § 7 Rdn. 123a.
180 *Berenz* in: Kemper/Kisters-Kölkes/Berenz/Huber, BetrAVG, § 7 Rdn. 93 ff.

III. Betriebsrentengesetz

mit Mindestleistung, die ab dem 1.1.2002 möglich ist und die durch den PSVaG zu sichern ist, ist die Mindestleistung gesichert, wenn die Unverfallbarkeit dem Grunde nach gegeben ist.[181]

d) Leistungsgrenzen der gesicherten Leistungen

431 Bei einem Versorgungsanwärter ist die Höchstgrenze des § 7 Abs. 3 BetrAVG anzuwenden, die bei Eintritt des Versorgungsfalles maßgeblich ist, nicht diejenige im Zeitpunkt der Insolvenz.[182]

432 Zu den Leistungsgrenzen bei im Zeitpunkt der Insolvenz bereits fälligen Versorgungsleistungen siehe Rn. 426 f.

e) Privatrechtlicher Insolvenzschutz

433 Bei nicht durch den PSVaG gesicherten Versorgungspositionen ist ein privatrechtlicher Insolvenzschutz durch Verpfändung von Vermögenswerten des Arbeitgebers (z. B. Rückdeckungsversicherungen, Wertpapierdepots u. Ä.) möglich.[183] Diese Verpfändungen sind insolvenzfest, wie es der BGH für nicht vom BetrAVG erfasste Unternehmerzusagen zur damals geltenden Konkursordnung entschieden hat.[184] Der BGH hat dies für die Anwendung der Insolvenzordnung bestätigt. Der Insolvenzverwalter ist in diesen Fällen in der Insolvenz zur Einziehung des Rückkaufwertes berechtigt, weil bei Anwartschaften der Versorgungsfall noch nicht eingetreten ist und deshalb die Pfandreife der pfandrechtsgesicherten Forderung fehlt. Aufschiebend bedingte Forderungen berechtigen nur zur Sicherung. Aus §§ 191 Abs. 1, 198 InsO ergibt sich, dass der Insolvenzverwalter den Rückkaufswert hinterlegen muss. § 166 Abs. 2 InsO steht dem nicht entgegen.[185] Die Kündigung des Vertrages führt zu einem geringeren Wert als eine beitragsfreie Versicherung, so dass es eigentlich sinnvoll wäre, diese beim Versicherer zu hinterlegen.

---

181 *Berenz* in: Kemper/Kisters-Kölkes/Berenz/Huber, BetrAVG, § 7 Rdn. 93 ff.
182 *Berenz* in: Kemper/Kisters-Kölkes/Berenz/Huber, BetrAVG, § 7 Rdn. 137.
183 *Fischer/Thoms-Meyer* BetrAV 2001, 125; *Louven* BB 2004, 337.
184 BGH 10.7.1997, IX ZR 161/96, DB 1997, 2113 = BetrAV 1997, 282.
185 BGH 7.4.2005, IX ZR 138/04, DB 2005, 1453 = BetrAV 2005, 590.

7. Insolvenzsicherung

Aus dem hinterlegten Wert hat dann der Versorgungsberechtigte bei Pfandreife die Möglichkeit, sich zu befriedigen, solange ein Wert vorhanden ist. 434

Durch ein Contractual Trust Arrangement (CTA) soll eine Art privatrechtlicher Insolvenzschutz erreicht werden. Unter welchen Vorraussetzungen dies möglich ist, ist bisher gerichtlich nicht geklärt. Im Insolvenzfall kommt es jedenfalls zu einem Forderungsübergang zugunsten des PSVaG gem. § 9 Abs. 2 S. 1 BetrAVG,[186] soweit dieser leistungspflichtig ist. 435

Im Zusammenhang mit dem Bilanzrechtsmodernisierungsgesetz kommt Verpfändungen und Treuhandlösungen eine weitere Bedeutung zu, weil immer dann, wenn die Wirtschaftsgüter dem Zugriff aller anderen Gläubiger des Unternehmens entzogen sind und nur zugunsten der Arbeitnehmer das Sicherungsgut zu verwenden ist, der Arbeitgeber verpflichtet ist, die für unmittelbare Versorgungszusagen gebildeten Pensionsrückstellungen gem. § 246 HGB mit dem Sicherungsvermögen zu saldieren. Dadurch vermindert sich der Verpflichtungsausweis in der Handelsbilanz des Unternehmens. Die Saldierung wirkt sich nicht in der Steuerbilanz aus. 436

Bei Arbeitnehmern, die vom persönlichen Geltungsbereich des BetrAVG erfasst werden, ist zu berücksichtigen, dass ein Pfandrecht als Sicherungsrecht gem. § 9 Abs. 2 S. 1 BetrAVG auf den PSVaG übergeht, aber nicht zum Nachteil des Arbeitnehmers ausgeübt werden kann. Dies bedeutet, dass der Arbeitnehmer ein vorrangiges Zugriffsrecht hat, wenn er nicht voll vom PSVaG befriedigt wird.[187] Der Zugriff wird ihm ermöglicht, indem der PSVaG dem Arbeitnehmer (teilweise) das Sicherungsrecht zurück überträgt oder indem dem Arbeitnehmer ein erster Zugriff auf den Erlös gestattet wird.[188] Diese Vorgehensweise ist von Bedeutung bei der Anwendung der Höchstgrenze gem. § 7 Abs. 3 BetrAVG. 437

Beispiel:

Der Arbeitgeber zahlt eine Betriebsrente von 10.000 € monatlich. Die Insolvenz tritt in 2010 ein. Der PSVaG leistet 7.665 €. Der Erlös aus

---
186 Dazu im Einzelnen: *Berenz* in: Kemper/Kisters-Kölkes/Berenz/Huber, BetrAVG, § 9 Rdn. 15.
187 BAG 12.12.1989, 3 AZR 540/88, EzA § 9 BetrAVG Nr. 3 = DB 1990, 895.
188 *Berenz* in: Kemper/Kisters-Kölkes/Berenz/Huber, BetrAVG, § 9 Rdn. 18 ff.

dem Sicherungsrecht beträgt monatlich 5.000 €. Hieraus darf sich der Versorgungsempfänger in Höhe von 2.335 € befriedigen. Der verbleibende Betrag steht dem PSVaG zu.

f) Leistungsabwicklung und Abfindung

438 Fällige Kapitalzahlungen, temporäre Zahlungen und Abfindungszahlungen werden vom PSVaG selbst erbracht.

439 Im Insolvenzverfahren gelten für Abfindungen seitens des PSVaG besondere Regelungen gem. § 8 Abs. 2 BetrAVG. Es gibt keinen Rechtsanspruch gegen den PSVaG auf Abfindungen.[189] Darüber hinaus hat gem. § 3 BetrAVG der Insolvenzverwalter das Recht, die nach Eröffnung des Insolvenzverfahrens erdiente Teilanwartschaft abzufinden, und zwar unabhängig von deren Höhe.[190]

440 Laufende Renten werden nicht vom PSVaG selbst ausgezahlt. Vielmehr werden diese Zahlungen über ein Versicherungskonsortium der deutschen Lebensversicherungswirtschaft abgewickelt. Es werden die vom PSVaG garantierten Rentenzahlungen auf der Basis von Einmalprämien-Versicherungsverträgen durch das Konsortium erbracht.[191] Das Konsortium ist auch Zahlstelle für die Kranken- und Pflegeversicherungsbeiträge der Rentner (§ 202 SGB V) und erhebt die Lohnsteuer gem. § 3 Nr. 65 EStG.

g) Versicherungsmathematische Abschläge und Pensions-Sicherungs-Verein

441 Bei vorzeitigen betrieblichen Altersleistungen gem. § 6 BetrAVG kann der PSVaG auch dann versicherungsmathematische Abschläge in Höhe 0,5% pro Monat der vorzeitigen Inanspruchnahme vornehmen, wenn dies im Leistungsplan nicht ausdrücklich geregelt ist.[192] Gibt es im Leistungsplan eine eigenständige Kürzungsregel, wird diese vom PSVaG angewandt.

---

189 Dazu im Einzelnen *Berenz* in: Kemper/Kisters-Kölkes/Berenz/Huber, BetrAVG § 8 Rdn. 19.
190 BAG 22.12.2009, 3 AZR 814/07, EzA § 3 BetrAVG Nr. 12 = DB 2010, 1018.
191 Dazu im Einzelnen *Berenz* in: Kemper/Kisters-Kölkes/Berenz/Huber, BetrAVG § 8 Rdn. 5 ff.
192 BAG 20.4.1982, 3 AZR 1137/79, EzA § 6 BetrAVG Nr. 5 = DB 1982, 1830.

7. Insolvenzsicherung

h) Anpassung und Pensions-Sicherungs-Verein

Der PSVaG ist zu Anpassungsprüfungen und -entscheidungen gem. § 16 BetrAVG nicht verpflichtet.[193] Ist allerdings im Leistungsplan eine Wertsicherungs- oder Spannenklausel enthalten, bezieht sich der Insolvenzschutz auch auf diese Regelung. Entsprechendes gilt, wenn den Versorgungsempfängern eine Anpassungsgarantie zugesagt wurde (z. B. gem. § 16 Abs. 3 Nr. 1 BetrAVG) oder die Höhe des Versorgungsanspruchs der Entwicklung der gesetzlichen Rente folgt.[194]

442

Anpassungsklauseln, die eine nach variablen Größen bemessene Dynamisierung der laufenden Rente vorsehen, sind wegen § 2 Abs. 5 BetrAVG nicht vom PSVaG zu beachten, wenn später aus einer unverfallbaren Anwartschaft eine Rente zu zahlen ist und der Sicherungsfall in der Anwartschaftsphase eingetreten ist.[195]

443

i) Übertragung der Leistungspflicht beim Pensionsfonds

In § 8 Abs. 1a BetrAVG ist vorgesehen, dass bei einer Insolvenz des Arbeitgebers, der seine BAV über einen Pensionsfonds abgewickelt hat, der PSVaG die gegen ihn gerichteten Ansprüche auf den Pensionsfonds zurück übertragen muss, wenn die zuständige Aufsichtsbehörde (Bundesanstalt für Finanzdienstleistungsaufsicht) dies genehmigt. Der Pensionsfonds bleibt dann für die BAV zuständig. Voraussetzung für die Genehmigung ist, dass der Pensionsfonds innerhalb von drei Monaten einen Antrag stellt und die dauernde Erfüllbarkeit der Leistungen sichergestellt ist. Hierbei kann die Aufsichtsbehörde Auflagen machen.

444

---

193 BAG 5.10.1993, 3 AZR 698/92, EzA § 16 BetrAVG Nr. 25 = DB 1994, 687.
194 BAG 17.6.2003, 3 AZR 396/02, EZA § 7 BetrAVG Nr. 69 = DB 2004, 324 = BetrAV 2004, 82; dazu im Einzelnen *Berenz* in: Kemper/Kisters-Kölkes/Berenz/Huber, BetrAVG, § 7 Rdn. 51 und Huber in: Kemper/Kisters-Kölkes/Berenz/Huber, BetrAVG, § 16 Rdn. 20 ff.
195 BAG 4.4.2000, 3 AZR 458/98, EzA § 7 BetrAVG Nr. 65 = DB 2000, 774.

j) Finanzierung des Pensions-Sicherungs-Vereins

445 Der PSVaG finanziert sich im Wesentlichen durch Beiträge, die bei den Arbeitgebern erhoben werden, die eine beitragspflichtige BAV umsetzen.[196] Die Beitragspflicht ist in § 10 BetrAVG geregelt.

446 Die Beitragspflicht beginnt mit Eintritt der ersten gesetzlichen Unverfallbarkeit bzw. mit der Aufnahme einer laufenden Rentenzahlung.[197] Sie endet, wenn keine beitragspflichtige BAV mehr besteht, wenn z. B. alle Versorgungsanwartschaften gem. § 613a BGB auf einen neuen Arbeitgeber übergegangen sind.[198] Dann wird dieser beitragspflichtig.

447 Der Arbeitgeber (nicht der externe Versorgungsträger) meldet dem PSVaG jährlich die für ihn maßgebliche Bemessungsgrundlage. Damit der PSVaG alle beitragspflichtigen Arbeitgeber erfassen kann, hat er gegenüber dem Versorgungsträger das Recht, von ihm die Namen und Anschriften der Trägerunternehmen zu erhalten.[199] Die Mitteilung gem. § 11 BetrAVG beruht auf dem Selbstveranlagungsprinzip. Eine Sammelmeldung für einen Konzern oder für alle Trägerunternehmen eines Pensionsfonds oder einer Gruppenunterstützungskasse ist nicht möglich.[200] Wird ein externer Versorgungsträger für einen Arbeitgeber tätig, dann handelt er aufgrund einer ihm erteilten Vollmacht für diesen Arbeitgeber.[201]

448 Die Höhe des jährlich zu zahlenden Beitrages richtet sich nach dem zu deckenden Schadensvolumen. Es werden der auf das volle Jahr hochgerechnete Schadensaufwand, die Verwaltungskosten und die Zuführung zum Ausgleichfonds zugrunde gelegt. Entsprechend der vom Arbeitgeber gemeldeten Beitragsbemessungsgrundlage wird dann durch Beitragsbescheid vom PSVaG für den einzelnen Arbeitgeber der Beitrag für das laufende Jahr festgesetzt, wobei für alle Arbeitgeber

---

196 Zur Finanzierung im Einzelnen: *Berenz* in: Kemper/Kisters-Kölkes/Berenz/Huber, BetrAVG, § 10 Rdn. 36 ff.
197 *Berenz* in: Kemper/Kisters-Kölkes/Berenz/Huber, BetrAVG, § 10 Rdn. 9; zu Entgeltumwandlungszusagen im Einzelnen *Berenz* in: Kemper/Kisters-Kölkes/Berenz/Huber, BetrAVG, § 10 Rdn. 104 ff.
198 Hierzu siehe Rn. 747 ff.
199 Hamburgisches Oberverwaltungsgericht 3.2.2010, 4 Bf 352/09.Z, BetrAV 2010, 186. Zur Vollstreckung: VG Gelsenkirchen 2.6.2010, 12 L 393/10.
200 *Berenz* in: Kemper/Kisters-Kölkes/Berenz/Huber, BetrAVG, § 11 Rdn. 11.
201 Zur Verwaltungsvereinfachung *Staier* BetrAV 2006, 224.

7. Insolvenzsicherung

ein einheitlicher, vom Vorstand des PSVaG festgesetzter Beitragssatz zur Anwendung kommt.

Die Höhe der Beitragsbemessungsgrundlage und damit der Anteil, in dem der Arbeitgeber an diesem Umlageverfahren beteiligt ist, ist abhängig von dem für die BAV gewählten Durchführungsweg. Bei unmittelbaren Versorgungszusagen richtet sich die Beitragsbemessungsgrundlage nach dem Teilwert/Barwert gem. § 6a EStG. Beim Pensionsfonds ist auch diese Bewertungsmethode anzuwenden, allerdings ist der ermittelte Teilwert/Barwert nur mit 20% als Bemessungsgrundlage anzusetzen, weil nach der Auffassung des Gesetzgebers beim Pensionsfonds ein geringeres Insolvenzrisiko bestehe.[202] Diese Begründung kann nicht überzeugen, da es nicht auf das Insolvenzrisiko des externen Versorgungsträgers ankommt, sondern auf das Insolvenzrisiko des Arbeitgebers, der die Versorgungszusage erteilt hat. Der geringe Beitragssatz wird deshalb auch damit gerechtfertigt, dass zwei Risikofaktoren zusammentreffen müssen, nämlich zum einen eine ungünstige Wertentwicklung beim Pensionsfonds und zum anderen die Insolvenz des Arbeitgebers.[203] Jedenfalls ist rechtskräftig entschieden, dass kongruent rückgedeckte Unterstützungskassen keine Gleichstellung bei der Beitragszahlung mit dem Pensionsfonds fordern können.[204] Auch bei kongruent rückgedeckten unmittelbaren Versorgungszusagen gibt es keine Gleichbehandlung mit dem Pensionsfonds.[205]

449

Durch das »Gesetz zur Änderung des Betriebsrentengesetzes und anderer Gesetze«[206] ist das Finanzierungsverfahren für den PSVaG vom sog. Rentenwertumlageverfahren auf vollständige Kapitaldeckung ab dem Beitragsjahr 2006 umgestellt worden. Wegen der Einzelheiten hierzu wird auf die §§ 10 Abs. 2 und 30i BetrAVG verwiesen.[207] Das »Nachfinanzierungsverfahren« des § 30i BetrAVG ist verfassungsgemäß. Zur Nachfinanzierung verpflichtet sind alle Arbeitgeber, die im Jahr 2005 beitragspflichtig zum PSVaG gewesen sind. Ausweislich des Geschäftsberichts des PSVaG haben weit mehr als die Hälfte

450

---

202 BT-Drs. 15/1199 S. 25; zutreffend sprechen *Meier/Recktenwald* S. 12, von einer Privilegierung des Pensionsfonds.
203 *Staier* BetrAV 2006, 220.
204 BVerwG 25.8.2010, 8 C 40.09, DB 2011, 181 und 8 C 23.09, DB 2011, 184.
205 BVerwG 25.8.2010, 8 C 23.09, DB 2011, 184.
206 Vom 2.12.2006 BGBl. I S. 2741.
207 Siehe auch *Berenz* in: Kemper/Kisters-Kölkes/Berenz/Huber, BetrAVG, § 10 Rdn. 36 ff.

(ca.80%) der beitragspflichtigen Arbeitgeber schon den Sonderbeitrag gezahlt.

451 Die Höhe des Beitrags ist abhängig von der Anzahl und dem Umfang der eingetretenen Insolvenzen. Für 2009 musste erstmals in der mehr als 35-jährigen Geschichte ein Beitragssatz von 14,2‰ erhoben werden. Dieser Umstand, aber auch die Tatsache, dass durch Auslagerung von Versorgungsverpflichtungen auf einen Pensionsfonds der Beitrag von 100% auf 20% vollkommen legitim gesenkt werden kann und dies auch von den Arbeitgebern genutzt wird, hat die Diskussion ausgelöst, ob ein geändertes Beitragserhebungsverfahren gesetzlich umgesetzt werden könnte, welches sich am Umfang des für die betriebliche Altersversorgung angesammelten Vermögens orientiert, wenn keine anderen Gläubiger hierauf zugreifen können.[208] Ob diese Diskussionen in eine Gesetzesinitiative einmünden, ist offen. Solange keine Gesetzesänderung erfolgt, ist das geltende Beitragserhebungsverfahren maßgeblich.

8. Anpassung

452 Leistungen der BAV werden erst gewährt, wenn der Begünstigte seine »Vorleistung«, die Betriebstreue, vollständig erbracht hat. In Anbetracht dieses zeitlichen Auseinanderklaffens von Arbeitnehmer- und Arbeitgeberleistung und des Umstandes, dass die Versorgungsleistungen üblicherweise über einen längeren Zeitraum gezahlt werden, kann es dazu kommen, dass Leistung und Gegenleistung inflationsbedingt nicht mehr äquivalent sind.[209] Eine Ausnahme gilt, wenn in dem Leistungsplan Wertsicherungs-, Spannenklauseln oder eine Anpassungsgarantie (§ 16 Abs. 3 Nr. 1 BetrAVG) aufgenommen werden. Ist dies nicht oder nicht in ausreichendem Umfang der Fall, schreibt § 16 Abs. 1 BetrAVG dem Arbeitgeber alle drei Jahre eine Anpassungsprüfungs- und -entscheidungspflicht bei laufenden Leistungen der BAV vor. Die Anpassungsentscheidung ist nach billigem Ermessen vorzunehmen. Dabei sind insbesondere die Belange des Versorgungsempfängers und die wirtschaftliche Lage des Arbeitgebers zu berücksichtigen.

---

208 *Gunkel* BetrAV 2009, 717; *ders.* BetrAV 2010, 501.
209 BAG 28.4.1992, 3 AZR 142/91, EzA § 16 BetrAVG Nr. 22 = DB 1992, 2401 und BAG 28.4.1992, 3 AZR 244/91, EzA § 16 BetrAVG Nr. 23 = DB 1992, 2402.

8. Anpassung

a) Prüfungsverpflichteter

Die Anpassungsprüfungs- und -entscheidungspflicht trifft den Arbeitgeber, bei dem der Versorgungsempfänger beschäftigt war und von dem er eine Rente erhält. Dies gilt auch bei mittelbaren Versorgungszusagen. Die Lebensversicherungsgesellschaft, die Pensionskasse, der Pensionsfonds oder die Unterstützungskasse sind nicht prüfungspflichtig. Auch dies zeigt das Bestehen eines arbeitsrechtlichen Grundverhältnisses mit einer Subsidiärverpflichtung des Arbeitgebers (§ 1 Abs. 1 S. 3 BetrAVG). Hat ein externer Versorgungsträger eine Anpassung vorgenommen, ist diese freiwillige oder vertraglich vorgesehene Anpassung auf die vom Arbeitgeber zu zahlende Erhöhung aus einer Pflichtanpassung anzurechnen.

453

Gehört ein Unternehmen zu einem Konzern, ist der konkrete Arbeitgeber und nicht die Konzernholding zur Anpassungsprüfung verpflichtet.[210]

454

Bei einer Gesamtrechtsnachfolge (z. B. Verschmelzung nach den Regeln des Umwandlungsgesetzes) ist die »neue Gesellschaft« Anpassungsschuldner. Wenn die Fusion zur Verbesserung der wirtschaftlichen Lage des Unternehmens führt, ist dies zu berücksichtigen.[211] Anders ist es bei einem Betriebsübergang gem. § 613a BGB.[212] Ist das Arbeitsverhältnis übergegangen und hieraus später eine Betriebsrente zu zahlen und ist dann die wirtschaftliche Lage des Erwerbers schlecht, ist eine Anpassung der laufenden Versorgungsleistungen nicht erforderlich, selbst wenn der Veräußerer wirtschaftlich erfolgreich ist.[213]

455

b) Prüfungstermin und Prüfungszeitraum

Die Prüfung hat alle drei Jahre stattzufinden. Die Frist beginnt beim Einsetzen der Leistung. Bei größeren Rentnerbeständen ist es möglich, zusammenfassend auf einen bestimmten Stichtag (**Anpassungsprü-**

456

---

210 Zum Prüfungsmaßstab im Konzern BAG 30.8.2005, 3 AZR 395/04, EzA § 16 BetrAVG Nr. 43 = BetrAV 2006, 290; BAG 26.10.2010, 3 AZR 502/08 und 3 AZR 503/08.
211 BAG 31.07.2007, 3 AZR 810/05, EzA § 16 BetrAVG Nr. 52 = DB 2008, 135.
212 Dazu siehe Rn. 747 ff.
213 BAG 21.2.2006, 3 AZR 216/05, EzA § 16 BetrAVG Nr. 45 = DB 2006, 895; BAG 25.04.2006, 3 AZR 50/05, EzA § 16 BetrAVG Nr. 49 = DB 2007, 580.

III. Betriebsrentengesetz

fungsstichtag) alle Versorgungsverpflichtungen, die in dem maßgeblichen Jahr zu prüfen sind, einheitlich zu prüfen (Bündelung der Prüfungen). Freiwillige Prüfungen verschieben nicht den gesetzlichen Prüfrhythmus. Freiwillig vorgenommene Anpassungen können bei einer Pflichtprüfung jedoch gegengerechnet werden.[214] Auch ist es möglich, alle Rentnerjahrgänge alle drei Jahre einheitlich zu prüfen, wenn die Rentner, die erst ein Jahr am Prüfungsstichtag eine Rente beziehen, zeitanteilig in die Anpassungsprüfung einbezogen werden.[215]

457 Der Prüfungszeitraum reicht vom Rentenbeginn bis zum jeweiligen Anpassungsstichtag, unabhängig vom Anpassungsmaßstab gem. § 16 Abs. 2 BetrAVG, also sowohl beim Verbraucherpreisindex als auch bei der Nettolohnentwicklung.[216]

c) Laufende Leistungen

458 Zu prüfen sind nur laufende Leistungen (Leibrenten, aber auch Zeitrenten), nicht Einmalleistungen (z. B. Kapitalbeträge). Aber auch ratenweise ausgezahlte Kapitalbeträge können der Anpassungsprüfung unterfallen, wenn die Zahlungen über mehr als einen Dreijahreszeitraum erfolgen, wobei umstritten ist, wann Ratenzahlungen in den Anwendungsbereich des § 16 BetrAVG fallen können.[217]

459 Keine Anpassungsprüfungspflicht besteht bei Auszahlungsplänen i. S. d. § 1 Abs. 1 Nr. 4 AltZertG. Die Zahlungen daraus sind keine laufenden Leistungen der BAV i. S. v. § 16 Abs. 1 BetrAVG, auch dann nicht, wenn ab dem 85. Lebensjahr eine Leibrente gezahlt wird (§ 16 Abs. 6 BetrAVG).

460 Die Anpassungsprüfungspflicht entfällt auch bei laufenden Leistungen aus einer Beitragszusage mit Mindestleistung, selbst wenn diese durch Entgeltumwandlung finanziert wurde (§ 16 Abs. 3 Nr. 3 BetrAVG).

---

214 BAG 28.4.1992, 3 AZR 356/91, EzA § 16 BetrAVG Nr. 24 = DB 1993, 282.
215 BAG 30.8.2005, 3 AZR 395/04, EzA § 16 BetrAVG Nr. 43 = DB 2006, 732; dazu im Einzelnen: *Huber* in: Kemper/Kisters-Kölkes/Berenz/Huber, BetrAVG, § 16 Rdn. 31 ff.
216 Einzelheiten hierzu: *Huber* in: Kemper/Kisters-Kölkes/Berenz/Huber, BetrAVG, § 28 ff.
217 *Huber* in Kemper/Kisters-Kölkes/Berenz/Huber, BetrAVG, Rdn. 7; *Höfer*, § 16 BetrAVG, Rdn. 5120 f.

8. Anpassung

Anpassungsprüfungen haben nur ab Entstehung des Versorgungsanspruchs (Leistungsbeginn) zu erfolgen. Statische Anwartschaften bleiben also möglich. In der Anwartschaftsphase ist § 16 BetrAVG nicht anzuwenden.[218] Europarechtliche Bestrebungen, für Anwartschaften eine Dynamik umzusetzen, sind bisher gescheitert.[219]

461

Beispiel:

Ist einem Arbeitnehmer im Alter von 30 Jahren ein Festbetrag von 200 € als Altersrente ab dem Pensionsalter von 65 Jahren zugesagt worden, muss der Arbeitgeber nicht nach dreijähriger Tätigkeit gem. § 16 BetrAVG in eine Anpassungsprüfung eintreten. Dies ist erst der Fall, wenn tatsächlich eine dreijährige Zahlung der Rente erfolgt ist.

d) Materielle Prüfungskriterien

Bei der Anpassungsprüfung und -entscheidung sind die Belange des Versorgungsempfängers und die wirtschaftliche Lage des Arbeitgebers abzuwägen.

462

- **Belange des Versorgungsempfängers**

Das BAG[220] hat die Belange des Versorgungsempfängers **definiert als Erhalt der Kaufkraftstabilität** der Versorgungsleistung, gemessen am Preisindex für die Lebenshaltung von 4-Personen-Haushalten von Arbeitern und Angestellten mit mittlerem Einkommen (heute: Verbraucherpreisindex) oder – wenn geringer – am Anstieg der Nettolöhne vergleichbarer Arbeitnehmergruppen des Unternehmens im Prüfungszeitraum (so seit 1999 § 16 Abs. 2 BetrAVG als gesetzliche Übernahme einiger der bisher von der Rechtsprechung entwickelten Kriterien). Dabei geht das BAG davon aus, dass die Anpassung der Betriebsrenten der Regelfall ist und die Nichtanpassung der Ausnahmefall.[221]

463

---

218 BAG 15.9.1977, 3 AZR 654/76, EzA § 16 BetrAVG Nr. 6 = DB 1977, 1903.
219 »Portabilitätsrichtlinie«; dazu z. B. BetrAV 2007, 368 und BetrAV 2005, 776.
220 BAG 23.4.1985, 3 AZR 156/83, EzA § 16 BetrAVG Nr. 16 = DB 1985, 1642; BAG 14.2.1989, 3 AZR 313/87, EzA § 16 BetrAVG Nr. 20 = DB 1989, 1422.
221 BAG 26.5.2009, 3 AZR 369/07, EzA § 16 BetrAVG Nr. 53 = DB 2009, 165.

III. Betriebsrentengesetz

464 Für die Bestimmung der Entwertungsrate ist für Zeiträume, die vor dem 1.1.2003 liegen, weiterhin auf den Preisindex für die Lebenshaltung von 4-Personen-Haushalten von Arbeitern und Angestellten mit mittlerem Einkommen abzustellen (§ 30c Abs. 4 BetrAVG). Für die Zeit ab dem 1.1.2003 ist der Verbraucherpreisindex für Deutschland maßgeblich, der die bisherige Maßgröße abgelöst hat.[222] Damit können zwei unterschiedliche Bewertungsansätze bei der Anpassungsprüfung zur Anwendung kommen. Es kann die Rückberechnungsmethode gewählt werden, bei der der aus dem Verbraucherindex zurückentwickelte Wert zugrunde gelegt wird. Es kann aber auch die Splittingmethode angewandt werden, bei der für die Zeit vor dem 1.1.2003 der Preisindex alter Art zugrunde gelegt wird, für die Zeit ab 2003 der Verbraucherpreisindex. Der Gesetzgeber ist von dieser letztgenannten Berechnungsmethode ausgegangen.[223] Diese Differenzierung nach der Splittingmethode ist nur von Bedeutung für laufende Leistungen, wenn die erstmalige Zahlung vor dem 1.1.2003 erfolgte. Bei z. B. einem Rentenbeginn in 2003 ist – nach Ablauf von drei Jahren – ausschließlich auf den Verbraucherpreisindex abzustellen. Die Rückberechnungsmethode bzw. die Splittingmethode ist nur noch dann von praktischer Bedeutung, wenn in der Vergangenheit keine oder keine vollständige Anpassung vorgenommen wurde. Erfolgte zu Recht aus wirtschaftlichen Gründen keine Anpassung, ist für seit dem 1.1.1999 unterbliebene Anpassungen § 16 Abs. 4 BetrAVG von Bedeutung. Insoweit kommt es dann nicht mehr auf die vorgenannten Berechnungsmethoden an. Es ist eine Anpassung nur für den letzten 3-Jahres-Zeitraum vorzunehmen.

465 Der Preisindex/Verbraucherpreisindex wird regelmäßig veröffentlicht, so dass unschwer nach diesen Maßgrößen der Anpassungsbedarf für den einzelnen Versorgungsempfänger zu ermitteln ist. Es ist auf den Preisindex bei Beginn der Leistung des jeweiligen Versorgungsempfängers abzustellen. Zugrunde zu legen ist der Index im Monat vor Rentenbeginn und im Monat vor dem Anpassungsprüfungsstichtag. Jahresdurchschnittswerte dürfen nicht angewandt werden.[224]

466 Die Ermittlung des Anpassungsbedarfs nach Maßgabe des Verbraucherpreisindexes richtet sich nach folgender Formel:

---

222 Art. 3 des Gesetzes zur Änderung von Fristen und Bezeichnungen im Neunten Buch Sozialgesetzbuch und zur Änderung anderer Gesetze, BGBl. I 2003 S. 462.
223 *Huber* in: Kemper/Kisters-Kölkes/Berenz/Huber, BetrAVG, § 16 Rdn. 40 ff.
224 BAG 30.8.2005, 3 AZR 395/04, EzA § 16 BetrAVG Nr. 43 = DB 2006, 732.

8. Anpassung

Index (Monat vor Prüfungsstichtag) / Index (Monat vor Rentenbeginn) − 1 X 100% = Teuerungsanstieg

Beispiel:

Rentenbeginn: 1.7.2006

Verbraucherpreisindex Juni 2006 = 101,7 Punkte

Prüfungsstichtag: 1.7.2009

Verbraucherpreisindex Juni 2009 = 107,1 Punkte

107,1 / 101,7 − 1 X 100% = 5,3%

Bei jedem Prüftermin kann der Arbeitgeber entscheiden, welche Anpassungsmethode – Preisindex / Verbraucherpreisindex einerseits oder Nettolohnentwicklung andererseits – er wählt. Dabei ist bei beiden Anpassungsmaßstäben grundsätzlich auf den Rentenbeginn abzustellen.[225] Eine Ausnahme gilt dann, wenn nach dem 31.12.1998 zu Recht eine Anpassung unterblieben ist. In diesem Fall ist nicht der Rentenbeginn maßgeblich, sondern der Verbraucherpreisindex des Monats vor dem letzten Anpassungsprüfungstermin.

467

Bei Prüfung nach der Nettolohnentwicklung ist eine Gruppenbildung bei den aktiven Arbeitnehmern vorzunehmen. Es sind Vergleichsgruppen zu bilden, wobei der Arbeitgeber einen Ermessensspielraum hat. So können z. B. die tarifvertraglich vergüteten Arbeitnehmer eine Gruppe bilden und die AT-Mitarbeiter eine andere Gruppe. Dabei kommt es nicht darauf an, wie sich die Nettovergütung des Versorgungsempfängers entwickelt hätte. Es sind in der Praxis handhabbare und sachgerechte Modelle anzuwenden, bei denen die gesetzlichen Vorgaben und die Grenzen billigen Ermessens zu berücksichtigen sind.[226] Auch eine konzernweit ermittelte einhcitliche Nettolohnentwicklung ist nicht verboten, wenn alle Konzernunternehmen – und nicht nur ausgewählte Konzernunternehmen – einbezogen werden.[227] Dies ist sachgerecht, wenn hierfür klare, verdienstbezogene Abgrenzungskriterien gewählt werden.

468

---

225 BAG 21.8.2001, 3 AZR 589/00, EzA § 16 BetrAVG Nr. 39 = DB 2002, 1331 und BAG 30.8.2005, 3 AZR 395/04, EzA § 16 BetrAVG Nr. 43 = DB 2006, 732.
226 BAG 30.5.2005, 3 AZR 395/04, EzA § 16 BetrAVG Nr. 43 = DB 2006, 732.
227 BAG 30.5.2005, 3 AZR 395/04, EzA § 16 BetrAVG Nr. 43 = DB 2006, 732.

III. Betriebsrentengesetz

> **Beispiel:**
>
> Außertarifliche Angestellte werden in einer Vergleichsgruppe zusammengefasst. Für einen anderen Versorgungsempfänger, der zu den leitenden Angestellten gehört hatte, wird auf die Nettolohnentwicklung der leitenden Angestellten abgestellt.

469 Bei der Berechnung der maßgeblichen Nettovergütungen sind Typisierungen und Generalisierungen zulässig. Es ist z. B. nicht notwendig, individuelle Steuer- und Beitragssätze zu ermitteln.[228]

470 In einer Zeit, in der in Unternehmen immer häufiger Umstrukturierungen vorgenommen werden, kann es passieren, dass es eine Vergleichsgruppe nicht mehr gibt, weil z. B. der Betriebsteil, in dem der Metalltarifvertrag anzuwenden war, zwischenzeitlich verkauft wurde. Ob in einem solchen Fall auf die Tariflohnentwicklung eines anderen Tarifbereiches abgestellt werden kann oder ob überhaupt nicht mehr auf die Nettolohnentwicklung vergleichbarer Arbeitnehmergruppen abgestellt werden kann, ist im Einzelfall zu prüfen und zu entscheiden.

- **Wirtschaftliche Lage des Arbeitgebers**

471 Der Arbeitgeber muss eine Anpassung nicht vornehmen, wenn seine wirtschaftliche Lage dem entgegensteht. Wirtschaftliche Lage ist **nicht** gleichzusetzen mit einer **wirtschaftlichen Notlage** im Sinne einer kurz bevorstehenden Insolvenz. Das BAG hat eine Vielzahl von Kriterien entwickelt, nach denen die wirtschaftliche Lage zu beurteilen ist. Entscheidend ist, dass die Substanz des Unternehmens erhalten bleibt und die Arbeitsplätze der aktiven Arbeitnehmer nicht durch eine Anpassung gefährdet werden. Die aktiven Mitarbeiter brauchen für die Betriebsrentner keine »Opfer« zu bringen, z. B. durch Entgeltverzicht oder geringere Entgelterhöhungen. Die »Anpassungslast« ist aus dem Wertzuwachs des Unternehmens und dessen Erträgen in der Zeit nach dem Anpassungsstichtag aufzubringen. Dies bedeutet auch, dass eine **angemessene Eigenkapitalverzinsung** gegeben sein muss. Die Eigenkapitalverzinsung ergibt sich aus einem Basiszins (Umlauf-

---

[228] Vgl. hierzu *Huber* in: Kemper/Kisters-Kölkes/Berenz/Huber, BetrAVG, § 16 Rdn. 49. Zu den Prüfungskriterien zur Nettolohnentwicklung bei Richtlinienverbänden (Bochumer und Essener Verband) BAG 20.5.2003, 3 AZR 179/02, NZA 2004, 944 und BAG 17.8.2004, 3 AZR 367/03, DB 2005, 732 = FA 2005, 153.

8. Anpassung

rendite öffentlicher Anleihen) und einem für alle operativen[229] Unternehmen einheitlichen Risikozuschlag von 2%-Punkten. Scheingewinne sind außer Acht zu lassen. Dies gilt auch für betriebswirtschaftlich überhöhte Abschreibungen.[230]

Bei der Berechnung der Eigenkapitalverzinsung ist der handelsrechtliche Eigenkapitalbegriff zugrunde zu legen.[231]   472

Wenn die um den Risikozuschlag erhöhte Eigenkapitalrendite nicht erreicht wird, ist keine Anpassung vorzunehmen.[232] Insbesondere scheidet eine Anpassung aus, wenn sie nur durch Eingriffe in die Vermögenssubstanz finanziert werden könnte. Keine Anpassung ist vorzunehmen, wenn in das Eigenkapital und in das Stammkapital durch Verluste eingegriffen wurde und erst durch neue Einlagen der Gesellschafter oder durch die Thesaurierung von künftigen Gewinnen neues Kapital gebildet und damit der Eigenkapitalverzehr beseitigt wird.[233] Erst nach Besserung der wirtschaftlichen Situation kann eine Anpassung wieder in Betracht kommen.   473

Der Arbeitgeber ist für eine der Anpassung entgegenstehende wirtschaftliche Lage darlegungs- und beweispflichtig. Geeignete Mittel hierfür sind **betriebswirtschaftliche Prognosen** über die weitere wirtschaftliche Entwicklung des Unternehmens. Aus den handelsrechtlichen Jahresabschlüssen ist die Berechnung der Eigenkapitalverzinsung und das erzielte Betriebsergebnis zu entnehmen sowie die wirtschaftliche Entwicklung des Unternehmens in den letzten fünf Jahren.[234] Besonderheiten gelten bei Prüfung der wirtschaftlichen Lage bei »Non-Profit«-Unternehmen, z. B. Gewerkschaften oder Arbeitgeberverbänden. Hier ist vorrangig auf die Mitglieder- und Beitragsentwicklung abzustellen.[235]   474

---

229 Kein Risikozuschlag bei »Rentnergesellschaft« nach Stilllegung des Unternehmens: BAG 9.11.1999, 3 AZR 420/98, EzA § 16 BetrAVG Nr. 33 = DB 2000, 1867.
230 BAG 17.4.1996, 3 AZR 56/95, EzA § 16 BetrAVG Nr. 30 – DB 1996, 2496; BAG 23.5.2000, 3 AZR 146/99, EzA § 16 BetrAVG Nr. 37 = DB 2001, 2255; BAG 18.2.2003, 3 AZR 172/02, EzA § 16 BetrAVG Nr. 42 = DB 2003, 2606.
231 § 266 Abs. 3 lit. a) HGB; BAG 23.5.2000, 3 AZR 146/99, EzA § 16 BetrAVG Nr. 37 = DB 2001, 2255. Dies gilt, jedenfalls für die Zeit vor Inkrafttreten des BilMoG: BAG 26.10.2010, 3 AZR 502/08 und 3 AZR 503/08.
232 Huber in: Kemper/Kisters-Kölkes/Berenz/Huber, BetrAVG, § 16 Rdn. 72.
233 BAG 23.1.2001, 3 AZR 287/00, EzA § 16 BetrAVG Nr. 38 = DB 2001, 2507.
234 BAG 23.5.2000, 3 AZR 146/99, EzA § 16 BetrAVG Nr. 37 = DB 2001, 2255; BAG 18.2.2003, 3 AZR 172/02, EzA § 16 BetrAVG Nr. 42 = DB 2003, 2606.
235 BAG 11.12.2001, 3 AZR 512/00, EzA § 1 BetrAVG Ablösung Nr. 33 = DB 2003, 293

III. Betriebsrentengesetz

475 Der Arbeitgeber kann in einem gerichtlichen Verfahren durch Ausschluss der Öffentlichkeit und durch Schweigegebote davor geschützt werden, dass Interna über seine wirtschaftliche Lage an die Öffentlichkeit dringen.[236]

476 Grundsätzlich kommt es auf die wirtschaftliche Lage des konkreten Arbeitgebers an, auch bei **Konzernen**. Hier konnte es nach der bisherigen Rechtsprechung des BAG aber einen »Berechnungsdurchgriff« geben, wenn die Konzernleitung in das konkrete Arbeitgeberunternehmen »hineinregiert« hat, z. B. durch Verrechnungspreise, und dadurch ein schlechtes wirtschaftliches Ergebnis verursacht wurde.[237] Möglicherweise hat das BAG mit Urteil vom 26.5.2009 eine Änderung der bisherigen Rechtsprechung eingeleitet, weil es dort heißt, dass bei einem beherrschten Unternehmen unwiderleglich vermutet wird, dass das herrschende Unternehmen bei der Ausübung seiner Leitungsmacht auf die Belange des abhängigen Unternehmens keine angemessene Rücksicht genommen hat.[238]

477 Geht es dem ehemaligen Arbeitgeber des Versorgungsempfängers (noch) gut, während sich die Muttergesellschaft am Anpassungsprüfungsstichtag bereits in wirtschaftlichen Schwierigkeiten befindet, kann dies auch für die prüfungspflichtige Tochtergesellschaft Auswirkungen auf ihre Leistungsfähigkeit haben.[239] Wird der Beherrschungsvertrag beendet, hat das herrschende Unternehmen das beherrschte Unternehmen so auszustatten, dass es eine Anpassung vornehmen kann. Ein Anspruch der Versorgungsempfänger auf Sicherheitsleistung besteht nicht.[240]

478 Hat die Muttergesellschaft im Rahmen des Sicherungsfalls »außergerichtlicher Vergleich« dem PSVaG gegenüber eine Patronatserklärung abgegeben, kann ein Betriebsrentner hieraus nicht ableiten, dass die Konzerntochter, bei der er zuletzt tätig war, eine Anpassung vorneh-

---

und 3 AZR 128/01, EzA § 1 BetrAVG Ablösung Nr. 32 = DB 2003, 214; BAG 13.12.2005, 3 AZR 217/05, BetrAV 2006, 484 = DB 2006, 1687.
236 BAG 23.4.1985, 3 AZR 548/82, EzA § 16 BetrAVG Nr. 17 = DB 1985, 1645.
237 BAG 4.10.1994, 3 AZR 910/93, EzA § 16 BetrAVG Nr. 28 = DB 1995, 528; BAG 23.10.1996, 3 AZR 514/95, EzA § 16 BetrAVG Nr. 31 = DB 1997, 1287.
238 BAG 26.5.2009, 3 AZR 369/07, EzA § 16 BetrAVG Nr. 53 = DB 2009, 2384.
239 BAG 10.2.2009, 3 AZR 727/07, EzA § 16 BetrAVG Nr. 54 = DB 2009, 2554.
240 BAG 26.5.2009, 3 AZR 369/07, EzA § 16 BetrAVG Nr. 53 = DB 2009, 2384.

men muss. Diese Erklärung vermittelt dem Versorgungsempfänger keine Rechte.²⁴¹

Hat ein Unternehmen seine Betriebstätigkeit eingestellt und wird es nur noch als Abwicklungsgesellschaft (**Rentnergesellschaft**) geführt, gelten die vorstehenden Ausführungen entsprechend. Auch ein Unternehmen, das keine operative Tätigkeit mehr ausübt, hat eine Anpassungsprüfung und -entscheidung vorzunehmen, selbst dann, wenn die Erben ein einzelkaufmännisches Geschäft des Erblassers nicht weiterführen.²⁴² 479

Auch für ein Unternehmen in der Abwicklung gilt, dass der Teuerungsausgleich aus den Erträgen und nicht aus der Substanz aufzubringen ist.²⁴³ 480

Die Schaffung einer Rentnergesellschaft durch Ausgliederungen nach dem Umwandlungsgesetz ist zulässig. Sie bedarf nicht der Zustimmung der Betriebsrentner und der bereits ausgeschiedenen Versorgungsanwärter. Der frühere Arbeitgeber muss die Rentnergesellschaft allerdings so finanziell ausstatten, dass Anpassungen nach § 16 Abs. 1 BetrAVG und die Zahlungen von Beiträgen zum PSVaG möglich sind. Eine unzureichende Ausstattung kann Schadensersatzansprüche der Versorgungsberechtigten gegen den früheren Arbeitgeber auslösen.²⁴⁴ 481

e) Nachholende Anpassung und Anpassungsstau

Zu Problemen kommt es, wenn ein Arbeitgeber wegen schlechter wirtschaftlicher Lage eine Anpassung unterlassen hat, jedoch bei einem späteren Anpassungstermin imstande ist, eine Anpassung – ggf. auch nur teilweise – wirtschaftlich zu verkraften. In dieser Situation stellt sich die Frage, ob er bei dem Folgeprüftermin nur den Kaufkraftverlust der letzten drei Jahre (Prüfzeitraum gem. § 16 Abs. 2 BetrAVG!) in seine Entscheidung einbeziehen muss oder den Kaufkraftverlust seit Beginn der Versorgungsleistung. 482

---

241 BAG 29.9.2010, 3 AZR 564/09, BB 2011, 113.
242 BAG 9.11.1999, 3 AZR 420/98, EzA § 16 BetrAVG Nr. 33 = DB 2000, 1867.
243 BAG 25.6.2002, 3 AZR 226/01, EzA § 16 BetrAVG Nr. 40 = DB 2003, 514; BAG 11.3.2008, 3 AZR 358/06, EzA § 4 BetrAVG Nr. 7 = DB 2008, 2369; zur Ausstattung einer Rentnergesellschaft: *Griebeling/Bepler* Gedenkschrift Blomeyer, S. 112.
244 BAG 11.3.2008, 3 AZR 358/06, EzA § 4 BetrAVG Nr. 7 = DB 2008, 2369.

III. Betriebsrentengesetz

• **Rechtsprechung**

483 Das BAG[245] war der Auffassung, ein Arbeitgeber habe bei den Folgeprüfterminen bei den Belangen des Versorgungsempfängers den Kaufkraftausgleich oder die Nettolohnsteigerung ab Rentenbeginn bei seiner Entscheidung zu berücksichtigen. Das bedeutet keine Nachzahlung für zu Recht unterbliebene Anpassungen bei früheren Prüfterminen. Aber für den aktuellen Prüftermin ist Prüfungskriterium bei den Belangen des Versorgungsempfängers immer die Kaufkraftentwicklung oder die Nettolohnentwicklung seit Rentenbeginn. Dies nennt das BAG **nachholende Anpassung**.

484 Die Rechtsprechung zur nachholenden Anpassung ist auf erhebliche Kritik gestoßen, verschiebt sie doch das Gleichgewicht der Prüfungskriterien in § 16 Abs. 1 BetrAVG. Die wirtschaftliche Lage des Arbeitgebers führt bei einem Prüftermin nicht zur endgültigen Erledigung des sog. **Anpassungsstaus**, sondern nur zu einem **»Stundungseffekt ohne Nachzahlungsverpflichtung«**.

485 War nach einer unterbliebenen Anpassung wegen des Anpassungsstaus nur eine Teilanpassung wirtschaftlich möglich, soll der Arbeitgeber eine Entscheidung nach billigem Ermessen treffen.

Beispiel:

Reicht das Anpassungsvolumen nicht aus, um alle Belange der Versorgungsempfänger zu erfüllen, steht es im pflichtgemäßen Ermessen des Arbeitgebers, über die Verteilung der vorhandenen Mittel zu entscheiden. Er kann allen Versorgungsempfängern anteilmäßig eine einheitliche Quote geben. Er kann primär ältere Versorgungslücken schließen oder er kann bei allen Versorgungsempfängern den aktuellen Bedarf der letzten drei Jahre befriedigen. Wird keine Entscheidung getroffen, wenden die Gerichte die letztgenannte Methode an.

• **Gesetzliche Regelung**

486 Der Gesetzgeber hat für **nach dem 1.1.1999** zu Recht unterbliebene Anpassungen (§ 30c Abs. 2 BetrAVG) die BAG-Rechtsprechung außer

---

245 BAG 28.4.1992, 3 AZR 142/91, EzA § 16 BetrAVG Nr. 22 = DB 1992, 2401; BAG 28.4.1992, 3 AZR 356/91, EzA § 16 BetrAVG Nr. 24 = DB 1993, 282.

8. Anpassung

Kraft gesetzt. § 16 Abs. 4 S. 1 BetrAVG schreibt vor, dass zu Recht unterbliebene Anpassungen zu einem späteren Zeitpunkt nicht nachzuholen sind. Eine Anpassung gilt gem. § 16 Abs. 4 S. 2 BetrAVG als zu Recht unterblieben, wenn der Arbeitgeber dem Versorgungsempfänger die wirtschaftliche Lage des Unternehmens schriftlich darlegt,[246] der Versorgungsempfänger nicht binnen drei Kalendermonaten nach Zugang der Mitteilung schriftlich widersprochen hat und er auf die Rechtsfolgen eines nicht fristgemäßen Widerspruchs hingewiesen wurde.

Die Sätze 1 und 2 des § 16 Abs. 4 BetrAVG sind getrennt voneinander zu sehen.[247] Satz 1 schließt **generell** die nachholende Anpassung aus. Dies ist **unabhängig** davon, ob der Arbeitgeber eine Anpassungsmitteilung im Sinne von Satz 2 gemacht hat. Satz 2 enthält lediglich eine gesetzliche Fiktion. Wählt der Arbeitgeber das Verfahren gem. Satz 2, so hat er Klarheit über den rechtlichen Bestand seiner Anpassungsentscheidung schon nach drei Monaten, wenn der Betriebsrentner keinen Widerspruch einlegt, vorausgesetzt, die gesetzlichen Vorgaben sind erfüllt, indem die Gründe für die Nichtanpassung dem Versorgungsempfänger »dargelegt« wurden, also ihm nicht nur lapidar mitgeteilt wurde, aus wirtschaftlichen Gründen werde keine Anpassung vorgenommen. Erfolgt keine oder keine qualifizierte Mitteilung oder wird Widerspruch eingelegt, so ist eine gerichtliche Überprüfung der Arbeitgeberentscheidung möglich. Dies kann zur »nachträglichen Anpassung« führen.[248] Der Arbeitgeber weiß dann erst nach Rechtskraft des Urteils, ob er die Anpassung zu Recht unterlassen hat. 487

Richtigerweise wird man nur dann von einer zu Recht unterbliebenen Anpassung sprechen können, wenn der Arbeitgeber **aus wirtschaftlichen Gründen** eine Anpassung nicht oder nicht in vollem Umfang vorgenommen hat. Ein sog. Anpassungsstau, der bei künftigen Prüfungsterminen auszugleichen ist, kann also nicht entstehen, wenn ein Arbeitgeber den Belangen des Versorgungsempfängers dadurch Rechnung trägt, dass er unabhängig von seiner wirtschaftlichen Lage zu den jeweiligen Prüfterminen eine Kaufkraftanpassung als Anpassungsbetrag gewährt. 488

---

246 Zu den Anforderungen *Huber* in: Kemper/Kisters-Kölkes/Berenz/Huber, BetrAVG, § 16 Rdn. 109.
247 *Küpper* in: Höfer, Neue Chancen für Betriebsrenten, S. 75, 87 ff.; a. A. wohl *Huber* in: Kemper/Kisters-Kölkes/Berenz/Huber, BetrAVG, § 16 Rdn. 107 ff.
248 Dazu siehe Rn. 489.

III. Betriebsrentengesetz

f) Nachträgliche Anpassung

489 Der Begriff der nachträglichen Anpassung ist unglücklich gewählt. Gemeint ist eine nachträgliche Überprüfung der Anpassungsentscheidung des Arbeitgebers durch die Gerichte. Mit der »nachträglichen Anpassung« hat das BAG[249] eine Art »**Verwirkungstatbestand**« zugunsten des Arbeitgebers geschaffen. Es soll vermieden werden, dass frühere Anpassungstermine in der Zukunft nachträglich noch »aufgerollt« werden können.

490 Hat der Arbeitgeber eine Anpassungsentscheidung getroffen, so hat diese nach Fristablauf streitbeendende Wirkung. Hat der Arbeitgeber die Entscheidung ausdrücklich dem Versorgungsempfänger mitgeteilt, so ist eine Überprüfung nicht mehr möglich, wenn nach drei Jahren der neue Prüfungstermin ansteht. Hat der Arbeitgeber eine Anpassungsmitteilung bei dem früheren Prüftermin unterlassen, so läuft die Dreijahresfrist erst ab dem nachfolgenden Prüftermin, so dass spätestens nach sechs Jahren (also beim übernächsten Prüftermin) eine Wiederaufrollung der alten Anpassungsentscheidung nicht mehr möglich ist. Dadurch tritt durch Zeitablauf eine streitbeendende Wirkung ein.[250]

g) Escape-Klauseln

- **Anpassungsgarantie**

491 Für Versorgungszusagen, die ab **dem 1.1.1999** erstmals erteilt worden sind oder werden (§ 30c Abs. 1 BetrAVG), kann eine Anpassungsprüfung und -entscheidung gem. § 16 Abs. 1 BetrAVG entfallen. Dies gilt dann, wenn in der Versorgungszusage eine Anpassungsgarantie von jährlich wenigstens 1% enthalten ist (§ 16 Abs. 3 Nr. 1 BetrAVG, **Escape-Klausel Nr. 1**). Von dieser Anpassungsgarantie kann in allen fünf Durchführungswegen Gebrauch gemacht werden, wenn eine Leistungszusage oder beitragsorientierte Leistungszusage erteilt wird.[251] Zu beachten ist, dass die Anpassungsgarantie auch dann erfüllt werden muss, wenn sich der Arbeitgeber in einer wirtschaftlichen Schief-

---

249 BAG 17.4.1996, 3 AZR 56/95, EzA § 16 BetrAVG Nr. 30 = DB 1996, 2496; BAG 21.8.2001, 3 AZR 589/00, EzA § 16 BetrAVG Nr. 39 = DB 2002, 1331.
250 BAG 10.2.2009, 3 AZR 610/07, DB 2010, 176 = FA 2010, 57.
251 Zur Beitragszusage mit Mindestleistung s. Rn. 460.

8. Anpassung

lage befindet, die eine Anpassung gem. § 16 Abs. 1 BetrAVG nicht erforderlich machen würde.

Ob entgegen dem eindeutigen Wortlaut des Gesetzes die Anpassungsprüfungspflicht durch eine einprozentige Anpassungsgarantie auch in Altzusagen (vor dem 1.1.1999 erteilt) oder gar in bereits laufende Rentenleistungen wirksam eingeführt werden kann, wird das BAG entscheiden müssen. 492

Zur Garantieanpassung bei einer betriebliche Altersversorgung aus Entgeltumwandlung vgl. Rn. 601 f. 493

- **Anpassung aus der Überschussbeteiligung**

In den Durchführungswegen Direktversicherung und Pensionskasse ist bei Rentenleistungen keine Anpassungsprüfung und -entscheidung gem. § 16 Abs. 1 BetrAVG vorzunehmen, wenn die ab Rentenbeginn anfallenden Überschussanteile zur Erhöhung der laufenden Leistungen verwendet werden (§ 16 Abs. 3 Nr. 2 BetrAVG, **Escape-Klausel Nr. 2**).[252] Dies gilt auch für Versorgungszusagen, die vor dem 1.1.1999 erteilt worden sind. Es kommt nicht darauf an, ob tatsächlich Überschüsse erzielt werden. Es genügt die »Chance« auf Überschüsse. Fallen keine Überschüsse an, lebt die Anpassungsprüfung und -entscheidungspflicht gem. § 16 Abs. 1 BetrAVG nicht wieder auf. 494

Die Escape-Klausel Nr. 2 gilt nicht für kongruent-rückgedeckte unmittelbare Versorgungszusagen und Unterstützungskassen, selbst wenn der Leistungsplan nur Leistungen entsprechend dem Versicherungsverlauf der Rückdeckungsversicherung vorsieht. Wird dem Versorgungsempfänger bei einer solchen Zusagegestaltung eine Anpassung aus der Überschussbeteiligung versprochen und bleibt diese hinter dem Teuerungsausgleich zurück, richtet sich der Differenzanspruch unmittelbar gegen den Arbeitgeber gem. § 16 Abs. 1 BetrAVG. 495

Zur Anpassung bei einer betrieblichen Altersversorgung aus Entgeltumwandlung vgl. Rn. 601 f. 496

- **Umsetzung**

Arbeitsrechtlich ist von Bedeutung, in welcher Weise die Verpflichtung des Arbeitgebers zur Anpassungsgarantie gem. § 16 Abs. 3 497

---

252 *Huber* in: Kemper / Kisters-Kölkes / Berenz / Huber, BetrAVG, § 16 Rdn. 102.

III. Betriebsrentengesetz

Nr. 1 BetrAVG begründet werden muss. Diese Verpflichtung muss Bestandteil der Versorgungszusage sein. Bei neu erteilten Versorgungszusagen ist eine entsprechende Regelung in den Leistungsplan aufzunehmen. Offen ist, ob der Arbeitgeber **einseitig** die Anpassungsgarantie, z. B. in eine bestehende Zusage durch einseitige Erklärung, hineinbringen kann oder ob hierzu das Einverständnis des Begünstigten erforderlich ist. Wenn eine Versorgungszusage von vornherein mit einer Anpassungsgarantie erteilt wird, ist dies für beide Seiten verbindlich. Nachträglich dürfte aber kein einseitiges Recht des Arbeitgebers bestehen, über eine Anpassungsgarantie seine Prüfungspflicht nach § 16 Abs. 1 BetrAVG einzuschränken.[253]

498 Probleme können bei der Abgrenzung von Alt- und Neuzusagen entstehen. Die Escape-Klausel Nr. 1 gilt im Gegensatz zur Escape-Klausel Nr. 2 nur für Neuzusagen ab 1999, d. h. für Versorgungszusagen, die ab diesem Zeitpunkt erstmals erteilt wurden und werden. Entscheidend ist damit der Zeitpunkt, in dem die Anwartschaft begründet wird. Dies ist die Einigung im Rahmen eines individuellen Vertrages oder das Entstehen von Anwartschaften aufgrund eines Kollektivvertrages. Eine Bestätigung einer schon bestehenden Zusage oder eines bestehenden Zahlungsanspruchs genügt nicht.[254] Wer in Erfüllung einer Rechtspflicht handelt, geht keine neue Verpflichtung ein. Folglich kann ein Arbeitgeber, der vor dem 1.1.1999 bereits eine Zusage erteilt hatte, nicht von der Escape-Klausel-Nr. 1 im Nachhinein Gebrauch machen. Werden den Arbeitnehmern und/oder Versorgungsempfängern derartige Anpassungen zugesagt, handelt es sich um freiwillige Anpassungen, die bei einer Anpassung gem. § 16 Abs. 1 BetrAVG gegengerechnet werden können.

499 Bei voneinander getrennten Zusagen ist zur Abgrenzung von Alt- und Neuzusagen im Rahmen des § 16 Abs. 3 Nr. 1 BetrAVG nicht unbedingt auf die Verhältnisse bei der Unverfallbarkeit abzustellen, also der Grundsatz der Einheit der Versorgungszusage anzuwenden.[255] Folglich können bei Versorgungszusagen, die voneinander getrennt sind, zwei unterschiedliche Anpassungsmethoden zur Anwendung kommen.

---

253 Zu Reformplänen insoweit *Drochner/Hill/Uebelhack* FS Kemper, S. 125.
254 BAG 24.3.1998, 3 AZR 778/96, EzA § 16 BetrAVG Nr. 32 = DB 1998, 1621.
255 Dazu *Kemper* FS Andresen, S. 463.

h) Beitragszusage mit Mindestleistung und Entgeltumwandlung

Für die Beitragszusage mit Mindestleistung (§ 1 Abs. 2 Nr. 2 BetrAVG) ist in § 16 Abs. 3 Nr. 3 BetrAVG bestimmt, dass **keine Anpassungsprüfungspflicht** besteht. Dies bedeutet, dass bei den Durchführungswegen **Direktversicherung, Pensionskasse** und **Pensionsfonds** die Verpflichtung zu einer Anpassung von laufenden Leistungen nicht besteht, wenn diese Leistungsstruktur für die Versorgungszusage gewählt wurde. Dies gilt gleichermaßen für eine arbeitgeberfinanzierte und für eine arbeitnehmerfinanzierte BAV (Entgeltumwandlung). 500

i) Entgeltumwandlung

Bei ab dem 1.1.2001 erteilten Entgeltumwandlungszusagen ist § 16 Abs. 5 BetrAVG zu beachten (vgl. auch § 30c Abs. 3 BetrAVG). Für diese Zusagen ist umstritten, ob bei einer Direktversicherungs- oder Pensionskassenzusage nur und immer die Überschüsse weitergegeben werden müssen oder ob auch eine Garantieanpassung zugesagt werden kann.[256] Die Gesetzesbegründung spricht für ein Wahlrecht des Arbeitgebers. Dies ergibt sich auch aus dem Sinn und Zweck der Vorschrift, da eine garantierte Anpassung für den Versorgungsempfänger günstiger sein kann als die Zuweisung der Überschüsse. 501

9. Verjährung

§ 18a BetrAVG ist die umfassende Verjährungsregel für die BAV.[257] Das **Rentenstammrecht** auf Leistungen aus der BAV verjährt in 30 Jahren. Entsprechendes gilt für einen Anspruch auf ein zugesagtes Kapital. 502

Laufende Rentenzahlungen und auch einzelne Anpassungsraten gem. § 16 BetrAVG unterliegen der dreijährigen Verjährungsfrist gem. § 195 BGB. Die Verjährungsfrist beginnt immer erst am Ende des Jahres zu laufen, in dem der Anspruch entstanden ist (§ 199 BGB). 503

In Tarifverträgen kann gem. § 17 Abs. 3 S. 1 BetrAVG von § 18a S. 1 BetrAVG abgewichen werden. Es kann folglich vereinbart werden, 504

---

256 Dazu *Huber* in: Kemper/Kisters-Kölkes/Berenz/Huber, BetrAVG, § 16 Rdn. 111.
257 BAG 12.6.2007, 3 AZR 186/06, EzA § 1 BetrAVG Nr. 90 = BB 2007, 2410.

III. Betriebsrentengesetz

dass statt der 30-Jahres-Frist eine kürzere oder längere Frist gilt. In der Praxis haben Verjährungsfragen aber bei Tarifverträgen keine Bedeutung.

IV. Anspruch auf betriebliche Altersversorgung durch Entgeltumwandlung[1]

Mit Wirkung ab dem 1.1.2002 haben alle Arbeitnehmer, die in der gesetzlichen Rentenversicherung pflichtversichert sind (§ 17 Abs. 1 S. 3 BetrAVG), einen **Anspruch auf BAV durch Entgeltumwandlung** gem. § 1a BetrAVG gegenüber ihrem Arbeitgeber.[2] Dieser kann die Geltendmachung des Anspruchs nicht verhindern (§ 17 Abs. 3 S. 3 BetrAVG). Vereinbarungen, die den Anspruch ausschließen oder einschränken, sind unzulässig, es sei denn, dies geschieht durch Tarifvertrag (§ 17 Abs. 3 S. 1 BetrAVG). Hierzu wird auf Rn. 553 ff. verwiesen.

505

Der Anspruch auf BAV durch Entgeltumwandlung ist mit einer steuerlichen Förderung verbunden. Es sollen die Reduzierungen, die in der gesetzlichen Rentenversicherung eingetreten sind bzw. eintreten werden, kompensiert werden.[3] Der Anspruch auf BAV durch Entgeltumwandlung führt damit nicht zu einer ergänzenden, sondern die Einbußen der gesetzlichen Rentenversicherung ersetzenden BAV.

506

Die steuerliche Förderung ist abhängig vom Durchführungsweg. Gefördert werden gem. § 3 Nr. 63 EStG die versicherungsförmigen Durchführungswege Direktversicherung, Pensionskasse und Pensionsfonds, indem 4 % der Jahres-BBG steuer- und sozialversicherungsfrei als Prämie an den Versorgungsträger gezahlt werden können, darüber hinaus steuerfrei weitere 1.800 €, wenn nach dem 31.12.2004 die Versorgungszusage erteilt wurde. Unmittelbare Versorgungszusagen und Zusagen mittels einer Unterstützungskasse werden durch die Bildung von Pensionsrückstellungen gem. § 6a EStG und durch in der Höhe unbegrenzte Zuwendungen i. R. v. § 4d EStG gefördert.

507

---

1 Der Anspruch auf BAV durch Entgeltumwandlung ist in den anderen Abschnitten häufig erwähnt. In diesem Abschnitt erfolgt dazu eine zusammenfassende Darstellung mit teilweisen Wiederholungen, aber auch Vertiefungen. Dies erscheint gerechtfertigt, da der Anspruch auf BAV durch Entgeltumwandlung einen Kernbereich der jüngeren Neuregelungen im BetrAVG darstellt.
2 Zur Entwicklung der BAV unter Berücksichtigung der Entgeltumwandlung *Sasdrich* BetrAV 2006, 111.
3 BT-Drs. 16/6539, S. 7.

IV. Anspruch auf betriebl. Altersversorgung durch Entgeltumwandlung

1. Verpflichtete Arbeitgeber

508 Alle Arbeitgeber sind verpflichtet, ihren Arbeitnehmern eine BAV durch Entgeltumwandlung zu ermöglichen, unabhängig von ihrer Größe oder Rechtsform. Auf die Anzahl der beschäftigten Arbeitnehmer kommt es nicht an. Ohne Bedeutung ist auch, ob der Arbeitgeber privatrechtlich oder öffentlich-rechtlich organisiert ist.[4] Ebenso ist ohne Bedeutung, ob es im Unternehmen einen Betriebsrat gibt oder nicht. Entscheidend ist allein, dass der einzelne Arbeitnehmer den Anspruch auf Entgeltumwandlung hat.

509 Gehört der Arbeitgeber zu einem Konzernverbund, richtet sich der Anspruch auf BAV durch Entgeltumwandlung gegen das Unternehmen, bei dem der Arbeitnehmer beschäftigt ist, nicht gegen die Konzernmutter. Deshalb kann in einem Konzern auf ganz unterschiedlichen Wegen dieses Recht umgesetzt werden.

510 Der Arbeitgeber kann sich der Verpflichtung zur Umsetzung einer Entgeltumwandlung nicht mit dem Argument entziehen, er würde durch Haftungsrisiken belastet. Diese sind durch die Wahl des Durchführungsweges Direktversicherung und Pensionskasse mit Sicherungsfonds einschränkbar. In diesen Durchführungswegen besteht auch keine PSVaG-Beitragspflicht.

511 Hinzu kommt, dass der Arbeitgeber sein Risiko auch dadurch begrenzen kann, dass er nur eine Altersleistung vorgibt, also eine Hinterbliebenen- und Invalidenversorgung ausschließt.[5] Zwar ist eine solche eingeschränkte Versorgung aus der Sicht des Arbeitnehmers nicht optimal, aber es steht dem Arbeitgeber frei, den Arbeitnehmer insoweit auf die private Vorsorge zu verweisen, wenn er dieses Risiko nicht tragen will.

512 Eine weitere Einschränkung der Haftungsrisiken ist über die Beitragszusage mit Mindestleistung möglich, da der Arbeitgeber nur für die Mindestleistung einzustehen hat. Wählt er bei dem Versorgungsträger ein sog. Hybridprodukt und garantiert damit der Versorgungsträger die Mindestleistung, ist sein Auffüllrisiko minimiert. Hinzu kommt,

---

4 EuGH 15.7.2010, C-271/08, BetrAV 2010, 571; kommunale Behörden und Betriebe sind zur europaweiten Ausschreibung bei einer BAV durch Entgeltumwandlung verpflichtet. Hierzu *Schwintowski/Orlieb* BetrAV 2010, 522.
5 BAG 12.6.2007, 3 AZR 14/06, EzA § 1a BetrAVG Nr. 2 = DB 2007, 2722; Verfassungsbeschwerde abgelehnt durch Beschluss vom 15.11.2007, 1 BvR 2664/07.

dass es bei dieser Zusageart keine Anpassung gem. § 16 BetrAVG gibt (Abs. 3 Nr. 3).

2. Berechtigte Arbeitnehmer

Jeder in der gesetzlichen Rentenversicherung **pflichtversicherte Arbeitnehmer** hat das Recht auf BAV durch Entgeltumwandlung (§ 17 Abs. 1 S. 3 BetrAVG). Er kann – muss aber nicht – sie von seinem Arbeitgeber verlangen. Es ist ohne Bedeutung, wie alt der Arbeitnehmer im Zeitpunkt der Entgeltumwandlung ist. Ein Höchstaufnahmealter,[6] wie es bei einer arbeitgeberfinanzierten BAV möglich ist,[7] ist nicht zulässig. Ebenso können Arbeitnehmer, die z. B. bei einer Gesundheitsprüfung eines Versicherers Probleme haben, nicht von einer BAV durch Entgeltumwandlung ausgeschlossen werden, weil der Arbeitgeber sein Risiko auf die Altersversorgung beschränken kann, bei der keine Gesundheitsprüfung erfolgt. 513

Ebenso wenig ist eine statusbezogene Ab- und Ausgrenzung möglich. Auch ist die Ausgestaltung des Arbeitsverhältnisses unbeachtlich. Den Anspruch auf BAV durch Entgeltumwandlung haben Vollzeitbeschäftigte, Teilzeitbeschäftigte, geringfügig Beschäftigte,[8] befristet Beschäftigte (z. B. Auszubildende) und auch arbeitnehmerähnliche Personen (z. B. Fremdgeschäftsführer einer GmbH, minderheitsbeteiligte GGF), wenn eine Pflichtversicherung in der gesetzlichen Rentenversicherung besteht. Unzulässig ist es auch, von dem Arbeitnehmer zu verlangen, dass er erst nach Ablauf der Probezeit seinen Anspruch geltend macht. 514

Keinen Anspruch auf Entgeltumwandlung haben Arbeitnehmer, die nicht in der gesetzlichen Rentenversicherung pflichtversichert sind. Damit sind Arbeitnehmer, die z. B. in einem berufständischen Versorgungswerk versichert sind, von dem Anspruch ausgeschlossen. Sie müssen keine Kürzung der gesetzlichen Rente hinnehmen. Sie können nur auf vertraglicher Grundlage mit dem Arbeitgeber eine BAV durch Entgeltumwandlung vereinbaren. Für diese gilt § 1a BetrAVG nicht. Dennoch sind die Umwandlungsbeträge sozialversicherungsfrei 515

---

6 Die Frage, ob solche bisher durch die Rechtsprechung anerkannten Regelungen wegen einer Altersdiskriminierung gegen das AGG verstoßen könnten, ist bisher nicht geklärt. Vgl. hierzu auch § 10 S. 3 Nr. 4 AGG.
7 Zum Höchstaufnahmealter und zur Altersdiskriminierung s. Rn. 183 ff.
8 Bei Verzicht auf die Versicherungsfreiheit gem. § 5 Abs. 2 S. 2 SGB VI.

IV. Anspruch auf betriebl. Altersversorgung durch Entgeltumwandlung

gem. § 15 SGB IV bzw. § 1 Abs. 1 Nr. 9 SeEV, weil diese Vorschriften auf § 1 Abs. 2 Nr. 3 BetrAVG und nicht auf § 1a BetrAVG verweisen.

516 Auch Arbeitnehmer, die im Ausland versichert sind, haben keinen Anspruch auf Entgeltumwandlung.

517 Die Arbeitnehmer im öffentlichen Dienst haben einen Anspruch auf BAV durch Entgeltumwandlung, da sie in der gesetzlichen Rentenversicherung pflichtversichert sind. Voraussetzung ist aber, dass entsprechende Tariföffnungen vorgenommen werden, wenn Arbeitgeber und Arbeitnehmer tarifgebunden sind und tarifgebundenes Entgelt umgewandelt werden soll. Die Tarifvertragsparteien der Kommunen (1.3.2003)[9] und der Länder (1.11.2006)[10] haben diese Möglichkeit geschaffen. Allerdings müssen die Kommunen und deren Einrichtungen eine europaweite Ausschreibung vornehmen.[11]

518 § 1 Abs. 2 Nr. 4 BetrAVG stellt klar, dass die Eigenbeiträge der Arbeitnehmer keine Entgeltumwandlung sind, wenn die Versorgungsleistungen im Umlageverfahren finanziert werden.

3. Verzicht auf künftiges Entgelt

519 Übt der Arbeitnehmer das Recht zur Entgeltumwandlung aus, kann er auf einmalig, wiederholt oder laufend zu zahlende Vergütungen verzichten. Voraussetzung ist allerdings, dass sich der Verzicht auf künftiges Entgelt bezieht. Diese Vorgabe ist aus steuerlichen Gründen zwingend, da Entgelt, welches bereits zugeflossen ist (§ 11 EStG), nicht mehr für eine BAV verwendet werden kann.

520 Wenn der Gesetzgeber von Entgeltumwandlung spricht, ist damit eine Vereinbarung zwischen dem Arbeitgeber und dem einzelnen Arbeitnehmer gemeint, die den bestehenden Arbeitsvertrag hinsichtlich der Vergütungsabrede abändert, indem der bestehende Vergütungsanspruch herabgesetzt wird. Der Arbeitnehmer verzichtet damit zugunsten einer BAV auf bereits vereinbarte Vergütungsbestandteile.

---

9 Hierzu *Langenbrinck* ZTR 2003, 426; *Hanau* DB 2004, 2266; *Rieble* BetrAV 2006, 240; *Anton* BetrAV 2006, 337.
10 Die Arbeiter und Angestellten des Bundes haben noch keine entsprechende Regelung.
11 EuGH 15.7.2010, C-271/08, BetrAV 2010, 571.

3. Verzicht auf künftiges Entgelt

Im Umwandlungszeitpunkt muss folglich eine Rechtsgrundlage für den betroffenen Anspruch bereits bestanden haben. Eine Chance auf einen höheren Verdienst reicht nicht aus.[12] Wird statt einer Gehaltserhöhung, auf die kein Anspruch besteht, eine BAV zugesagt, handelt es sich nicht um eine BAV durch Entgeltumwandlung, sondern um eine arbeitgeberfinanzierte BAV. Eine solche liegt auch dann vor, wenn im Vorfeld des Abschlusses eines Arbeitsvertrages statt einer Barvergütung eine BAV zugesagt wird. Auch Überstunden können für eine Entgeltumwandlung verwendet werden. Es muss dann aber auch eine Umwandlung vereinbart werden. Von selbst erfolgt keine Umwandlung.

521

Diese Abgrenzung zwischen arbeitgeber- und arbeitnehmerfinanzierter BAV ist von Bedeutung für die Unverfallbarkeit (Rn. 585 ff.), die Anpassung (Rn. 601 ff.) und die Insolvenzsicherung (Rn. 597 ff.). Sie ist nicht von Bedeutung für die Sozialversicherungsfreiheit, da diese dauerhaft besteht, wenn Entgelt im Rahmen der 4%-Grenze umgewandelt wird.[13]

522

Keine Entgeltumwandlung liegt vor, wenn der Arbeitnehmer sich mit Eigenbeiträgen an einem externen Versorgungsträger beteiligt. Solche Eigenbeiträge sind bei Pensionskassen üblich. Um für diese Eigenbeiträge den Arbeitnehmern die Riesterförderung zu ermöglichen, wurde § 1 Abs. 2 Nr. 4 BetrAVG zum 1.7.2002 in das Gesetz eingefügt. Dort sind Umfassungszusagen geregelt.

523

Eine Umfassungszusage liegt vor, wenn der Arbeitgeber ausdrücklich erklärt, dass die Leistungen der BAV, die durch Beiträge des Arbeitnehmers finanziert wurden, von seiner Versorgungszusage umfasst werden. Die Eigenbeträge gem. § 1 Abs. 2 Nr. 4 BetrAVG werden aus bereits zugeflossenem und versteuerten Arbeitsentgelt geleistet.[14] Auch eine konkludente Erklärung kann ausreichen. Interpretationsschwierigkeiten treten auf, wenn keine eindeutige Erklärung vorliegt.[15] Liegt eine Umfassungszusage vor, werden die durch den Arbeitnehmer finanzierten Leistungen der BAV wie Leistungen behandelt, die durch Entgeltumwandlung finanziert wurden. Allerdings müssen die Leis-

524

---

12 BAG 8.6.1999, 3 AZR 136/98, EzA § 1 BetrAVG Lebensversicherung Nr. 8 = DB 1999, 2069.
13 § 14 SGB IV, § 1 Nr. 9 SvEV.
14 Dazu BMF-Schreiben vom 31.3.2010, Rdn. 254 (Anhang).
15 *Huber* in: Kemper/Kisters-Kölkes/Berenz/Huber, BetrAVG, § 1 Rdn. 528.

IV. Anspruch auf betriebl. Altersversorgung durch Entgeltumwandlung

tungen im Wege der Kapitaldeckung finanziert werden. Dies bedeutet, dass bei umlagefinanzierten BAV-Leistungen diese Vorschrift keine Förderung ermöglicht.

4. Art und Gestaltung der Entgeltumwandlung

525 Wird auf Entgelt verzichtet, das der Arbeitnehmer regelmäßig bezieht, kann der Arbeitgeber verlangen, dass während eines laufenden Kalenderjahres gleich bleibende monatliche Beträge verwendet werden. Diese Regelung soll den Verwaltungsaufwand für den Arbeitgeber begrenzen. Allerdings ist dies nur eingeschränkt möglich, da von Jahr zu Jahr eine neue Entscheidung von dem Arbeitnehmer getroffen werden kann (§ 1a Abs. 1 S. 4 und 5 BetrAVG). Die jährliche Neuentscheidung erstreckt sich auf das »Ob« der Entgeltumwandlung und auf die Höhe des Umwandlungsbetrages. Der Arbeitnehmer kann in einem Jahr auf monatlich 100 € und im folgenden Jahr auf monatlich 0 € und im darauf folgenden Jahr auf monatlich 90 € verzichten.

526 Wenn der Gesetzgeber dem Arbeitnehmer nur eine Bindung von einem Jahr bei einem Verzicht auf die regelmäßigen Bezüge vorschreibt, ergibt sich für Verzichte auf Einmalzahlungen überhaupt keine Einschränkung. Hier kann dem Arbeitnehmer keine Bindung vorgegeben werden (Ausnahme: Tarifvertrag).

527 Ist die Entgeltumwandlung unbefristet vereinbart worden, hat der Arbeitnehmer jederzeit die Möglichkeit, diese mit sofortiger Wirkung – bei regelmäßigen Bezügen zum Ende des Kalenderjahres – zu ändern, indem er seine frühere Entscheidung widerruft. Der Arbeitgeber hat kein Recht, die vom Arbeitnehmer getroffene Vereinbarung seinerseits zu beenden.[16] Dies würde der Intention des Gesetzgebers widersprechen, der eine Ausweitung der betrieblichen Altersversorgung erreichen will. Deshalb muss dem Arbeitnehmer auch die Flexibilität bei seinen Entscheidungen zustehen.

528 Es muss auf künftiges Entgelt verzichtet werden.[17] Der Begriff des »künftigen Entgelts« wird weder in § 1 Abs. 2 Nr. 3 BetrAVG noch in § 1a Abs. 1 S. 1 BetrAVG präzisiert. Wird das laufend monatlich zu zahlende Arbeitsentgelt herabgesetzt, darf der Entgeltanspruch zum Zeit-

---

16 *Blomeyer/Rolfs/Otto* § 1a Rdn. 30.
17 Zur steuerlichen Behandlung s. BMF-Schreiben vom 31.3.2010, Rdn. 255 ff. (Anhang).

4. Art und Gestaltung der Entgeltumwandlung

punkt der Änderungsvereinbarung dem Grunde nach rechtlich noch nicht entstanden sein. Der Verzicht auf **laufendes Entgelt** sollte deshalb bis zum Ablauf des Vormonats für den folgenden Monat oder die folgenden Monate erklärt werden. Die Finanzverwaltung stellt aus Vereinfachungsgründen, aber auch, um die Entgeltumwandlung zu fördern, nicht auf die Anspruchsentstehung ab, sondern auf die Fälligkeit.[18]

> **Beispiel:**
>
> Der Arbeitnehmer teilt dem Arbeitgeber am 15.5. eines Jahres mit, dass ab Juni seine monatlichen Bezüge um 100 € gekürzt und für BAV verwendet werden sollen. Bei einer Fälligkeit am 31.5. ist eine Umwandlung am 30.5. nicht praktikabel, weil die Zahlungsanweisung bereits erfolgt ist.

Bei einer solchen Gestaltung ist es unschädlich, wenn das bisherige ungekürzte Entgelt Bemessungsgrundlage für die arbeitgeberfinanzierte BAV oder andere Arbeitgeberleistungen bleibt (Schattengehalt).[19] Vielmehr ist es sogar aus Gründen der Gleichbehandlung zwingend erforderlich, die ursprüngliche Bemessungsgrundlage fortzuführen, da sich ansonsten Arbeitnehmer, die Vorsorge betreiben, schlechter stehen würden als Arbeitnehmer, die keine Vorsorge betreiben.[20] Einen sachlichen Grund für eine solche Schlechterstellung gibt es nicht. Es kann nicht sein, dass ein Arbeitnehmer, der eine Entgeltumwandlung verlangt und sein Gehalt von 2.000 € auf 1.900 € herabsetzt, statt einer Gehaltserhöhung von 2% nur 3,60 € statt 4,00 € erhält. 529

Werden Einmal- oder Sonderzahlungen für die BAV aus Entgeltumwandlung verwendet, können auch bereits erdiente, aber noch nicht fällig gewordene Vergütungsbestandteile in die Vereinbarung eingeschlossen werden, mit der die Bezüge herabgesetzt werden. 530

> **Beispiel:**
>
> Im Mai wird vereinbart, dass das für das gesamte Jahr zu zahlende Weihnachtsgeld für die BAV verwendet werden soll. Das Weih-

---

18 BMF-Schreiben vom 31.3.2010, Rdn. 256 (Anhang).
19 BMF-Schreiben vom 31.3.2010, Rdn. 257 (Anhang).
20 BMF-Schreiben vom 31.3.2010, Rdn. 257 (Anhang); *Reinecke* DB 2006, 555.

IV. Anspruch auf betriebl. Altersversorgung durch Entgeltumwandlung

nachtsgeld kann in voller Höhe (und nicht nur zu 7/12) umgewandelt werden.

531 Für Tantiemen, Gewinn- und Erfolgsprämien gilt das Vorstehende entsprechend. Es kann die Gehaltsänderungsvereinbarung bis zur Fälligkeit abgeschlossen werden.[21]

Beispiel:

Für das Jahr 2010 wird eine Tantieme gezahlt, die im Mai 2011 fällig und ausgezahlt werden soll. Die Umwandlungsvereinbarung sollte spätestens bis April 2011 getroffen sein.

532 Umgewandelt werden kann das individuell vereinbarte Entgelt.[22] Zu tariflichen Entgeltansprüchen vgl. Rn. 573 ff.

533 Die Entgeltumwandlung kann maximal 4% der jeweiligen Beitragsbemessungsgrenze in der allgemeinen Rentenversicherung (West)[23] betragen, unabhängig davon, wie viel der Arbeitnehmer tatsächlich verdient (2011: 2.640 €). Das gilt auch für Arbeitnehmer in den neuen Bundesländern. Allerdings muss der Arbeitnehmer mindestens 1/160 der Bezugsgröße gem. § 18 SGB IV umwandeln, wenn der Arbeitgeber darauf besteht. Der Mindestverzicht beträgt damit im Jahr 2011 191,63 € in den alten Bundesländern jährlich. Auf einen Mindestbetrag der Entgeltumwandlung kann der Arbeitgeber verzichten.

534 Bei dem Höchstbetrag von 4% handelt es sich um einen Jahresbetrag. Begründet ein Arbeitnehmer während eines Kalenderjahres ein Arbeitsverhältnis, steht ihm gegenüber seinem neuen Arbeitgeber der volle Entgeltumwandlungsanspruch zu, auch wenn er ihn bei seinem Vorarbeitgeber schon ausgeschöpft hatte. Eine zeitanteilige Kürzung ist nicht zulässig.[24]

535 Im Einvernehmen zwischen Arbeitgeber und Arbeitnehmer können auch mehr als 4% der Beitragsbemessungsgrenze umgewandelt werden. Dabei sollten jedoch Einschränkungen beim gesetzlichen Insol-

---

21 BMF-Schreiben vom 31.3.2010, Rdn. 256 (Anhang).
22 Zur Einbringung von Arbeitszeitkonten in eine BAV vgl. BMF-Schreiben vom 17.6.2009, BStBl. I 2009, S. 1286 ff; hierzu auch Flexi II-Gesetz vom 21.12.2008, BGBl. I S. 2940.
23 BMF-Schreiben vom 31.3.2010, Rdn. 268 (Anhang).
24 BMF-Schreiben vom 31.3.2010, Rdn. 268 (Anhang).

5. Entscheidungsfreiheit des Arbeitnehmers

venzschutz[25] und steuerliche Beschränkungen berücksichtigt werden. Neben den schon genannten 4% der Jahres-BBG können in den Durchführungswegen Direktversicherung, Pensionskasse und Pensionsfonds steuerlich weitere 1.800 € jährlich umgewandelt werden, wenn die Zusage ab dem 1.1.2005 erteilt wurde. Dieser Erhöhungsbetrag ist bei der Entgeltumwandlung in der Sozialversicherung beitragspflichtig.

Wird die Entgeltumwandlung eingestellt, weil das Arbeitsverhältnis ruht (Krankheit, Elternzeit u. a.), sind zwei gesetzliche Besonderheiten zu beachten. Solche Arbeitnehmer haben nach § 1a Abs. 4 BetrAVG zunächst das Recht, während des ruhenden Arbeitsverhältnisses die Versicherung oder Versorgung in den versicherungsförmigen Durchführungswegen fortzusetzen.[26] Da sie tatsächlich kein Arbeitsentgelt beziehen, ist eine »Entgeltumwandlung« nicht mehr möglich. Die Zahlung der Beiträge kann nur aus dem privaten Vermögen erfolgen. Dennoch werden – systemwidrig – die Leistungen aus diesen Beiträgen vom BetrAVG erfasst, weil der Gesetzgeber dies so in § 1a Abs. 4 BetrAVG angeordnet hat. Die Fortführung der Beitragszahlungen kann sinnvoll sein, um den Versicherungsschutz aufrechtzuerhalten. Seit dem 1.1.2008 sind die Rechte der Arbeitnehmer erweitert worden. Wird nach einer Elternzeit – nicht, wenn das Arbeitsverhältnis aus anderen Gründen ruht – das Arbeitsverhältnis fortgesetzt und ist die Versicherung[27] zuvor beitragsfrei gestellt worden, hat der Arbeitnehmer das Recht, die Versicherung mit den bisherigen Tarifen fortzusetzen. Dies gilt allerdings nicht für eine Berufsunfähigkeitsversicherung (§ 212 VVG).

536

5. Entscheidungsfreiheit des Arbeitnehmers

Ausschließlich der Arbeitnehmer entscheidet, ob er seinen Anspruch auf Entgeltumwandlung geltend macht. Er kann weder durch eine Betriebsvereinbarung noch durch einen Tarifvertrag[28] zur Entgeltumwandlung gezwungen werden.

537

---

25 Siehe Rn. 597 ff.
26 Keine Informationspflichten, so *Vogel/Vieweg* BetrAV 2006, 43; *Doetsch* BetrAV 2008, 21.
27 Nur Pensionskasse und Direktversicherung, nicht Pensionsfonds und auch nicht rückgedeckte Unterstützungskasse.
28 *Blomeyer* DB 2001, 1413; *Kannegiesser* BetrAV 2001, 421.

IV. Anspruch auf betriebl. Altersversorgung durch Entgeltumwandlung

538 In Kollektivverträgen können aber Anreize für eine Entgeltumwandlung gegeben werden, indem z. B. einen arbeitgeberfinanzierten Zuschuss nur solche Arbeitnehmer erhalten, die zugunsten einer BAV auf Entgelt verzichten. Mit einer solchen »Anschubfinanzierung« wird nicht gegen den Gleichbehandlungsgrundsatz verstoßen, da jeder Arbeitnehmer sie erhalten kann. Es ist erklärtes Ziel des Gesetzgebers, dass immer mehr Arbeitnehmer eine BAV durch Entgeltumwandlung aufbauen. Dies wird durch eine »Anschubfinanzierung« unterstützt.[29]

539 Bei sog. Opting out-Modellen wird dem Arbeitnehmer bereits bei Beginn des Arbeitsverhältnisses eine betriebliche Altersversorgung durch Entgeltumwandlung nahe gelegt, indem er in ein solches Versorgungssystem automatisch einbezogen wird, jederzeit aber die Möglichkeit z. B. nach einer Überlegensfrist hat, sich gegen eine Entgeltumwandlung zu entscheiden. Derartige Modelle sind zulässig und i. d. R. auch wünschenswert, werden doch gerade jüngere Arbeitnehmer in die BAV einbezogen, die besonders hart durch die Einschränkungen in der gesetzlichen Rentenversicherung betroffen sind. Diese Arbeitnehmer haben zudem i. d. R. auch ihre gesetzliche Rente voll zu versteuern (§ 22 EStG), sodass auch hierdurch der Versorgungsbedarf steigt. Deshalb kann eine solche Vorgehensweise durchaus sinnvoll sein, denn neuere Untersuchungen haben gezeigt, dass gerade bei jüngeren Arbeitnehmern das Versorgungsbewusstsein noch sehr eingeschränkt ist.

6. Zusagegestaltung

540 Für eine BAV aus Entgeltumwandlung kann eine Leistungszusage, eine beitragsorientierte Leistungszusage oder eine Beitragszusage mit Mindestleistung in Betracht kommen. Es besteht Gestaltungsfreiheit, allerdings ist eine wertgleiche Zusage zu erteilen (§ 1 Abs. 2 Nr. 3 BetrAVG).

541 Wie die Wertgleichheit zu bemessen ist, ist im Gesetz nicht geregelt.[30] Ob eine versicherungsmathematische Wertgleichheit zu fordern ist

---

29 Dazu *Kemper* in: Kemper/Kisters-Kölkes/Berenz/Huber, BetrAVG, § 1 Rdn. 168.
30 BAG 15.9.2009, 3 AZR 17/09, EzA § 1b BetrAVG Entgeltumwandlung Nr. 1 = DB 2010, 61.

6. Zusagegestaltung

oder ob auch andere Bemessungsfaktoren angewandt werden können, ist offen.[31]

Die Frage nach der Wertgleichheit ist insbesondere dann von Bedeutung, wenn Verwaltungskosten[32] entstehen und diese vom Arbeitnehmer getragen werden sollen. Aber auch Kosten der Insolvenzsicherung, sollen sie auf die Arbeitnehmer abgewälzt werden, berühren die Wertgleichheit. Mit Urteil vom 15.9.2009[33] hat das BAG jedenfalls für die Direktversicherung und Pensionskassen[34] entschieden, dass die in diesem Zusammenhang entstehenden Kosten wirtschaftlich vom Arbeitnehmer zu tragen sind.

542

Umstritten war, ob bei einer versicherungsförmigen Umsetzung des Versorgungsversprechens gezillmerte Tarife zulässig sind. Für Versorgungszusagen, die ab dem 1.1.2008 erteilt werden, hat der Gesetzgeber in § 2 Abs. 2 und Abs. 3 BetrAVG einen Verweis auf § 169 Abs. 3 und 4 VVG aufgenommen, um die Höhe der beitragsfreien Leistung bei Anwendung der versicherungsförmigen Lösung zu bestimmen, ohne zwischen einer arbeitgeber- oder arbeitnehmerfinanzierten BAV zu unterscheiden. Da in § 169 Abs. 3 VVG die Höhe des Rückkaufswertes dahingehend bestimmt wird, dass die Abschluss- und Vertriebskosten mindestens über 5 Jahre zu verteilen sind, ist damit auch für die BAV aus Entgeltumwandlung vorgegeben, dass dieser Rückkaufswert

543

---

31 Zur Wertgleichheit: *Huber* in: Kemper/Kisters-Kölkes/Berenz/Huber, BetrAVG, § 1 Rdn. 485 ff.; *Schwintowski* BetrAV 2004, 242; *Hartsoe* BetrAV 2005, 629; *Reinecke* DB 2006, 555; *ders.* RdA 2005, 129.
32 Dazu *Huber* in: Kemper/Kisters-Kölkes/Berenz/Huber, BetrAVG, § 1 Rdn. 416 f.; *Vogel/Viewg* BetrAV 2006, 43.
33 BAG 15.9.2009, 3 AZR 17/09, EzA § 1b BetrAVG Entgeltumwandlung Nr. 1 = DB 2010, 61.
34 Der entschiedene Fall betraf eine Pensionskassenzusage. In den Entscheidungsgründen wird aber auch die Direktversicherung angesprochen, so dass die Aussagen des Gerichts auf jeden Fall für diese beiden Durchführungswege gelten. Ob sie auch auf andere versicherungsmäßig geprägte Durchführungsformen übertragen werden können, ist offen (z. B. rückgedeckte Unterstützungskassen- oder Pensionsfondszusagen, bei denen die Leistung aus dem Versicherungsvertrag abgeleitet wird oder auch unmittelbare Versorgungszusagen, deren Leistung sich aus einem Rückdeckungsversicherungsvertrag ergibt). Bei anderen Zusagegestaltungen, insbesondere Kapitalansammlungsmodellen ohne oder mit nur einer geringen Verzinsung, bei denen den Arbeitnehmern z. B. die Kosten einer Wertpapieranlage und/oder einer Treuhandlösung direkt oder indirekt »in Rechnung gestellt« werden, bleibt die weitere Entwicklung der Rechtsprechung abzuwarten. Denn die betriebswirtschaftlichen Vorteile, die z. B. mit einer unmittelbaren Versorgungszusage und der Bildung von Pensionsrückstellungen verbunden sind, können nicht unberücksichtigt bleiben.

IV. Anspruch auf betriebl. Altersversorgung durch Entgeltumwandlung

maßgeblich ist. Diese Wertung hat das BAG[35] übernommen, obwohl dies im konkreten Fall nicht entscheidungserheblich war. Als Obergrenze für einen etwaigen »Auffüllanspruch« sieht es den »Rückkaufswert« gem. § 169 VVG.

544 Für vor dem 1.1.2008 erteilte Versorgungszusagen will das BAG die vorstehend genannten Maßstäbe entsprechend anwenden. Auch wenn für einen etwaigen »Auffüllanspruch« § 169 VVG nicht gelte, seien nicht die vom BGH für private Lebensversicherungen entwickelten Maßgrößen anzuwenden, sondern versorgungsspezifische Grundsätze. Hier habe der Gesetzgeber mit § 1 Abs. 1 Nr. 8 AltZertG bereits für die Zeit vor dem 1.1.2008 die Verteilung der Abschlusskosten über fünf Jahre vorgegeben und damit dem Versorgungscharakter Rechnung getragen. Auch wenn dies erst für die Zeit ab dem 1.1.2005 gelte, spreche viel dafür, dies auf Versicherungsabschlüsse vor dem 1.1.2005 zu übertragen.

545 Das Prinzip der Wertgleichheit ist auch für die Tarifvertragsparteien verbindlich. § 1 Abs. 2 Nr. 3 BetrAVG ist nicht tarifdispositiv (§ 17 Abs. 3 S. 1 BetrAVG).

546 Die Entgeltumwandlungszusage kann Altersleistungen, Invaliditäts- und/oder Hinterbliebenenleistungen vorsehen, wobei der Begriff der Hinterbliebenen ebenso vorgegeben ist wie bei einer arbeitgeberfinanzierten BAV (Rn. 37). Dies bedeutet, dass gerade auch bei der Entgeltumwandlung eine Vererbbarkeit ausgeschlossen ist und ausgeschlossen sein muss.[36] Auch wenn beim Tod des Arbeitnehmers mangels versorgungsberechtigter Hinterbliebener die Hinterbliebenenleistung ersatzlos verfällt, verstößt dies nicht gegen die Wertgleichheit.[37] Allerdings ist der Arbeitgeber nicht verpflichtet, überhaupt eine Hinterbliebenen- und/oder Invaliditätsversorgung zuzusagen. Er kann sich auf eine Altersleistung beschränken.[38]

547 Soweit Tarifverträge zu beachten sind, kann die Gestaltungsfreiheit eingeschränkt sein. Es kann im Tarifvertrag geregelt sein, dass alle

---

35 BAG 15.9.2009, 3 AZR 17/09, EzA § 1b BetrAVG Nr. 1 = DB 2010, 61.
36 BMF-Schreiben vom 31.3.2010, Rdn. 247 ff. (Anhang); auch BAG 19.1.2010, 3 AZR 42/08, EzA § 17 BetrAVG Nr. 11 = DB 2010, 1769.
37 BAG 18.11.2008, 3 AZR 277/07, EzA § 1 BetrAVG Hinterbliebenenversorgung Nr 13 = DB 2009, 294.
38 BAG 12.6.2007, 3 AZR 14/06, EzA § 1a BetrAVG Nr. 2 = DB 2007, 2722.

drei Leistungsarten abgedeckt sein müssen, es können aber auch Wahlrechte eingeräumt sein.

Beim Pensionsfonds ist allerdings, unabhängig von tariflichen Vorgaben, schon durch den Gesetzgeber die Gestaltungsfreiheit eingeschränkt. Ein Pensionsfonds muss eine lebenslange Altersrente auszahlen, ohne dass ein Kapitalwahlrecht eingeräumt werden kann.[39] Alternativ kommt auch ein Auszahlungsplan,[40] ggf. mit einer Teilkapitalisierung, in Betracht. Invaliditäts- und Hinterbliebenenleistungen sind fakultativ. 548

Unabhängig von der Art der Finanzierung einer BAV, also auch für die Entgeltumwandlung, hat der Gesetzgeber für die Durchführungswege Direktversicherung, Pensionskasse und Pensionsfonds eine Beschränkung der Gestaltungsfreiheit vorgenommen. Diese ergibt sich nicht aus den arbeitsrechtlichen, sondern aus den steuerlichen Rahmenbedingungen. § 3 Nr. 63 EStG, der die Zahlung eines Beitrages in Höhe von bis zu 4% der BBG lohnsteuerfrei stellt, wurde mit Wirkung ab dem 1.1.2005 dahingehend geändert, dass nur dann Lohnsteuerfreiheit besteht, wenn eine laufende Leistung der BAV finanziert wird. Dies sind lebenslängliche Renten, Auszahlungspläne und bei Waisen bzw. bei Invalidität Zeitrenten. Ein Kapitalwahlrecht ist bei der Direktversicherung und bei der Pensionskasse möglich.[41] 549

7. Durchführung des Anspruchs

Grundsätzlich können **alle Durchführungswege** für eine BAV aus Entgeltumwandlung genutzt werden. 550

a) Vereinbarung

Wird das Recht auf Entgeltumwandlung ausgeübt, können sich Arbeitgeber und Arbeitnehmer durch eine **Einzelvereinbarung** über den Durchführungsweg einigen (§ 1a Abs. 1 S. 2 BetrAVG). Im Rahmen dieser Einigung können alle fünf Durchführungswege der betrieb- 551

---

39 § 112 VAG.
40 Vgl. Rn. 177.
41 Dazu im Einzelnen BMF-Schreiben vom 31.3.2010, Rdn. 263 ff. (Anhang).

IV. Anspruch auf betriebl. Altersversorgung durch Entgeltumwandlung

lichen Altersversorgung genutzt werden.[42] Verständigen sich Arbeitgeber und Arbeitnehmer auf die Durchführungswege unmittelbare Versorgungszusage und/oder Unterstützungskasse, verzichtet damit der Arbeitnehmer auf eine steuerliche Förderung nach den §§ 10a, 82 Abs. 2 EStG (§ 1a Abs. 3 BetrAVG) und auf einen Mitnahmeanspruch gem. § 4 Abs. 3 BetrAVG, den er hätte, wenn er den Abschluss einer Direktversicherung verlangen würde.

552 Eine Vereinbarung kann auch eine **Betriebsvereinbarung** sein. Die Betriebsvereinbarung regelt den Rahmen für die Entgeltumwandlung. Sie wird üblicherweise ergänzt durch die Erklärung des einzelnen Arbeitnehmers, eine Entgeltumwandlung nach Maßgabe dieser Betriebsvereinbarung vornehmen zu wollen. Es handelt sich um eine freiwillige, nicht über ein Einigungsstellenverfahren erzwingbare Betriebsvereinbarung. Auch bei einer Betriebsvereinbarung sind alle 5 Durchführungswege möglich.[43]

553 Auch ein **Tarifvertrag** kann die Durchführung des Anspruchs auf Entgeltumwandlung regeln (§ 17 Abs. 3 S. 1 BetrAVG). Der Tarifvertrag kann ergänzende Betriebsvereinbarungen zulassen (§ 77 Abs. 3 BetrVG).

554 Die Regelungsmacht der Tarifvertragsparteien ist unbeschränkt, zum einen, weil § 1a BetrAVG gem. § 17 Abs. 3 S. 1 BetrAVG tarifdispositiv ist, zum anderen aber auch, weil die Tarifvertragsparteien nicht verpflichtet sind, gemäß § 17 Abs. 5 BetrAVG eine Öffnungsklausel für die Entgeltumwandlung zu schaffen.[44]

555 Anders ist dies bei einer Betriebsvereinbarung. Den Betriebspartnern wurden diese weitgehenden Rechte nicht eingeräumt. Folglich ist § 1a Abs. 1 S. 2 BetrAVG so auszulegen, dass die Durchführung – im Sinne einer praktischen Abwicklung – über eine Betriebsvereinbarung geregelt werden kann, aber diese Betriebsvereinbarung die Rechte des einzelnen Arbeitnehmers aus § 1a BetrAVG nicht einschränken kann. Wird in der Betriebsvereinbarung als Durchführungsweg eine unmittelbare Versorgungszusage oder eine (rückgedeckte) Unterstützungskasse vorgegeben, kann der Arbeitnehmer dieses Angebot nutzen, er kann aber auch den Abschluss einer Direktversicherung verlangen.

---

42 *Huber* in: Kemper/Kisters-Kölkes/Berenz/Huber, BetrAVG, § 1a Rdn. 26.
43 *Huber* in: Kemper/Kisters-Kölkes/Berenz/Huber, BetrAVG, § 1a Rdn. 26.
44 Dies ist heute kein praxisrelevantes Problem mehr, weil eine Vielzahl von Tarifverträgen die Entgeltumwandlung ermöglichen.

7. Durchführung des Anspruchs

Damit hat er auch die Möglichkeit, seinen Anspruch nach § 1a Abs. 3 BetrAVG geltend zu machen. Die gesetzlichen Ansprüche gehen den Rechten aus einer Betriebsvereinbarung vor.

Wird ein Durchführungsweg vereinbart, der Insolvenzsicherungsbeiträge auslöst, ist es nicht zulässig, diese auf den Arbeitnehmer abzuwälzen. Denn der Arbeitgeber hat die Möglichkeit, einseitig einen Durchführungsweg ohne Beitragszahlungspflicht vorzugeben. Entschließt er sich dennoch für einen beitragspflichtigen Durchführungsweg, muss dies aus seiner Sicht die Beitragspflicht kompensieren. Dies ist deshalb von Bedeutung, weil im Jahr 2009 ein deutlich höherer Beitrag zu zahlen war als in den Vorjahren, so dass dieser Zahlungspflicht eine gestiegene Bedeutung zukommen kann. Dies ist von besonderer Bedeutung für den Pensionsfonds. Ob die Beiträge vorab aus den Erträgen entnommen werden können, ist offen. 556

b) Vorgaberecht des Arbeitgebers

Kommt keine individuelle oder kollektive Vereinbarung zustande, hat der Gesetzgeber dem Arbeitgeber ein Vorgaberecht eingeräumt. 557

Er hat das Recht, den Durchführungsweg Pensionskasse oder Pensionsfonds **einseitig** zu bestimmen. Da der Arbeitnehmer bei Untätigkeit des Arbeitgebers das Recht hat, den Abschluss einer Direktversicherung zu verlangen, kann der Arbeitgeber auch gleich diesen Durchführungsweg vorgeben. Er bestimmt nicht nur den Durchführungsweg, sondern auch die konkrete Pensionskasse, den Pensionsfonds oder das Lebensversicherungsunternehmen. Das Vorgaberecht erfasst auch den Tarif, aus dem sich die Zusageart ergibt, und das Leistungsspektrum. 558

Dieses Vorgaberecht ist verfassungsrechtlich geboten, weil die wirtschaftliche und auch die haftungsrechtliche Enthaftung des Arbeitgebers gewährleistet sein muss. So kann der Arbeitgeber mit der Vorgabe der Direktversicherung sein Risiko, dass der Versorgungsträger wegen eigener Insolvenz ausfällt und den Arbeitgeber gem. § 1 Abs. 1 S. 3 BetrAVG die Ausfallhaftung treffen würde, einschränken, weil jedes Versicherungsunternehmen verpflichtet ist, dem Sicherungsfonds beizutreten (§ 124 VAG). Gleiches gilt für Pensionskassen, die dem Sicherungsfonds freiwillig beigetreten sind (§ 124 Abs. 2 VAG). In diesen 559

IV. Anspruch auf betriebl. Altersversorgung durch Entgeltumwandlung

Fällen ergibt sich für den Arbeitgeber eine weitere Entlastung, weil keine Beiträge an den PSVaG zu zahlen sind.[45] Der Arbeitgeber kann zudem die Beitragszusage mit Mindestleistung vorgeben und damit eine Anpassungsverpflichtung ausschließen (§ 16 Abs. 3 Nr. 3 BetrAVG) und – jedenfalls hinsichtlich der Erträge – das Anlagerisiko auf den Arbeitnehmer verlagern. Wählt er ein Hybridprodukt und verpflichtet sich der Versicherer, die Mindestleistung sicherzustellen, hat er auch insoweit seine Haftungsrisiken minimiert. Eine weitere Einschränkung ergibt sich durch eine Beschränkung auf die Altersleistung.

560 Gibt der Arbeitgeber als Durchführungsweg den Pensionsfonds vor, ist ihm eine Absicherung über den Sicherungsfonds nicht wichtig, da der Gesetzgeber für diesen Durchführungsweg nicht die Möglichkeit eingeräumt hat, diesem beizutreten. Er kann dann auch nicht die Beitragspflicht an den PSVaG vermeiden, jedoch wegen § 10 Abs. 2 Nr. 4 BetrAVG vermindern. Die Vorgabe der Beitragszusage mit Mindestleistung sowie einer bloßen Altersleistung ist auch in diesem Durchführungsweg möglich.

561 Ungeklärt ist, in welchem Umfang den Arbeitgeber ein Auswahlverschulden treffen kann, wenn er einen Versorgungsträger und/oder ein »Versorgungsprodukt« auswählt und vorgibt, bei dem sich im Nachhinein herausstellt, dass dem einzelnen Arbeitnehmer Nachteile im Vergleich mit einem anderen Produkt entstanden sind. Der Arbeitgeber hat die Interessen der Arbeitnehmer insgesamt zu berücksichtigen, nicht die Interessen einzelner Arbeitnehmer. Folglich ist das Angebot von Gruppenkonditionen für die Arbeitnehmer vorteilhaft.[46] Bei der Auswahl hat keine individualisierte Optimierung zu erfolgen. Es ist die im Verkehr übliche Sorgfalt zu beachten.[47] Insbesondere hat der einzelne Arbeitnehmer kein Recht, selbst den Versorgungsträger und/oder den Tarif auszuwählen. Der Arbeitgeber macht sich nicht schadensersatzpflichtig, wenn er nicht auf die Wünsche des Einzelnen eingeht. Er hat vielmehr das Recht, eine für sich haftungsarme Gestal-

---

45 Pensionskassen sind vom Beitragssystem ausgenommen. Da bei Direktversicherungen zwingend ein unwiderrufliches Bezugsrecht einzuräumen ist und zudem Verfügungen des Arbeitgebers ausgeschlossen sind, kann auch in diesem Durchführungsweg keine Beitragspflicht bestehen.
46 BAG 19.7.2005, 3 AZR 502/04 (A), EzA § 1a BetrAVG Nr. 1 = DB 2005, 2252 = BetrAV 2006, 96.
47 Weitergehend *Reinecke* RdA 2005, 129, der die Sorgfalt eines Treuhänders verlangt; einschränkend *Hessling* BetrAV 2006, 318.

tung zu wählen, muss also nicht aus der Sicht der Arbeitnehmer optimieren.

Der Arbeitgeber ist nicht verpflichtet, einen »deutschen« Versorgungsträger zu wählen, also einen Versorgungsträger mit Sitz oder Niederlassung in Deutschland. Dies würde nicht dem Gedanken der Europäischen Gemeinschaft entsprechen. Vielmehr geht der Gesetzgeber davon aus, dass auch im europäischen Ausland tätige Unternehmen eine betriebliche Altersversorgung durchführen können. Sie müssen dann aber deutsches Recht anwenden, so dass arbeitsrechtlich derselbe Schutz besteht wie bei inländischen Versorgungseinrichtungen. Die BaFin entscheidet darüber, welcher Durchführungsweg vorliegt.[48] Eine solche Versorgung ist, wenn sie über einen Pensionsfonds durchgeführt wird, genauso insolvenzgeschützt wie die über einen inländischen Versorgungsträger abgewickelte Versorgung. 562

c) Verlangen des Arbeitnehmers

Kommt **keine Vereinbarung** zum Durchführungsweg zustande und hat der Arbeitgeber **keinen der drei versicherungsförmigen Durchführungswege vorgegeben**, kann der Arbeitnehmer vom Arbeitgeber den **Abschluss einer Direktversicherung** verlangen (§ 1a Abs. 1 S. 3 Hs. 2 BetrAVG). Die Auswahl des Lebensversicherungsunternehmens und des Versicherungstarifes erfolgt ausschließlich durch den Arbeitgeber. 563

Der Arbeitnehmer muss seinen Anspruch geltend machen. Er muss aktiv tätig werden und auf seinen Arbeitgeber zugehen. Formvorschriften sind nicht zu erfüllen (ggf. schreibt ein Tarifvertrag Formalien vor). Es genügt, wenn unter Verweis auf § 1a BetrAVG eine mündliche Erklärung abgegeben wird. 564

Von diesem Verlangen sind der Versicherungsabschluss und die Vereinbarung zur Entgeltumwandlung zu unterscheiden. Die Entgeltumwandlung stellt eine Änderung des Arbeitsvertrages dar. Sind hierfür Formalien vorgegeben, sind diese zu berücksichtigen. Der Abschluss des Versicherungsvertrages muss immer schriftlich erfolgen. Der Arbeitnehmer hat hierzu nur bei Einzelversicherungen seine Ein- 565

---

48 § 118e VAG.

IV. Anspruch auf betriebl. Altersversorgung durch Entgeltumwandlung

willigung zu geben. Bei einem Gruppenversicherungsvertrag ist dies nicht erforderlich (§ 150 VVG).

566 Will der Arbeitnehmer nach § 1a Abs. 3 BetrAVG die **steuerliche Förderung**, muss er auch dies **ausdrücklich verlangen**. Er muss dem Arbeitgeber auch vorgeben, welcher Betrag aus der Entgeltumwandlung für die steuerliche Förderung eingesetzt werden soll. Dies ist von weitreichender Bedeutung. Denn um die optimale steuerliche Förderung zu erhalten, muss nicht der gesamte höchstmögliche Betrag aus § 1a Abs. 1 BetrAVG eingesetzt werden. Der Arbeitgeber ist nicht verpflichtet, den Arbeitnehmer zu beraten, insbesondere muss er nicht darüber aufklären, dass die später ausgezahlten Versorgungsleistungen kranken- und pflegeversicherungsbeitragspflichtig sind. Geht der Arbeitnehmer gezielt auf den Arbeitgeber zu und verlangt die »Riesterförderung«, kann der Arbeitgeber davon ausgehen, dass er sich zuvor über die Rechtsfolgen sachkundig informiert hat.

567 Wenn allerdings der Arbeitgeber selbst den Arbeitnehmer berät, ihm z. B. vorrechnet, welche steuerlichen Vorteile mit einer Entgeltumwandlung bzw. einer steuerlichen Förderung verbunden sind, dann müssen die Auskünfte auch richtig sein. Entsprechendes gilt, wenn er diese Beratung von einem Erfüllungsgehilfen vornehmen lässt. Von einer solchen individuellen Beratung sind pauschale Aussagen zur Vorteilhaftigkeit einer Entgeltumwandlung zu unterscheiden. Wird nur an einem Beispiel die Wirkungsweise einer Entgeltumwandlung erläutert, ist dies keine haftungsbegründende Beratung.[49]

8. Einschränkungen

568 Das Recht zur Entgeltumwandlung kann eingeschränkt sein.

a) Bestehende Möglichkeiten zur Entgeltumwandlung

569 Besteht für den einzelnen Arbeitnehmer, der die Entgeltumwandlung verlangt, im Unternehmen bereits eine durch Entgeltumwandlung fi-

---

49 Eine Beratungs- und Informationspflicht verneinend *Reinecke* RdA 2005, 129 = BetrAV 2005, 614; *ders.* DB 2006, 555; *Doetsch* BetrAV 2008, 21; *Kisters-Kölkes* in: Kemper/Kisters-Kölkes/Berenz/Huber, BetrAVG, § 4a Rdn. 107 f.

nanzierte BAV, ist der Anspruch gem. § 1a Abs. 2 BetrAVG insoweit ausgeschlossen.

Die entscheidende Frage ist, was eine **bestehende Regelung** ist. Dies kann eine generell im Unternehmen bestehende Regelung sein, dies kann aber auch eine von dem einzelnen Arbeitnehmer genutzte Regelung sein. Auch wenn hierzu noch keine Rechtsprechung vorliegt, spricht der Wortlaut des Gesetzes für eine im Einzelfall bereits bestehende Regelung, weil der Anspruch »insoweit« ausgeschlossen ist. 570

Soweit im Unternehmen Regelungen zur Entgeltumwandlung bestehen, kann der Arbeitnehmer diese nutzen. Will er dies nicht, kann er den Abschluss einer Direktversicherung verlangen. Hatte der einzelne Arbeitnehmer mit dem Arbeitgeber auf freiwilliger Basis den Abschluss einer Direktversicherung durch Entgeltumwandlung vereinbart, ist es weder aus der Sicht des Arbeitnehmers noch aus der Sicht des Arbeitgebers sinnvoll, den alten Versicherungsvertrag beitragsfrei zu stellen und einen neuen Vertrag abzuschließen. Es würden bei einer 40b-Direktversicherung steuerliche Vorteile verloren gehen, neue Abschlusskosten entstehen und ein niedrigerer Garantiezins vereinbart werden. Besser ist es, die alte Direktversicherung fortzuführen und nur für den Differenzanspruch eine neue Direktversicherung abzuschließen (Differenz zwischen 4% der BBG und der bisher gezahlten Direktversicherungsprämie). 571

Kann nach der im Unternehmen für alle Arbeitnehmer bereits vorhandenen Regelung der Rahmen von 4% der Beitragsbemessungsgrenze nicht ausgenutzt werden, z. B. weil nur 1% des Grundgehaltes in das bestehende System eingebracht werden kann, kann der Arbeitnehmer bis zur Grenze von 4% der Beitragsbemessungsgrenze den Abschluss einer Direktversicherung verlangen, wenn der Arbeitgeber für diesen »Auffüllanspruch« nicht eine Pensionskasse oder einen Pensionsfonds vorgegeben hat oder keine individuelle Vereinbarung zustande kommt.[50] 572

b) Tarifvertragliches Entgelt

Eine weitere Einschränkung besteht für Arbeitnehmer, die künftige Entgeltansprüche umwandeln wollen, wenn diese auf einem Tarifver- 573

---

50 So auch *Huber* in: Kemper / Kisters-Kölkes / Berenz / Huber, BetrAVG, § 1a Rdn. 42 ff.

IV. Anspruch auf betriebl. Altersversorgung durch Entgeltumwandlung

trag beruhen. Denn für eine tarifvertragliche Vergütung muss der Tarifvertrag die Entgeltumwandlung vorsehen oder zulassen (§ 17 Abs. 5 BetrAVG, Tarifvorrang). Diese Regelung erfasst aber nur die tarifgebundenen Arbeitnehmer und Arbeitgeber und bedeutet, dass tarifgebundene Arbeitnehmer ohne tarifliche Öffnungsklausel keinen Anspruch auf Entgeltumwandlung haben, wenn sie nur tarifliche Entgeltansprüche haben. Beziehen sie eine außer- oder übertarifliche Vergütung, kann diese umgewandelt werden.

574 Tarifbindung liegt vor, wenn der Entgelttarifvertrag, aus dem der Arbeitnehmer seinen Vergütungsanspruch ableitet, sowohl für den Arbeitnehmer als auch für den Arbeitgeber zwingend anzuwenden ist. Der Arbeitgeber muss entweder selbst den Tarifvertrag mit der Gewerkschaft abgeschlossen haben (Haustarifvertrag, Firmentarifvertrag) oder der Arbeitgeber muss Mitglied des Arbeitgeberverbandes sein, der den Tarifvertrag mit der Gewerkschaft abgeschlossen hat und er muss der Tarifbindung unterliegen.[51] Der Arbeitnehmer seinerseits muss Mitglied der Gewerkschaft sein, die diesen Entgelttarifvertrag abgeschlossen hat.[52] Ist er Mitglied einer anderen Gewerkschaft, ist er nicht tarifgebunden.

575 Keine Anwendung findet § 17 Abs. 5 BetrAVG für tarifungebundene Arbeitnehmer, auch wenn die Anwendung des Tarifvertrages vertraglich vereinbart wurde. Vergütungen, die nach Maßgabe eines Entgelttarifvertrages gezahlt werden, sind keine Bezüge, die auf einem Tarifvertrag beruhen.

576 Die unterschiedliche Behandlung von tarifgebundenen und tarifungebundenen Arbeitnehmern ist kein Verstoß gegen den arbeitsrechtlichen Gleichbehandlungsgrundsatz. Es ist insoweit zulässig, zwischen Arbeitnehmern mit und ohne Gewerkschaftszugehörigkeit zu differenzieren.

577 Im Ergebnis bedeutet dies, dass in die Tarifverträge Bestimmungen aufgenommen werden müssen, damit tarifgebundene Arbeitnehmer den Anspruch auf Entgeltumwandlung geltend machen können. Dies ist seit Schaffung des Anspruchs auf Entgeltumwandlung in mehr als 400 Tarifverträgen zwischenzeitlich geschehen, sodass nahezu alle Arbeitnehmer, auch tarifgebundene, eine BAV durch Entgelt-

---

51 Die Verbandsmitgliedschaft ohne Tarifbindung ist in der BAV ohne Bedeutung.
52 *Huber* in: Kemper/Kisters-Kölkes/Berenz/Huber, BetrAVG, § 1a Rdn. 35.

umwandlung finanzieren können. Zum Teil nutzen die Tarifvertragsparteien bereits die Möglichkeit, Vergütungsbestandteile, die der Vermögensbildung dienten, in eine BAV zu überführen,[53] weil die Notwendigkeit der Vorsorge nach ihrer Wertung Vorrang hat vor dem Konsum.

Der **Tarifvorrang** gem. § 17 Abs. 5 BetrAVG gilt nur für Entgeltumwandlungen, die nach dem 29.6.2001 vereinbart werden (§ 30h BetrAVG). Vor diesem Stichtag getroffene Vereinbarungen waren zulässig und bleiben wirksam, wenn das Günstigkeitsprinzip beachtet wurde. Für Entgeltumwandlungen, die nach dem Stichtag vorgenommen werden, kommt es nicht mehr auf den Günstigkeitsvergleich an. Es gilt immer der Tarifvorrang. 578

Von der tariflichen Öffnungsklausel ist die Frage zu unterscheiden, welche Sperrwirkungen sich aus einer tarifvertraglichen Regelung ergeben. 579

Eine Sperrwirkung kann sich zunächst dadurch ergeben, dass ein Tarifvertrag zur Entgeltumwandlung für allgemeinverbindlich erklärt wird. Dann ist dieser Tarifvertrag für alle Arbeitgeber und Arbeitnehmer maßgeblich, die unter den Geltungsbereich fallen. Allgemeinverbindliche Tarifverträge zur BAV sind äußerst selten. 580

Für tarifgebundene Arbeitgeber und Arbeitnehmer ergibt sich eine Sperrwirkung aufgrund der Regelungen im Tarifvertrag. Denn Betriebsvereinbarungen können nur abgeschlossen werden, wenn dies der Tarifvertrag ausdrücklich zulässt (§ 77 Abs. 3 BetrVG). Sind derartige Öffnungsklauseln vorhanden, kann in ihrem Rahmen eine ergänzende Betriebsvereinbarung abgeschlossen werden. 581

9. Riesterförderung

Wird der Anspruch auf Entgeltumwandlung über die Durchführungswege Direktversicherung, Pensionskasse oder Pensionsfonds umgesetzt, hat der einzelne Arbeitnehmer das Recht zu verlangen, dass er die steuerliche Förderung gem. §§ 10a, 82 Abs. 2 EStG nutzen kann (§ 1a Abs. 3 BetrAVG). 582

---

53 Z. B. Tarifvertrag der chemischen Industrie.

IV. Anspruch auf betriebl. Altersversorgung durch Entgeltumwandlung

583 Ist ein nicht steuerlich förderungsfähiger Durchführungsweg vereinbart, also eine unmittelbare Versorgungszusage oder eine Versorgung über eine Unterstützungskasse, so gilt § 1a Abs. 3 BetrAVG nicht.

584 Ob es opportun ist, die Riesterförderung zu verlangen, kann nur im Einzelfall entschieden werden. Wer sie geltend macht, muss die an den externen Versorgungsträger zu zahlenden Beiträge aus versteuertem Einkommen leisten. Auch werden Sozialversicherungsbeiträge auf den Umwandlungsbetrag erhoben. Die steuerliche Förderung begann mit dem Jahr 2002 und wurde auf Dauer fortgeschrieben. Seit 2008 wurden die Höchstbeträge erreicht.[54]

10. Unverfallbarkeit

585 Die Unverfallbarkeitsmodalitäten weichen bei Entgeltumwandlung von denen ab, die für eine arbeitgeberfinanzierte Zusage gelten, wenn die Zusage nach dem 31.12.2000 erteilt wurde oder erteilt wird (§ 1b Abs. 5 BetrAVG). Für Versorgungszusagen, die vor dem 1.1.2001 erteilt wurden, gelten dieselben Regeln wie für arbeitgeberfinanzierte Zusagen. Es wurde aber überwiegend in der Praxis eine sofortige vertragliche Unverfallbarkeit vereinbart.[55] Da alle vor dem 1.1.2001 erteilten Zusagen zwischenzeitlich fünf Jahre bestehen, sind sie unverfallbar.

a) Unverfallbarkeit dem Grunde nach

586 Für Versorgungsanwartschaften, die auf einer Entgeltumwandlung beruhen, ist für ab dem 1.1.2001 erteilte Zusagen eine **sofortige gesetzliche Unverfallbarkeit unabhängig vom Alter bei vorzeitigem Ausscheiden und unabhängig von der Dauer des Zusagebestandes** gegeben (§ 1b Abs. 5 BetrAVG). Das gilt auch für Versorgungszusagen ab 1.1.2003, wenn die Arbeitgeberzusage mit eigenen Beiträgen des Arbeitnehmers mitfinanziert wird (§ 1 Abs. 2 Nr. 4 und § 30e BetrAVG).

---

54 § 10a EStG; § 84f EStG.
55 Dazu auch BAG 8.6.1993, 3 AZR 670/92, EzA § 1 BetrAVG Lebensversicherung Nr. 4 = DB 1993, 2538.

10. Unverfallbarkeit

Beispiel:

Einem Auszubildenden, der im Alter von 18 Jahren die Entgeltumwandlung zugunsten einer betrieblichen Altersversorgung durchführt, ist damit bei einem Ausscheiden mit 19 Jahren die Anwartschaft aufrechtzuerhalten.

Bei der Direktversicherung wird die Einräumung eines unwiderruflichen Bezugsrechts gem. § 159 Abs. 2 VVG vom Beginn der Entgeltumwandlung an verlangt. Dies macht es erforderlich, eine Direktversicherung mit laufendem Beitrag abzuschließen, wenn wiederkehrende Bezüge umgewandelt werden. 587

Zusätzliche Vorgaben bei den Durchführungswegen **Direktversicherung, Pensionskasse** und **Pensionsfonds** sind, dass alle Überschussanteile – oder bei der Beitragszusage mit Mindestleistung alle Erträge – zur Verbesserung der Leistung verwendet werden müssen. Der ausgeschiedene Arbeitnehmer muss das Recht haben, die Versicherung oder Versorgung mit eigenen Beiträgen fortzusetzen. Für den Arbeitgeber muss das Recht zur Verpfändung, Abtretung oder Beleihung ausgeschlossen werden. Dies muss sofort bei der Zusageerteilung geschehen.[56] 588

b) Unverfallbarkeit der Höhe nach

Die Höhe der unverfallbaren Anwartschaft aus Entgeltumwandlung ist für die **unmittelbare Versorgungszusage** und bei der Durchführung über eine **Unterstützungskasse** oder einen **Pensionsfonds** (Leistungszusage und beitragsorientierte Leistungszusage) in § 2 Abs. 5a BetrAVG geregelt. Danach ist dem ausgeschiedenen Arbeitnehmer die **erreichte Anwartschaft** aus den bis zum Ausscheiden umgewandelten Entgeltbestandteilen aufrechtzuerhalten. Dies gilt für Versorgungszusagen, die ab dem 1.1.2001 erteilt wurden oder erteilt werden (§ 30g BetrAVG). Für vorher erteilte Versorgungszusagen verbleibt es bei dem Quotierungsprinzip des § 2 Abs. 1 BetrAVG.[57] 589

---

56 Dazu im Einzelnen *Kemper* in: Kemper/Kisters-Kölkes/Berenz/Huber, BetrAVG, § 1b Rdn. 117 ff.
57 Dazu im Einzelnen *Kisters-Kölkes* in: Kemper/Kisters-Kölkes/Berenz/Huber, BetrAVG, § 2 Rdn. 102.

IV. Anspruch auf betriebl. Altersversorgung durch Entgeltumwandlung

590 Wird bei einer Direktversicherung oder Pensionskasse eine Leistungszusage erteilt, kann der Arbeitnehmer über die versicherungsförmige Lösung auf die mit »seinen« Beiträgen finanzierte Versicherungsleistung verwiesen werden. Deswegen mussten diese beiden Durchführungswege nicht in § 2 Abs. 5a BetrAVG berücksichtigt werden. Denn die sozialen Auflagen sind immer erfüllt, da alle Überschussanteile zur Erhöhung der Leistung verwendet werden müssen, ein unwiderrufliches Bezugsrecht bestehen muss und Verfügungsmöglichkeiten des Arbeitgebers ausgeschlossen sein müssen.

591 Wird für die Entgeltumwandlung eine **Beitragszusage mit Mindestleistung** gewählt, ist das dem Arbeitnehmer planmäßig zuzurechnende Versorgungskapital auf der Grundlage der bis zum Ausscheiden geleisteten Beiträge (Beiträge und die bis zum Eintritt des Versorgungsfalles erzielten Erträge) aufrechtzuerhalten. Mindestens steht dem Arbeitnehmer die Summe der bis zum Ausscheiden zugesagten Beiträge zu, soweit diese nicht rechnungsmäßig für einen biometrischen Risikoausgleich verbraucht wurden (§ 2 Abs. 5b BetrAVG).

592 Offen ist die Frage, worauf sich die Mindestleistung bezieht. Da in § 1 Abs. 2 Nr. 2 BetrAVG ausschließlich die Altersleistung angesprochen wird, bezieht sich die Mindestleistung der aufrechtzuerhaltenden Anwartschaft nur auf die Altersleistung, nicht auf die Invaliditäts-/und oder Hinterbliebenenleistung. Diese werden, wenn zugesagt, durch Risikobeiträge finanziert, wobei die Formulierung in § 2 Abs. 5b BetrAVG zeigt, dass diese auch nach dem vorzeitigen Ausscheiden zur Erhaltung des Versicherungsschutzes der Mindestleistung zu entnehmen sind. Eine Einstellung des Risikoschutzes nach Ausscheiden ist nicht zulässig.

11. Abfindung

593 Für Entgeltumwandlungszusagen gelten dieselben Abfindungsbeschränkungen wie für die arbeitgeberfinanzierte BAV gem. § 3 BetrAVG. Auch bei der Entgeltumwandlung kann der Arbeitgeber eine Anwartschaft ohne Zustimmung des Arbeitnehmers nur bei »Mini-Anwartschaften« abfinden (§ 3 Abs. 2 S. 1 BetrAVG). Dies gilt entsprechend für die Abfindung einer laufenden Leistung. Die Abfindung ist allerdings unzulässig, wenn der Arbeitnehmer von seinem Recht auf

Übertragung der Anwartschaft gem. § 4 Abs. 3 BetrAVG Gebrauch macht.

Zu beachten ist, dass im Rahmen des § 3 BetrAVG nur der Arbeitgeber und nicht auch der externe Versorgungsträger ein Abfindungsrecht hat. Deshalb kann Letzterer nur dann abfinden, wenn er eine entsprechende Bevollmächtigung vom Arbeitgeber hat. Dies gilt insbesondere auch in den Fällen, in denen der Arbeitgeber von der versicherungsförmigen Lösung Gebrauch gemacht hat (§ 2 Abs. 2 S. 7 und Abs. 3 S. 2 BetrAVG).

594

12. Übertragung

Für Versorgungsanwartschaften aus Entgeltumwandlung gelten die für Übertragungen allgemein geltenden Regeln des § 4 BetrAVG ohne Übergangsregeln. Hierzu wird auf Rn. 326 ff. verwiesen.

595

13. Vorzeitige Altersleistung

Auch bei arbeitnehmerfinanzierter BAV ist § 6 BetrAVG anwendbar. Dies bedeutet, dass vorzeitig die Altersleistung abgerufen werden kann, wenn aus der gesetzlichen Rentenversicherung eine Altersrente als Vollrente bezogen wird. Auch in diesem Zusammenhang kommt dem Gebot der Wertgleichheit Bedeutung zu.

596

14. Insolvenzschutz

Die gesetzliche Insolvenzsicherung für Zusagen aus Entgeltumwandlung ist gegeben, wenn ein Durchführungsweg gewählt wurde, für den die §§ 7 ff. BetrAVG gelten.[58]

597

Bei BAV durch Entgeltumwandlung, die ab dem 1.1.2002 zugesagt wurde, korrespondiert die sofortige gesetzliche Unverfallbarkeit mit einem sofortigen gesetzlichen Insolvenzschutz, soweit Beträge bis 4% der Beitragsbemessungsgrenze umgewandelt werden (§ 7 Abs. 5 S. 3 Nr. 1 BetrAVG i. d. F. ab 1.7.2002). Für darüber hinausgehende,

598

---

58 Hierzu siehe Rn. 411 ff.

IV. Anspruch auf betriebl. Altersversorgung durch Entgeltumwandlung

ab dem 1.1.2002 erteilte Entgeltumwandlungszusagen setzt der gesetzliche Insolvenzschutz erst zwei Jahre nach Zusageerteilung ein.[59]

599 Für den gesetzlichen Insolvenzschutz ist nicht Voraussetzung, dass der Arbeitnehmer einen Anspruch auf Entgeltumwandlung hat, er also in der gesetzlichen Rentenversicherung pflichtversichert ist.[60] Denn es müssen nur Beträge im Rahmen der 4%-Grenze umgewandelt worden sein. Folglich haben auch solche Arbeitnehmer einen sofortigen gesetzlichen Insolvenzschutz, die auf vertraglicher Grundlage eine Entgeltumwandlung im Rahmen dieser Grenze mit ihrem Arbeitgeber vereinbart haben.

600 Der PSVaG vertritt zur 4%-Grenze die Auffassung, dass zwischen den alten und den neuen Bundesländern zu differenzieren ist.[61]

15. Anpassung

601 Für die Anpassung von Leistungen aus einer Entgeltumwandlungszusage, die ab dem 1.1.2001 erteilt wurde oder erteilt wird, gilt § 16 Abs. 5 BetrAVG (§ 30c Abs. 3 BetrAVG). Es ist eine Mindestanpassung von 1% gem. § 16 Abs. 3 Nr. 1 BetrAVG jährlich vorzunehmen, wenn eine laufende Leistung zugesagt wurde. Bei der Direktversicherung oder Pensionskasse kann anstelle einer Anpassungsgarantie eine Überschussverwendung nach § 16 Abs. 3 Nr. 2 BetrAVG erfolgen.[62] Diese Belastungen kann der Arbeitgeber im Rahmen der Wertgleichheit gem. § 1 Abs. 2 Nr. 3 BetrAVG berücksichtigen.

602 Bei der Beitragszusage mit Mindestleistung ist auch bei Entgeltumwandlung jede Anpassung ausgeschlossen (§ 16 Abs. 3 Nr. 3 BetrAVG). Keine Anpassungspflicht besteht auch bei Auszahlungsplänen (§ 16 Abs. 6 BetrAVG). Diese stellen keine laufenden Leistungen i. S. v. § 16 Abs. 1 BetrAVG dar, auch dann nicht, wenn ab dem 85. Lebensjahr eine Leibrente gezahlt wird.

---

59 *Berenz* in: Kemper/Kisters-Kölkes/Berenz/Huber, BetrAVG, § 7 Rdn. 168 ff.
60 *Berenz* in: Kemper/Kisters-Kölkes/Berenz/Huber, BetrAVG, § 7 Rdn. 170.
61 *Berenz* in: Kemper/Kisters-Kölkes/Berenz/Huber, BetrAVG, § 7 Rdn. 171.
62 Kein Wahlrecht, sondern die ausschließliche Anpassung aus Überschussbeteiligung fordern entgegen dem Wortlaut und der Gesetzesbegründung *Blomeyer/Rolfs/Otto* § 16 Rdn. 336; *Höfer* BetrAVG, Rdn. 5501.

16. Änderung von Entgeltumwandlungszusagen

Zusagen aus Entgeltumwandlung können, soweit sie nicht auf einem Tarifvertrag beruhen, nur einvernehmlich zwischen Arbeitgeber und Arbeitnehmer abgeändert werden. Eingriffe mittels einer Betriebsvereinbarung sind nicht zulässig. Wurde eine BAV aus Entgeltumwandlung mit Arbeitgeberzuschüssen unterstützt, ist bei einer Neuregelung zu berücksichtigen, inwieweit der Arbeitgeber Sozialversicherungsbeiträge eingespart hat.[63] Ein Widerruf, z. B. wegen Treupflichtverletzungen, scheidet aus. 603

Soll für die betriebliche Altersversorgung aus Entgeltumwandlung ein Wechsel des Durchführungsweges vorgenommen werden, ist hierfür die Zustimmung des Arbeitnehmers erforderlich. Denn ebenso wie bei Erteilung der Versorgungszusage ein Einvernehmen über den Durchführungsweg vorliegen muss, ist dies bei einer Änderung erforderlich. 604

Hat der Arbeitgeber einen Durchführungsweg einseitig vorgegeben, ist er an diese Vorgabe gebunden, wenn ein Arbeitnehmer die Entgeltumwandlung bereits verlangt hat. Er kann nur für Arbeitnehmer, die erst künftig die Entgeltumwandlung verlangen, einen anderen Durchführungsweg oder Versorgungsträger vorgeben. 605

Auch anlässlich eines Betriebsübergangs gem. § 613a BGB ist eine Änderung nicht zulässig. Der neue Arbeitgeber muss die getroffene Vereinbarung fortsetzen. Er ist an die Vorgaben des abgebenden Unternehmens gebunden, wenn dieses von seinem Vorgaberecht Gebrauch gemacht hat und im Rahmen dessen eine BAV aus Entgeltumwandlung im Einzelfall bereits umgesetzt wurde. Für die Arbeitnehmer, die im Rahmen der vom ehemaligen Arbeitgeber vorgegebenen Durchführung noch nicht Gebrauch gemacht hatten, hat der neue Arbeitgeber das Vorgaberecht. 606

Probleme können allerdings auftreten, wenn beim abgebenden Unternehmen für die BAV eine konzerneigene Pensionskasse zur Verfügung stand, bei der der erwerbende Arbeitgeber aufgrund der Satzung nicht Trägerunternehmen werden kann. In diesen Fällen wird bei einer bestehenden Entgeltumwandlung der Arbeitnehmer einer Änderung zu- 607

---

63 BAG 23.10.2001, 3 AZR 74/01, EzA § 1 BetrAVG Ablösung Nr. 30 = DB 2002, 1383.

IV. Anspruch auf betriebl. Altersversorgung durch Entgeltumwandlung

stimmen müssen, da es dem neuen Arbeitgeber unmöglich ist, den bestehenden Vertrag mit Wirkung für die Zukunft zu erfüllen.

17. Tarifverträge

a) Tarifdispositivität

608 Es können Tarifverträge abgeschlossen werden, die nicht nur eine **Öffnungsklausel** für tarifgebundenes Entgelt vorsehen (§ 17 Abs. 5 BetrAVG), sondern die auch inhaltlich regeln, wie der Anspruch auf Entgeltumwandlung umzusetzen ist. Für Tarifverträge enthält § 17 Abs. 3 S. 1 BetrAVG eine Öffnungsklausel in dem Sinne, dass von einigen Vorschriften des BetrAVG abgewichen werden kann. Hierzu gehören die §§ 1a und 2 BetrAVG. Dies wirft die Frage nach der Regelungsmacht der Tarifvertragsparteien auf.

609 Die Tarifvertragsparteien sind jedenfalls an die begriffliche Definition der Entgeltumwandlung in § 1 Abs. 2 Nr. 3 BetrAVG gebunden. Deshalb muss auch eine auf Tarifvertrag beruhende BAV durch Entgeltumwandlung wertgleich sein.

610 Die uneingeschränkte Einbeziehung von § 1a BetrAVG in die Tarifdispositivität ist so zu verstehen, dass für Tarifverträge weitgehende Gestaltungsmöglichkeiten gegeben sind. Es können Durchführungswege, Bezügebestandteile, Zeitpunkt und Form der Umwandlung geregelt werden. Es können auch Leistungsarten und Leistungsinhalte vorgegeben werden. Auch können die Tarifvertragsparteien die steuerliche Förderung, d. h. die Anwendung von § 1a Abs. 3 BetrAVG, ausschließen.

611 In Tarifverträgen kann nicht von § 1b BetrAVG abgewichen werden. Die Tarifvertragsparteien müssen die vom Gesetz vorgegebenen fünf Durchführungswege nutzen. Sie können keinen eigenen Durchführungsweg neu schaffen. Dies bedeutet aber nicht, dass sie alle fünf Durchführungswege berücksichtigen müssen. Sie können sich auf einen oder zwei Durchführungswege beschränken.[64] Sie können auch innerhalb des Durchführungsweges den oder die Versorgungsträger bestimmen.[65]

---

64 *Rieble* BetrAV 2006, 240.
65 Zur Ausschreibungspflicht: EuGH 15.7.2010, C-71/08, BetrAV 2010, 571.

b) Abgeschlossene Tarifverträge

Es wurden bereits mehr als 400 Tarifverträge zur Umsetzung des Anspruchs auf Entgeltumwandlung abgeschlossen. Diese sind inhaltlich verschieden ausgestaltet. In einigen Tarifverträgen erfolgt eine Förderung der BAV, indem vermögenswirksame Leistungen zur Finanzierung herangezogen werden.[66]

Die vorliegenden Tarifverträge unterscheiden sich auch in der Regelungsdichte, insbesondere bei der Frage, welche Gestaltungsmöglichkeiten auf betrieblicher Ebene bestehen.

Für die Unternehmen, bei denen diese Tarifverträge gelten, müssen bei der Umsetzung des Anspruchs auf Entgeltumwandlung die Regelungen des Tarifvertrages beachtet werden. Insbesondere ist auch § 77 Abs. 3 BetrVG zu berücksichtigen. Nur dann, wenn die Tarifvertragsparteien die Betriebspartner ermächtigen, Entgeltumwandlungstarifverträge durch Betriebsvereinbarungen zu konkretisieren, können ergänzende Betriebsvereinbarungen abgeschlossen werden.

---

66 Tarifvertrag über Einmalzahlungen und Altersversorgung in der chemischen Industrie vom 16.6.2005; hierzu *Schack* BetrAV 2005, 720; Tarifvertrag über altersvorsorgewirksame Leistungen der Eisen-, Metall- und Elektroindustrie vom 22.4.2006.

V. Änderungsmöglichkeiten

In Anbetracht der Langfristigkeit von Verpflichtungen bei BAV besteht häufig das Bedürfnis, eine **arbeitgeberfinanzierte BAV** (zu den Änderungsmöglichkeiten bei Entgeltumwandlungszusagen s. Rn. 603 ff.) zu verändern. Dabei geht es nicht nur um Verbesserungen für die Versorgungsanwärter und ggf. auch Versorgungsempfänger, die arbeitsrechtlich keine Probleme aufwerfen, sondern um Reduzierungen von Versorgungspositionen, was naturgemäß zu einem Interessenkonflikt zwischen zusagendem Arbeitgeber und begünstigtem Arbeitnehmer führt. Eine Reduzierung kann auch gegeben sein, wenn zwar insgesamt der Dotierungsrahmen erhalten bleibt, er aber neu verteilt wird. Müssen z. B. besser versorgte Arbeitnehmer »etwas abgeben«, damit schlechter versorgte Arbeitnehmer auch eine betriebliche Altersversorgung erhalten, ist diese »Umstrukturierung« aus der Sicht der erstgenannten Gruppe eine »Verschlechterung«. 615

Änderungsgründe sind dabei sowohl wirtschaftliche Gründe auf Seiten des Arbeitgebers als auch sozialpolitische Entwicklungen. Grundsätzlich hat das BAG anerkannt, dass Regelungen der BAV nicht versteinern dürfen. Korrekturen und Anpassungen an geänderte Umstände müssen möglich sein.[1] 616

Die rechtlichen Änderungsmöglichkeiten richten sich nach dem gewählten Rechtsbegründungsakt bei der zu ändernden BAV. Ausnahmsweise kann ein Anpassungsrecht bei Störung der Geschäftsgrundlage (§ 313 BGB; früher Wegfall der Geschäftsgrundlage) vorliegen. In diesem Zusammenhang stellt sich die Frage nach der rechtlichen Bedeutung von Widerrufsrechten und -vorbehalten.[2] 617

Diese Änderungsmöglichkeiten haben keine Bedeutung für Mitarbeiter, die noch nicht von einem Versorgungssystem erfasst sind. Eine **Schließung der BAV für Neuzugänge** ist jederzeit möglich. Arbeitnehmer, die erst nach der Schließung eingestellt werden, erhalten keine Versorgungszusage und haben folglich keinen Vertrauensschutz. Zur Schließung des Versorgungswerkes kann der Arbeitgeber beim Rechtsbegründungsakt **Betriebsvereinbarung** unter Beachtung der gesetz- 618

---

1 BAG 30.1.1970, 3 AZR 44/68, EzA § 242 BGB Nr. 31 = DB 1970, 1393; BAG 8.12.1981, 3 ABR 53/80, EzA § 242 BGB Ruhegeld Nr. 96 = DB 1982, 46; zur aktuellen Rechtsprechung *Reinecke* BetrAV 2008, 241, 245 f.
2 Dazu siehe Rn. 675 ff.

V. Änderungsmöglichkeiten

lichen oder vereinbarten Frist kündigen (§ 77 Abs. 5 BetrVG). Nach Ablauf der Kündigungsfrist eintretende Arbeitnehmer werden nicht mehr von der gekündigten Betriebsvereinbarung erfasst. Eine Nachwirkung gem. § 77 Abs. 6 BetrVG tritt nicht ein.[3] Es liegt auch kein Verstoß gegen den arbeitsrechtlichen Gleichbehandlungsgrundsatz vor, wenn Neuzugänge von der arbeitgeberfinanzierten BAV ausgeschlossen werden oder schlechter behandelt werden als die von der alten Regelung begünstigten Mitarbeiter. Über einen Stichtag kann auch geregelt werden, dass Arbeitnehmer, die nach einem Stichtag in den Ruhestand gehen, besser versorgt werden als Arbeitnehmer, die vor einem Stichtag Versorgungsempfänger wurden.[4] Ein Stichtag ist i. d. R. ein sachliches Abgrenzungskriterium, wenn er nicht durch sachfremde Kriterien bestimmt wird.[5] Die Schließung der BAV für Neuzugänge ist auch durch eine neue ablösende Betriebsvereinbarung möglich, indem der Geltungsbereich der bisherigen Betriebsvereinbarung auf die Arbeitnehmer beschränkt wird, die vor einem Stichtag eingetreten sind.

619 Ist Rechtsgrundlage der bestehenden Versorgungszusagen eine **Gesamtzusage** oder **vertragliche Einheitsregelung**, erfolgt die Schließung nicht durch Kündigung, sondern z. B. durch einen Aushang am »Schwarzen Brett«, ggf. verbunden mit einer entsprechenden Klausel in den Verträgen der Arbeitnehmer, die neu eingestellt werden.

1. Kollektivrechtliche Rechtsbegründungsakte

620 Bei den Rechtsbegründungsakten **Betriebsvereinbarung** und **Tarifvertrag** gilt das **Ablösungsprinzip**: Die neue Regelung ersetzt die alte, auch wenn dadurch bei den bisher begünstigten Arbeitnehmern Nachteile entstehen. Eine neue ablösende Betriebsvereinbarung kann nur diejenigen Mitarbeiter erfassen, die vom Betriebsrat vertreten werden.

---

3 BAG 18.4.1989, 3 AZR 688/87, EzA § 77 BetrVG 1972 Nr. 28 = DB 1989, 2232; BAG 11.5.1999, 3 AZR 21/98, EzA § 1 BetrAVG Betriebsvereinbarung Nr. 1 = DB 2000, 525. Bei der Schließung der BAV für Neuzugänge handelt es sich nicht um eine Kürzung des bisherigen Dotierungsrahmens oder eine Veränderung des Leistungsplanes, dazu BAG 18.9.2001, 3 AZR 728/00, EzA § 1 BetrAVG Ablösung Nr. 31 = DB 2002, 1114 und 19.9.2006, 1 ABR 58/05, EzA § 77 BetrVG 2001 Nr. 16 = NZA 2007, 1127.

4 BAG 11.9.1980, 3 AZR 606/79, EzA § 242 BGB Gleichbehandlung Nr. 22 = DB 1981, 943.

5 BAG 7.7.1992, 3 AZR 522/91, EzA § 1 BetrAVG Ablösung Nr. 9 = DB 1992, 2451; BAG 6.6.1974, 3 AZR 44/74, EzA § 242 BGB Ruhegeld Nr. 33 = DB 1974, 1822.

1. Kollektivrechtliche Rechtsbegründungsakte

Das sind nicht die Rentner und die mit unverfallbaren Anwartschaften schon ausgeschiedenen ehemaligen Arbeitnehmer[6] und auch nicht leitende Angestellte gem. § 5 BetrVG. Etwas anderes kann gelten, wenn in den Arbeitsverträgen mit diesen Personengruppen Jeweiligkeitsklauseln enthalten gewesen bzw. enthalten sind, die auf die Geltung der alten Betriebsvereinbarung in der jeweils gültigen Fassung verweisen.[7]

In jüngerer Zeit hat der Dritte Senat des BAG immer wieder die Frage ausdrücklich offen gelassen, ob der Betriebsrat auch berechtigt ist, ohne eine Jeweiligkeitsklausel in Versorgungsrechte von Versorgungsempfängern oder in Versorgungsanwartschaften unverfallbar ausgeschiedener Arbeitnehmer mittels Betriebsvereinbarung einzugreifen.[8] Dies musste bisher offen bleiben, weil der Große Senat in seinem Beschluss vom 16.3.1956[9] die Regelungsbefugnis des Betriebsrats abgelehnt hat. Dies hat der Dritte Senat mit Urteil vom 25.11.1988[10] ausdrücklich bestätigt. Ob an dieser Rechtsprechung festgehalten wird, bleibt abzuwarten.[11]   621

Soweit die Regelungsmacht der Betriebs- oder Sozialpartner reicht, also insbesondere Änderungen bei aktiven Arbeitnehmern vorgenommen werden sollen, ist sie nicht unbegrenzt. In bestimmtem Umfang unterliegen die Neuregelungen einer Rechts- oder Billigkeitskontrolle. Dabei ist die Kontrolldichte bei Tarifverträgen erheblich geringer als bei Betriebsvereinbarungen.[12]   622

a) Betriebsvereinbarung

Die neue ablösende Betriebsvereinbarung kann Verschlechterungen (Reduzierungen oder den Wegfall von Leistungen) für einzelne Arbeit-   623

---

6 Dazu BAG 17.8.2004, 3 AZR 318/03, EzA BetrAVG § 2 Nr. 22 = BB 2005, 720; BAG 12.10.2004, 3 AZR 557/03, EzA § 1 BetrAVG Hinterbliebenenversorgung Nr 11 = DB 2005, 783.
7 BAG 23.9.1997, 3 AZR 529/96, EzA § 1 BetrAVG Ablösung Nr. 14.
8 BAG 12.12.2006, 3 AZR 476/05, EzA § 1 BetrAVG Nr. 89 = DB 2007, 2043; BAG 10.2.2009, 3 AZR 653/07, EzA § 1 BetrAVG Betriebsvereinbarung Nr. 6 = DB 2009, 1303.
9 GS 1/55, BAGE 3, 1 = AP Nr. 1 zu § 57 BetrVG 1972.
10 BAG 25.11.1988, 3 AZR 483/86, EzA § 77 BetrVG 1972 Nr. 26 = DB 1989, 1195.
11 Erneut offen gelassen BAG 14.12.2010, 3 AZR 799/08.
12 BAG 28.7.2005, 3 AZR 14/05, DB 2006, 166 = BetrAV 2006, 192; BAG 17.6.2008, 3 AZR 409/06, DB 2008, 2314 = BetrAV 2008, 806; dazu *Reinecke* BetrAV 2008, 241.

V. Änderungsmöglichkeiten

nehmer enthalten und gleichzeitig für andere Arbeitnehmer Vergünstigungen. Die bisher vom Arbeitgeber bereitgestellten Versorgungsmittel (Dotierungsrahmen) werden insgesamt betrachtet nicht verringert, sondern nur umverteilt, möglicherweise auch erhöht: Ein Teil der Arbeitnehmer wird schlechter, ein anderer Teil besser gestellt als bisher. In einem solchen Fall spricht man von einer ablösenden **umstrukturierenden Betriebsvereinbarung**. Eine solche kann auch vorliegen, wenn innerhalb der zugesagten Leistungen umverteilt wird, also z. B. zugunsten einer Invaliditätsversorgung eine Altersleistung reduziert wird.

624 Wird der Dotierungsrahmen insgesamt abgesenkt, sollen also im Prinzip alle bisher begünstigten Arbeitnehmer weniger BAV erhalten, spricht man von einer ablösenden **reduzierenden Betriebsvereinbarung**.

625 Entscheidend bei dieser Differenzierung ist die Bestimmung des Dotierungsrahmens. Dies ist keine statische, sondern eine dynamische Größe. Es kann also nicht gesagt werden, dass am Stichtag x der Dotierungsrahmen y € beträgt. Dotierungsrahmen ist vielmehr das Finanzierungsvolumen, das der Arbeitgeber insgesamt benötigt, um die den einzelnen Arbeitnehmern insgesamt zugesagten Leistungen zu erbringen. Dabei ist bei einer Rentenzusage auch die Versorgung auf Lebenszeit Bestandteil des bei Zusageerteilung eingegangenen Verpflichtungsvolumens, also Bestandteil des Dotierungsrahmens. Bei Betriebsvereinbarungen ist die Summe aller zugesagten Leistungen und der sich daraus ergebenden Verpflichtungen »der« Dotierungsrahmen. Wird eine umstrukturierende Betriebsvereinbarung abgeschlossen und damit die Mittel anders verteilt, weil z. B. die Altersleistung reduziert und dafür neu eine Invaliditätsleistung eingeführt wird, findet eine Umstrukturierung statt, wenn die Altersleistung in dem Umfang reduziert wird, in dem Aufwand für die neue Invaliditätsleistung entsteht. Bei einer reduzierenden Betriebsvereinbarung werden insgesamt weniger Mittel vom Arbeitgeber zur Verfügung gestellt.

- **Erzwingbarkeit**

626 Eine Betriebsvereinbarung als Rechtsbegründungsakt für eine BAV ist eine teilmitbestimmte Betriebsvereinbarung. Den Dotierungsrahmen

bestimmt der Arbeitgeber mitbestimmungsfrei, nur der Leistungsplan ist mitbestimmungspflichtig (s. dazu unter Rn. 697 f.).

Bei einer ablösenden umstrukturierenden Betriebsvereinbarung geht es nur um eine Änderung des Leistungsplans ohne Reduzierung des Dotierungsrahmens, so dass sowohl Arbeitgeber als auch Betriebsrat einen Einigungsstellenspruch herbeiführen können. Eine ablösende verschlechternde Betriebsvereinbarung kann dagegen vom Arbeitgeber nicht über einen Einigungsstellenspruch durchgesetzt werden, da sie auch eine Absenkung des Dotierungsrahmens enthält, die nicht Gegenstand der erzwingbaren Mitbestimmung des Betriebsrats ist. Unabhängig davon sind natürlich freiwillige Betriebsvereinbarungen möglich. 627

Weigert sich der Betriebsrat, eine ablösende verschlechternde Betriebsvereinbarung abzuschließen, stellt sich die Frage nach den Wirkungen einer Kündigung der bisherigen Betriebsvereinbarung über BAV gem. § 77 Abs. 5 BetrVG (s. dazu unter Rn. 653 ff.). 628

- **Rechts- oder Billigkeitskontrolle**

Die neue ablösende Betriebsvereinbarung (unabhängig von Umstrukturierung oder Verschlechterung) unterliegt einer Rechts- oder Billigkeitskontrolle durch die Arbeitsgerichte. Diese bezieht sich nur auf die aktiven Arbeitnehmer, die vom Betriebsrat vertreten werden, weil Betriebsvereinbarungen unmittelbar und zwingend gelten (§ 77 Abs. 4 BetrVG). Dabei wird zunächst geprüft, ob ein Änderungs- oder Eingriffsgrund besteht. Ist dies der Fall, sind die Besitzstände der bisher begünstigten Arbeitnehmer aufgrund der abgeänderten Regelung zu beachten. 629

- **Kontrollmaßstab**

Bei der Rechts- oder Billigkeitskontrolle der neuen ablösenden Betriebsvereinbarung sind die Bestandsinteressen der nach der alten Regelung begünstigten Arbeitnehmer abzuwägen mit den Änderungsinteressen der Betriebspartner. Es gilt der **Grundsatz der Verhältnismäßigkeit** und des **Vertrauensschutzes**. Je dringender die Änderungsinteressen auf Unternehmensseite sind, desto tiefer dürfen die Einschnitte in die bisherige BAV sein. In diesem Zusammenhang hat das BAG ein Prüfungsschema entwickelt, das den »Besitzstand« der alten Regelung in drei Stufen aufteilt und jeder Stufe Eingriffsgründe 630

V. Änderungsmöglichkeiten

zuordnet.[13] Prüfungsmaßstab ist der **totale Besitzstand der alten Regelung,** also die bis zum Änderungszeitpunkt »erdiente«, aber auch die bei Fortgeltung der alten Regelung »erdienbare« Versorgung.

631 Die **erste Besitzstandsstufe** ist der am Änderungsstichtag gem. § 2 Abs. 1 BetrAVG erdiente Teilbetrag. Es wird so getan, als ob der Arbeitnehmer am Änderungsstichtag ausgeschieden wäre. Dabei spielt es jedoch keine Rolle, ob zu diesem Zeitpunkt die Unverfallbarkeitsmodalitäten des § 1b BetrAVG dem Grunde nach erfüllt gewesen sind. Auch ein z. B. erst zwei Jahre nach dem alten System begünstigter Arbeitnehmer besitzt also einen erdienten »Teilbetrag«.

632 Für die Errechnung des Teilbetrags werden gem. § 2 Abs. 5 i. V. m. Abs. 1 BetrAVG die Bemessungsgrundlagen im Änderungszeitpunkt festgeschrieben. Auch bei dynamischen Leistungsplänen ist der Teilbetrag der ersten Besitzstandsstufe deshalb ein statischer Festbetrag.

633 Für **beitragsorientierte Leistungszusagen,** die ab dem 1.1.2001 erteilt werden, und für **Beitragszusagen mit Mindestleistung,** die es erst seit dem 1.1.2002 geben kann, ist abweichend vom Quotierungsprinzip ein besonderer Besitzstand in der ersten Stufe zu beachten.

634 Bei einer **beitragsorientierten Leistungszusage** ist § 2 Abs. 5a BetrAVG bei einer unmittelbaren Versorgungszusage, einer Unterstützungskassenzusage und einer Pensionsfondszusage anzuwenden. Dies bedeutet, dass der ersten Besitzstandsstufe der Teil der zugesagten Leistungen zuzuordnen ist, der bis zum Änderungsstichtag aus den bisherigen Beiträgen finanziert wurde, möglicherweise unter Einschluss einer Anpassungsgarantie.

635 Die erste Besitzstandsstufe ergibt sich für eine **Beitragszusage mit Mindestleistung** bei Zusagen über eine Pensionskasse, einen Pensionsfonds oder eine Direktversicherung aus § 2 Abs. 5b BetrAVG. Danach ist dem Arbeitnehmer das planmäßig zuzurechnende Versorgungskapital aufrechtzuerhalten, das sich aus den bis zumÄnde-

---

13 Grundlegend BAG 17.4.1985, 3 AZR 72/83, EzA § 1 BetrAVG Unterstützungskasse Nr. 2 = DB 1986, 228; BAG 11.9.1990, 3 AZR 380/89, EzA § 1 BetrAVG Ablösung Nr. 3 = DB 1991, 503; BAG 17.11.1992, 3 AZR 76/92, EzA § 1 BetrAVG Unterstützungskasse Nr. 10 = DB 1993, 1241; dazu auch BAG 11.12.2001, 3 AZR 512/00, EzA § 1 BetrAVG Ablösung Nr. 33 = DB 2003, 293; BAG 11.12.2001, 3 AZR 128/01, EzA § 1 BetrAVG Ablösung Nr. 32 = DB 2003, 214; BAG 10.9.2002, 3 AZR 635/01, EzA § 1 BetrAVG Ablösung Nr. 34 = DB 2003, 1525; jüngst zusammenfassend BAG 21.4.2009, 3 AZR 674/07, DB 2009, 2386.

1. Kollektivrechtliche Rechtsbegründungsakte

rungsstichtag geleisteten Beiträgen (Beiträge und die daraus bis zum Eintritt des Versorgungsfalles erzielten Erträge) ergibt.

Eine **zweite Besitzstandsstufe** gibt es nur bei dynamischen, z. B. endgehaltsabhängigen Leistungsplänen. Sie berücksichtigt die auf die bis zum Änderungszeitpunkt erbrachte Dauer der Betriebszugehörigkeit entfallende Dynamik der Versorgungsanwartschaft, die sich dienstzeitunabhängig allein aus den variablen Berechnungsfaktoren ergibt. Sieht der Leistungsplan z. B. einen jährlichen Steigerungsprozentsatz von 0,4% des rentenfähigen Arbeitseinkommens pro Dienstjahr vor und sind im Änderungszeitpunkt zwölf Dienstjahre abgeleistet, so beträgt der zeitanteilig erdiente dynamische Besitzstandsteil der zweiten Stufe 4,8% des rentenfähigen Arbeitseinkommens bei Eintritt des Versorgungsfalls und nicht – wie bei der ersten Besitzstandsstufe – des maßgebenden Einkommens im Änderungszeitpunkt. Bei nicht gleichmäßig steigenden Leistungsplanstrukturen (z. B. Sockelbetrag zuzüglich Steigerungsbeträgen) gilt § 2 Abs. 1 S. 1 BetrAVG. Es wird also »durchquotiert«.[14]

636

Diese Definition der zweiten Besitzstandsstufe ist nur korrekt, wenn es nach der Änderung des Leistungsplanes keine Steigerungsbeträge mehr geben soll. Wird aber einerseits die erste Besitzstandsstufe aufrechterhalten und gibt es andererseits Steigerungsbeträge ab dem Änderungszeitpunkt, so sind insoweit »Verrechnungen« mit der erdienten Dynamik auf der zweiten Besitzstandsstufe möglich. Verbleibt dem Arbeitnehmer in jedem Fall das, worauf er zum Änderungszeitpunkt einschließlich der Dynamik auf die erste Besitzstandsstufe vertrauen durfte, verletzt eine verschlechternde Neuordnung schützenswertes Vertrauen nicht.[15]

637

Beispiel:

Ein Arbeitnehmer ist mit 25 Jahren in das Unternehmen eingetreten und hat eine Versorgungszusage (Alters-, Invaliditäts- und Todesfallleistungen) erhalten, die 0,4% des versorgungsfähigen Einkommens (Endgehalt) je Dienstjahr vorsieht. Die feste Altersgrenze ist das 65. Lebensjahr. Im Alter von 40 Jahren wird der Leistungsplan geändert. Für künftige Dienstjahre wird ein Festbetrag von 10 € ge-

---

14 BAG 25.5.2004, 3 AZR 145/03, EzA § 2 BetrAVG Nr. 21 = FA 2005, 121.
15 BAG 11.12.2001, 3 AZR 128/01, EzA § 1 BetrAVG Ablösung Nr. 32 = DB 2003, 214; BAG 10.9.2002, 3 AZR 635/01, EzA § 1 BetrAVG Ablösung Nr. 34 = DB 2003, 1525.

V. Änderungsmöglichkeiten

währt. Die Bezüge des Arbeitnehmers belaufen sich im Änderungszeitpunkt auf 2.000 € monatlich. Die erste Besitzstandsstufe wird berechnet:

40 × 0,4% × 2.000 € = 320 € (erreichbare Leistung bei Betriebstreue)

$$\frac{320 € \times 15}{40}{}_{16} \text{ (Unverfallbarkeitsquotient)} = 120 €$$

Im Alter von 50 Jahren scheidet der Arbeitnehmer wegen Invalidität aus. Die Invaliditätsleistung ist definiert als die »erdiente Altersrentenanwartschaft«. Die Bezüge sind auf 2.500 € gestiegen.

Um feststellen zu können, ob in die zweite Besitzstandsstufe eingegriffen wurde, ist auf den Ausscheidezeitpunkt eine Alternativberechnung vorzunehmen:

120 € + 10 × 10 € = 220 € (nach neuem Leistungsplan)

Alter Leistungsplan:

Invaliditätsleistung im Alter 50 bei Steigerung der Bezüge von 2.000 € auf 2.500 €

40 × 0,4% × 2.500 € = 400 €

$$\frac{400 € \times 15}{40} \text{ (Unverfallbarkeitsquotient)} = 150 €$$

Es liegt kein Eingriff in die zweite Besitzstandsstufe vor, da er eine Invalidenrente in Höhe von 220 € erhält. Die dynamisierte Besitzstandsrente ist geringer.

638 Die **dritte Besitzstandsstufe** bezieht sich auf die noch erdienbaren Versorgungsteilbeträge, die in der Zeit nach dem Änderungsstichtag erworben werden können (Steigerungsbeträge). Sie ist weniger schützenswert, weil der Arbeitnehmer für diesen Teil der Anwartschaft seine Gegenleistung in Form der Betriebstreue noch nicht erbracht hat. Deshalb reichen für diesen erst in der Zukunft zu erdienenden Teilbetrag sachlich-proportionale Änderungsgründe aus.

---

16 Aus Vereinfachungsgründen wird statt mit Tagen oder Monaten mit Jahren gerechnet.

1. Kollektivrechtliche Rechtsbegründungsakte

- **Eingriffsgründe**

Für Eingriffe in die **erste Besitzstandsstufe** müssen **zwingende** Gründe vorliegen. Das sind Verhältnisse, bei denen eine Störung der Geschäftsgrundlage (§ 313 BGB) vorliegt, z. B. bei einer erheblichen Äquivalenzstörung. Eine solche liegt vor, wenn planwidrig eine Überversorgung eingetreten ist.[17]

639

Von einer **absoluten Überversorgung** spricht man, wenn die Versorgung aus BAV und gesetzlicher Rentenversicherung höher ist als das letzte Nettoaktiveinkommen.

640

Unter **planwidriger Überversorgung** versteht man eine Situation, bei der das ursprünglich angestrebte Versorgungsziel deshalb verfehlt wird, weil sich externe Verhältnisse (Steuer- und Abgabenlast der aktiven Arbeitnehmer) seit Installierung des alten Versorgungssystems wesentlich geändert haben. Dies ist bei Gesamtversorgungssystemen anzutreffen, bei denen die Höhe der BAV unter Berücksichtigung der Sozialversicherungsrente ermittelt wird.

641

Enthält ein Leistungsplan eine Bruttogesamtversorgungsobergrenze, nach der die Betriebsrente niedriger ist als das Nettoeinkommen vergleichbarer Arbeitnehmer, tritt eine Störung der Geschäftsgrundlage jedenfalls dann ein, wenn dieses Nettoeinkommen durch spätere tatsächliche oder rechtliche Änderungen überschritten wird.[18]

642

Beispiel:

In einem Leistungsplan aus dem Jahre 1957 ist festgelegt, dass die Altersleistung unter Berücksichtigung der Sozialversicherungsrente 75% der Bruttobezüge nicht übersteigen soll. Es ist heute wegen der geänderten Steuer- und Sozialversicherungsverhältnisse eine planwidrige Überversorgung eingetreten. 75% der Bruttobezüge Ende der 50er-Jahre bestimmten ein Versorgungsziel von ca. 90% der letzten Nettoaktivenbezüge. Im Jahre 1999 ist die Belastung der Aktiven durch Steuern und Abgaben so stark gestiegen, dass

---

17 BAG 23.10.1990, 3 AZR 260/89, EzA § 1 BetrAVG Ablösung Nr. 4 = DB 1991, 449; BAG 9.4.1991, 3 AZR 598/89, EzA § 1 BetrAVG Ablösung Nr. 5 = DB 1991, 2040; BAG 28.7.1998, 3 AZR 100/98, EzA § 1 BetrAVG Ablösung Nr. 18 = DB 1999, 389; BAG 23.9.1997, 3 ABR 85/96, EzA § 77 BetrVG 1972 Nr. 60 = DB 1998, 779; BAG 24.1.2006, 3 AZR 583/04, DB 2006, 1621.
18 BAG 13.11.2007, 3 AZR 455/06, EzA § 1 BetrAVG Geschäftsgrundlage Nr. 3 = DB 2008, 994.

V. Änderungsmöglichkeiten

schon bei einer Begrenzung der BAV auf ca. 62% der Bruttobezüge ein Nettoversorgungsgrad von ca. 90% erreicht wurde.

643 Der Arbeitgeber, der eine Gesamtversorgungszusage erteilt hat, kann eine Anpassung der Versorgungsregelungen wegen Störung der Geschäftsgrundlage verlangen, wenn eine Äquivalenzstörung vorliegt. Hiervon ist auszugehen, wenn die bei Schaffung des Versorgungswerks zugrunde gelegte Belastung wegen Änderungen im Sozialversicherungsrecht zum Anpassungsstichtag um mehr als 50% überschritten wird.[19]

644 Zwingende Gründe liegen dagegen nicht vor, wenn eine wirtschaftliche Notlage eingetreten ist. Mit der Abschaffung des Insolvenzsicherungsfalles des Widerrufs wegen wirtschaftlicher Notlage in § 7 BetrAVG zum 1.1.1999 hat der Gesetzgeber deutlich gemacht, dass in diesem Fall keine Störung der Geschäftsgrundlage vorliegt. Damit gilt auch im Betriebsrentenrecht der Grundsatz, dass fehlende wirtschaftliche Leistungsfähigkeit kein Grund dafür ist, sich von einer übernommenen Zahlungspflicht zu lösen. Der Arbeitgeber kann dieses Risiko nicht auf den Arbeitnehmer abwälzen.[20] Ist er aufgrund seiner wirtschaftlichen Lage nicht (mehr) zahlungsfähig, muss er ein Insolvenzverfahren einleiten oder im Rahmen eines außergerichtlichen Vergleichs unter Beteiligung des PSVaG eine insolvenzgeschützte Lösung herbeiführen. Denkbar ist auch ein Insolvenzantrag gem. § 18 InsO mit anschließend vereinbartem Insolvenzplan.

645 Wird ein Insolvenzverfahren eingeleitet, wird der Arbeitnehmer mit einer gesetzlich unverfallbaren Anwartschaft im Rahmen des § 7 Abs. 2 BetrAVG durch den PSVaG geschützt. Unterbleibt ein Insolvenzverfahren, hat der Arbeitgeber den auf die erste Stufe entfallenden Teil der Anwartschaft uneingeschränkt aufrechtzuerhalten und hieraus später die Leistungen zu zahlen.

646 Für Eingriffe in die **zweite Besitzstandsstufe** sind **triftige Gründe** erforderlich. Diese sind z. B. dann gegeben, wenn der Arbeitgeber eine Anpassung der laufenden Leistungen gem. § 16 BetrAVG wegen einer

---

19 BAG 19.2.2008, 3 AZR 743/05, BB 2008, 441 = BetrAV 2008, 214; BAG 19.2.2008, 3 AZR 290/06, EzA § 1 BetrAVG Geschäftsgrundlage Nr. 4 = DB 2008, 1387.
20 BAG 17.6.2003, 3 AZR 396/02, EzA § 7 BetrAVG Nr. 69 = BetrAV 2004, 82; BAG 31.7.2007, 3 AZR 372/06, FA 2008, 92 und 3 AZR 373/06, EzA § 7 BetrAVG Nr. 72 = DB 2007, 2849; dazu auch *Berenz* in: Kemper/Kisters-Kölkes/Berenz/Huber, BetrAVG, § 7 Rdn. 28.

1. Kollektivrechtliche Rechtsbegründungsakte

schlechten wirtschaftlichen Lage verweigern kann.[21] Ein Eingriff ist also möglich, wenn der Fortbestand der bisherigen Versorgungsregelung den Bestand des Unternehmens langfristig gefährdet. Dies ist dann anzunehmen, wenn unveränderte Versorgungszusagen voraussichtlich nicht aus den Erträgen des Unternehmens finanziert werden können, also auch keine ausreichenden Wertzuwächse des Unternehmens zur Verfügung stehen. Es muss langfristig eine Substanzgefährdung des Unternehmens zu erwarten sein, wenn die Versorgungszusagen unverändert bestehen bleiben würden. Es geht bei der Prüfung des triftigen Grundes um die Frage, ob dem Arbeitgeber im Interesse einer gesunden wirtschaftlichen Entwicklung des Unternehmens eine Entlastung im Bereich der Versorgungsverbindlichkeiten verwehrt werden darf, insbesondere wenn auch andere Maßnahmen zur Kostenreduzierung ergriffen wurden. Um dies prüfen zu können, muss sachkundig eine Prognose auf der Grundlage der Entwicklung bis zum Änderungsstichtag erstellt werden.[22] Bei nicht wirtschaftlich tätigen Arbeitgebern – z. B. Arbeitgeberverbänden, Gewerkschaften – sind künftige Entwicklungen von Beitragsaufkommen und Versorgungsverbindlichkeiten maßgebend. Anders als bei der Anpassung gem. § 16 Abs. 1 BetrAVG ist für die Prognose nicht auf einen 3-Jahre-Zeitraum abzustellen, sondern auf die langfristige Entwicklung.[23]

Auch **nichtwirtschaftliche Gründe** können triftige Gründe sein.[24]   647

Für Eingriffe in die **dritte Besitzstandsstufe** genügen **sachlich-proportionale Gründe**. Diese liegen z. B. vor, wenn sich unterschiedliche Versorgungssysteme in einem Unternehmen im Laufe der Zeit z. B. durch Hinzukäufe herausgebildet haben und diese nunmehr harmonisiert werden sollen.[25] Denkbar sind auch »Modernisierungen« der alten BAV wegen geänderter Versorgungsbedürfnisse oder geänderter Ge-   648

---

21 BAG 23.4.1985, 3 AZR 156/83, EzA § 16 BetrAVG Nr. 16 = DB 1985, 1642; BAG 17.4.1985, 3 AZR 72/83, EzA § 1 BetrAVG Unterstützungskasse Nr. 2 = DB 1986, 228; BAG 11.5.1999, 3 AZR 21/98, EzA § 1 BetrAVG Ablösung Nr. 20 = DB 2000, 525.
22 BAG 11.12.2001, 3 AZR 512/00, EzA § 1 BetrAVG Ablösung Nr. 33 = DB 2003, 293; BAG 11.12.2001, 3 AZR 128/01, EzA § 1 BetrAVG Ablösung Nr. 32 = DB 2003, 214; BAG 10.9.2002, 3 AZR 635/01, EzA § 1 BetrAVG Ablösung Nr. 34 = DB 2003, 1525; BAG 13.12.2005, 3 AZR 217/05, EzA BetrAVG § 16 Nr. 44 = DB 2006, 1687.
23 BAG 13.12.2005, 3 AZR 217/05, EzA § 16 BetrAVG Nr. 44 = DB 2006, 1687; BAG 9.12.2008, 3 AZR 384/07, EzA § 1 BetrAVG Ablösung Nr. 47 = DB 2009, 1548.
24 BAG 11.9.1990, 3 AZR 380/89, EzA § 1 BetrAVG Ablösung Nr. 3 = DB 1991, 503; BAG 7.7.1992, 3 AZR 522/91, EzA § 1 BetrAVG Ablösung Nr. 9 = DB 1992, 2451.
25 BAG 8.12.1981, 3 ABR 53/80, EzA § 242 BGB Ruhegeld Nr. 96 = DB 1982, 46; BAG 29.7.2003, 3 AZR 630/02, EzA § 1 BetrAVG Ablösung Nr. 42 = FA 2004, 311.

V. Änderungsmöglichkeiten

rechtigkeitsvorstellungen. Auch Veränderungen der Leistungspläne z. B. von Leistungszusagen zu beitragsorientierten Strukturen zum Zwecke der Verdeutlichung des Versorgungsaufwandes sind zu nennen. Ob ein Eingriffsgrund auch die Öffnung eines geschlossenen Versorgungssystems darstellen kann, ist zweifelhaft, auch wenn hierfür personalwirtschaftliche Gründe sprechen könnten (ein Großteil der Mitarbeiter ist unversorgt).[26]

649 Die Eingriffe dürfen nicht willkürlich sein. Sie müssen nachvollziehbar erkennen lassen, welche Umstände und Erwägungen für die Änderung maßgeblich waren. Das Vertrauen der Arbeitnehmer in den Fortbestand der bisherigen Regelung darf nicht über Gebühr beeinträchtigt werden. So können wirtschaftliche Schwierigkeiten Eingriffe in Steigerungsbeträge rechtfertigen, auch wenn keine wirtschaftliche Lage besteht, bei der gem. § 16 Abs. 1 BetrAVG eine Anpassung verweigert werden kann.[27] Bei der Beurteilung der wirtschaftlichen Lage kann auf den Prüfbericht eines Wirtschaftsprüfers oder Steuerberaters zurückgegriffen werden. Ein kaufmännisches Fehlverhalten in der Vergangenheit schließt die Berechtigung, in Versorgungsanwartschaften einzugreifen, nicht aus.[28]

650 Das RV-Altersgrenzenanpassungsgesetz vom 20.4.2007[29] regelt die Verhältnisse in der gesetzlichen Rentenversicherung und schränkt die arbeitsrechtliche Gestaltungsfreiheit bei Leistungsplänen der BAV, insbesondere beim Pensionsalter, nicht ein. Wird die feste Altersgrenze in der BAV heraufgesetzt, so tritt für den Arbeitgeber eine Entlastung ein. Deshalb stellt die gesetzliche Änderung der Regelaltersgrenze keinen sachlich-proportionalen Grund dar, der einen Eingriff in Versorgungsanwartschaften rechtfertigen kann.[30]

---

26 BAG 8.12.1981, 3 ABR 53/80, EzA § 242 BGB Ruhegeld Nr. 96 = DB 1982, 46; BAG 17.6.2003, 3 ABR 43/02, EzA BetrAVG § 1 Ablösung Nr. 40 = DB 2004, 714; kritisch dazu *Kemper* in: Kemper/Kisters-Kölkes/Berenz/Huber, BetrAVG, § 1 Rdn. 319.
27 BAG 11.5.1999, 3 AZR 21/98, EzA § 1 BetrAVG Ablösung Nr. 20 = DB 2000, 525; BAG 18.9.2001, 3 AZR 728/00, EzA § 1 BetrAVG Ablösung Nr. 31 = DB 2002, 1114.
28 BAG 18.9.2001, 3 AZR 728/00, EzA § 1 BetrAVG Ablösung Nr. 31 = DB 2002, 1114.
29 BGBl. I 2007, S. 554 Art. 12, 56 f.
30 Dazu i. E. *Kemper* in: Kemper/Kisters-Kölkes/Berenz/Huber, BetrAVG, § 1 Rdn. 320 und *Rolfs* BetrAV 2007, 599, der Änderungsmöglichkeiten außerhalb der Drei-Stufen-Theorie sieht.

Ein Indiz für das Vorliegen von Eingriffsgründen ist die Bestätigung durch den Betriebsrat,[31] die sich aus dem Abschluss einer entsprechenden Betriebsvereinbarung ergibt.

651

Diese drei Besitzstandsstufen als Maßstab für eine Rechts- oder Billigkeitskontrolle sind für Eingriffe in Versorgungsanwartschaften entwickelt worden. Bei **Beziehern von Versorgungsleistungen** sind ebenfalls Eingriffe möglich, allerdings nur in Bezug auf vereinbarte Spannen- und Wertsicherungsklauseln, zumindest wenn in dem Arbeitsvertrag vereinbart wurde, dass die Betriebsvereinbarungen »in der jeweils geltenden Fassung« maßgebend sein sollen.[32] Im Rentnerstadium darf es jedoch nicht zu Umstrukturierungen zur Verwirklichung von veränderten Gerechtigkeitsvorstellungen kommen.[33] Jedoch können Veränderungen der Bemessungsgrundlagen, die bei aktiven Arbeitnehmern eintreten, sich bei Versorgungsempfängern auswirken.[34]

652

- **Kündigung der Betriebsvereinbarung**

Eine Betriebsvereinbarung über BAV kann von den Betriebspartnern – soweit nichts anderes vereinbart ist – mit einer Frist von drei Monaten gekündigt werden (§ 77 Abs. 5 BetrVG). Die Kündigungserklärung ist eine einseitige empfangsbedürftige Willenserklärung. Sie muss nicht begründet werden und unterliegt keiner Rechts- oder Billigkeitskontrolle.[35] Eine Nachwirkung der Betriebsvereinbarung gem. § 77 Abs. 6 BetrVG tritt nicht ein, da die Herabsetzung des Dotierungsrahmens mitbestimmungsfrei ist und somit eine Einigungsstelle nicht zuständig ist.[36]

653

---

31 BAG 11.12.2001, 3 AZR 128/01, EzA § 1 BetrAVG Ablösung Nr. 32 = DB 2003, 214.
32 BAG 25.10.1988, 3 AZR 483/86, EzA § 77 BetrAVG 1972 Nr. 26 – DB 1989, 1195, BAG 18.4.1989, 3 AZR 688/87, EzA § 77 BetrVG 1972 Nr. 28 = DB 1989, 2232; BAG 23.9.1997, 3 AZR 529/96, EzA § 1 BetrAVG Ablösung Nr. 14 = DB 1998, 318.
33 BAG 12.10.2004, 3 AZR 557/03, EzA § 1 BetrAVG Hinterbliebenenversorgung Nr. 11 = DB 2005, 783; dazu auch *Kemper* in: Kemper/Kisters-Kölkes/Berenz/Huber, BetrAVG, § 1 Rdn. 323.
34 BAG 26.10.2010, 3 AZR 711/08.
35 BAG 17.8.2004, 3 AZR 189/03, EzA § 1 BetrAVG Betriebsvereinbarung Nr. 5 = NZA 2005, 128.
36 Zu den Kündigungswirkungen bei einer Betriebsvereinbarung über BAV i. E.: BAG 25.05.2004, 3 AZR 145/03 EzA § 2 BetrAVG Nr. 21 = FA 2005, 121 und BAG 19.9.2006, 1 ABR 58/05, EzA § 77 BetrVG 2001 Nr. 16 = NZA 2007, 1127; dazu auch *Schlewing*, NZA 2010, 529.

V. Änderungsmöglichkeiten

654 Die alte Betriebsvereinbarung ist – wie jede Betriebsvereinbarung über BAV – eine teilmitbestimmte Betriebsvereinbarung. Wenn der Arbeitgeber die Mittel für eine BAV kürzen will, die auf einer Betriebsvereinbarung beruht, geschieht dies mitbestimmungsfrei. Für die zukünftig zur Verfügung stehenden Mittel ist ein neuer Verteilungsplan aufzustellen. Bestehen Eingriffsgründe, die so schwer wiegen, dass kein Verteilungsvolumen mehr gegeben ist, kann die Betriebsvereinbarung mit der Wirkung gekündigt werden, die Anwartschaften auf den erdienten Teil (1. Stufe) einzufrieren.[37] Eine Kündigung ist auch möglich, wenn nicht so schwerwiegende Gründe vorliegen. Es ist dann über die verbleibenden verteilungsfähigen Mittel eine neue Betriebsvereinbarung abzuschließen. Bei der Aufstellung eines neuen Verteilungsplans sind in Abhängigkeit von den Reduzierungsgründen die Besitzstände im Rahmen des dreistufigen Besitzstandes zu berücksichtigen. Dies bedeutet, dass zwar für die Kündigung selbst keine Gründe vorliegen müssen, wohl aber für Eingriffe, die in Besitzstände der aktiven Arbeitnehmer vorgenommen werden sollen.

655 Der Arbeitgeber kann durch eine Kündigung der Betriebsvereinbarung eine BAV nicht abschaffen. Die aufgrund der gekündigten Betriebsvereinbarung erworbenen Besitzstände der betroffenen Arbeitnehmer werden kraft Gesetzes nach den Grundsätzen der Verhältnismäßigkeit und des Vertrauensschutzes geschützt. Damit tritt faktisch eine besondere Art der »Nachwirkung« der gekündigten Betriebsvereinbarung ein. Durch die Kündigung kann der Arbeitgeber nicht mehr erreichen, als der Abschluss einer ablösenden Betriebsvereinbarung bewirken könnte. Die Kündigung wirkt also nur insoweit reduzierend auf die Versorgungsbesitzstände der alten Regelung, wenn nach dem Prüfungsmaßstab der »**Drei-Stufen-Theorie**« Eingriffe möglich sind. Die nach Kündigung der Betriebsvereinbarung verbleibenden Rechtspositionen genießen unverändert den Schutz des § 77 Abs. 4 BetrVG.[38] Für die Versorgungsbesitzstände, die unangetastet bleiben,

---

37 BAG 10.3.1992, 3 AZR 221/91, EzA § 87 BetrVG 1972 Altersversorgung Nr. 4 = DB 1992, 1885; BAG 11.5.1999, 3 AZR 21/98, EzA § 1 BetrAVG Ablösung Nr. 20 = DB 2000, 525; BAG 9.12.2008, 3 AZR 384/07, EzA § 1 BetrAVG Ablösung Nr. 47 = DB 2009, 1548 und BAG 9.12.2008, 3 AZR 385/07; dazu auch *Schlewing*, NZA 2010, 529.
38 BAG 11.5.1999, 3 AZR 21/98, EzA § 1 BetrAVG Betriebsvereinbarung Nr. 1 = DB 2000, 525; BAG 17.8.1999, 3 ABR 55/98, EzA § 1 BetrAVG Betriebsvereinbarung Nr. 2 = DB 2000, 774; BAG 21.8.2002, 3 ABR 44/00, EzA § 1 BetrAVG Betriebsvereinbarung Nr. 4 = DB 2002, 952; BAG 25.5.2004, 3 AZR 145/03, EzA § 2 BetrAVG Nr. 21 = FA 2005, 121.

ist weiterhin die gekündigte Betriebsvereinbarung die Rechtsgrundlage.

Man könnte daraus den Schluss ziehen, dass ein Arbeitgeber, der der 656
Überzeugung ist, zwingende, triftige oder sachlich-proportionale Eingriffsgründe zu haben, auf möglicherweise mühsame Verhandlungen über eine ablösende Betriebsvereinbarung verzichtet und einfach eine Kündigung der alten Betriebsvereinbarung über BAV ausspricht. Dies führt aber bei Arbeitgeber, Betriebsrat und betroffenen Versorgungsberechtigten zu erheblichen Unsicherheiten, weil nicht feststeht, welche Eingriffe durch die Kündigung tatsächlich rechtlich wirksam vorgenommen worden sind. Deshalb meint das BAG, dass aus praktischen Erwägungen die Kündigung lediglich das letzte Mittel des Arbeitgebers sei, den Betriebsrat zu Verhandlungen über eine Veränderung der BAV zu bewegen.[39]

Der Betriebsrat hat das Recht, in einem arbeitsgerichtlichen Beschluss- 657
verfahren klären zu lassen, welche Wirkungen mit der Kündigung der Betriebsvereinbarung eingetreten sind. Wurden mit der Kündigung Eingriffe in Besitzstände vorgenommen, wird in diesem Verfahren für alle betroffenen Arbeitnehmer geklärt, ob Eingriffsgründe vorlagen, wie gewichtig diese Gründe waren und welche Besitzstandsstufe von der Kündigung betroffen ist. Der Arbeitgeber hat die Darlegungs- und Beweislast.[40]

Liegen keine Gründe vor, bleiben die Anwartschaften unverändert be- 658
stehen. Das Versorgungswerk ist lediglich für neu eintretende Arbeitnehmer geschlossen, die nach Ablauf der Kündigungsfrist eingestellt werden.

b) Tarifvertrag

Auch bei Tarifverträgen gilt der Grundsatz, dass die jüngere Norm die 659
ältere ersetzt (Ablösungsprinzip). Versorgungstarifverträge können also auch zum Nachteil der Versorgungsberechtigten geändert werden.

Im Gegensatz zu ablösenden Betriebsvereinbarungen findet bei Tarif- 660
verträgen eine Rechts- oder Billigkeitskontrolle nicht statt, da davon

---

39 BAG 10.3.1992, 3 ABR 54/91, EzA § 77 BetrVG 1972 Nr. 46 = DB 1992, 1735.
40 BAG 17.8.1999, 3 ABR 55/98, EzA § 1 BetrAVG Betriebsvereinbarung Nr. 2 = DB 2000, 774.

V. Änderungsmöglichkeiten

auszugehen ist, dass die Tarifvertragsparteien selbst stark genug sind, sachgerechte Ergebnisse zu vereinbaren. Bei Änderung eines Versorgungstarifvertrages bezieht sich die gerichtliche Überprüfung nur auf Verstöße gegen das Grundgesetz, gegen zwingendes Gesetzesrecht, gegen die guten Sitten und gegen tragende Grundsätze des Arbeitsrechts.[41]

661 Die »Drei-Stufen-Theorie« darf folglich nicht »unbesehen« bei Tarifverträgen angewandt werden.[42] Tarifverträge sind in Bezug auf Änderungen der BAV sehr flexibel.[43] Die Kontrolldichte durch die Rechtsprechung ist bei Tarifverträgen erheblich geringer als bei Betriebsvereinbarungen. Dies ist mit der Koalitionsfreiheit gem. Art. 9 Abs. 3 GG begründbar.

662 Eine BAV, die auf einem Tarifvertrag beruht, steht unter dem Vorbehalt der Änderung des Tarifvertrages. Dies gilt im Zweifel auch, wenn der Versorgungsfall bereits eingetreten ist. Ein Tarifvertrag über eine BAV kann also auch durch einen neuen Tarifvertrag zu Änderungen bei den Versorgungsempfängern führen.[44]

663 Der Abbau einer Überversorgung durch Tarifvertrag ist zulässig.[45] Dies gilt auch für den öffentlichen Dienst.[46] Selbst die Umstellung des Betriebsrentensystems von einer endgehaltsbezogenen Gesamtversorgung zu einem auf dem Erwerb von Versorgungspunkten beruhenden System ist anerkannt. Erforderlich ist aber auch hier, dass die Übergangs- und Besitzstandsregelungen den Grundsatz der Gleichbehandlung (Art. 3 Abs. 1 GG) wahren.[47]

---

41 BAG 28.7.2005, 3 AZR 14/05, EzA § 1 BetrAVG Ablösung Nr. 44 = DB 2006, 166.
42 BAG 28.7.2005, 3 AZR 14/05, EzA § 1 BetrAVG Ablösung Nr. 44 = DB 2006, 166.
43 *Reinecke* BetrAV 2008, 245.
44 BAG 24.8.1993, 3 AZR 313/93, EzA § 1 BetrAVG Ablösung Nr. 10 = DB 1994, 891; das gilt auch für mit unverfallbarer Anwartschaft ausgeschiedene ehemalige Arbeitnehmer: BAG 13.12.2005,3 AZR 478/04, DB 2006, 1013 = BetrAV 2006, 487.
45 BAG 24.8.1993, 3 AZR 313/93, EzA § 1 BetrAVG Ablösung Nr. 10 = DB 1994, 891; BAG 20.2.2001, 3 AZR 252/00, EzA § 1 BetrAVG Ablösung Nr. 24.
46 BAG 19.11.2002, 3 AZR 167/02, EzA § 1 BetrAVG Ablösung Nr. 38 = DB 2003, 2131 und BAG 25.5.2004, 3 AZR 123/03, DB 2005, 1801; OLG Karlsruhe 18.11.2008, 12 U 378/04 (08).
47 BGH 14.11.2007, IV ZR 74/06, BetrAV 2008, 203 = BB 2008, 508.

2. Individualrechtliche Rechtsbegründungsakte

Bei Einzelzusagen, vertraglichen Einheitsregelungen, Gesamtzusagen, betrieblicher Übung und Gleichbehandlung gilt für Änderungen ebenfalls das Ablösungsprinzip. Die Versorgungszusagen sind Bestandteil der einzelnen Arbeitsverträge geworden und teilen deren rechtliches Schicksal.   664

a) Einzelzusage

Eine Einzelzusage kann geändert werden durch Abänderungsvertrag oder Änderungskündigung.[48] Ein Änderungsvertrag dürfte von einem Versorgungsberechtigten nur selten akzeptiert werden, wenn mit der Änderung eine Verschlechterung der Versorgungszusage verbunden ist. Deshalb kann der Arbeitgeber eine Änderungskündigung erwägen. Die Änderungskündigung unterliegt jedoch den Bestimmungen des Kündigungsschutzgesetzes (Kündigungsschutzklage). In Frage kommen dürfte insoweit nur eine betriebsbedingte Kündigung. Personen- und verhaltensbedingte Gründe dürften es nicht rechtfertigen, bei einem Arbeitsvertrag lediglich den BAV-Teil zu verändern.   665

Vereinbaren Arbeitgeber und Arbeitnehmer in einem Einzelfall eine Verschlechterung des bestehenden Versorgungsversprechens, ist kein Vertrauensschutz gegeben und auch nicht erforderlich. Dies bedeutet, dass in alle drei Besitzstandsstufen eingegriffen werden kann. Der Arbeitnehmer kann auf seine BAV sogar ganz verzichten, solange das Arbeitsverhältnis besteht und keine Beendigung desselben absehbar ist. Voraussetzung ist selbstverständlich, dass der Arbeitnehmer dabei aus freiem Willen handelt. Nach dem Ausscheiden mit gesetzlich unverfallbarer Anwartschaft ist ein vollständiger oder teilweiser Verzicht nicht mehr zulässig (§ 3 BetrAVG).   666

---

48 BAG 14.8.1990, 3 AZR 301/89, EzA § 17 BetrAVG Nr. 5 = DB 1991, 501; BAG 3.7.1990, 3 AZR 382/89, EzA § 611 BGB Aufhebungsvertrag Nr. 7 = DB 1990, 2431.

V. Änderungsmöglichkeiten

b) Vertragliche Einheitsregelung/Gesamtzusage/betriebliche Übung/Gleichbehandlung

667 Bei diesen Rechtsbegründungsakten werden die Versorgungszusagen Bestandteil der einzelnen Arbeitsverträge und können grundsätzlich nur durch Änderungsvertrag und Änderungskündigung modifiziert werden. Es liegt auf der Hand, dass bei einer Vielzahl gleich strukturierter Versorgungszusagen diese Änderungsmodalitäten kaum zu einem einheitlichen neuen Regelwerk führen können.[49] Im Falle einer aus betrieblicher Übung entstandener Versorgung kann diese auch nicht durch eine »gegenläufige betriebliche Übung« verändert werden.[50]

668 Wird bei einer Gesamtzusage während eines bestehenden Arbeitsverhältnisses mit jedem Arbeitnehmer ein Verzicht auf BAV vereinbart, werden damit die Verteilungsgrundsätze verändert. Deshalb bedarf es zur Wirksamkeit des (Teil-)Verzichts der Beteiligung des Betriebsrats im Rahmen seiner Mitbestimmungsrechte.[51]

669 Es gibt nur **drei Möglichkeiten**, in diese individualrechtlich begründeten Versorgungszusagen mittels einer ablösenden Betriebsvereinbarung einzugreifen und damit in eine kollektivrechtliche Rechtsgrundlage zu überführen:[52]

- Geht es lediglich um eine **Umstrukturierung** unter Wahrung des Dotierungsrahmens, so gilt das kollektive Günstigkeitsprinzip.[53] Die ablösende Betriebsvereinbarung unterliegt aber auch bei derartigen Umstrukturierungen einer Rechts- und Billigkeitskontrolle entsprechend der »Drei-Stufen-Theorie«.[54]
- Eine reduzierende Betriebsvereinbarung ist zulässig, wenn die **Geschäftsgrundlage** der bisherigen BAV gestört ist (§ 313 BGB). In diesem Fall kommt ein einseitiger Widerruf durch den Arbeitgeber in Betracht. Er hat ein Anpassungsrecht.[55] Bei der Umsetzung dieses

---

49 So schon BAG 16.9.1986, GS 1/82, EzA § 77 BetrVG 1972 Nr. 17 = DB 1987, 383.
50 BAG 16.2.2010, 3 AZR 118/08, EzA § 1 BetrAVG Betriebliche Übung Nr. 10 = DB 2010, 1947.
51 BAG 21.1.2003, 3 AZR 30/02, EzA § 3 BetrAVG Nr. 9 = DB 2003, 2130.
52 BAG 16.9.1986, GS 1/82, EzA § 77 BetrVG 1972 Nr. 17 = DB 1987, 383.
53 BAG 23.10.2001, 3 AZR 74/01, EzA § 1 BetrAVG Ablösung Nr. 30 = DB 2002, 1383.
54 BAG 24.1.2006, 3 AZR 483/04, EzA § 1 BetrAVG Ablösung Nr. 46.
55 BAG 28.7.1998, 3 AZR 100/98, EzA § 1 BetrAVG Ablösung Nr. 18 = DB 1999, 389; BAG 25.7.2000, 3 AZR 292/99, BetrAV 2003, 466.

2. Individualrechtliche Rechtsbegründungsakte

Rechts müssen die Mitbestimmungsrechte des Betriebsrats gewahrt werden. Deshalb ist auch der Abschluss einer Betriebsvereinbarung möglich. Bei Gesamtversorgungszusagen liegt eine Störung der Geschäftsgrundlage vor, wenn die bei Schaffung des Versorgungswerks zugrunde gelegte Belastung wegen Änderungen im Sozialversicherungsrecht zum Anpassungsstichtag um mehr als 50% überschritten wird.[56]

– Enthalten die individualrechtlichen Rechtsbegründungsakte einen **Vorbehalt der Betriebsvereinbarungsoffenheit,** ist ebenfalls eine Betriebsvereinbarung ein geeignetes Ablösungsinstrument. Bei Betriebsvereinbarungsoffenheit kann es auch zu nachteiligen Regelungen für alle Versorgungsberechtigten kommen, d. h. es ist eine reduzierende Betriebsvereinbarung als Änderungsinstrument zulässig.[57]

Der Vorbehalt kann ausdrücklich erklärt sein, er kann sich aber auch aus den Umständen des konkreten Einzelfalls ergeben. Der Vorbehalt der Betriebsvereinbarungsoffenheit liegt in aller Regel vor, wenn eine Gesamtzusage oder vertragliche Einheitsregelung »im Einvernehmen mit dem Gesamtbetriebsrat beschlossen« worden ist und die Arbeitnehmer darauf hingewiesen worden sind.[58] Das Entsprechende kann gelten, wenn qualifizierte Nachträge durch Betriebsvereinbarungen erfolgt sind.[59] Bei Transformation einer Betriebsvereinbarung in Arbeitsverträge gem. § 613a Abs. 1 S. 2 BGB ist die Regelung beim Erwerber betriebsvereinbarungsoffen.[60] 670

Es ist besonders darauf hinzuweisen, dass in den Fällen, in denen individualrechtliche Rechtsbegründungsakte durch eine Betriebsvereinbarung abgelöst werden können, diese ablösende Betriebsvereinbarung ebenfalls einer Rechts- oder Billigkeitskontrolle unterliegt, bei der die »**Drei-Stufen-Theorie**« gilt.[61] 671

---

56 BAG 19.2.2008, 3 AZR 743/05, BB 2008, 441 – DeuAV 2008, 214; BAG 19.2.2008, 3 AZR 290/06, EzA § 1 BetrAVG Geschäftsgrundlage Nr. 4 = DB 2008, 1387.
57 Dazu zusammenfassend BAG 21.4.2009, 3 AZR 674/07, DB 2009, 2386.
58 BAG 10.12.2002, 3 AZR 92/02, EzA § 1 BetrAVG Ablösung Nr. 37 = DB 2004, 1566.
59 *Höfer* BetrAVG, Rdn. 353 zu ART m. w. N.
60 BAG 29.7.2003, 3 AZR 630/02, EzA § 1 BetrAVG Ablösung Nr. 42 = FA 2004, 311; BAG 28.6.2005, 1 AZR 213/04, EzA § 613a BGB Nr. 38 = DB 2005, 2698.
61 Zur Überleitung von Gesamtzusagen und vertraglichen Einheitsregelungen in Betriebsvereinbarungen: i. E. *Kemper* in: Kemper/Kisters-Kölkes/Berenz/Huber, BetrAVG, § 1 Rdn. 345 f.

V. Änderungsmöglichkeiten

672 Das kollektive Günstigkeitsprinzip ist bei einer Neuregelung nicht schon dann gewahrt, wenn der Arbeitgeber gleich hohe Beträge wie bisher aufwendet. Es ist vielmehr auch zu berücksichtigen, ob der Arbeitgeber bei einer BAV aus Entgeltumwandlung Sozialversicherungsbeiträge einspart.[62]

673 Unabhängig von den vorstehend geschilderten Einschränkungen sind Ablösungen der individualrechtlichen Rechtsbegründungsakte vertragliche Einheitsregelung, Gesamtzusage und betriebliche Übung durch Betriebsvereinbarung rechtlich zulässig gewesen, soweit sie bis zum 31.12.1982 vorgenommen worden sind.[63]

674 Auch für diese ablösenden Betriebsvereinbarungen vor 1982 verlangt das BAG Änderungsgründe und die Wahrung der Besitzstände nach dem dreistufigen Prüfungsschema. An dieser Rechtsprechung wird kritisiert, dass über einen dreistufigen Besitzstand eine Rechtskontrolle erst seit 1985 vorgenommen wird. Dem begegnet die Rechtsprechung mit dem Hinweis, dass sie auch schon vor 1985 den Grundsatz des Vertrauensschutzes angewandt hat und diesen über die Drei-Stufen-Theorie nur präzisiert habe.[64]

3. Widerruf

675 Viele Leistungspläne enthalten sog. Widerrufsvorbehalte. Bei nachhaltiger Verschlechterung der wirtschaftlichen Lage, bei Änderung der sozialversicherungs- und rechtlichen, insbesondere steuerrechtlichen Verhältnisse behält sich das Unternehmen vor, die zugesagten Versorgungsleistungen zu kürzen oder einzustellen. Das Entsprechende gilt bei Treupflichtverletzungen des Versorgungsberechtigten.

a) Steuerunschädliche Vorbehalte

676 Diese Widerrufsvorbehalte werden überwiegend als steuerunschädliche Vorbehalte bezeichnet, weil sie in R 6 der Einkommensteuerricht-

---

62 BAG 23.10.2001, 3 AZR 74/01, EzA § 1 BetrAVG Ablösung Nr. 30 = DB 2002, 1383.
63 BAG 20.11.1990, 3 AZR 573/89, EzA § 77 BetrVG 1972 Nr. 38 = DB 1991, 915.
64 BAG 17.11.1992, 3 AZR 76/92, EzA § 1 BetrAVG Unterstützungskasse Nr. 10 = DB 1993, 1241; BAG 10.9.2002, 3 AZR 635/01, EzA § 1 BetrAVG Ablösung Nr. 34 = DB 2003, 1525; BAG 14.6.2005, 3 AZR 185/04, EzA BetrAVG § 3 Nr. 10 = DB 2006, 959.

linien formuliert worden sind. Die Formulierungen der Finanzverwaltung haben keine konstitutive Wirkung, sondern lediglich deklaratorische Bedeutung. Die Widerrufsvorbehalte beschreiben insoweit nur die Rechtsgrundsätze von der Störung der Geschäftsgrundlage (§ 313 BGB) und gelten auch dann, wenn sie im Leistungsplan nicht enthalten sind.[65]

b) Treupflichtvorbehalt

Nach seinem Wortlaut lässt der Treupflichtvorbehalt Widerrufsmöglichkeiten des Arbeitgebers zu, wenn der Versorgungsberechtigte in grober Weise gegen Treu und Glauben verstoßen hat oder Handlungen begeht, die zu einer fristlosen Entlassung berechtigten würden. Nicht jeder Grund für eine fristlose Entlassung berechtigt aber zum Widerruf. Es muss sich um eine besonders verwerfliche Treupflichtverletzung handeln, was im Einzelfall zu prüfen ist. So kann das Erschleichen einer unverfallbaren Anwartschaft zum Widerruf berechtigen, weil ansonsten vor Eintritt der Unverfallbarkeit das Arbeitsverhältnis beendet worden wäre.[66] Bei vielen Fallgestaltungen ist auch nur ein Widerruf der BAV für bestimmte Beschäftigungszeiten möglich, also z. B. für den Zeitraum, in dem Treupflichtverletzungen begangen wurden.[67] Hat es der ehemalige Arbeitgeber versäumt, über ein Wettbewerbsverbot eine Konkurrenztätigkeit des ehemaligen Arbeitnehmers zu verhindern, kann nicht durch das Versagen von Versorgungsleistungen der Arbeitnehmer »bestraft« werden.[68]

677

c) Freiwilligkeitsvorbehalt bei Unterstützungskassen

Im Gegensatz zu rechtsverbindlichen Versorgungszusagen enthalten Versorgungszusagen über eine Unterstützungskasse die Vorbehalte

678

---

65 BAG 17.6.2003, 3 AZR 396/02, EzA § 7 BetrAVG § 7 Nr. 69 = BetrAV 2004, 82 = DB 2004, 324.
66 BAG 8.2.1983, 3 AZR 10/81, EzA § 1 BetrAVG Nr. 24 = DB 1983, 1497; dazu auch *Kemper* in: Kemper/Kisters-Kölkes/Berenz/Huber, BetrAVG, § 1 Rdn. 363 f.
67 BAG 3.4.1990, 3 AZR 211/89, EzA § 1 BetrAVG Rechtsmissbrauch Nr. 2 = DB 1990, 1870; im Einzelnen *Kemper* in: Kemper/Kisters-Kölkes/Berenz/Huber, BetrAVG, § 1 Rdn. 360 ff.
68 BAG 3.4.1990, 3 AZR 211/89, EzA § 1 BetrAVG Rechtsmissbrauch Nr. 2 = DB 1990, 1870.

V. Änderungsmöglichkeiten

der Freiwilligkeit und den Ausschluss des Rechtsanspruchs. Diese Klauseln hat das BAG umgedeutet in ein an ausreichende sachliche Gründe gebundenes Widerrufsrecht, so dass im Ergebnis auch bei Unterstützungskassen die Eingriffsmöglichkeiten eingeschränkt sind.[69] Aus einer Versorgungszusage unter Einschaltung einer Unterstützungskasse erwächst ein Rechtsanspruch, dieser ist aber ganz oder teilweise aus sachlichem Grund widerruflich. Es gilt das dreistufige Prüfungsschema.[70]

d) Herabsetzung von Vorstandsruhegehältern bei Verschlechterung der wirtschaftlichen Lage

679 Im Zuge des VorstAG[71] wurde in § 87 Abs. 2 AktG die Möglichkeit geschaffen, Ruhegehälter von Vorstandsmitgliedern in gewissem Umfang herabzusetzen. Für die diesbezügliche Entscheidung des Aufsichtsrates gilt eine zeitliche Grenze von 3 Jahren nach Ausscheiden des Vorstandsmitglieds. Voraussetzung ist, dass sich die Lage der Gesellschaft nach der »Festsetzung« der Ruhegehälter derart verschlechtert, dass eine Weitergewährung der Bezüge für die Gesellschaft unbillig wäre.[72]

4. Änderungen und späteres Ausscheiden

680 Ist während eines bestehenden Arbeitsverhältnisses eine Änderung mittels einer Betriebsvereinbarung vorgenommen oder eine Unterstützungskassenzusage widerrufen worden, enthält die Neuregelung üblicherweise einen Besitzstand gem. § 2 BetrAVG. Scheidet der Arbeitnehmer später aus, stellt sich die Frage, ob in diesen Besitzstand eingegriffen werden kann, indem anlässlich des Ausscheidens erneut gem. § 2 Abs. 1 BetrAVG gekürzt wird.

---

69 BAG 26.8.1997, 3 AZR 235/96, EzA § 1 BetrAVG Ablösung Nr. 17 = DB 1998, 1190; BAG 16.2.2010, 3 AZR 181/08, EzA § 1 BetrAVG Ablösung Nr. 48 = DB 2010, 1833.
70 BAG 11.12.2001, 3 AZR 512/00, EzA § 1 BetrAVG Ablösung Nr. 33 = DB 2003, 293; dazu i.E. *Kemper* in: Kemper/Kisters-Kölkes/Berenz/Huber, BetrAVG, § 1 Rdn. 280 ff.
71 Gesetz zur Angemessenheit der Vorstandsvergütung vom 31.7.2009, BGBl. I S. 2509.
72 Vgl. zu den damit einhergehenden Problemen und Zweifelsfragen *Kemper* in: Kemper/Kisters-Kölkes/Berenz/Huber, BetrAVG, § 1 Rdn. 371 ff.

4. Änderungen und späteres Ausscheiden

Ist im Zuge einer abändernden Betriebsvereinbarung ein bis dahin erdienter, nach § 2 Abs. 1 BetrAVG errechneter Besitzstand als Mindestleistung garantiert worden, kann dieser Betrag bei einem späteren Ausscheiden mit unverfallbarer Anwartschaft nicht erneut nach § 2 Abs. 1 BetrAVG zeitanteilig gekürzt werden. Eine solche Berechnungsweise steht nach der Rechtsprechung des BAG in Widerspruch zu dem Grundgedanken der Besitzstandswahrung.[73] Denn der Arbeitnehmer, der im Änderungszeitpunkt ausscheiden würde, würde auf der Grundlage der bisher geltenden Regelung genau das behalten, was im Rahmen des fortbestehenden Arbeitsverhältnisses als Besitzstand definiert worden ist. Würde der betriebstreu gebliebene Arbeitnehmer später ausscheiden, würde er bei einer Kürzung anlässlich des Ausscheidens trotz längerer Betriebstreue weniger erhalten als der im Änderungszeitpunkt ausgeschiedene Arbeitnehmer. Es würde nachträglich in den zum Zeitpunkt der Ablösung erdienten Besitzstand eingegriffen. Entsprechendes gilt für einen Eingriff in die erdiente Dynamik. Das BAG prüft die Einhaltung des Besitzstandes in zwei Schritten. Zunächst ist die Versorgungsleistung nach Maßgabe der neuen Versorgungszusage zu berechnen, also der erdiente Besitzstand, die erdiente Dynamik und die nach dem Änderungsstichtag zugesagten Steigerungsbeträge aufzuaddieren. Der sich so ergebende Betrag ist mit der Unverfallbarkeitsquote im Ausscheidezeitpunkt zu gewichten. In einem zweiten Schritt ist dann zu prüfen, ob der so ermittelte Anwartschaftswert hinter der garantierten Mindestrente zurückbleibt. Ist dies der Fall, muss die garantierte Mindestrente gezahlt werden.

681

---

[73] BAG 18.3.2003, 3 AZR 221/02, EzA § 2 BetrAVG Nr. 19 = DB 2003, 2794; BAG 16.12.2003, 3 AZR 39/03, EzA § 1 BetrAVG Ablösung Nr. 41 = DB 2004, 1051; dazu auch *Engelstädter* FS Kemper, S. 143 ff.

VI. Mitbestimmung des Betriebsrats

Die arbeitgeberfinanzierte BAV ist eine betriebliche Sozialleistung. Arbeitgeber und Betriebsrat sollten gemeinsam diese Leistung tragen. Deshalb beruht die BAV häufig auf einer Betriebsvereinbarung. Andererseits handelt es sich bei der arbeitgeberfinanzierten BAV um eine freiwillige Sozialleistung: Kein Arbeitgeber ist verpflichtet, eine von ihm finanzierte betriebliche Altersversorgung zu gewähren (zu den Mitbestimmungsrechten bei Entgeltumwandlung Rn. 699 ff.). Dies bedeutet, dass zwar auf freiwilliger Basis alle Aspekte der BAV gemeinsam von den Betriebspartnern beschlossen werden können, dies aber vom Betriebsrat nicht in vollem Umfang erzwungen werden kann. 682

Man unterscheidet deshalb bei den Mitbestimmungsrechten des Betriebsrats im Bereich der BAV zwischen mitbestimmungsfreien und mitbestimmungspflichtigen Räumen. Nur soweit eine mitbestimmungspflichtige Angelegenheit vorliegt, besteht ein erzwingbares Mitbestimmungsrecht des Betriebsrats. Soweit ein Mitbestimmungsrecht reicht, besteht ein Initiativrecht des Betriebsrats. Dies bedeutet, dass der Betriebsrat von sich aus Vorschläge zur Neugestaltung einer BAV machen kann. Dabei ist aber zu berücksichtigen, dass seine Vorschläge nur unter Wahrung des Gesamtaufwandes für die BAV (Dotierungsrahmen) umgesetzt werden können. Eine vom Betriebsrat angeregte Verbesserung im Leistungsspektrum ist folglich durch Reduzierungen an anderer Stelle zu kompensieren. 683

Die Ausgestaltung und der Umfang der Mitbestimmungsrechte sind in den Durchführungswegen unterschiedlich. 684

1. Gesetzliche Grundlagen

Die Mitbestimmungsrechte des Betriebsrates bei der BAV ergeben sich aus § 87 Abs. 1 Nr. 8 oder Nr. 10 BetrVG. Ein Mitbestimmungsrecht besteht nur dann, wenn keine gesetzlichen oder tariflichen Regelungen bestehen. Dies ergibt sich aus § 87 Abs. 1 Einleitungssatz BetrVG und § 77 Abs. 3 BetrVG.[1] 685

---

[1] Im Einzelnen *Kemper* in: Kemper/Kisters-Kölkes/Berenz/Huber, BetrAVG, § 1 Rdn. 375 ff.

VI. Mitbestimmung des Betriebsrats

2. Abgrenzung von mitbestimmungsfreien und mitbestimmungspflichtigen Räumen

686 Wegen der grundsätzlichen Freiwilligkeit der arbeitgeberfinanzierten BAV unterliegen nur Teilbereiche der erzwingbaren Mitbestimmung. Das gilt für alle Durchführungswege gleichermaßen.

a) Mitbestimmungsfreie Räume

687 Die wesentlichen Grundentscheidungen bei der arbeitgeberfinanzierten BAV kann der Arbeitgeber ohne Einschaltung des Betriebsrats einseitig treffen.

- **Einführung und Abschaffung**

688 Der Arbeitgeber kann mitbestimmungsfrei entscheiden, ob er überhaupt eine von ihm finanzierte BAV einführt oder diese abschafft (für neu in das Unternehmen eintretende Arbeitnehmer).[2]

689 Bei Einführung einer BAV endet die mitbestimmungsfreie Entscheidung des Arbeitgebers dann, wenn er den Entschluss gefasst hat, eine BAV einzuführen, und die Entscheidungen zum Dotierungsrahmen, Durchführungsweg und begünstigten Personenkreis getroffen hat. Nachdem diese Entscheidungen gefallen sind, setzt das Mitbestimmungsrecht des Betriebsrats ein. Dieses erstreckt sich im Wesentlichen auf die Ausgestaltung des Leistungsplans (Verteilungsgrundsätze, Leistungsgerechtigkeit). Hat der Arbeitgeber einen Entschluss zur Einführung einer BAV gefasst und bekannt gemacht, kann er diesen nicht mehr einseitig zurücknehmen, wenn es über mitbestimmungspflichtige Fragen mit dem Betriebsrat keine Einigung gibt. Hier muss notfalls ein Einigungsstellenspruch herbeigeführt werden.

- **Durchführungsweg**

690 Der Arbeitgeber kann mitbestimmungsfrei den Durchführungsweg vorgeben. Auch beim **Wechsel des Durchführungsweges**, für den es z. B. wirtschaftliche oder bilanzielle Gründe geben kann, hat der Be-

---

2 Zur Schließung eines Versorgungssystems für Neuzugänge *Kemper* in: Kemper/Kisters-Kölkes/Berenz/Huber, BetrAVG, § 1 Rdn. 262 f.

2. Abgrenzung von mitbestimmungsfreien u. -pflichtigen Räumen

triebsrat kein Mitbestimmungsrecht.³ Individualrechtlich müssen dabei die Rechtspositionen der Begünstigten gewahrt bleiben. Vielfach ist die Änderung des Durchführungsweges mit inhaltlichen Änderungen der Versorgungszusage verbunden. Jede Änderung führt dazu, dass insoweit Mitbestimmungsrechte des Betriebsrats bestehen und die Drei-Stufen-Theorie des BAG (s. Rn. 630 ff.) zu beachten ist.

Die Wahl des Durchführungsweges fällt in die Entscheidungsfreiheit des Arbeitgebers, weil es beim Durchführungsweg im Wesentlichen um die **Finanzierung der BAV** geht. Bei der unmittelbaren Versorgungszusage bleiben z. B. die Mittel im Unternehmen, während bei den mittelbaren Durchführungswegen die Mittel ausgelagert, also bei einem externen Versorgungsträger angelegt werden. Aus Sicht der Arbeitnehmer ist dieser Aspekt unbedeutend. In allen Durchführungswegen besteht eine vergleichbare arbeitsrechtliche Verpflichtung des Arbeitgebers (§ 1 Abs. 1 S. 3 BetrAVG). 691

Hat der Arbeitgeber sich aber vertraglich auf einen Durchführungsweg festgelegt und ist dieser Durchführungsweg Vertragsbestandteil geworden, kann der Arbeitgeber nicht einfach einen anderen Durchführungsweg wählen. Er braucht hierzu dann die Zustimmung des einzelnen Arbeitnehmers und, wenn Verteilungsgrundsätze berührt werden, auch diejenige des Betriebsrats. Dies gilt auch für den Fall, dass nur für die erst zukünftig zu erdienende Anwartschaft ein (partieller) Wechsel des Durchführungsweges vorgenommen werden soll. Ob eine solche Festlegung erfolgte, ist im Einzelfall zu prüfen.⁴ 692

Von dem Wechsel des Durchführungsweges ist eine Kombination von Durchführungswegen zu unterscheiden. Hat z. B. der Arbeitgeber seinen Arbeitnehmern eine unmittelbare Versorgungszusage erteilt und schließt er später Direktversicherungen ab, deren Leistungen auf die unmittelbar zugesagten Leistungen angerechnet werden, ist – auch bei Festlegung auf einen bestimmten Durchführungsweg – nicht die Zustimmung des einzelnen Arbeitnehmers erforderlich, weil es bei dem ursprünglich gewählten Durchführungsweg bleibt. Der Arbeitgeber hat nur das Finanzierungsverfahren geändert, ohne in Rechte 693

---

3 BAG 16.2.1993, 3 ABR 29/92, EzA § 87 BetrVG 1972 Betriebliche Lohngestaltung Nr. 41 = DB 1993, 1240; BAG 29.7.2003, 3 ABR 34/02, EzA § 87 BetrVG 2001 Lohngestaltung Nr. 2 = DB 2004, 943.
4 BAG 12.6.2007, 3 AZR 186/06, EzA § 1 BetrAVG Nr. 90 = DB 2008, 2034; dazu *Kemper* in: Kemper/Kisters-Kölkes/Berenz/Huber, BetrAVG, § 1 Rdn. 257; *Thüsing/Granetzny* BetrAV 2009, 485; *Löwisch/Diller* BetrAV 2010, 411; *Reinecke* DB 2010, 2392.

VI. Mitbestimmung des Betriebsrats

des Arbeitnehmers einzugreifen. Auch Mitbestimmungsrechte des Betriebsrats werden i. d. R. nicht tangiert, weil das Leistungsspektrum erhalten bleibt. Die Auszahlung durch zwei Versorgungsträger ist keine Änderung des Leistungsplanes.

- **Personenkreis**

694 Welche Arbeitnehmer von BAV begünstigt werden sollen, kann der Arbeitgeber einseitig unter Wahrung des **Gleichberechtigungs- und Gleichbehandlungsgrundsatzes**[5] festlegen. Dabei ist der Arbeitgeber also nicht völlig frei. Will er Differenzierungen innerhalb der Belegschaft vornehmen, muss er hierfür sachliche Gründe haben.

- **Dotierungsrahmen**

695 Der wichtigste mitbestimmungsfreie Raum für den Arbeitgeber ist die Festlegung des Dotierungsrahmens. Den Gesamtaufwand für die arbeitgeberfinanzierte BAV bestimmt der Arbeitgeber. Der Betriebsrat hat keine Mitbestimmungsrechte. Das gilt auch für die Herabsetzung des Dotierungsrahmens. Da dies mit einer Änderung des Leistungsplanes verbunden ist, sind dabei die Grundsätze zu berücksichtigen, die für die Änderung von Versorgungszusagen gelten (vgl. hierzu Rn. 615 ff.).

696 Der Dotierungsrahmen ist keine feststehende Größe, die einmalig festgelegt wird. Sie passt sich z. B. dynamisch dem Verpflichtungsvolumen an, das mit jeder neu erteilten Versorgungszusage erweitert wird.

b) Mitbestimmungspflichtige Räume

697 Kernbereich der erzwingbaren Mitbestimmung sind die **Verteilungsgrundsätze** für die vom Arbeitgeber zur Verfügung gestellten gesamten Versorgungsmittel, also die Leistungsplangestaltung und die damit verbundene Verteilungsgerechtigkeit der Gesamtaufwendungen für die einzelnen Begünstigten, soweit der vom Arbeitgeber vorgegebene Dotierungsrahmen eingehalten wird. Eine Umverteilung der Versorgungsmittel kann jederzeit Gegenstand einer Initiative des Betriebs-

---

5 Dazu Rn. 105 ff.

2. Abgrenzung von mitbestimmungsfreien u. -pflichtigen Räumen

rats (oder des Arbeitgebers) sein.[6] Zum mitbestimmungspflichtigen Bereich gehört auch das umfassende Informationsrecht des Betriebsrats über die beim Unternehmen bestehende BAV. Das Initiativrecht stößt naturgemäß an Grenzen, weil die Initiative des Betriebsrats i. d. R. auf eine Ausweitung des Dotierungsrahmens gerichtet ist. Dies kann der Betriebsrat nicht verlangen. Macht er von seinem Initiativrecht Gebrauch, muss er Vorschläge unterbreiten, die den vom Arbeitgeber vorgegebenen Dotierungsrahmen berücksichtigen, also z. B. bei Verbesserungsvorschlägen auch Kürzungen der BAV an anderer Stelle aufzeigen.

Die Reduzierung des Dotierungsrahmens ist grundsätzlich mitbestimmungsfrei. Auf dem abgesenkten Niveau setzt aber die erzwingbare Mitbestimmung bei der Leistungsplangestaltung ein. Nur wenn bei Kürzung oder Einstellung von Versorgungsleistungen aus tatsächlichen und rechtlichen Gründen kein Verteilungsspielraum für die reduzierten Versorgungsmittel bleibt, ein abweichender Leistungsplan also nicht aufgestellt werden kann, sind derartige Eingriffe mitbestimmungsfrei.[7] Das ist z. B. der Fall, wenn eine Reduzierung entsprechend der Drei-Stufen-Theorie[8] erfolgt und sowohl sachlich-proportionale als auch triftige Eingriffsgründe vorliegen und nur die erste Besitzstandsstufe erhalten bleiben kann.[9]

698

c) Mitbestimmung bei Entgeltumwandlung

Die Mitbestimmungsrechte des Betriebsrats sind bei der Entgeltumwandlung nach § 1a BetrAVG eingeschränkt.[10] Die entscheidenden Gestaltungsrechte haben der einzelne Arbeitnehmer, der konkrete Arbeitgeber und die Tarifvertragsparteien.

699

---

6 BAG 12.6.1975, 3 ABR 66/74, EzA § 87 BetrVG 1972 Lohn- und Arbeitsentgelt Nr. 3 = BB 1975, 1065.
7 BAG 21.1.2003, 3 AZR 30/02, EzA § 3 BetrAVG Nr. 9 = DB 2003, 2130.
8 Siehe dazu Rn. 630 ff.
9 BAG 9.12.2008, 3 AZR 384/07, EzA § 1 BetrAVG Ablösung Nr. 47 = DB 2009, 1548; BAG 9.12.2008, 3 AZR 385/07, n. v.; dazu auch *Schlewing* NZA 2010, 529.
10 Dazu umfassend *Hanau/Arteaga/Rieble/Veit* Entgeltumwandlung, 2. Aufl., Rdn. 425 ff.; *Blomeyer/Rolfs/Otto* § 1a Rdn. 56 ff.; *Kemper* in: Kemper/Kisters-Kölkes/Berenz/Huber, BetrAVG, § 1 Rdn. 425 ff., dort auch zur Mitbestimmung bei Entgeltumwandlung außerhalb § 1a BetrAVG.

VI. Mitbestimmung des Betriebsrats

700 Bei der Entgeltumwandlung gibt es keine Entscheidungsfreiheit des Arbeitgebers. Macht der einzelne Arbeitnehmer den Anspruch gem. § 1a BetrAVG gegenüber seinem Arbeitgeber geltend, muss der Arbeitgeber dem nachkommen.

701 § 1a BetrAVG bestimmt auch im Einzelnen die Durchführung des Anspruchs. Insbesondere werden Bestimmungsrechte über die Wahl des Durchführungsweges im Einzelnen festgelegt. Der Arbeitgeber kann einseitig den Durchführungsweg der BAV bei der Entgeltumwandlung bestimmen.[11]

702 Anders als bei der arbeitgeberfinanzierten BAV kann der Arbeitgeber bei der Entgeltumwandlung den begünstigten Personenkreis nicht bestimmen, da ein individualrechtlicher Anspruch des einzelnen Arbeitnehmers besteht.

703 Von besonderer Wichtigkeit ist, dass es bei der BAV aus Entgeltumwandlung überhaupt keinen vom Arbeitgeber mitbestimmungsfrei zu bestimmenden Dotierungsrahmen gibt. Die Mittel, die für die BAV eingesetzt werden, werden von den Arbeitnehmern selbst aufgebracht. Der Gesamtaufwand bestimmt sich aus der Addition der von den einzelnen Arbeitnehmern geleisteten Entgeltumwandlungsbeträge.

704 Man kann also im Ergebnis sagen, dass die bei der arbeitgeberfinanzierten BAV bestehenden mitbestimmungsfreien Räume durch die Regelung in § 1a BetrAVG für den Arbeitgeber beschränkt worden sind, allerdings nicht in Richtung einer Erweiterung der Rechte des Betriebsrats, sondern als Gestaltungsrecht der einzelnen Arbeitnehmer.

705 Überträgt man den mitbestimmungspflichtigen Bereich der arbeitgeberfinanzierten BAV auf die BAV aus Entgeltumwandlung, so ist nichts dagegen einzuwenden, wenn der Arbeitgeber den Betriebsrat über die Rahmenbedingungen einer Entgeltumwandlung informiert, was auch personalpolitisch sinnvoll ist. Andererseits dürften diese Informationspflichten nicht so weit gehen, dass der Betriebsrat über den Inhalt der individuellen Entgeltumwandlungen zu unterrichten ist. Schon aus Datenschutzgründen ist dem einzelnen Arbeitnehmer nicht zuzumuten, dass der Betriebsrat über die Höhe der Entgeltumwandlung unterrichtet wird.

---

11 BAG 19.7.2005, 3 AZR 502/04 (A), EzA § 1a BetrAVG Nr. 1 = DB 2005, 2252.

3. Ausgestaltung der Mitbestimmungsrechte

Die bei der arbeitgeberfinanzierten BAV sinnvolle erzwingbare Mitbestimmung bei den Verteilungsgrundsätzen geht bei der BAV aus Entgeltumwandlung ins Leere. Es gibt keinen vom Arbeitgeber gesetzten Gesamtdotierungsrahmen. Der Gesichtspunkt der Verteilungsgerechtigkeit hat bei der Entgeltumwandlung keine Bedeutung. Die Mittel, die für die BAV eingesetzt werden, werden vom Versorgungsberechtigten selbst aufgebracht und sind ausschließlich für seine eigene Altersversorgung zu verwenden. Eine andere »Verteilung« ist nicht denkbar. Zudem ist gesetzlich die Wertgleichheit vorgegeben. 706

Die Mitbestimmungsrechte des Betriebsrats bei der Entgeltumwandlung finden aber nicht nur ihre Grenzen in den Rechten des einzelnen Arbeitnehmers oder des konkreten Arbeitgebers. Von § 1a BetrAVG kann in Tarifverträgen abgewichen werden (§ 17 Abs. 3 S. 1 BetrAVG). Nehmen die Tarifvertragsparteien diese Kompetenz wahr – wie in der Praxis schon häufig geschehen (z. B. Metall- und Elektroindustrie) –, gibt es keine Möglichkeit, Betriebsvereinbarungen zu schließen, wenn der Tarifvertrag dies nicht ausdrücklich zulässt (§ 77 Abs. 3 BetrVG). Es entfallen alle Mitbestimmungsrechte des Betriebsrats. Mitbestimmungsrechte des Betriebsrats können auch nicht aus § 87 Abs. 1 Nr. 4 oder Nr. 11 BetrVG hergeleitet werden.[12] 707

Allerdings können – soweit tarifvertraglich zugelassen (Öffnungsklauseln) – ergänzende Betriebsvereinbarungen abgeschlossen werden (§ 77 Abs. 3 BetrVG). In diesen können die Formalien für die Entgeltumwandlung, die Transformationstabelle für eine beitragsorientierte Leistungszusage usw. geregelt sein. 708

3. Ausgestaltung der Mitbestimmungsrechte bei den einzelnen Durchführungswegen

Für die einzelnen Durchführungswege gibt es für die Mitbestimmung des Betriebsrats unterschiedliche gesetzliche Grundlagen und Ausgestaltungen. 709

---

12 Dazu *Hanau/Arteaga/Rieble/Veit* Entgeltumwandlung, Rdn. 429 f.; *Perreng* FS Kemper, S. 347; weitere Einzelheiten bei *Kemper* in: Kemper/Kisters-Kölkes/Berenz/Huber, BetrAVG, § 1 Rdn. 436.

VI. Mitbestimmung des Betriebsrats

a) Unmittelbare Versorgungszusagen und Direktversicherungen

710 Bei unmittelbaren Versorgungszusagen und Direktversicherungen ist Grundlage für die Mitbestimmung § 87 Abs. 1 Nr. 10 BetrVG. Mitbestimmungspflichtig sind Fragen der **betrieblichen Lohngestaltung** (Verteilungsgerechtigkeit). BAV wird als Soziallohn begriffen. Das Mitbestimmungsrecht erfasst nur die **Leistungsplangestaltung** innerhalb des vom Arbeitgeber vorgegebenen Dotierungsrahmens. Es besteht kein Mitbestimmungsrecht bei der Anlage der Mittel, die zur Finanzierung der BAV erforderlich sind.

b) Unterstützungskassen, Pensionskassen und Pensionsfonds

711 Bei Unterstützungskassen, Pensionskassen und beim Pensionsfonds kann sich das Mitbestimmungsrecht des Betriebsrats aus § 87 Abs. 1 Nr. 8 BetrVG, aber auch aus § 87 Abs. 1 Nr. 10 BetrVG ergeben. § 87 Abs. 1 Nr. 8 BetrVG kommt zur Anwendung, wenn die Pensionskasse, der Pensionsfonds oder die Unterstützungskasse eine Sozialeinrichtung eines einzelnen Unternehmens oder eines Konzerns ist. Der Betriebsrat hat dann bei **Form, Ausgestaltung und Verwaltung** dieser Sozialeinrichtungen mitzubestimmen. Dies bedeutet, dass nicht nur der Leistungsplan mitbestimmungspflichtig ist, sondern auch die Mittelanlage, d. h. der Betriebsrat bestimmt mit darüber, ob die Mittel dem Arbeitgeber als Trägerunternehmen zur Verfügung gestellt werden oder z. B. bei einer Bank angelegt werden.[13]

712 Überbetriebliche Pensions- und Unterstützungskassen (zum Pensionsfonds Rn. 713 und 718) unterliegen der erzwingbaren Mitbestimmung nur eingeschränkt. Das Mitbestimmungsrecht ergibt sich bei ihnen aus § 87 Abs. 1 Nr. 10 BetrVG als Auffangtatbestand. Die Betriebsräte der einzelnen nicht miteinander verbundenen Trägerunternehmen können bei derartigen Unterstützungs- und Pensionskassen allenfalls mittelbar Einfluss auf die Willensbildung dieser überbetrieblichen Einrichtungen nehmen.[14]

---

[13] Zu weiteren Verwaltungsentscheidungen *Kemper* in: Kemper/Kisters-Kölkes/Berenz/Huber, BetrAVG, § 1 Rdn. 411 ff.
[14] BAG 22.4.1986, 3 AZR 100/83, EzA § 87 BetrVG 1972 Altersversorgung Nr. 1 = DB 1986, 1343; BAG 9.5.1989, 3 AZR 439/88, EzA § 87 BetrVG 1972 Altersversorgung Nr. 3 = DB 1989, 2491.

4. Mitbestimmung bei Pensions-, Unterst.-kassen und Pensionsfonds

Auch ein Pensionsfonds kann eine Sozialeinrichtung i. S. d. § 87 Abs. 1 Nr. 8 BetrVG sein, wenn er z. B. von einem Konzern betrieben wird. Erbringt ein Pensionsfonds Versorgungsleistungen für mehrere Arbeitgeber, die nicht einen Konzern bilden, sind Mitbestimmungsrechte wie bei einer überbetrieblichen Pensions- oder Unterstützungskasse gegeben. Da nach der gesetzlichen Definition in § 112 Abs. 1 Nr. 1 VAG der Pensionsfonds Trägerunternehmen für eine Vielzahl von Arbeitgebern sein kann, sind bei diesem Durchführungsweg die Mitbestimmungsrechte in aller Regel eingeschränkt. Diese Einschränkung resultiert auch daraus, dass der Pensionsfonds einen oder mehrere Pensionspläne vorgibt, denen sich die Trägerunternehmen anschließen können.

713

4. Organisation der Mitbestimmung bei Pensions-, Unterstützungskassen und beim Pensionsfonds

Es gibt **zwei Modalitäten** der Organisation der Mitbestimmung bei Pensions- und Unterstützungskassen, die grundsätzlich auch für den Pensionsfonds Anwendung finden können.[15]

714

a) Zweistufige Form

Die **zweistufige Form** entspricht der Betriebsverfassung. Das Mitbestimmungsrecht des Betriebsrats besteht nicht gegenüber der rechtlich selbstständigen Sozialeinrichtung, sondern gegenüber dem Arbeitgeber. Deshalb muss der Betriebsrat Mitbestimmungsrechte in einer Pensions- oder Unterstützungskasse zunächst in einer ersten Stufe gegenüber dem Arbeitgeber (Trägerunternehmen) reklamieren und eine Regelungsabrede,[16] ggf. auch eine Betriebsvereinbarung, herbeiführen. In einer zweiten Stufe hat der Arbeitgeber die Inhalte der Absprache mit dem Betriebsrat in die Pensionskasse oder Unterstützungskasse zu transformieren. Er hat die von ihm beherrschten Organe der Sozialeinrichtung anzuweisen, die mit dem Betriebsrat vereinbarten Leistungsinhalte innerhalb der Pensions- oder Unterstützungskasse formgemäß umzusetzen. Geht es z. B. um eine Verwal-

715

---

15 Dazu siehe Rn. 718.
16 BAG 27.8.1996, 3 ABR 38/95, n. v.

VI. Mitbestimmung des Betriebsrats

tungsangelegenheit einer Unterstützungskasse (z. B. Vermögensanlage), so müssen sich Arbeitgeber und Betriebsrat zunächst darüber verständigen, wie das Kassenvermögen angelegt wird, z. B. als Darlehen beim Trägerunternehmen oder in festverzinslichen Wertpapieren. Der Arbeitgeber hat das Ergebnis der Einigung anschließend durch entsprechende Beschlüsse, die von den Organen der Kasse gefasst werden, umzusetzen.

b) Organschaftliche Form

716 Die zweistufige Mitbestimmungsform ist kompliziert. Deshalb ist es üblich, dass sich Arbeitgeber und Betriebsrat darauf einigen, die Organe der Pensions- oder Unterstützungskasse paritätisch zu besetzen. Dies nennt man die **verbandsrechtliche oder organschaftliche Form.** Ob die zweistufige oder organschaftliche Form gewählt wird, kann Gegenstand einer Einigungsstelle sein.[17] Solange die organschaftliche Lösung praktiziert wird, sind Arbeitgeber und Betriebsrat an sie gebunden.[18] Die Betriebspartner können aber jederzeit und auch nur vorübergehend zur zweistufigen Lösung zurückkehren.[19]

717 Die organschaftliche Lösung setzt voraus, dass die Organe der Sozialeinrichtung nach Satzung oder Gesellschaftsvertrag paritätisch besetzt sind. Wird eine Unterstützungskasse z. B. in der Rechtsform eines eingetragenen Vereins geführt, muss der Vorstand aus einer gleichen Anzahl von Arbeitgeber- und Arbeitnehmervertretern bestehen. Bei einer Pensionskasse stößt die organschaftliche Form an Grenzen, weil Betriebsräte häufig nicht die Anforderungen der Finanzaufsicht für die Qualifikationen von Organmitgliedern erfüllen.[20]

---

17 BAG 13.7.1978, 3 ABR 108/77, EzA § 87 BetrVG 1972 Sozialeinrichtung Nr. 9 = DB 1978, 2129; dazu auch *Kemper* Gedenkschrift Blomeyer, S. 157 ff.
18 BAG 13.7.1978, 3 ABR 108/77, EzA § 87 BetrVG 1972 Sozialeinrichtung Nr. 9 = DB 1978, 2129.
19 Dazu BAG 16.2.2010, 3 AZR 181/08, EzA § 1 BetrAVG Ablösung Nr. 48 = DB 2010, 1833.
20 Dazu im Einzelnen *Kemper* in: Kemper/Kisters-Kölkes/Berenz/Huber, BetrAVG § 1 Rdn. 408.

4. Mitbestimmung bei Pensions-, Unterst.-kassen und Pensionsfonds

c) Pensionsfonds

Beim Pensionsfonds kommt – ähnlich wie bei einer Pensionskasse – praktisch nur die zweistufige Form in Betracht. Denn beim Pensionsfonds, der immer in der Rechtsform einer Aktiengesellschaft oder eines Pensionsfondsvereins auf Gegenseitigkeit zu führen ist, ist eine paritätische Besetzung der Organe deshalb nicht möglich, weil die Organmitglieder des Pensionsfonds wie bei einer Pensionskasse eine besondere Qualifikation erfüllen müssen.[21] Hinzu kommt, dass der Aufsichtsrat zwingend mit einer Personenzahl zu besetzen ist, die durch drei teilbar ist.[22] Zwar könnte in der Satzung eine Anzahl von 6, 12 oder 18 Personen festgelegt sein. Da in einem solchen Fall aber zur Lösung von Pattsituationen ein Aufsichtsratsmitglied i. d. R. ein doppeltes Stimmrecht hat, ist bei einer solchen Vorgehensweise keine Parität gegeben. Da für den Pensionsfonds keine abweichenden gesetzlichen Bestimmungen zur Besetzung des Aufsichtsrats gelten,[23] ist eine organschaftliche Lösung dort nicht umsetzbar.

718

d) Umfang der Mitbestimmungsrechte

Während bei unmittelbaren Versorgungszusagen und bei Direktversicherungszusagen das Mitbestimmungsrecht des Betriebsrats auf die Leistungsplangestaltung beschränkt ist, ist bei den mittelbaren Durchführungswegen das Mitbestimmungsrecht erweitert, soweit es sich um Unternehmens- oder Konzerneinrichtungen handelt. In diesem Fall ergibt sich aus § 87 Abs. 1 Nr. 8 BetrVG ein Mitbestimmungsrecht nicht nur bei der Leistungsplangestaltung (Ausgestaltung), sondern auch bei der Form und Verwaltung der Sozialeinrichtung. Während die Rechtsform der Sozialeinrichtung für die arbeitsrechtlichen Verpflichtungen im Wesentlichen ohne Bedeutung ist, ist die Verwaltung[24] als mitbestimmungsrechtlicher Tatbestand insofern von Bedeutung, als dem Betriebsrat z. B. bei der **Anlage des Vermögens** ein Mitbestimmungsrecht zusteht. Denn zur Verwaltung einer Sozialeinrichtung gehört auch die Vermögensanlage. Dies bedeutet z. B. für

719

---
21 § 7a VAG.
22 § 95 Abs. 1 S. 2 AktG; § 35 Abs. 1 S. 2 VAG.
23 § 113 VAG.
24 Zum Begriff Verwaltung im Einzelnen *Kemper* in: Kemper/Kisters-Kölkes/Berenz/Huber, BetrAVG § 1 Rdn. 411 ff.

VI. Mitbestimmung des Betriebsrats

rückgedeckte Unterstützungskassen, dass ein Mitbestimmungsrecht bei der Auswahl des Versicherers besteht, wenn es sich um eine Firmenunterstützungskasse (Konzernunterstützungskasse) handelt. Entsprechendes gilt für eine Pensionskasse und einen Pensionsfonds.

720 Derartige Mitbestimmungsrechte gibt es bei der **unmittelbaren Versorgungszusage** und bei der **Direktversicherung** nicht, da bei diesen Durchführungswegen keine Sozialeinrichtung besteht und folglich § 87 Abs. 1 Nr. 8 BetrVG nicht anzuwenden ist. Es gibt bei diesen Durchführungswegen keine »abgesonderten Vermögenswerte, die sozialen Belangen dienen«. Dies gilt auch dann, wenn für unmittelbare Versorgungszusagen Rückdeckungsversicherungen abgeschlossen worden sind oder eine Vermögensanlage in Wertpapieren erfolgt.

721 Bei Treuhandmodellen (Contractual Trust Arrangements – CTA) liegen keine Sozialeinrichtungen gem. § 87 Abs. 1 Nr. 8 BetrVG vor.[25] Folglich ist die Vermögensauslagerung auf einen Trust nicht mitbestimmungspflichtig, auch dann nicht, wenn den Arbeitnehmern über die treuhänderische Ausgestaltung im Rahmen eines Vertrages zugunsten Dritter Sicherungsrechte eingeräumt wurden.

e) Umsetzung eines mitbestimmten Leistungsplans

722 Für die Umsetzung eines mitbestimmten Leistungsplans ist der Vorstand oder die Geschäftsführung der Sozialeinrichtung zuständig.[26] Es ist nicht erforderlich, dass jede Änderung des Leistungsplans jedem betroffenen Arbeitnehmer persönlich mitgeteilt wird. Eine allgemeine Bekanntmachung im Betrieb reicht aus. Die betroffenen Arbeitnehmer müssen nur die Möglichkeit zur Kenntnisnahme haben.[27] Eine besondere Form ist nicht vorgeschrieben.[28]

---

25 Zum Outsourcing von Pensionsverpflichtungen *Reichenbach* FS Kemper, S. 365 f.; *Klemm* BetrAV 2006, 132; *Passarge* BetrAV 2006, 127; dazu auch *Kemper* in: Kemper/Kisters-Kölkes/Berenz/Huber, BetrAVG, § 1 Rdn. 398.
26 BAG 11.2.1992, 3 AZR 113/91, EzA § 1 BetrAVG Zusatzversorgung Nr. 4 = DB 1993, 989.
27 BAG 14.12.1993, 3 AZR 618/93, EzA § 7 BetrVG Nr. 47 = DB 1994, 686.
28 BAG 11.2.1992, 3 AZR 113/91, EzA § 1 BetrAVG Zusatzversorgung Nr. 4 = DB 1993, 989.

5. Zuständigkeiten

Grundsätzlich ist der Betriebsrat in Mitbestimmungsfragen zuständig. Besteht ein **Gesamtbetriebsrat**, sind nicht die einzelnen Betriebsräte für die BAV zuständig, sondern der Gesamtbetriebsrat (§ 50 Abs. 1 S. 1 BetrVG). Für Fragen der BAV gibt es die Notwendigkeit einer unternehmenseinheitlichen Regelung.[29] 723

Die Zuständigkeit des Gesamtbetriebsrats ist zwingend und kann weder durch Tarifvertrag noch durch Betriebsvereinbarung abbedungen werden. Wird auf betrieblicher Ebene eine freiwillige Betriebsvereinbarung abgeschlossen, um einer betriebsübergreifenden Regelung vorzugreifen, geht diese Betriebsvereinbarung ins Leere. Es kann folglich durch einen solchen Vorgriff nicht erreicht werden, dass Änderungen nur noch auf betrieblicher Ebene möglich sind.[30] 724

Für eine konzerneinheitliche BAV ist der **Konzernbetriebsrat** zuständig (§ 58 Abs. 1 BetrAVG). Es gelten dieselben Kriterien für die Bestimmung der Zuständigkeit des Konzernbetriebsrats wie bei einem Gesamtbetriebsrat.[31] 725

Der Betriebsrat kann nicht auf seine Mitbestimmungsrechte verzichten.[32] 726

6. Verletzung des Mitbestimmungsrechts

Der Betriebsrat kann die Verletzung des Mitbestimmungsrechts im Beschlussverfahren vor den Arbeitsgerichten geltend machen.[33] 727

---

29 BAG 8.12.1981, 3 ABR 53/80, EzA § 242 BGB Ruhegeld Nr. 96 = DB 1982, 46; BAG 21.1.2003, 3 ABR 26/02, EzA § 50 BetrVG 2001 Nr. 2 = DB 2003, 2131; BAG 9.12.2003, 1 ABR 49/02, EzA § 50 BetrVG 2001, Nr. 3 = NZA 2005, 234.
30 BAG 21.1.2003, 3 ABR 26/02, EzA § 50 BetrVG 2001 Nr. 2 = DB 2003, 2131.
31 BAG 14.12.1993, 3 AZR 618/93, EzA § 7 BetrAVG Nr. 47 = DB 1994, 686; BAG 17.6.2003, 3 ABR 43/02, EzA § 1 BetrAVG Ablösung Nr. 40 = DB 2004, 714; BAG 24.1.2006, 3 AZR 483/04, EzA § 1 BetrAVG Ablösung Nr. 46 = FA 2007, 86; BAG 29.1.2008, 3 AZR 46/06; dazu auch *Hanau* FS Kemper, S. 165 ff.; i. E. *Kemper* in: Kemper/Kisters-Kölkes/Berenz/Huber, BetrAVG, § 1 Rdn. 420.
32 BAG 29.1.2008, 3 AZR 42/06, EzA § 87 BetrVG 2001 Betriebliche Lohngestaltung Nr. 14 = DB 2008, 1980.
33 BAG 3.5.1994, 1 ABR 24/93, EzA § 23 BetrVG 1972 Nr. 36 = DB 1994, 2450.

VI. Mitbestimmung des Betriebsrats

728 Eine Verletzung des Mitbestimmungsrechts des Betriebsrats hat die Unwirksamkeit der einseitig vom Arbeitgeber getroffenen Maßnahme zur Folge. Eine einseitig vom Arbeitgeber vorgenommene Änderung einer bestehenden Versorgungszusage ist damit unwirksam.[34] Die Versorgungsanwartschaften der betroffenen Arbeitnehmer bleiben so bestehen, wie sie ohne die Einflussnahme des Arbeitgebers zuvor bestanden haben. Der bisherige Rechtszustand bleibt solange bestehen, bis sich Arbeitgeber und Betriebsrat auf die Änderung verständigt haben. Eine Ausnahme besteht lediglich bei einer Gruppenunterstützungskasse, wenn der Arbeitgeber die mit dem Betriebsrat abgestimmte Regelung aufgrund der Abstimmungsverhältnisse nicht umsetzen kann.[35] Die Verletzung von Mitbestimmungsrechten des Betriebsrats führt nicht dazu, dass sich individualrechtliche Ansprüche ergeben, die noch nicht bestanden haben.[36]

729 Die Mitbestimmungsrechte des Betriebsrats sind aber nicht nur dann zu beachten, wenn der Arbeitgeber einseitig eine Änderung vornehmen will, sondern auch, wenn mit jedem einzelnen von einer Änderung betroffenen Arbeitnehmer eine Vereinbarung abgeschlossen werden soll, in der z. B. der aktive Arbeitnehmer dazu bewegt werden soll, auf seine Versorgungsanwartschaft teilweise zu verzichten. Erfolgt dieser Verzicht im Zusammenhang mit einer Veränderung der Verteilungsgrundsätze, ist zur Wirksamkeit die ordnungsgemäße Beteiligung des Betriebsrats erforderlich.[37]

730 Hat der Arbeitgeber allerdings unter Verletzung der Mitbestimmungsrechte des Betriebsrats eine BAV eingeführt, kann es ihm aus Gründen des Vertrauensschutzes verwehrt sein, sich auf die Unwirksamkeit zu

---

34 BAG 19.7.2005, 3 AZR 472/04, EzA § 1 BetrAVG Betriebliche Übung Nr. 7 = DB 2006, 343; BAG 29.1.2008, 3 AZR 46/06; zur Theorie der Wirksamkeitsvoraussetzungen bei den Arbeitnehmer belastenden Maßnahmen auch BAG 22.6.2010, 1 AZR 853/08, EzA § 87 BetrVG 2001 Betriebliche Lohngestaltung Nr. 22 = DB 2010, 2807.
35 BAG 10.3.1992, 3 AZR 221/91, EzA § 87 BetrVG 1972 Altersversorgung Nr. 4 = DB 1992, 1885; beachte aber für Gruppenunterstützungskassen: BAG 9.5.1989, 3 AZR 439/88, EzA § 87 BetrVG 1972 Altersversorgung Nr. 3 = DB 1989, 2491; BAG 21.1.2003, 3 AZR 30/02, EzA § 3 BetrAVG Nr. 9 = DB 2003, 2130.
36 BAG 19.7.2005, 3 AZR 472/04, EzA BetrAVG § 1 Betriebliche Übung Nr. 7 = DB 2006, 343.
37 BAG 21.1.2003, 3 AZR 30/02, EzA § 3 BetrAVG Nr. 9 = DB 2003, 2130; BAG 19.01.2005, 3 AZR 472/04, EzA § 1 BetrAVG Betriebliche Übung Nr. 7 = DB 2006, 343; BAG 29.1.2008, 3 AZR 42/06, EzA § 87 BetrVG Betriebliche Lohngestaltung Nr. 14 = DB 2008, 1980.

berufen, wenn der Arbeitnehmer auf der Grundlage der unwirksamen Regelung nicht mehr rückgängig zu machende Vorkehrungen getroffen hat.[38]

---

[38] Dazu auch BAG 4.5.1982, 3 AZR 1202/79, EzA BetrVG § 87 BetrVG Lohn- und Arbeitsentgelt Nr. 13 = DB 1982, 2579.

VII. Betriebsübergang

§ 613a BGB regelt den Gesamtkomplex des Schicksals von Arbeitsverhältnissen beim Übergang eines Betriebs oder Betriebsteils (**Betriebsübergang**) von einem bisherigen Inhaber (Veräußerer) auf einen neuen Inhaber (Erwerber).[1]   731

§ 613a BGB wurde durch das Betriebsverfassungsgesetz 1972 in das BGB eingefügt und seit dem 1.4.2002 um die Abs. 5 und 6 ergänzt.[2]   732

Sinn der Vorschrift ist es, die Gesamtheit der Arbeitsverhältnisse zu erhalten, die an der Sacheinheit der Betriebsmittel »hängen«, wenn diese vom Veräußerer auf den Erwerber übergehen. § 1b Abs. 1 S. 3 BetrAVG spricht von einer »Übernahme durch eine andere Person«.   733

Gem. § 613a Abs. 1 S. 1 BGB tritt bei einem Betriebsübergang der Erwerber in die Rechte und Pflichten aus den im Zeitpunkt des Übergangs **bestehenden Arbeitsverhältnissen** ein. Bestandteil des Arbeitsverhältnisses ist auch das **Versorgungsverhältnis**.   734

Grundlage für einen Betriebsübergang ist ein **Rechtsgeschäft**, z.B. Kauf, Verpachtung, Vermietung. Entscheidend ist, dass der Erwerber die Möglichkeit erhält, die Arbeitnehmer in einer bestehenden Unternehmenseinheit weiter zu beschäftigen.   735

Diesen Schutzzweck beinhaltet § 613a BGB, weil ein Betriebsübergang im Wege der **Einzelrechtsnachfolge** geschieht. Die konkreten »Betriebsmittel« (z.B. Maschinen, Grundstücke, Forderungen, Verbindlichkeiten) gehen durch eine Vielzahl einzelner Rechtsgeschäfte (z.B. Kaufvertrag, Abtretung, notarieller Kaufvertrag mit Eigentumsübertragung) vom Veräußerer auf den Erwerber über. Auch die Arbeitsverhältnisse gehen über, aber nur als Rechtsfolge einer Absprache zwischen Veräußerer und Erwerber. Durch § 613a BGB wird der Erwerber verpflichtet, »alle Arbeitsverhältnisse«, die dem Betrieb oder dem Betriebsteil beim Veräußerer »zugeordnet« waren, zu übernehmen. Der Erwerber kann keine »Auswahl« treffen, also z.B. nur Arbeitnehmer übernehmen, die er für besonders qualifiziert und leistungsfähig hält.   736

---

1 Zu § 613a BGB und zur Insolvenz *Berenz* in: Kemper/Kisters-Kölkes/Berenz/Huber, BetrAVG § 7 Rdn. 81 ff.; zu Unverfallbarkeitsproblemen bei § 613a BGB *Kemper* in: Kemper/Kisters-Kölkes/Berenz/Huber, BetrAVG, § 1b Rdn. 74 ff.
2 Gesetz zur Änderung des Seemannsgesetzes und anderer Gesetze vom 23.3.2002, BGBl. I S. 1163.

VII. Betriebsübergang

1. Abgrenzung zum Gesellschafterwechsel und zur Gesamtrechtsnachfolge

737 Ein Betriebsübergang gem. § 613a BGB ist von einem Gesellschafterwechsel und einer Gesamtrechtsnachfolge zu unterscheiden.

a) Gesellschafterwechsel

738 Ein Gesellschafterwechsel berührt die Parteien des Arbeitsverhältnisses und damit auch des Versorgungsverhältnisses nicht.

739 Wenn z. B. bei einer GmbH die Gesellschaftsanteile verkauft werden, bleibt Versorgungsschuldner die GmbH, die als juristische Person bestehen bleibt. Für die BAV ändert sich deshalb nichts. Die GmbH bleibt verpflichtet, gegenüber den aktiven Versorgungsanwärtern und den ehemaligen Arbeitnehmern, die schon Versorgungsleistungen beziehen oder deren Anwartschaft aufrechterhalten wird, die erteilten Zusagen zu erfüllen.

740 Das Entsprechende gilt beim Wechsel des Aktionärs einer Aktiengesellschaft und bei einem Gesellschafterwechsel in einer Personenhandelsgesellschaft.

741 § 613a BGB findet auch Anwendung, wenn eine »**Betriebsaufspaltung**« stattfindet.[3] Eine Betriebsaufspaltung kann in der Form vorgenommen werden, dass eine neue Gesellschaft gegründet und hierauf das operative Geschäft übertragen wird.

> **Beispiel:**
>
> Eine Personengesellschaft überträgt ihren Geschäftsbetrieb auf eine GmbH und beschränkt sich auf die Verwaltung des Grundbesitzes und der Fabrikgebäude, die der GmbH verpachtet bzw. vermietet werden. Es entsteht also eine Besitz- und eine Betriebsgesellschaft.

b) Gesamtrechtsnachfolge

742 Ein Betriebsübergang nach § 613a BGB ist von einer Gesamtrechtsnachfolge zu unterscheiden. Diese liegt vor, wenn alle Rechte und

---

3 BAG 19.1.1988, 3 AZR 263/86, EzA § 613a BGB Nr. 69 = DB 1988, 1166.

1. Abgr. zum Gesellschafterwechsel und zur Gesamtrechtsnachfolge

Pflichten eines Rechtsträgers durch einen Rechtsakt[4] auf einen neuen Rechtsträger übergehen. Eine Gesamtrechtsnachfolge geschieht bei der Erbfolge (§§ 1922 ff. BGB) oder bei Umwandlungen gemäß dem handelsrechtlichen Umwandlungsgesetz, z. B. bei Verschmelzungen und Spaltungen. Bei einer Abspaltung oder Aufspaltung muss im Spaltungsvertrag geregelt werden, welche Versorgungsverhältnisse von inaktiven ehemaligen Arbeitnehmern übergehen. Der Spaltungsplan ist nicht von einer Zustimmung des Versorgungsberechtigten und / oder des PSVaG abhängig.[5] Für aktive Arbeitnehmer gilt über § 324 UmwG § 613a BGB, d. h. die Arbeitsverhältnisse gehen mit allen Rechten und Pflichten einschließlich der betrieblichen Altersversorgung über.

Durch das zweite Gesetz zur Änderung des Umwandlungsgesetzes vom 19.4.2007[6] wurde geregelt, dass der abspaltende Rechtsträger neben dem neuen Rechtsträger zehn Jahre lang gesamtschuldnerisch haftet (§ 133 Abs. 3 S. 2 UmwG). 743

Es ist auch möglich, Rentnergesellschaften durch Ausgliederungen nach dem Umwandlungsgesetz zu schaffen. Dies bedarf nicht der Zustimmung der Betriebsrentner oder der mit unverfallbarer Anwartschaft ausgeschiedenen ehemaligen Arbeitnehmer.[7] Auch der PSVaG muss nicht zustimmen. Allerdings stellt die Rechtsprechung hohe Anforderungen an die finanzielle Ausstattung der Rentnergesellschaft. Danach muss das Verpflichtungsvolumen mit vorsichtig anzusetzenden Prämissen bestimmt und vorausberechnet werden. Der Rentnergesellschaft ist so viel Kapital zuzuführen, dass auch die künftige Anpassung der laufenden Renten vorgenommen werden kann und alle sonstigen Verpflichtungen, wie z. B. die Zahlung der PSVaG-Beiträge, erfüllt werden können. Werden die hohen Anforderungen nicht oder nicht ausreichend erfüllt, haben die Versorgungsempfänger Schadensersatzansprüche gegenüber der ausgliedernden Gesellschaft. Dabei wird man in aller Regel davon ausgehen können, dass ein Verschulden 744

---

4 Zur Gesamtrechtsnachfolge bei Anwachsung: BAG 24.3.1998, 9 AZR 57/97, EzA § 25 HGB Nr. 3 = DB 1998, 2426; bei einer Verschmelzung: BAG 5.10.1993, 3 AZR 586/92, EzA § 1 BetrAVG Zusatzversorgung Nr. 6 = DB 1994, 1683; zur Vorgesellschaft: BAG 29.3.1986, 3 AZR 548/80, n. v.
5 Dazu BAG 22.2.2005, 3 AZR 499/03 (A), EzA § 126 UmwG Nr. 1 = DB 2005, 954 und 11.3.2008, 3 AZR 358/06, EzA § 4 BetrAVG Nr. 7 = DB 2008, 2369.
6 BGBl I S. 542.
7 BAG 11.3.2008, 3 AZR 358/06; zu den Anpassungsfragen gem. § 16 BetrAVG in diesen Fällen s. unter Rn. 479 ff.

gegeben ist, wenn die Finanzausstattung nicht ausreichend ist. Der Darlegungs- und Beweislast für eine ordentliche finanzielle Ausstattung dürften bei der ausgliedernden Gesellschaft liegen.

745 Bei einer Gesamtrechtsnachfolge (Verschmelzung) gehen grundsätzlich alle **Arbeitsverhältnisse und Versorgungsverhältnisse** auf den neuen Rechtsträger über, also bei der BAV die Versorgungsanwartschaften von aktiven und ehemaligen Arbeitnehmern und auch die Versorgungsansprüche ehemaliger Arbeitnehmer einschließlich ihrer Hinterbliebenen. Der bisherige Rechtsträger geht unter. Bei einer **Abspaltung** oder der **Aufspaltung** muss im Spaltungsvertrag geregelt werden, welche Versorgungsverhältnisse von inaktiven ehemaligen Arbeitnehmern übergehen.

746 Bei Gesamtrechtsnachfolgen nach dem Umwandlungsgesetz ist gem. § 324 UmwG § 613a BGB mit seinen Abs. 1 und 4–6 zu beachten.

2. Erfasste Versorgungsverhältnisse

747 Gem. § 613a BGB tritt der Veräußerer nur in die Rechte und Pflichten aus den im Zeitpunkt des Übergangs »**bestehenden Arbeitsverhältnissen**« ein. Das bedeutet, dass Rechte und Pflichten aus Ruhestandsverhältnissen und unverfallbaren Anwartschaften ehemaliger Arbeitnehmer nicht übergehen.[8] Zu den Rechten und Pflichten aus bestehenden Arbeitsverhältnissen zählen also nur die Versorgungsanwartschaften der aktiven Arbeitnehmer, unabhängig davon, ob sie sich in der Verfallbarkeitsphase befinden oder ob im Übergangszeitpunkt die Unverfallbarkeitsmodalitäten schon erfüllt sind.[9] Zu den Rechten und Pflichten aus dem Arbeitsverhältnis gehört auch die beim Veräußerer verbrachte Betriebszugehörigkeit.[10] Das gilt auch für Beschäftigungszeiten in der ehemaligen DDR.[11]

---

[8] BAG 24.3.1987, 3 AZR 384/85, EzA § 25 HGB Nr. 1 = DB 1988, 123; BAG 18.3.2003, 3 AZR 313/02, EzA § 7 BetrAVG Nr. 68 = BetrAV 2004, 80 zum technischen Rentner; zur Firmenübernahme BAG 23.3.2004, 3 AZR 151/03, EzA § 613a BGB 2002 Nr. 22 = DB 2004, 1324. Zur Rentnergesellschaft BAG 11.3.2008, 3 AZR 358/06, EzA § 4 BetrAVG Nr. 7 = DB 2008, 2369.
[9] BAG 24.3.1977, 3 AZR 649/76, EzA § 613a BGB Nr. 12 = DB 1977, 1466.
[10] BAG 8.2.1983, 3 AZR 229/81, EzA § 613a BGB Nr. 37 = DB 1984, 301.
[11] BAG 19.12.2000, 3 AZR 451/99, EzA § 613a BGB Nr. 197 = DB 2001, 2407.

Die Versorgungsanwartschaften gehen in vollem Umfang über, also sowohl hinsichtlich des vor dem Übergangszeitpunkt erdienten Teils als auch hinsichtlich der zukünftig erdienbaren Steigerungsbeträge. Ein Verzicht ist nicht möglich.[12]   748

Ohne Bedeutung ist, welche Art von Arbeitsverhältnis vorliegt, ob z. B. der Arbeitnehmer in Vollzeit, in Teilzeit oder nur vorübergehend beschäftigt ist. Auch ruhende Arbeitsverhältnisse gehen über. Gleiches gilt für Arbeitnehmer, die in Altersteilzeit sind.   749

§ 613a BGB betrifft nur Arbeitsverhältnisse, gilt also nicht für tätige Organpersonen, z. B. den Geschäftsführer einer GmbH. In diesem Fall muss eine einzelvertragliche Übernahme des Dienstverhältnisses zwischen dem Veräußerer und dem Erwerber mit Zustimmung des Geschäftsführers vereinbart werden.   750

3. Insolvenzphase

§ 613a BGB gilt auch bei Veräußerungen eines Betriebs oder Betriebsteils während des Insolvenzverfahrens durch den Insolvenzverwalter. Die Übernahmeverpflichtung des Erwerbers nach Eröffnung des Insolvenzverfahrens gilt aber nur für Versorgungsanwartschaften und deren künftige Steigerung für die Zeit nach dem Betriebsübergang.   751

Grundsätzlich ist zu unterscheiden zwischen den Arbeitnehmern, die eine gesetzlich unverfallbare Anwartschaft im Zeitpunkt des Sicherungsfalls haben und den Arbeitnehmern, deren Anwartschaften bei **Eröffnung des Insolvenzverfahrens** noch verfallbar sind. Für gesetzlich unverfallbare Anwartschaften, die bis zur Insolvenz erdient wurden, tritt der PSVaG ein.[13] Der Erwerber muss nur für das nach der Insolvenz zu Erdienende aufkommen. Bei noch verfallbaren Anwartschaften muss der Erwerber für die zukünftig erdienbare Anwartschaft einstehen. Allerdings ist die bis zum Insolvenzstichtag erdiente Anwartschaft nicht durch den PSVaG geschützt. Der »verfallbare« Anwärter kann den insoweit eintretenden Verlust nur geltend machen, indem er seine Forderung im Insolvenzverfahren anmeldet.   752

---

12 BAG 20.4.2010, 3 AZR 225/08, DB 2010, 1589.
13 BAG 19.5.2005, 3 AZR 649/03, EzA § 613a BGB 2002 Nr. 33 = DB 2005, 2362.

VII. Betriebsübergang

753 Der PSVaG hat folglich die im Zeitpunkt der Insolvenzeröffnung laufenden Versorgungsleistungen und die gesetzlich unverfallbaren Versorgungsanwartschaften der vor dem Betriebsübergang ausgeschiedenen Arbeitnehmer ebenso zu übernehmen wie den bis zur Insolvenzeröffnung erdienten Teil der gesetzlich unverfallbaren Versorgungsanwartschaften bei Arbeitsverhältnissen, die auf den Erwerber übergehen.[14]

4. Transformation in Individualrecht

754 Ist die BAV beim Veräußerer durch Rechtsnormen eines Tarifvertrags oder einer Betriebsvereinbarung geregelt, so wechselt der Rechtsbegründungsakt beim neuen Inhaber (Erwerber). Die BAV wird Inhalt des Arbeitsverhältnisses zwischen dem neuen Inhaber und dem übergegangenen Arbeitnehmer und darf nicht vor Ablauf eines Jahres nach dem Zeitpunkt des Übergangs zum Nachteil des Arbeitnehmers geändert werden (§ 613a Abs. 1 S. 2 BGB). Es findet also eine Transformation einer kollektivvertraglichen Rechtsbegründung in eine individualrechtliche Rechtsgrundlage statt.

755 Es ist aber möglich, die gem. § 613a Abs. 1 S. 2 BGB entstandene arbeitsvertragliche Verpflichtung trotz des Günstigkeitsprinzips durch eine nachfolgende Betriebsvereinbarung zu ändern. Wird eine Betriebsvereinbarung im Zuge eines Betriebsübergangs nach § 613a Abs. 1 S. 2 BGB zum – individualrechtlichen – Inhalt des Arbeitsverhältnisses, ist sie vor einer Ablösung durch eine – spätere – Betriebsvereinbarung nicht in weiterem Umfang geschützt, als wenn sie kollektivrechtlich weiter gelten würde. Dies bedeutet, dass es sich um eine »betriebsvereinbarungsoffene Zusage« handelt, also eine Änderung mittels einer Betriebsvereinbarung zulässig ist. Der Arbeitnehmer, der unter dem Geltungsbereich einer Betriebsvereinbarung eine Anwartschaft auf BAV erworben hat, musste immer mit einer kollektivvertraglichen Änderung rechnen. Daran ändert sich durch die »Transformation« nichts. Im Verhältnis zu der neuen Betriebsvereinbarung gilt damit nicht das Günstigkeits-, sondern das Ablösungsprinzip.[15] Im

---

14 Dazu im Einzelnen *Berenz* in: Kemper/Kisters-Kölkes/Berenz/Huber, BetrAVG § 7 Rdn. 71 ff.
15 BAG 14.8.2001, 1 AZR 619/00, EzA § 87 BetrVG 1972 Betriebliche Lohngestaltung Nr. 73 = DB 2002, 380; BAG 29.7.2003, 3 AZR 630/02, EzA § 1 BetrAVG § 1 Ablösung

Sinne der Entscheidung des Großen Senats des BAG[16] ist die transformierte Versorgungszusage also betriebsvereinbarungsoffen.

Eine Transformation einer Betriebsvereinbarung in Individualrecht gem. § 613a Abs. 1 S. 2 BGB findet nicht statt, wenn bei dem Betriebsübergang die »**Betriebsidentität**« gewahrt bleibt. In einem solchen Fall bleibt das Betriebsratsmandat, das beim Veräußerer bestanden hat, auch beim Erwerber bestehen, so dass als Rechtsbegründungsakt für die auf den Erwerber übergehende BAV die Betriebsvereinbarung weiterhin gilt.[17] 756

Bleibt die Identität des Betriebes erhalten und damit auch die Betriebsvereinbarung zur BAV, kann diese ohne Sperrfrist durch eine nachfolgende Betriebsvereinbarung abgeändert werden. Es gelten die allgemeinen Grundsätze zur Änderung von Versorgungszusagen.[18] 757

Auch Gesamtbetriebsvereinbarungen können als solche erhalten bleiben, wenn mehrere Betriebe übergehen und der Erwerber bisher keinen eigenen Betrieb hatte. Wird allerdings nur ein Betrieb übernommen, bleiben die Gesamtbetriebsvereinbarungen bestehen.[19] 758

Nach einem Betriebsübergang kann ein Änderungsgrund die Harmonisierung unterschiedlicher Versorgungssysteme sein. Jedoch ist kein Erwerber verpflichtet, eine Harmonisierung vorzunehmen. Insbesondere wird der Gleichbehandlungsgrundsatz nicht verletzt, wenn nach einem Betriebsübergang unterschiedliche Systeme fortgeführt werden. Dies gilt auch dann, wenn die Arbeitnehmer des aufnehmenden Betriebes gar nicht oder schlechter versorgt sind als die Arbeitnehmer des übergehenden Betriebes.[20] 759

Sind die Arbeitnehmer des aufnehmenden Betriebes gar nicht versorgt, wird häufig die Frage gestellt, ob nicht vor dem Betriebsübergang die Altersversorgung »abgeschafft« werden kann, indem z. B. der Veräußerer mit seinen Arbeitnehmern Abfindungen vereinbart oder sie gar zum Verzicht auf ihre Versorgungsanwartschaften bewegt. Derartige 760

Nr. 42 = FA 2004, 311; BAG 28.6.2005, 1 AZR 213/04, EzA § 77 BetrVG 2001 Nr. 12 = DB 2005, 2698.
16 BAG 16.9.1986, GS 1/82, EzA § 77 BetrVG 1972 Nr. 17 = DB 1987, 383.
17 BAG 27.7.1994, 7 ABR 37/93, EzA § 613a BGB Nr. 123 = DB 1995, 431.
18 Siehe Rn. 615 ff.
19 BAG 18.9.2002, 1 ABR 54/01, EzA § 613a BGB 2002 Nr. 5 = DB 2003, 1281.
20 BAG 31.8.2005, 5 AZR 517/04, EzA § 613a BGB 2002 Nr. 39 = BB 2006, 440; BAG 19.1.2010, 3 ABR 19/08, EzA § 1 BetrAVG Betriebsvereinbarung Nr. 7 = DB 2010, 1131.

VII. Betriebsübergang

Vereinbarungen verstoßen gegen § 613a Abs. 1 BGB und sind nichtig. Gleiches gilt, wenn der Erwerber derartige Vereinbarungen abschließen würde. Der Arbeitnehmer kann auch nicht durch einen Aufhebungsvertrag oder eine Eigenkündigung dazu veranlasst werden, beim »alten« Arbeitgeber auszuscheiden und ein neues Arbeitsverhältnis beim »neuen« Arbeitgeber zu begründen. Ebenso wenig können Veräußerer und Erwerber vereinbaren, dass die betriebliche Altersversorgung vom Veräußerer fortgeführt wird. Auch derartige Maßnahmen verstoßen gegen zwingendes Gesetzesrecht und sind unwirksam. Hat sich jedoch der Veräußerer zur Erfüllung verpflichtet, ist einzelfallbezogen zu prüfen, ob dem Arbeitnehmer aufgrund eines Schuldbeitritts ihm gegenüber Rechte zustehen.

761 In den Fällen, in denen unwirksame Vereinbarungen getroffen worden sind, stellt sich vielfach erst bei der Insolvenz heraus, dass Verpflichtungen falsch zugeordnet wurden. Dies ist für die betroffenen Arbeitnehmer ohne Bedeutung. Hat der Erwerber sich verpflichtet, laufende Renten zu übernehmen, ist auch dies unwirksam. Im Verhältnis der beiden Unternehmen liegt eine Erfüllungsübernahme vor, kein befreiender Schuldnerwechsel. Dies bedeutet, dass bei einer Insolvenz des Übernehmers die Versorgungsansprüche gegenüber dem abgebenden Unternehmen bestehen geblieben sind und von diesem erfüllt werden müssen, nicht vom PSVaG. Dabei ist ohne Bedeutung, ob das abgebende Unternehmen Zahlungen wegen der vermeintlichen Übernahme geleistet hat.

5. Zusammentreffen unterschiedlicher Versorgungsregelungen

762 Naturgemäß kommt es bei einem Betriebsübergang häufig zum Zusammentreffen unterschiedlicher Versorgungsregelungen. Es kann eine Gesamtzusage beim Veräußerer auf eine Gesamtzusage beim Erwerber treffen. Es ist möglich, dass beim Veräußerer eine Gesamtzusage und beim Erwerber eine Betriebsvereinbarung über BAV besteht. Denkbar ist auch eine Betriebsvereinbarung als Rechtsbegründungsakt beim Veräußerer, die auf eine Gesamtzusage beim Erwerber trifft. Letztlich kann sowohl beim Veräußerer als auch beim Erwerber als Rechtsbegründungsakt eine Betriebsvereinbarung gewählt sein. Zusätzlich ist es möglich, dass die BAV beim Erwerber »besser« oder »schlechter« ist als beim Veräußerer.

5. Zusammentreffen unterschiedlicher Versorgungsregelungen

Die dadurch entstehenden unterschiedlichen Versorgungssysteme beim Erwerber sind unter dem Aspekt des Gleichbehandlungsgrundsatzes nicht zu beanstanden. Es liegt ein sachlicher Differenzierungsgrund vor.[21] Kein Arbeitnehmer kann aufgrund des Gleichbehandlungsgrundsatzes verlangen, dass auf ihn die günstigere BAV eines anderen übernommenen Betriebes angewandt wird. Der Arbeitgeber ist auch nicht verpflichtet, nach Ablauf bestimmter Fristen Angleichungen vorzunehmen.[22]

763

Besonderheiten ergeben sich, wenn die Rechte und Pflichten bei dem Erwerber schon durch Rechtsnormen eines anderen **Tarifvertrags** oder durch eine andere **Betriebsvereinbarung** geregelt werden, wenn also z. B. eine Betriebsvereinbarung über BAV des Veräußerers auf eine Betriebsvereinbarung über BAV des Erwerbers trifft. Gem. § 613a Abs. 1 S. 3 BGB findet bei dieser Konstellation eine Transformation der BAV des Veräußerers in individuelle arbeitsvertragliche Regelungen nicht statt. Auch wird die Betriebsvereinbarung des Veräußerers nicht fortgeführt. Treffen Betriebsvereinbarungen über BAV beim Erwerber und beim Veräußerer aufeinander, gilt die **Betriebsvereinbarung des Erwerbers**, wobei jedoch der bis zum Übergangszeitpunkt erreichte Besitzstand geschützt ist. Die Betriebsvereinbarung des Veräußerers wird »verdrängt«. Der bis zum Betriebsübergang erdiente Versorgungsbesitzstand ist aufrecht zu erhalten. Dies bedeutet nicht, dass der bis zum Betriebsübergang erdiente Besitzstand vom Erwerber zusätzlich zu der bei ihm erdienten Altersversorgung geschuldet wäre. Die gebotene Besitzstandswahrung führt grundsätzlich nur insoweit zu einem erhöhten Versorgungsanspruch, wie die Ansprüche aus der Betriebsvereinbarung des Erwerbers im Versorgungsfall hinter dem zurückbleiben, was bis zum Betriebsübergang nach der bis dahin geltenden Betriebsvereinbarung erdient war.[23]

764

Das BAG musste sich bisher nur mit der Wahrung des Besitzstandes bei einer Kollision von Betriebsvereinbarungen auseinandersetzen, wenn die beim Erwerber vorhandene BAV günstiger ist als die beim Veräußerer vorhandene, wenn also der erdiente Besitzstand beim Erwerber voll erhalten bleibt. Offen ist, wie der Besitzstand zu bestim-

765

---

21 BAG 25.8.1976, 5 AZR 788/75, EzA § 242 BGB Gleichbehandlung Nr. 11 = DB 1977, 358.
22 BAG 31.8.2005, 5 AZR 517/04, EzA § 613a BGB 2002 Nr. 39 = BB 2006, 440.
23 BAG 24.7.2001, 3 AZR 660/00, EzA § 613a BGB Nr. 204 = DB 2002, 955; ausführlich zur Kollision *Tenbrock* S. 199 ff.

VII. Betriebsübergang

men ist, wenn die BAV des Erwerbers wesentlich schlechter ist als die des Veräußerers. Ohne Zweifel ist der bis zum Betriebsübergang nach § 2 BetrAVG bemessene Besitzstand auch in diesem Fall vom Erwerber zu gewähren. Offen ist, wie die vom Veräußerer zugesagten zukünftigen Steigerungen zu behandeln sind.

Beispiel:

BAV beim Veräußerer: 200 € Altersrente.

BAV beim Erwerber: 1 € je Dienstjahr.

766 Erhält der Arbeitnehmer, der 20 von 40 Dienstjahren abgeleistet hat, 100 € zuzüglich 1 € je Dienstjahr, obwohl ihm eigentlich rechnerisch 5 € je Dienstjahr zugesagt waren? Entscheidend ist, wie die Kollision gelöst wird. Es erscheint zweifelhaft, dass allein durch die Verdrängungsregel in § 613a Abs. 1 S. 3 BGB in den zukünftig erdienbaren Besitzstand der Arbeitnehmer eingegriffen werden kann. Denn dies würde zur Folge haben, dass durch entsprechende Gestaltungen die Rechtsprechung des BAG zur Wahrung von Besitzständen umgangen werden könnte. Es wäre bei bestimmten Fallkonstellationen das »Ordnungsprinzip« des § 613a Abs. 1 S. 3 BGB ein Reduzierungsinstrument für die BAV ohne Rechts- und Billigkeitskontrolle. Es ist durchaus zu hinterfragen, ob sachlich-proportionale Eingriffsgründe vorliegen, wenn wegen der gesetzlichen Folge des § 613a Abs. 1 S. 3 BGB unterschiedliche Versorgungssysteme entstanden sind.[24]

6. Unterrichtungspflicht

767 Gem. § 613a Abs. 5 BGB, der ab 1.4.2002 in Kraft getreten ist, müssen der Veräußerer bzw. der Erwerber die vom Übergang betroffenen Arbeitnehmer vor dem Übergang in Textform über den Zeitpunkt des Übergangs, den Grund für den Übergang, die **rechtlichen, wirtschaftlichen und sozialen Folgen** des Übergangs für die Arbeitnehmer und die hinsichtlich der Arbeitnehmer in Aussicht genommenen Maßnahmen unterrichten.

---

24 BAG 29.7.2003, 3 AZR 630/02, EzA § 1 BetrAVG Ablösung Nr. 42 = FA 2004, 311; dazu auch *Kemper* in: Kemper/Kisters-Kölkes/Berenz/Huber, BetrAVG § 1b Rdn. 98 f.

Zum Inhalt dieser Unterrichtungspflicht gehören nach der Rechtsprechung des BAG[25] nicht Informationen über die Auswirkungen des Betriebsübergangs auf die BAV.[26] Das Gericht meint, dass die Voraussetzungen dieser Regelungen nicht vorliegen. Ansprüche aus BAV seien keine Folge des Übergangs, da sie bis zum Zeitpunkt des Übergangs ohne Rücksicht auf diesen entstanden seien. Ebenso wenig seien sie hinsichtlich der Arbeitnehmer in Aussicht genommene Maßnahmen, da sie unabhängig vom Handeln des Veräußerers oder des Erwerbers bestehen würden. 768

Offen ist, ob darüber informiert werden muss, wie der Anspruch auf **Entgeltumwandlung** gem. § 1a BetrAVG beim Erwerber umgesetzt werden soll, wenn noch keine Vereinbarung zur Entgeltumwandlung besteht. Denn wenn im Einzelfall keine Vorgabe durch den Erwerber erfolgt, können die übergegangenen Arbeitnehmer den Abschluss einer Direktversicherung verlangen. Soweit bereits Vereinbarungen zur Entgeltumwandlung mit dem Veräußerer abgeschlossen wurden, sind diese vom Erwerber fortzuführen. 769

Eine Information dürfte auch erforderlich sein, wenn tarifvertragliche Regelungen zur betrieblichen Altersversorgung aus Entgeltumwandlung von Bedeutung sind. 770

Unabhängig von der Rechtsmeinung des BAG zu den Informationspflichten für die BAV bei Betriebsübergängen sollten Informationen gegeben werden, da gerade das Schicksal der BAV bei derartigen Vorgängen für die betroffenen Arbeitnehmer eine besondere Bedeutung hat. 771

7. Besonderheiten bei mittelbaren Versorgungszusagen

Besondere Fragestellungen ergeben sich bei Betriebsübergängen, wenn die BAV über mittelbare Versorgungszusagen abgewickelt wird. 772

---

25 BAG 22.5.2007, 3 AZR 357/06, FA 2007, 217 = DB 2008, 192; zu einem Ausnahmefall: BAG 22.5.2007, 3 AZR 834/05, EzA § 2 BetrAVG Nr. 29 = DB 2008, 191.
26 Dazu im Einzelnen *Kisters-Kölkes* FS Kemper, S. 227.

VII. Betriebsübergang

a) Beim Veräußerer

773 Hat der Veräußerer eine **Unterstützungskasse** als Versorgungsträger eingeschaltet, wird diese von ihren Leistungspflichten bei einem Betriebsübergang frei, wenn der Erwerber nicht Trägerunternehmen der Unterstützungskasse wird.[27] Ein automatischer Übergang der rechtlich selbstständigen Versorgungseinrichtung tritt gem. § 613a BGB nicht ein. Im Zweifel muss der Erwerber selbst die mittels der Unterstützungskasse zugesagten Leistungen unmittelbar erbringen. Er kann aber auch eine andere Unterstützungskasse für die Leistungserbringung einschalten.

774 Wird der Erwerber Trägerunternehmen der Unterstützungskasse, ändert sich für die übergegangenen Versorgungsverhältnisse nichts. Die Unterstützungskasse muss aber auch die Versorgungsleistungen gegenüber den Arbeitnehmern erfüllen, die vor dem Betriebsübergang beim Veräußerer ausgeschieden waren. Die Mittel hierfür muss der Veräußerer aufbringen.[28]

775 War der Veräußerer Trägerunternehmen einer **Pensionskasse**, kommt es darauf an, ob der Erwerber auch Trägerunternehmen dieser Pensionskasse werden kann. Ist dies der Fall, kann die bestehende BAV in demselben Durchführungsweg fortgeführt werden.

776 Ist dies nicht der Fall, werden i. d. R. die Versicherungen bei der Pensionskasse »des Veräußerers« beitragsfrei gestellt und der Erwerber wickelt die zukünftig erdienbare Anwartschaft selbst ab oder durch einen mittelbaren Versorgungsträger (z. B. eine andere Pensionskasse oder einen Pensionsfonds). In diesen Fällen kommt es häufig nicht nur zu einem mitbestimmungsfreien Wechsel des Durchführungsweges,[29] sondern zu inhaltlichen Änderungen bei den bestehenden Versorgungsanwartschaften. Bei diesen Änderungen sind die Mitbestimmungsrechte des Betriebsrats und die Grundsätze zur Besitzstandswahrung zu beachten.[30]

---

27 BAG 15.3.1979, 3 AZR 859/77, EzA § 613a BGB Nr. 22 = BB 1979, 1455.
28 BAG 28.2.1989, 3 AZR 29/88, EzA § 613a BGB Nr. 84 = DB 1989, 1679.
29 Zur Auswahl eines Lebensversicherungsunternehmens: BAG 16.2.1993, 3 ABR 29/92, EzA § 87 BetrVG 1972 Betriebliche Lohngestaltung Nr. 41 = DB 1993, 1240; BAG 29.7.2003, 3 ABR 34/02, EzA § 87 BetrVG 2001 Betriebliche Lohngestaltung Nr. 2 = DB 2004, 883.
30 Siehe dazu unter Rn. 687 ff. und Rn. 615 ff.

b) Beim Erwerber

Wird die BAV beim Erwerber über einen mittelbaren Versorgungsträger umgesetzt, ist zu entscheiden, wie die BAV der übergehenden Arbeitnehmer beim Erwerber abgewickelt werden soll. Bestand für diese Arbeitnehmer eine unmittelbare Versorgungszusage, kann diese sinnvollerweise nur für die ab Betriebsübergang noch erdienbare BAV in eine **Direktversicherung, Pensionskasse** oder **Unterstützungskasse** überführt werden. Denn bei einer Direktversicherung und bei einer Pensionskasse wäre ein zu zahlender Einmalbeitrag voll steuerpflichtig.[31] An eine Unterstützungskasse kann für einen Anwärter ebenfalls nicht mit steuerlicher Wirkung ein Einmalbeitrag geleistet werden.[32] Der in der Vergangenheit erdiente Anwartschaftsteil müsste folglich vom Erwerber als unmittelbare Versorgungszusage fortgeführt werden.

777

Eine Überführung der gesamten vor dem Betriebsübergang erdienten und danach erdienbaren Anwartschaft ist in den vorgegebenen Grenzen steuerlich nur bei einem **Pensionsfonds** möglich, wenn beim Veräußerer eine unmittelbare Versorgungszusage oder eine Unterstützungskassenzusage bestand.[33] Eine solche Überführung ist ein Wechsel des Durchführungsweges.[34]

778

8. Harmonisierung

Ein Betriebsübergang kann dazu führen, dass in einem Unternehmen unterschiedliche Versorgungssysteme entstehen und fortzuführen sind. Dies kann das Bedürfnis auslösen, die bestehenden Systeme zu harmonisieren.[35] Hierbei ist die Rechtsprechung zur Änderung von Versorgungszusagen zu beachten. Es ist also zu prüfen, ob z. B. sachli-

779

---

31 Die Vervielfältigungsregel des § 40b n. F. EStG kann nicht angewandt werden. Das Arbeitsverhältnis besteht fort.
32 § 4d EStG.
33 § 3 Nr. 66 EStG für die Vergangenheit; § 3 Nr. 63 EStG für die Zukunft; hierzu auch BMF-Schreiben vom 26.10.2006 – IV B 2 – S 2144 – 57/06.
34 *Friedrich/Weigel* DB 2003, 2564.
35 BAG 8.12.1981, 3 ABR 53/80, EzA § 242 BGB Ruhegeld Nr. 96 = DB 1982, 46; BAG 29.7.2003, 3 AZR 630/02, EzA § 1 BetrAVG Ablösung Nr. 42 = FA 2004, 311.

lich-proportionale Eingriffsgründe im Sinne der »Drei-Stufen-Theorie« vorliegen.

780 Eingriffe in Versorgungsanwartschaften aus wirtschaftlichen Gründen dürften in aller Regel ausgeschlossen sein, weil der Erwerber eines Betriebes davon ausgeht, dass er dieses Unternehmen erfolgreich fortführen kann.

VIII. Versorgungsausgleich

Seit dem 1.9.2009[1] werden Versorgungsanwartschaften und Versorgungsleistungen bei Scheidung der Ehegatten in den Versorgungsausgleich einbezogen, und zwar i. d. R. schon zum Zeitpunkt der Scheidung. Damit werden die Nachteile beseitigt, die sich beim früher geltenden Recht ergaben. Denn nach altem Recht fand häufig eine Teilung der Anwartschaften erst bei Eintritt des Versorgungsfalles statt, ggf. Jahre und Jahrzehnte nach der Scheidung. 781

Anders als nach altem Recht wird der Versorgungsträger als Verfahrensbeteiligter in das Scheidungsverfahren jetzt einbezogen. Damit erhält er Rechte, insbesondere aber auch Pflichten, indem er z. B. Berechnungen durchführen muss. Damit kommt dem Scheidungsverfahren eine ganz neue, materielle Bedeutung zu. 782

Der weitere wesentliche Unterschied besteht darin, dass nicht nur Rentenzusagen in den Versorgungsausgleich einbezogen werden, sondern auch Kapitalzusagen.[2] 783

Als Versorgungsträger ist der Arbeitgeber bei einer unmittelbaren Versorgungszusage selbst Verfahrensbeteiligter. Bei einer mittelbaren Versorgungszusage ist der Versorgungsträger Verfahrensbeteiligter, d. h. bei einer Direktversicherung ist der Lebensversicherer, bei einer Pensionskassenzusage ist die Pensionskasse, bei einem Pensionsfonds der Pensionsfonds und bei einer Unterstützungskassenzusage ist die Unterstützungskasse beteiligt. In diesen Fällen kann der Arbeitgeber aber mittelbar betroffen sein, indem er z. B. an einen externen Versorgungsträger einen Ausgleichsbetrag zahlen soll oder wenn bei einer internen Teilung zusätzliche Kosten entstehen. 784

Deshalb werden die Grundzüge des neuen Scheidungsrechts kurz dargestellt 785

1. Halbteilungsgrundsatz

Die in der Ehezeit erworbenen Versorgungsanwartschaften und Versorgungsrechte werden unabhängig vom Durchführungsweg sofort 786

---

1 Gesetz über den Versorgungsausgleich (Versorgungsausgleichsgesetz – VersAusglG) vom 3.4.2009, BGBl. I S. 700.
2 § 2 Abs. 2 Nr. 3 VersAusglG.

VIII. Versorgungsausgleich

je zur Hälfte geteilt.³ Dabei wird für jedes einzelne Anrecht getrennt der zu teilende Wert ermittelt. Anschließend wird durch die Entscheidung des Familiengerichts (FamG) dieses Anrecht zwischen den Ehegatten geteilt. Dies bedeutet, dass, wenn bei einem Arbeitgeber z. B. zwei Anrechte nebeneinander bestehen, auch zwei Anrechte geteilt werden. Eine Verrechnung findet grundsätzlich nicht statt.

787 Um ein Scheidungsverfahren mit Wertausgleich durchführen zu können, haben zunächst die Ehegatten untereinander Auskunft zu erteilen. Ist dies nicht möglich, richtet sich der Anspruch gegen den Versorgungsträger.⁴

788 Den auf die Ehezeit entfallenden Wert des jeweiligen Anrechts hat der Versorgungsträger zu ermitteln und dem Familiengericht mitzuteilen.⁵ Die Berechnungen müssen verständlich und nachvollziehbar sein. Ist dies nicht der Fall, kann das FamG gem. § 220 FamFG⁶ den Versorgungsträger vorladen, damit dieser die Berechnungen erläutert.

789 Von der Halbteilung der in der Ehezeit erworbenen Versorgungsanrechte wird nur dann abgesehen, wenn keine Teilungsreife vorliegt, weil das Anrecht nicht gesetzlich oder vertraglich unverfallbar ist oder im Ausland erworben wurde.⁷

790 Von der Teilung ist auch dann i. d. R. abzusehen, wenn die Ehe weniger als drei Jahre bestanden hat, es sei denn, ein Ehegatte beantragt die Durchführung des Versorgungsausgleichs.⁸ Von einer Teilung soll das Familiengericht ebenso absehen, wenn der Wertunterschied zwischen den einzelnen Anrechten der Ehegatten gering ist. Dabei kommt es auf das jeweilige Anrecht an, nicht auf die Summe der Anrechte. Von einer Teilung soll auch bei einer geringen Differenz gleichartiger Rechte abgesehen werden.⁹

---

3 § 1 Abs. 1 VersAusglG.
4 § 4 VersAusglG.
5 § 5 VersAusglG.
6 Gesetz über das Verfahren in Familiensachen und in den Angelegenheiten der freiwilligen Gerichtsbarkeit (FamFG) vom 17.12.2008, BGBl. I S. 2586.
7 § 19 VersAusglG.
8 § 3 Abs. 3 VersAusglG.
9 § 18 VersAusglG; hierzu auch OLG Thüringen, Beschl. v. 29.7.2010, 1 UF 179/10.

a) Ehezeit

Die Ehezeit beginnt am ersten Tag des Monats, in dem die Ehe geschlossen wurde. Sie endet am letzten Tag des Vormonats, in dem der Scheidungsantrag zugestellt wird.[10] 791

Beispiel:

Ehebeginn: 15.5.2000
Zustellung des Scheidungsantrags: 20.12.2010
Ehedauer: 1.5.2000 bis 30.11.2010

Auf den Zeitpunkt der Trennung der Ehegatten kommt es nicht an. 792
Ohne Bedeutung ist auch, ob am Ende der Ehezeit das Arbeitsverhältnis noch besteht.[11]

b) Wertermittlung

Für die Bewertung des Ehezeitanteils stellt das Gesetz zwei unterschiedliche Methoden zur Verfügung. 793

- **Unmittelbare Bewertung**

Diese Methode ist gem. § 39 VersAusglG anzuwenden, wenn Versorgungsleistungen bestimmten Zeitabschnitten zugeordnet werden können. Danach kann sich ein Rentenwert oder ein Kapitalwert ergeben. Diese Bewertungsmethode hat Vorrang vor der zeitratierlichen Bewertungsmethode. 794

Beispiel:

a) pro Dienstjahr sind dem Arbeitnehmer 5 € zugesagt. Bei einer Ehedauer von 10 Jahren ergibt sich eine Anwartschaft von 50 €.

b) Eine Direktversicherung hat während der gesamten Ehedauer bestanden. Zum Beginn der Ehezeit betrug das Deckungskapital 10.000 €, am Ende der Ehezeit 20.000 €. Auf die Ehezeit entfallen 10.000 €.

---

10 § 3 Abs. 1 VersAusglG.
11 *Blomeyer/Rolfs/Otto* Anh. § 1 Rdn. 354b.

VIII. Versorgungsausgleich

795 Es hängt von der jeweiligen Ausgestaltung der Zusage ab, welche Anwartschaft in der Ehezeit erworben wurde.[12]

- **Zeitratierliche Bewertung**

796 Diese Methode ist die Auffanglösung, wenn die unmittelbare Methode nicht angewandt werden kann. Sie ist insbesondere von Bedeutung, wenn die Versorgungsleistung nicht dienstzeitbezogen bemessen wird, sondern sich aus einem Endbetrag ergibt.

Beispiel:

a) Für das Alter 65 ist eine Festrente von 500 € zugesagt.

b) Dem Arbeitnehmer ist eine Gesamtversorgung zugesagt. Nach einer bestimmten Staffel wird die Leistung ermittelt, von der dann die individuelle Sozialversicherung abgezogen wird.

797 In diesen Fällen kann der Ehezeitanteil nicht unmittelbar ermittelt werden, sondern nur zeitratierlich. Dabei kommt folgende Formel zur Anwendung:[13]

$$\text{Ehezeitanteil} = \frac{\text{bis zur festen Altersgrenze}}{\text{erreichbarer Versorgungsanspruch}} \times \frac{\text{ehezeitliche Betriebszugehörigkeit}}{\text{gesamte Betriebszugehörigkeit bis Altersgrenze}}$$

- **Bewertung einer laufenden Versorgung**

798 Es gelten gem. §§ 39, 40 VersAusglG die vorstehenden Regeln entsprechend, jedoch mit der Maßgabe, dass nicht auf die zu erwartende Versorgung abzustellen ist, sondern auf die tatsächlich bezogene Leistung.

c) Ausgleichsverfahren

799 Der nach § 1 Abs. 2 VersAusglG auszugleichende Betrag, die Hälfte des Wertes des jeweiligen Ehezeitanteils, nennt das Gesetz Ausgleichswert. Dieser ist nach § 5 VersAusglG als Rentenbetrag oder als Kapitalwert zu bestimmen. Dabei ist auf das Ende der Ehezeit abzustellen. Veränderungen, die danach eintreten, bleiben unberücksichtigt, wobei

---

12 Zu den unterschiedlichen Zusagearten und den Bewertungen im Einzelnen *Huber* in Kemper/Kisters-Kölkes/Berenz/Huber, BetrAVG, Anh. I Rdn. 21 ff.; *Höfer* Rdn. 1.800 ff.

13 Vgl. *Huber* in Kemper/Kisters-Kölkes/Berenz/Huber, BetrAVG, Anh. I Rdn. 19.

ohne Bedeutung ist, ob es sich um rechtliche oder tatsächliche Veränderungen handelt. Zu berücksichtigen sind aber Änderungen, die vor dem Ende der Ehezeit eingetreten sind, also insbesondere Besitzstandsregelungen.[14]

Die Regelungen zur Wertermittlung enthalten die §§ 39 ff. VersAusglG. Hierauf wird nicht näher eingegangen   800

Für die arbeitsrechtliche Betrachtung ist von Bedeutung, wie der ermittelte Kapitalwert bzw. korrespondierende Kapitalwert geteilt wird. Hierfür stehen drei Möglichkeiten zur Verfügung:[15]   801

- **Teilung des Barwerts**

Wird der Barwert geteilt, erhält jeder Ehegatte die Hälfte hiervon. Wird anschließend der hälftige Barwert wieder in eine Versorgungsleistung umgerechnet, haben beide Parteien unterschiedlich hohe Leistungen. Dies ist auf das unterschiedliche Lebensalter und die unterschiedliche Lebenserwartung zurückzuführen.   802

- **Numerische Teilung**

In Betracht kommt auch eine numerische Teilung, indem z.B. jeder die Hälfte der ehezeitlichen Rente erhält. Diese kann zu einer Mehrbelastung des Versorgungsträgers führen.   803

- **Gleich hohe Leistung**

Um eine solche Mehrbelastung zu vermeiden kann auch der Barwert so zwischen den Ehegatten geteilt werden, so dass jeder eine gleich hohe Versorgungsleistung erhält.   804

- **Wertausgleich**

Der Wertausgleich kann über die interne oder die externe Teilung erfolgen   805

---

14 *Huber* in Kemper/Kisters-Kölkes/Berenz/Huber, BetrAVG, Anh. I Rdn. 38.
15 *Huber* in Kemper/Kisters-Kölkes/Berenz/Huber, BetrAVG, Anh. I Rdn. 43 ff.

VIII. Versorgungsausgleich

2. Interne Teilung

806 Die interne Teilung ist der Regelfall, die externe Teilung ist die Ausnahme.

a) Anrechtsbegründung

807 Bei der internen Teilung wird beim Versorgungsträger der ausgleichspflichtigen Person zugunsten der ausgleichsberechtigten Person ein Versorgungsanrecht in Höhe des hälftigen Ausgleichswertes begründet. Dabei soll grundsätzlich derselbe Leistungsplan zur Anwendung kommen, der auch für die ausgleichspflichtige Person gilt. Dies bedeutet, dass bei der Zusage von Alters-, Invaliditäts- und Hinterbliebenenleistungen auch der ausgleichsberechtigten Person derartige Leistungen zu zahlen sind, wenn sie die Leistungsvoraussetzungen erfüllt.

808 Will der Versorgungsträger für die ausgleichsberechtigte Person das Leistungsspektrum einschränken, kann er dies tun, muss aber ausdrücklich tätig werden, indem er das Versorgungsspektrum auf eine Altersleistung beschränkt.[16] Wird die Versorgung über einen externen Versorgungsträger umgesetzt, muss dieser die Einschränkung vornehmen. Dies kann in einer Teilungsordnung geregelt werden,[17] die nicht mitbestimmungspflichtig ist.[18] Die Reduzierung des Leistungsspektrums ist durch eine adäquate Erhöhung der Altersleistung auszugleichen.

809 Bei der internen Teilung wird der ausgleichsberechtigte Ehegatte gemäß § 12 VersAusglG einem Arbeitnehmer gleichgestellt, der mit einer gesetzlich unverfallbaren Anwartschaft aus dem Arbeitsverhältnis ausgeschieden ist, bezogen auf seinen Versorgungsteil. Dies bedeutet, dass ein Abfindungsverbot gem. § 3 BetrAVG bestehen kann, Auskunftsansprüche nach § 4a BetrAVG bestehen, eine vorzeitige Altersleistung gem. § 6 BetrAVG abgerufen werden kann, laufende Leistungen gem. § 16 BetrAVG anzupassen sind und bei einer Insolvenz des

---

16 § 11 Abs. 1 Nr. 3 VersAusglG
17 Für die versicherungsförmigen Durchführungswege gibt es Muster-Teilungsordnungen, die vom GDV entwickelt wurden.
18 Umstr., hierzu *Kisters-Kölkes* in Kemper / Kisters-Kölkes / Berenz / Huber, BetrAVG, Anh. I Rdn. 171 ff.; *Cisch/Hufer* BetrAV 2009, 500; *Reichenbach/Cramer* BetrAV 2010, 620; *Blomeyer/Rolfs/Otto* Anh., § 1 Rdn. 360b.

2. Interne Teilung

Arbeitgebers gem. § 7 BetrAVG gesetzlicher Insolvenzschutz besteht, wenn die ausgleichspflichtige Person unter den persönlichen Geltungsbereich des Betriebsrentengesetzes fällt.

Nach den Vorstellungen des Gesetzgebers[19] soll die ausgleichsberechtigte Person bei einer Direktversicherung oder Pensionskasse auch das Recht haben, die Versicherung mit eigenen Beiträgen fortzuführen.[20] 810

Fällt die ausgleichspflichtige Person nicht unter den persönlichen Geltungsbereich des Betriebsrentengesetzes, fehlen derartige Rechte und Schutzmechanismen. Es besteht dann z. B. nur in dem Umfang Insolvenzschutz, in dem Sicherungsrechte (z. B. durch Verpfändung einer Rückdeckungsversicherung) eingeräumt wurden. 811

b) Kürzung beim Ausgleichspflichtigen

In dem Umfang, in dem der ausgleichsberechtigten Person Versorgungsrechte eingeräumt wurden, ist die Anwartschaft/Leistung der ausgleichspflichtigen Person zu kürzen.[21] 812

c) Steuerliche Behandlung[22]

Bei der internen Teilung treten im Zeitpunkt der Scheidung weder bei der ausgleichspflichtigen Person noch bei der ausgleichsberechtigten Person steuerliche Folgen ein. Erst bei Auszahlung der Versorgungsleistung hat jeder bezogen auf seinen Versorgungsteil die Versteuerung der Leistung vorzunehmen, und zwar nach Maßgabe der Regeln, die für den jeweiligen Durchführungsweg gelten. 813

Bei einer unmittelbaren Versorgungszusage und bei einer Unterstützungskassenzusage erfolgt die Besteuerung gem. § 19 EStG, wobei der Versorgungsfreibetrag gemäß Abs. 2 vom Rentenbeginn des jeweiligen Versorgungsberechtigten abhängt. 814

Bei einer internen Teilung in den versicherungsförmigen Durchführungswegen richtet sich die Besteuerung nach den jeweils beim Aus- 815

---

19 BT-Drs. 16/10144, S. 57.
20 Wird eine solche Fortführung vorgenommen, wird sie nicht steuerlich gefördert.
21 § 10 Abs. 1 VersAusglG.
22 Hierzu im Einzelnen BMF-Schreiben vom 31.3.2010, Rdn. 356 ff. (Anhang).

VIII. Versorgungsausgleich

gleichspflichtigen anzuwendenden Besteuerungsregeln. Ist die Versorgungsleistung steuerfrei gem. § 3 Nr. 63 EStG finanziert worden, erfolgt die Besteuerung gem. § 22 Nr. 5 EStG. Ist die Versorgungsanwartschaft vorgelagert pauschal versteuert worden, wird die ausgezahlte Rente mit dem Ertragsanteil besteuert, ein Kapital ist i. d. R. steuerfrei. Um dieses Ziel zu erreichen, wird in § 52 Abs. 36 EStG vorgegeben, dass bei einer Direktversicherung der Zeitpunkt des ursprünglichen Versicherungsabschlusses auch für die ausgleichsberechtigte Person gilt.

d) Kosten

816 Bei der internen Teilung hat der Arbeitgeber zu berücksichtigen, dass künftig zwei Versorgungsanwartschaften bzw. -Rechte zu verwalten sind. Bei einer unmittelbaren Versorgungszusage ist eine Pensionsrückstellung – wie bisher – für den Arbeitnehmer/ehemaligen Arbeitnehmer zu bilden, reduziert um den Teil, der auf den ausgleichsberechtigten Ehegatten übertragen wurde. Für die ausgleichsberechtigte Person ist – bezogen auf ihren Anteil – eine eigene Rückstellung zu bilden.

817 Nach § 13 VersAusglG können bei der internen Teilung die Teilungskosten des Versorgungsträgers je zur Hälfte auf die Ehegatten abgewälzt werden, indem deren zu teilende Anrechte entsprechend gekürzt werden. Voraussetzung ist allerdings, dass die Teilungskosten angemessen sind. Was angemessen ist, wird im Gesetz nicht geregelt. Insoweit wird abzuwarten sein, wie die Gerichte diese berücksichtigen werden.[23]

3. Externe Teilung

818 Bei der Ermittlung der Ehezeit und des Ausgleichswertes gelten dieselben Regeln wie bei der internen Teilung. Allerdings wird die ausgleichsberechtigte Person nicht einem ausgeschiedenen Anwärter gleichgestellt. Ihr Schicksal richtet sich nach den Regeln des aufnehmenden Versorgungsträgers.

---

23 OLG Stuttgart Beschl. v. 25.6.2010, 15 UF 120/10; OLG Celle Beschl. v. 2.8.2010, 15 UF 174/10.

3. Externe Teilung

a) Grenzen bei der externen Teilung

Die externe Teilung kommt ausnahmsweise dann zur Anwendung, wenn der Versorgungsträger dies verlangt. Bei einem mittelbaren Durchführungsweg hat der externe Versorgungsträger das Bestimmungsrecht, nicht der Arbeitgeber. Die Möglichkeit, die externe Teilung vorzugeben, ist eingeschränkt. Dabei ist nach Durchführungswegen zu unterscheiden. 819

In allen fünf Durchführungswegen kann die externe Teilung vorgegeben werden, wenn der Teilungswert die Grenze gem. § 14 VersAusglG nicht übersteigt. Dies sind in 2011 51,50 € bei einem Rentenbetrag und 6.132 € bei einem Kapitalwert. Diese Beträge entsprechen 2% der Bezugsgröße gem. 18 SGB IV bzw. 240% derselben und werden damit i. d. R. jährlich (geringfügig) angepasst. 820

Bei einer unmittelbaren Versorgungszusage und bei einer Unterstützungskassenzusage gilt eine höhere Wertgrenze. Hier ist die externe Teilung möglich, wenn der Ausgleichswert die jeweilige BBG in der gesetzlichen Rentenversicherung nicht übersteigt (2011: 66.000 €). 821

Die externe Teilung wird durch den Versorgungsträger der ausgleichsberechtigten Person aufgedrängt. Sie hat lediglich das Recht, den Versorgungsträger zu bestimmen, an den der Ausgleichsbetrag überwiesen werden soll, wenn der Versorgungsträger einverstanden ist. Wird kein Versorgungsträger bestimmt oder ist dieser nicht aufnahmebereit, kommt als Auffanglösung die Versorgungsausgleichskasse[24] zum Zuge, an die dann der Ausgleichswert überwiesen wird. 822

---

24 Die Versorgungsausgleichskasse wurde durch das Gesetz über die Versorgungsausgleichskasse (VersAusglKassG) vom 15.7.2009, BGBl. I S. 1939, gegründet und hat mit der Genehmigung durch die BaFin am 23.3.2010 mit Wirkung ab dem 1.4.2010 ihren Geschäftsbetrieb aufgenommen. Es handelt sich um eine Pensionskasse in der Rechtsform des VVaG, für die der Gesetzgeber in § 4 des Gesetzes den Leistungsumfang dahingehend vorgeschrieben hat, dass eine lebenslange Altersrente zu erbringen ist, die mit »Unisex«-Tarifen berechnet wird. Der als Einmalbeitrag eingezahlte Ausgleichswert kann nicht durch Zuzahlung aufgestockt werden. Zu den Einzelheiten: http://www.versorgungsausgleichskasse.de.

VIII. Versorgungsausgleich

b) Vereinbarung

823 Für den Fall, dass die ausgleichsberechtigte Person mit der externen Teilung einverstanden ist, kann in allen Durchführungswegen unabhängig von den vorgenannten Grenzen eine externe Teilung vorgenommen werden, wenn sich hierauf die Versorgungsträger mit ihr einigen.

c) Enthaftung

824 Mit der Zahlung des Ausgleichswertes an den zuständigen neuen Versorgungsträger wird der alte Versorgungsträger von allen Leistungspflichten befreit.

d) Kosten

825 Die Kosten der externen Teilung können nicht auf die Ehegatten umgelegt werden.

e) Steuerliche Behandlung[25]

826 Die steuerliche Behandlung ist etwas komplizierter als bei der internen Teilung. Es ist danach zu unterscheiden, wohin der Ausgleichsbetrag gezahlt wird.

827 Ist der aufnehmende Versorgungsträger eine Versorgungseinrichtung i. S. d. Betriebsrentengesetzes, treten im Zeitpunkt der Scheidung keine nachteiligen steuerlichen Folgen ein, insbesondere erfolgt kein Zufluss im steuerlichen Sinne. Erst die später ausgezahlten Versorgungsleistungen werden versteuert. Dabei sind die Regeln anzuwenden, die für den jeweiligen Durchführungsweg gelten.

828 Wird z. B. eine private Lebensversicherung abgeschlossen, hat der ausgleichspflichtige Ehegatte im Zeitpunkt der Zahlung des Ausgleichswertes diesen zu versteuern. Deshalb muss er gemäß § 15 Abs. 3 VersAusglG zustimmen. Die Besteuerung durch den ausgleichsberechtigten Ehegatten erfolgt deshalb zu diesem Zeitpunkt, weil die

---

25 Hierzu im Einzelnen: BMF-Schreiben vom 31.3.2010, Rdn. 371 ff. (Anhang).

später an den ausgleichsberechtigten Ehegatten ausgezahlten Versorgungsleistungen nicht mehr oder nicht mehr wie betriebliche Versorgungsleistungen zu versteuern sind. Die Besteuerungspflicht trifft den Ausgleichspflichtigen, weil es bei diesem zu einer Art Teilabfindung kommt, auch wenn ihm tatsächlich kein Geld zufließt.

4. Vereinbarung gemäß § 6 VersAusglG

Der Gesetzgeber will den Ehegatten mehr Gestaltungsrechte einräumen und hat deshalb die Möglichkeit geschaffen, dass die Ehegatten vor der Eheschließung, während der Ehezeit oder auch während des Scheidungsverfahrens Vereinbarungen treffen, mit denen ein Versorgungsausgleich ganz ausgeschlossen wird, auf einzelne Anrechte beschränkt wird oder Versorgungsanrechte über andere Vermögensaufteilungen ausgeglichen werden. Hierfür ist ein notarieller Vertrag erforderlich. 829

Eine solche Vereinbarung könnte den Arbeitgeber oder dessen Versorgungsträger entlasten, so dass man darüber nachdenken könnte, den Arbeitnehmer zu verpflichten, eine solche Vereinbarung abzuschließen. Selbst wenn dies möglich wäre, würde dies nicht tatsächlich weiterhelfen, weil das Familiengericht im Scheidungsverfahren eine Wirksamkeitskontrolle vornehmen muss, die wiederum dazu führen kann, dass doch Ausgleichspflichten bestehen.[26] 830

5. Verfahrensrechtliche Hinweise

Ist der Arbeitgeber Versorgungsträger, ist er Verfahrensbeteiligter. Er hat Auskünfte zu erteilen, Berechnungen vorzunehmen und muss Fristen beachten, ggf. Rechtsmittel einlegen. Insoweit kommt einer Fristenkontrolle eine weitreichende Bedeutung zu, da dann, wenn ein Rechtsmittel nicht rechtzeitig eingelegt wird, die Entscheidung des Familiengerichts rechtskräftig wird,[27] auch wenn sie falsch ist. Eine spätere Korrekturmöglichkeit besteht nicht. 831

---

26 Hierzu im Einzelnen: *Kisters-Kölkes* in Kemper / Kisters-Kölkes / Berenz / Huber, BetrAVG, Anh. I Rdn. 171 ff.; *Blomeyer/Rolfs/Otto* Anh., § 1 Rdn. 377 ff.
27 Zu den Entscheidungsformen (Tenorierungen) vgl. auch *Eulering/Viefhues* FamRZ 2009, 1368.

VIII. Versorgungsausgleich

832 Wird die betriebliche Altersversorgung über einen externen Versorgungsträger erbracht, ist dieser Verfahrensbeteiligter und hat die vorstehenden Pflichten. Der Arbeitgeber kann nicht in dessen Organisation eingreifen, indem er z. B. die externe Teilung verlangt. Deshalb muss im Rahmen des bestehenden Auftragsverhältnisses geregelt werden, wer welche Kosten trägt, wie Auffüllleistungen erbracht werden und wer haftet.

Anhang

Anhang I Gesetz zur Verbesserung der betrieblichen Altersversorgung (Betriebsrentengesetz – BetrAVG) – Auszug –

Anhang II Gesetz über die Beaufsichtigung der Versicherungsunternehmen (Versicherungsaufsichtsgesetz – VAG) – Auszug –

Anhang III § 613a BGB und § 324 UmwG

Anhang IV Gesetz über den Versicherungsvertrag (Versicherungsvertragsgesetz) – Auszug –

Anhang V Steuerliche Förderung der privaten Altersvorsorge und betrieblichen Altersversorgung, BMF-Schreiben vom 31. März 2010 (BStBl I S. 420) – Auszug –

Anhang VI Zusagen auf Leistungen der betrieblichen Altersversorgung; Hinterbliebenenversorgung für die Lebensgefährtin oder den Lebensgefährten, BMF-Schreiben vom 25. Juli 2002 (BStBl I S. 706)

Anhang I Gesetz zur Verbesserung der betrieblichen Altersversorgung (Betriebsrentengesetz – BetrAVG)

vom 19. Dezember 1974 (BGBl I S. 3610); zuletzt geändert durch Gesetz zur Verbesserung der Rahmenbedingungen für die Absicherung flexibler Arbeitszeitregelungen und zur Änderung anderer Gesetze vom 21. Dezember 2008 (BGBl I S. 2940)

– Auszug –

Erster Teil
Arbeitsrechtliche Vorschriften

Erster Abschnitt
Durchführung der betrieblichen Altersversorgung

§ 1 Zusage des Arbeitgebers auf betriebliche Altersversorgung

(1) [1]Werden einem Arbeitnehmer Leistungen der Alters-, Invaliditäts- oder Hinterbliebenenversorgung aus Anlass seines Arbeitsverhältnisses vom Arbeitgeber zugesagt (betriebliche Altersversorgung), gelten die Vorschriften dieses Gesetzes. [2]Die Durchführung der betrieblichen Altersversorgung kann unmittelbar über den Arbeitgeber oder über einen der in § 1b Abs. 2 bis 4 genannten Versorgungsträger erfolgen. [3]Der Arbeitgeber steht für die Erfüllung der von ihm zugesagten Leistungen auch dann ein, wenn die Durchführung nicht unmittelbar über ihn erfolgt.

(2) Betriebliche Altersversorgung liegt auch vor, wenn

1. der Arbeitgeber sich verpflichtet, bestimmte Beiträge in eine Anwartschaft auf Alters-, Invaliditäts- oder Hinterbliebenenversorgung umzuwandeln (beitragsorientierte Leistungszusage),
2. der Arbeitgeber sich verpflichtet, Beiträge zur Finanzierung von Leistungen der betrieblichen Altersversorgung an einen Pensionsfonds, eine Pensionskasse oder eine Direktversicherung zu zahlen und für Leistungen zur Altersversorgung das planmäßig zuzurechnende Versorgungskapital auf der Grundlage der gezahlten Beiträge (Beiträge und die daraus erzielten Erträge), mindestens die Summe der zugesagten Beiträge, soweit sie nicht rechnungsmäßig

für einen biometrischen Risikoausgleich verbraucht wurden, hierfür zur Verfügung zu stellen (Beitragszusage mit Mindestleistung),
3. künftige Entgeltansprüche in eine wertgleiche Anwartschaft auf Versorgungsleistungen umgewandelt werden (Entgeltumwandlung) oder
4. der Arbeitnehmer Beiträge aus seinem Arbeitsentgelt zur Finanzierung von Leistungen der betrieblichen Altersversorgung an einen Pensionsfonds, eine Pensionskasse oder eine Direktversicherung leistet und die Zusage des Arbeitgebers auch die Leistungen aus diesen Beiträgen umfasst; die Regelungen für Entgeltumwandlung sind hierbei entsprechend anzuwenden, soweit die zugesagten Leistungen aus diesen Beiträgen im Wege der Kapitaldeckung finanziert werden.

§ 1a Anspruch auf betriebliche Altersversorgung durch Entgeltumwandlung

(1) ¹Der Arbeitnehmer kann vom Arbeitgeber verlangen, dass von seinen künftigen Entgeltansprüchen bis zu 4 vom Hundert der jeweiligen Beitragsbemessungsgrenze in der allgemeinen Rentenversicherung durch Entgeltumwandlung für seine betriebliche Altersversorgung verwendet werden. ²Die Durchführung des Anspruchs des Arbeitnehmers wird durch Vereinbarung geregelt. ³Ist der Arbeitgeber zu einer Durchführung über einen Pensionsfonds oder eine Pensionskasse (§ 1b Abs. 3) bereit, ist die betriebliche Altersversorgung dort durchzuführen; andernfalls kann der Arbeitnehmer verlangen, dass der Arbeitgeber für ihn eine Direktversicherung (§ 1b Abs. 2) abschließt. ⁴Soweit der Anspruch geltend gemacht wird, muss der Arbeitnehmer jährlich einen Betrag in Höhe von mindestens einem Hundertsechzigstel der Bezugsgröße nach § 18 Abs. 1 des Vierten Buches Sozialgesetzbuch für seine betriebliche Altersversorgung verwenden. ⁵Soweit der Arbeitnehmer Teile seines regelmäßigen Entgelts für betriebliche Altersversorgung verwendet, kann der Arbeitgeber verlangen, dass während eines laufenden Kalenderjahres gleich bleibende monatliche Beträge verwendet werden.

(2) Soweit eine durch Entgeltumwandlung finanzierte betriebliche Altersversorgung besteht, ist der Anspruch des Arbeitnehmers auf Entgeltumwandlung ausgeschlossen.

(3) Soweit der Arbeitnehmer einen Anspruch auf Entgeltumwandlung für betriebliche Altersversorgung nach Absatz 1 hat, kann er verlangen, dass die Voraussetzungen für eine Förderung nach den §§ 10a, 82 Abs. 2 des Einkommensteuergesetzes erfüllt werden, wenn die betriebliche Altersversorgung über einen Pensionsfonds, eine Pensionskasse oder eine Direktversicherung durchgeführt wird.

(4) ¹Falls der Arbeitnehmer bei fortbestehendem Arbeitsverhältnis kein Entgelt erhält, hat er das Recht, die Versicherung oder Versorgung mit eigenen Beiträgen fortzusetzen. ²Der Arbeitgeber steht auch für die Leistungen aus diesen Beiträgen ein. ³Die Regelungen über Entgeltumwandlung gelten entsprechend.

§ 1b Unverfallbarkeit und Durchführung der betrieblichen Altersversorgung

(1) ¹Einem Arbeitnehmer, dem Leistungen aus der betrieblichen Altersversorgung zugesagt worden sind, bleibt die Anwartschaft erhalten, wenn das Arbeitsverhältnis vor Eintritt des Versorgungsfalls, jedoch nach Vollendung des 25. Lebensjahres endet und die Versorgungszusage zu diesem Zeitpunkt mindestens fünf Jahre bestanden hat (unverfallbare Anwartschaft). ²Ein Arbeitnehmer behält seine Anwartschaft auch dann, wenn er auf Grund einer Vorruhestandsregelung ausscheidet und ohne das vorherige Ausscheiden die Wartezeit und die sonstigen Voraussetzungen für den Bezug von Leistungen der betrieblichen Altersversorgung hätte erfüllen können. ³Eine Änderung der Versorgungszusage oder ihre Übernahme durch eine andere Person unterbricht nicht den Ablauf der Fristen nach Satz 1. ⁴Der Verpflichtung aus einer Versorgungszusage stehen Versorgungsverpflichtungen gleich, die auf betrieblicher Übung oder dem Grundsatz der Gleichbehandlung beruhen. ⁵Der Ablauf einer vorgesehenen Wartezeit wird durch die Beendigung des Arbeitsverhältnisses nach Erfüllung der Voraussetzungen der Sätze 1 und 2 nicht berührt. ⁶Wechselt ein Arbeitnehmer vom Geltungsbereich dieses Gesetzes in einen anderen Mitgliedstaat der Europäischen Union, bleibt die Anwartschaft in gleichem Umfange wie für Personen erhalten, die auch nach Beendigung eines Arbeitsverhältnisses innerhalb des Geltungsbereichs dieses Gesetzes verbleiben.

(2) ¹Wird für die betriebliche Altersversorgung eine Lebensversicherung auf das Leben des Arbeitnehmers durch den Arbeitgeber abge-

schlossen und sind der Arbeitnehmer oder seine Hinterbliebenen hinsichtlich der Leistungen des Versicherers ganz oder teilweise bezugsberechtigt (Direktversicherung), so ist der Arbeitgeber verpflichtet, wegen Beendigung des Arbeitsverhältnisses nach Erfüllung der in Absatz 1 Satz 1 und 2 genannten Voraussetzungen das Bezugsrecht nicht mehr zu widerrufen. ²Eine Vereinbarung, nach der das Bezugsrecht durch die Beendigung des Arbeitsverhältnisses nach Erfüllung der in Absatz 1 Satz 1 und 2 genannten Voraussetzungen auflösend bedingt ist, ist unwirksam. ³Hat der Arbeitgeber die Ansprüche aus dem Versicherungsvertrag abgetreten oder beliehen, so ist er verpflichtet, den Arbeitnehmer, dessen Arbeitsverhältnis nach Erfüllung der in Absatz 1 Satz 1 und 2 genannten Voraussetzungen geendet hat, bei Eintritt des Versicherungsfalles so zu stellen, als ob die Abtretung oder Beleihung nicht erfolgt wäre. ⁴Als Zeitpunkt der Erteilung der Versorgungszusage im Sinne des Absatzes 1 gilt der Versicherungsbeginn, frühestens jedoch der Beginn der Betriebszugehörigkeit.

(3) ¹Wird die betriebliche Altersversorgung von einer rechtsfähigen Versorgungseinrichtung durchgeführt, die dem Arbeitnehmer oder seinen Hinterbliebenen auf ihre Leistungen einen Rechtsanspruch gewährt (Pensionskasse und Pensionsfonds), so gilt Absatz 1 entsprechend. ²Als Zeitpunkt der Erteilung der Versorgungszusage im Sinne des Absatzes 1 gilt der Versicherungsbeginn, frühestens jedoch der Beginn der Betriebszugehörigkeit.

(4) ¹Wird die betriebliche Altersversorgung von einer rechtsfähigen Versorgungseinrichtung durchgeführt, die auf ihre Leistungen keinen Rechtsanspruch gewährt (Unterstützungskasse), so sind die nach Erfüllung der in Absatz 1 Satz 1 und 2 genannten Voraussetzungen und vor Eintritt des Versorgungsfalles aus dem Unternehmen ausgeschiedenen Arbeitnehmer und ihre Hinterbliebenen den bis zum Eintritt des Versorgungsfalles dem Unternehmen angehörenden Arbeitnehmern und deren Hinterbliebenen gleichgestellt. ²Die Versorgungszusage gilt in dem Zeitpunkt als erteilt im Sinne des Absatzes 1, von dem an der Arbeitnehmer zum Kreis der Begünstigten der Unterstützungskasse gehört.

(5) ¹Soweit betriebliche Altersversorgung durch Entgeltumwandlung erfolgt, behält der Arbeitnehmer seine Anwartschaft, wenn sein Arbeitsverhältnis vor Eintritt des Versorgungsfalles endet; in den Fällen der Absätze 2 und 3

1. dürfen die Überschussanteile nur zur Verbesserung der Leistung verwendet,
2. muss dem ausgeschiedenen Arbeitnehmer das Recht zur Fortsetzung der Versicherung oder Versorgung mit eigenen Beiträgen eingeräumt und
3. muss das Recht zur Verpfändung, Abtretung oder Beleihung durch den Arbeitgeber ausgeschlossen werden.

²Im Fall einer Direktversicherung ist dem Arbeitnehmer darüber hinaus mit Beginn der Entgeltumwandlung ein unwiderrufliches Bezugsrecht einzuräumen.

§ 2 Höhe der unverfallbaren Anwartschaft

(1) ¹Bei Eintritt des Versorgungsfalles wegen Erreichens der Altersgrenze, wegen Invalidität oder Tod haben ein vorher ausgeschiedener Arbeitnehmer, dessen Anwartschaft nach § 1b fortbesteht, und seine Hinterbliebenen einen Anspruch mindestens in Höhe des Teiles der ohne das vorherige Ausscheiden zustehenden Leistung, der dem Verhältnis der Dauer der Betriebszugehörigkeit zu der Zeit vom Beginn der Betriebszugehörigkeit bis zum Erreichen der Regelaltersgrenze in der gesetzlichen Rentenversicherung entspricht; an die Stelle des Erreichens der Regelaltersgrenze tritt ein früherer Zeitpunkt, wenn dieser in der Versorgungsregelung als feste Altersgrenze vorgesehen ist, spätestens der Zeitpunkt, in dem der Arbeitnehmer ausscheidet und gleichzeitig eine Altersrente aus der gesetzlichen Rentenversicherung für besonders langjährig Versicherte in Anspruch nimmt. ²Der Mindestanspruch auf Leistungen wegen Invalidität oder Tod vor Erreichen der Altersgrenze ist jedoch nicht höher als der Betrag, den der Arbeitnehmer oder seine Hinterbliebenen erhalten hätten, wenn im Zeitpunkt des Ausscheidens der Versorgungsfall eingetreten wäre und die sonstigen Leistungsvoraussetzungen erfüllt gewesen wären.

(2) ¹Ist bei einer Direktversicherung der Arbeitnehmer nach Erfüllung der Voraussetzungen des § 1b Abs. 1 und 5 vor Eintritt des Versorgungsfalles ausgeschieden, so gilt Absatz 1 mit der Maßgabe, dass sich der vom Arbeitgeber zu finanzierende Teilanspruch nach Absatz 1, soweit er über die von dem Versicherer nach dem Versicherungsvertrag auf Grund der Beiträge des Arbeitgebers zu erbringende Versicherungsleistung hinausgeht, gegen den Arbeitgeber richtet. ²An die Stelle der Ansprüche nach Satz 1 tritt auf Verlangen des Arbeit-

gebers die von dem Versicherer auf Grund des Versicherungsvertrages zu erbringende Versicherungsleistung, wenn

1. spätestens nach 3 Monaten seit dem Ausscheiden des Arbeitnehmers das Bezugsrecht unwiderruflich ist und eine Abtretung oder Beleihung des Rechts aus dem Versicherungsvertrag durch den Arbeitgeber und Beitragsrückstände nicht vorhanden sind,
2. vom Beginn der Versicherung, frühestens jedoch vom Beginn der Betriebszugehörigkeit an, nach dem Versicherungsvertrag die Überschussanteile nur zur Verbesserung der Versicherungsleistung zu verwenden sind und
3. der ausgeschiedene Arbeitnehmer nach dem Versicherungsvertrag das Recht zur Fortsetzung der Versicherung mit eigenen Beiträgen hat.

[3]Der Arbeitgeber kann sein Verlangen nach Satz 2 nur innerhalb von 3 Monaten seit dem Ausscheiden des Arbeitnehmers diesem und dem Versicherer mitteilen. [4]Der ausgeschiedene Arbeitnehmer darf die Ansprüche aus dem Versicherungsvertrag in Höhe des durch Beitragszahlungen des Arbeitgebers gebildeten geschäftsplanmäßigen Deckungskapitals oder, soweit die Berechnung des Deckungskapitals nicht zum Geschäftsplan gehört, das nach § 169 Abs. 3 und 4 des Versicherungsvertragsgesetzes berechneten Wertes weder abtreten noch beleihen. [5]In dieser Höhe darf der Rückkaufswert auf Grund einer Kündigung des Versicherungsvertrages nicht in Anspruch genommen werden; im Falle einer Kündigung wird die Versicherung in eine prämienfreie Versicherung umgewandelt. [6]§ 169 Abs. 1 des Versicherungsvertragsgesetzes findet insoweit keine Anwendung. [7]Eine Abfindung des Anspruchs nach § 3 ist weiterhin möglich.

(3) [1]Für Pensionskassen gilt Absatz 1 mit der Maßgabe, dass sich der vom Arbeitgeber zu finanzierende Teilanspruch nach Absatz 1, soweit er über die von der Pensionskasse nach dem aufsichtsbehördlich genehmigten Geschäftsplan oder, soweit eine aufsichtsbehördliche Genehmigung nicht vorgeschrieben ist, nach den allgemeinen Versicherungsbedingungen und den fachlichen Geschäftsunterlagen im Sinne des § 5 Abs. 3 Nr. 2 Halbsatz 2 des Versicherungsaufsichtsgesetzes (Geschäftsunterlagen) auf Grund der Beiträge des Arbeitgebers zu erbringende Leistung hinausgeht, gegen den Arbeitgeber richtet. [2]An die Stelle der Ansprüche nach Satz 1 tritt auf Verlangen des Arbeitgebers die von der Pensionskasse auf Grund des Geschäftsplanes oder der Ge-

schäftsunterlagen zu erbringende Leistung, wenn nach dem aufsichtsbehördlich genehmigten Geschäftsplan oder den Geschäftsunterlagen

1. vom Beginn der Versicherung, frühestens jedoch vom Beginn der Betriebszugehörigkeit an, Überschussanteile, die auf Grund des Finanzierungsverfahrens regelmäßig entstehen, nur zur Verbesserung der Versicherungsleistung zu verwenden sind oder die Steigerung der Versorgungsanwartschaften des Arbeitnehmers der Entwicklung seines Arbeitsentgeltes, soweit es unter den jeweiligen Beitragsbemessungsgrenzen der gesetzlichen Rentenversicherungen liegt, entspricht und
2. der ausgeschiedene Arbeitnehmer das Recht zur Fortsetzung der Versicherung mit eigenen Beiträgen hat.

³Absatz 2 Satz 3 bis 7 gilt entsprechend.

(3a) Für Pensionsfonds gilt Absatz 1 mit der Maßgabe, dass sich der vom Arbeitgeber zu finanzierende Teilanspruch, soweit er über die vom Pensionsfonds auf der Grundlage der nach dem geltenden Pensionsplan im Sinne des § 112 Abs. 1 Satz 2 in Verbindung mit § 113 Abs. 2 Nr. 5 des Versicherungsaufsichtsgesetzes berechnete Deckungsrückstellung hinausgeht, gegen den Arbeitgeber richtet.

(4) Eine Unterstützungskasse hat bei Eintritt des Versorgungsfalles einem vorzeitig ausgeschiedenen Arbeitnehmer, der nach § 1b Abs. 4 gleichgestellt ist, und seinen Hinterbliebenen mindestens den nach Absatz 1 berechneten Teil der Versorgung zu gewähren.

(5) ¹Bei der Berechnung des Teilanspruchs nach Absatz 1 bleiben Veränderungen der Versorgungsregelung und der Bemessungsgrundlagen für die Leistung der betrieblichen Altersversorgung, soweit sie nach dem Ausscheiden des Arbeitnehmers eintreten, außer Betracht; dies gilt auch für die Bemessungsgrundlagen anderer Versorgungsbezüge, die bei der Berechnung der Leistung der betrieblichen Altersversorgung zu berücksichtigen sind. ²Ist eine Rente der gesetzlichen Rentenversicherung zu berücksichtigen, so kann das bei der Berechnung von Pensionsrückstellungen allgemein zulässige Verfahren zugrunde gelegt werden, wenn nicht der ausgeschiedene Arbeitnehmer die Anzahl der im Zeitpunkt des Ausscheidens erreichten Entgeltpunkte nachweist; bei Pensionskassen sind der aufsichtsbehördlich genehmigte Geschäftsplan oder die Geschäftsunterlagen maßgebend. ³Bei Pensionsfonds sind der Pensionsplan und die sonstigen Geschäfts-

unterlagen maßgebend. [4]Versorgungsanwartschaften, die der Arbeitnehmer nach seinem Ausscheiden erwirbt, dürfen zu keiner Kürzung des Teilanspruchs nach Absatz 1 führen.

(5a) Bei einer unverfallbaren Anwartschaft aus Entgeltumwandlung tritt an die Stelle der Ansprüche nach Absatz 1, 3 a oder 4 die vom Zeitpunkt der Zusage auf betriebliche Altersversorgung bis zum Ausscheiden des Arbeitnehmers erreichte Anwartschaft auf Leistungen aus den bis dahin umgewandelten Entgeltbestandteilen; dies gilt entsprechend für eine unverfallbare Anwartschaft aus Beiträgen im Rahmen einer beitragsorientierten Leistungszusage.

(5b) An die Stelle der Ansprüche nach den Absätzen 2, 3, 3 a und 5 a tritt bei einer Beitragszusage mit Mindestleistung das dem Arbeitnehmer planmäßig zuzurechnende Versorgungskapital auf der Grundlage der bis zu seinem Ausscheiden geleisteten Beiträge (Beiträge und die bis zum Eintritt des Versorgungsfalls erzielten Erträge), mindestens die Summe der bis dahin zugesagten Beiträge, soweit sie nicht rechnungsmäßig für einen biometrischen Risikoausgleich verbraucht wurden.

§ 3 Abfindung

(1) Unverfallbare Anwartschaften im Falle der Beendigung des Arbeitsverhältnisses und laufende Leistungen dürfen nur unter den Voraussetzungen der folgenden Absätze abgefunden werden.

(2) [1]Der Arbeitgeber kann eine Anwartschaft ohne Zustimmung des Arbeitnehmers abfinden, wenn der Monatsbetrag der aus der Anwartschaft resultierenden laufenden Leistung bei Erreichen der vorgesehenen Altersgrenze 1 vom Hundert, bei Kapitalleistungen zwölf Zehntel der monatlichen Bezugsgröße nach § 18 des Vierten Buches Sozialgesetzbuch nicht übersteigen würde. [2]Dies gilt entsprechend für die Abfindung einer laufenden Leistung. [3]Die Abfindung ist unzulässig, wenn der Arbeitnehmer von seinem Recht auf Übertragung der Anwartschaft Gebrauch macht.

(3) Die Anwartschaft ist auf Verlangen des Arbeitnehmers abzufinden, wenn die Beiträge zur gesetzlichen Rentenversicherung erstattet worden sind.

(4) Der Teil der Anwartschaft, der während eines Insolvenzverfahrens erdient worden ist, kann ohne Zustimmung des Arbeitnehmers abge-

funden werden, wenn die Betriebstätigkeit vollständig eingestellt und das Unternehmen liquidiert wird.

(5) Für die Berechnung des Abfindungsbetrages gilt § 4 Abs. 5 entsprechend.

(6) Die Abfindung ist gesondert auszuweisen und einmalig zu zahlen.

§ 4 Übertragung

(1) Unverfallbare Anwartschaften und laufende Leistungen dürfen nur unter den Voraussetzungen der folgenden Absätze übertragen werden.

(2) Nach Beendigung des Arbeitsverhältnisses kann im Einvernehmen des ehemaligen mit dem neuen Arbeitgeber sowie dem Arbeitnehmer

1. die Zusage vom neuen Arbeitgeber übernommen werden oder
2. der Wert der vom Arbeitnehmer erworbenen unverfallbaren Anwartschaft auf betriebliche Altersversorgung (Übertragungswert) auf den neuen Arbeitgeber übertragen werden, wenn dieser eine wertgleiche Zusage erteilt; für die neue Anwartschaft gelten die Regelungen über Entgeltumwandlung entsprechend.

(3) [1]Der Arbeitnehmer kann innerhalb eines Jahres nach Beendigung des Arbeitsverhältnisses von seinem ehemaligen Arbeitgeber verlangen, dass der Übertragungswert auf den neuen Arbeitgeber übertragen wird, wenn

1. die betriebliche Altersversorgung über einen Pensionsfonds, eine Pensionskasse oder eine Direktversicherung durchgeführt worden ist und
2. der Übertragungswert die Beitragsbemessungsgrenze in der allgemeinen Rentenversicherung nicht übersteigt.

[2]Der Anspruch richtet sich gegen den Versorgungsträger, wenn der ehemalige Arbeitgeber die versicherungsförmige Lösung nach § 2 Abs. 2 oder 3 gewählt hat oder soweit der Arbeitnehmer die Versicherung oder Versorgung mit eigenen Beiträgen fortgeführt hat. [3]Der neue Arbeitgeber ist verpflichtet, eine dem Übertragungswert wertgleiche Zusage zu erteilen und über einen Pensionsfonds, eine Pensionskasse oder eine Direktversicherung durchzuführen. [4]Für die neue Anwartschaft gelten die Regelungen über Entgeltumwandlung entsprechend.

(4) ¹Wird die Betriebstätigkeit eingestellt und das Unternehmen liquidiert, kann eine Zusage von einer Pensionskasse oder einem Unternehmen der Lebensversicherung ohne Zustimmung des Arbeitnehmers oder Versorgungsempfängers übernommen werden, wenn sichergestellt ist, dass die Überschussanteile ab Rentenbeginn entsprechend § 16 Abs. 3 Nr. 2 verwendet werden. ²§ 2 Abs. 2 Satz 4 bis 6 gilt entsprechend.

(5) ¹Der Übertragungswert entspricht bei einer unmittelbar über den Arbeitgeber oder über eine Unterstützungskasse durchgeführten betrieblichen Altersversorgung dem Barwert der nach § 2 bemessenen künftigen Versorgungsleistung im Zeitpunkt der Übertragung; bei der Berechnung des Barwerts sind die Rechnungsgrundlagen sowie die anerkannten Regeln der Versicherungsmathematik maßgebend. ²Soweit die betriebliche Altersversorgung über einen Pensionsfonds, eine Pensionskasse oder eine Direktversicherung durchgeführt worden ist, entspricht der Übertragungswert dem gebildeten Kapital im Zeitpunkt der Übertragung.

(6) Mit der vollständigen Übertragung des Übertragungswerts erlischt die Zusage des ehemaligen Arbeitgebers.

§ 4a Auskunftsanspruch

(1) Der Arbeitgeber oder der Versorgungsträger hat dem Arbeitnehmer bei einem berechtigten Interesse auf dessen Verlangen schriftlich mitzuteilen,

1. in welcher Höhe aus der bisher erworbenen unverfallbaren Anwartschaft bei Erreichen der in der Versorgungsregelung vorgesehenen Altersgrenze ein Anspruch auf Altersversorgung besteht und
2. wie hoch bei einer Übertragung der Anwartschaft nach § 4 Abs. 3 der Übertragungswert ist.

(2) Der neue Arbeitgeber oder der Versorgungsträger hat dem Arbeitnehmer auf dessen Verlangen schriftlich mitzuteilen, in welcher Höhe aus dem Übertragungswert ein Anspruch auf Altersversorgung und ob eine Invaliditäts- oder Hinterbliebenenversorgung bestehen würde.

Zweiter Abschnitt
Auszehrungsverbot

§ 5 Auszehrung und Anrechnung

(1) Die bei Eintritt des Versorgungsfalles festgesetzten Leistungen der betrieblichen Altersversorgung dürfen nicht mehr dadurch gemindert oder entzogen werden, dass Beiträge, um die sich andere Versorgungsbezüge nach diesem Zeitpunkt durch Anpassung an die wirtschaftliche Entwicklung erhöhen, angerechnet oder bei der Begrenzung der Gesamtversorgung auf einen Höchstbetrag berücksichtigt werden.

(2) [1]Leistungen der betrieblichen Altersversorgung dürfen durch Anrechnung oder Berücksichtigung anderer Versorgungsbezüge, soweit sie auf eigenen Beiträgen des Versorgungsempfängers beruhen, nicht gekürzt werden. [2]Dies gilt nicht für Renten aus den gesetzlichen Rentenversicherungen, soweit sie auf Pflichtbeiträgen beruhen, sowie für sonstige Versorgungsbezüge, die mindestens zur Hälfte auf Beiträgen oder Zuschüssen des Arbeitgebers beruhen.

Dritter Abschnitt
Altersgrenze

§ 6 Vorzeitige Altersleistung

[1]Einem Arbeitnehmer, der die Altersrente aus der gesetzlichen Rentenversicherung als Vollrente in Anspruch nimmt, sind auf sein Verlangen nach Erfüllung der Wartezeit und sonstiger Leistungsvoraussetzungen Leistungen der betrieblichen Altersversorgung zu gewähren. [2]Fällt die Altersrente aus der gesetzlichen Rentenversicherung wieder weg oder wird sie auf einen Teilbetrag beschränkt, so können auch die Leistungen der betrieblichen Altersversorgung eingestellt werden. [3]Der ausgeschiedene Arbeitnehmer ist verpflichtet, die Aufnahme oder Ausübung einer Beschäftigung oder Erwerbstätigkeit, die zu einem Wegfall oder zu einer Beschränkung der Altersrente aus der gesetzlichen Rentenversicherung führt, dem Arbeitgeber oder sonstigen Versorgungsträger unverzüglich anzuzeigen.

Anhang I

**Vierter Abschnitt
Insolvenzsicherung**

§ 7 **Umfang des Versicherungsschutzes**

(1) ¹Versorgungsempfänger, deren Ansprüche aus einer unmittelbaren Versorgungszusage des Arbeitgebers nicht erfüllt werden, weil über das Vermögen des Arbeitgebers oder über seinen Nachlass das Insolvenzverfahren eröffnet worden ist, und ihre Hinterbliebenen haben gegen den Träger der Insolvenzsicherung einen Anspruch in Höhe der Leistung, die der Arbeitgeber auf Grund der Versorgungszusage zu erbringen hätte, wenn das Insolvenzverfahren nicht eröffnet worden wäre. ²Satz 1 gilt entsprechend,

1. wenn Leistungen aus einer Direktversicherung auf Grund der in § 1b Abs. 2 Satz 3 genannten Tatbestände nicht gezahlt werden und der Arbeitgeber seiner Verpflichtung nach § 1b Abs. 2 Satz 3 wegen der Eröffnung des Insolvenzverfahrens nicht nachkommt,
2. wenn eine Unterstützungskasse oder ein Pensionsfonds die nach ihrer Versorgungsregelung vorgesehene Versorgung nicht erbringt, weil über das Vermögen oder den Nachlass eines Arbeitgebers, der der Unterstützungskasse oder dem Pensionsfonds Zuwendungen leistet (Trägerunternehmen), das Insolvenzverfahren eröffnet worden ist.

³§ 14 des Versicherungsvertragsgesetzes findet entsprechende Anwendung. ⁴Der Eröffnung des Insolvenzverfahrens stehen bei der Anwendung der Sätze 1 bis 3 gleich

1. die Abweisung des Antrags auf Eröffnung des Insolvenzverfahrens mangels Masse,
2. der außergerichtliche Vergleich (Stundungs-, Quoten- oder Liquidationsvergleich) des Arbeitgebers mit seinen Gläubigern zur Abwendung eines Insolvenzverfahrens, wenn ihm der Träger der Insolvenzsicherung zustimmt,
3. die vollständige Beendigung der Betriebstätigkeit im Geltungsbereich dieses Gesetzes, wenn ein Antrag auf Eröffnung des Insolvenzverfahrens nicht gestellt worden ist und ein Insolvenzverfahren offensichtlich mangels Masse nicht in Betracht kommt.

(1a) ¹Der Anspruch gegen den Träger der Insolvenzsicherung entsteht mit dem Beginn des Kalendermonats, der auf den Eintritt des Sicherungsfalles folgt. ²Der Anspruch endet mit Ablauf des Sterbemonats des Begünstigten, soweit in der Versorgungszusage des Arbeitgebers nicht etwas anderes bestimmt ist. ³In den Fällen des Absatzes 1 Satz 1 und 4 Nr. 1 und 3 umfasst der Anspruch auch rückständige Versorgungsleistungen, soweit diese bis zu zwölf Monaten vor Entstehen der Leistungspflicht des Trägers der Insolvenzsicherung entstanden sind.

(2) ¹Personen, die bei Eröffnung des Insolvenzverfahrens oder bei Eintritt der nach Absatz 1 Satz 4 gleichstehenden Voraussetzungen (Sicherungsfall) eine nach § 1b unverfallbare Versorgungsanwartschaft haben, und ihre Hinterbliebenen haben bei Eintritt des Versorgungsfalls einen Anspruch gegen den Träger der Insolvenzsicherung, wenn die Anwartschaft beruht

1. auf einer unmittelbaren Versorgungszusage des Arbeitgebers oder
2. auf einer Direktversicherung und der Arbeitnehmer hinsichtlich der Leistungen des Versicherers widerruflich bezugsberechtigt ist oder die Leistungen auf Grund der in § 1b Abs. 2 Satz 3 genannten Tatbestände nicht gezahlt werden und der Arbeitgeber seiner Verpflichtung aus § 1b Abs. 2 Satz 3 wegen der Eröffnung des Insolvenzverfahrens nicht nachkommt.

²Satz 1 gilt entsprechend für Personen, die zum Kreis der Begünstigten einer Unterstützungskasse oder eines Pensionsfonds gehören, wenn der Sicherungsfall bei einem Trägerunternehmen eingetreten ist. ³Die Höhe des Anspruchs richtet sich nach der Höhe der Leistungen gemäß § 2 Abs. 1, 2 Satz 2 und Abs. 5, bei Unterstützungskassen nach dem Teil der nach der Versorgungsregelung vorgesehenen Versorgung, der dem Verhältnis der Dauer der Betriebszugehörigkeit zu der Zeit vom Beginn der Betriebszugehörigkeit bis zum Erreichen der in der Versorgungsregelung vorgesehenen festen Altersgrenze entspricht, es sei denn, § 2 Abs. 5a ist anwendbar. ⁴Für die Berechnung der Höhe des Anspruchs nach Satz 3 wird die Betriebszugehörigkeit bis zum Eintritt des Sicherungsfalles berücksichtigt. ⁵Bei Pensionsfonds mit Leistungszusagen gelten für die Höhe des Anspruchs die Bestimmungen für unmittelbare Versorgungszusagen entsprechend, bei Beitragszusagen mit Mindestleistung gilt für die Höhe des Anspruchs § 2 Abs. 5b.

(3) ¹Ein Anspruch auf laufende Leistungen gegen den Träger der Insolvenzsicherung beträgt im Monat höchstens das Dreifache der im Zeitpunkt der ersten Fälligkeit maßgebenden monatlichen Bezugsgröße

gemäß § 18 des Vierten Buches Sozialgesetzbuch. ²Satz 1 gilt entsprechend bei einem Anspruch auf Kapitalleistungen mit der Maßgabe, dass zehn vom Hundert der Leistung als Jahresbetrag einer laufenden Leistung anzusetzen sind.

(4) ¹Ein Anspruch auf Leistungen gegen den Träger der Insolvenzsicherung vermindert sich in dem Umfang, in dem der Arbeitgeber oder sonstige Träger der Versorgung die Leistungen der betrieblichen Altersversorgung erbringt. ²Wird im Insolvenzverfahren ein Insolvenzplan bestätigt, vermindert sich der Anspruch auf Leistungen gegen den Träger der Insolvenzsicherung insoweit, als nach dem Insolvenzplan der Arbeitgeber oder sonstige Träger der Versorgung einen Teil der Leistungen selbst zu erbringen hat. ³Sieht der Insolvenzplan vor, dass der Arbeitgeber oder sonstige Träger der Versorgung die Leistungen der betrieblichen Altersversorgung von einem bestimmten Zeitpunkt an selbst zu erbringen hat, entfällt der Anspruch auf Leistungen gegen den Träger der Insolvenzsicherung von diesem Zeitpunkt an. ⁴Die Sätze 2 und 3 sind für den außergerichtlichen Vergleich nach Absatz 1 Satz 4 Nr. 2 entsprechend anzuwenden. ⁵Im Insolvenzplan soll vorgesehen werden, dass bei einer nachhaltigen Besserung der wirtschaftlichen Lage des Arbeitgebers die vom Träger der Insolvenzsicherung zu erbringenden Leistungen ganz oder zum Teil vom Arbeitgeber oder sonstigen Träger der Versorgung wieder übernommen werden.

(5) ¹Ein Anspruch gegen den Träger der Insolvenzsicherung besteht nicht, soweit nach den Umständen des Falles die Annahme gerechtfertigt ist, dass es der alleinige oder überwiegende Zweck der Versorgungszusage oder ihre Verbesserung oder der für die Direktversicherung in § 1b Abs. 2 Satz 3 genannten Tatbestände gewesen ist, den Träger der Insolvenzsicherung in Anspruch zu nehmen. ²Diese Annahme ist insbesondere dann gerechtfertigt, wenn bei Erteilung oder Verbesserung der Versorgungszusage wegen der wirtschaftlichen Lage des Arbeitgebers zu erwarten war, dass die Zusage nicht erfüllt werde. ³Ein Anspruch auf Leistungen gegen den Träger der Insolvenzsicherung besteht bei Zusagen und Verbesserungen von Zusagen, die in den beiden letzten Jahren vor dem Eintritt des Sicherungsfalls erfolgt sind, nur

1. für ab dem 1. Januar 2002 gegebene Zusagen, soweit bei Entgeltumwandlung Beträge von bis zu 4 vom Hundert der Beitragsbemes-

sungsgrenze in der allgemeinen Rentenversicherung für eine betriebliche Altersversorgung verwendet werden oder
2. für im Rahmen von Übertragungen gegebene Zusagen, soweit der Übertragungswert die Beitragsbemessungsgrenze in der allgemeinen Rentenversicherung nicht übersteigt.

(6) Ist der Sicherungsfall durch kriegerische Ereignisse, innere Unruhen, Naturkatastrophen oder Kernenergie verursacht worden, kann der Träger der Insolvenzsicherung mit Zustimmung der Bundesanstalt für Finanzdienstleistungsaufsicht die Leistungen nach billigem Ermessen abweichend von den Absätzen 1 bis 5 festsetzen.

§ 8 Übertragung der Leistungspflicht und Abfindung

(1) Ein Anspruch gegen den Träger der Insolvenzsicherung auf Leistungen nach § 7 besteht nicht, wenn eine Pensionskasse oder ein Unternehmen der Lebensversicherung sich dem Träger der Insolvenzsicherung gegenüber verpflichtet, diese Leistungen zu erbringen, und die nach § 7 Berechtigten ein unmittelbares Recht erwerben, die Leistungen zu fordern.

(1a) ^{1}Der Träger der Insolvenzsicherung hat die gegen ihn gerichteten Ansprüche auf den Pensionsfonds, dessen Trägerunternehmen die Eintrittspflicht nach § 7 ausgelöst hat, im Sinne von Absatz 1 zu übertragen, wenn die Bundesanstalt für Finanzdienstleistungsaufsicht hierzu die Genehmigung erteilt. ^{2}Die Genehmigung kann nur erteilt werden, wenn durch Auflagen der Bundesanstalt für Finanzdienstleistungsaufsicht die dauernde Erfüllbarkeit der Leistungen aus dem Pensionsplan sichergestellt werden kann. ^{3}Die Genehmigung der Bundesanstalt für Finanzdienstleistungsaufsicht kann der Pensionsfonds nur innerhalb von drei Monaten nach Eintritt des Sicherungsfalles beantragen.

(2) ^{1}Der Träger der Insolvenzsicherung kann eine Anwartschaft ohne Zustimmung des Arbeitnehmers abfinden, wenn der Monatsbetrag der aus der Anwartschaft resultierenden laufenden Leistung bei Erreichen der vorgesehenen Altersgrenze 1 vom Hundert, bei Kapitalleistungen zwölf Zehntel der monatlichen Bezugsgröße nach § 18 des Vierten Buches Sozialgesetzbuch nicht übersteigen würde oder wenn dem Arbeitnehmer die Beiträge zur gesetzlichen Rentenversicherung erstattet worden sind. ^{2}Dies gilt entsprechend für die Abfindung einer laufenden Leistung. ^{3}Die Abfindung ist darüber hinaus möglich, wenn

sie an ein Unternehmen der Lebensversicherung gezahlt wird, bei dem der Versorgungsberechtigte im Rahmen einer Direktversicherung versichert ist. [4]§ 2 Abs. 2 Satz 4 bis 6 und § 3 Abs. 5 gelten entsprechend.

§ 9 Mitteilungspflicht; Forderungs- und Vermögensübergang

(1) [1]Der Träger der Insolvenzsicherung teilt dem Berechtigten die ihm nach § 7 oder § 8 zustehenden Ansprüche oder Anwartschaften schriftlich mit. [2]Unterbleibt die Mitteilung, so ist der Anspruch oder die Anwartschaft spätestens ein Jahr nach dem Sicherungsfall bei dem Träger der Insolvenzsicherung anzumelden; erfolgt die Anmeldung später, so beginnen die Leistungen frühestens mit dem Ersten des Monats der Anmeldung, es sei denn, dass der Berechtigte an der rechtzeitigen Anmeldung ohne sein Verschulden verhindert war.

(2) [1]Ansprüche oder Anwartschaften des Berechtigten gegen den Arbeitgeber auf Leistungen der betrieblichen Altersversorgung, die den Anspruch gegen den Träger der Insolvenzsicherung begründen, gehen im Falle eines Insolvenzverfahrens mit dessen Eröffnung, in den übrigen Sicherungsfällen dann auf den Träger der Insolvenzsicherung über, wenn dieser nach Absatz 1 Satz 1 dem Berechtigten die ihm zustehenden Ansprüche oder Anwartschaften mitteilt. [2]Der Übergang kann nicht zum Nachteil des Berechtigten geltend gemacht werden. [3]Die mit der Eröffnung des Insolvenzverfahrens übergegangenen Anwartschaften werden im Insolvenzverfahren als unbedingte Forderungen nach § 45 InsO geltend gemacht.

(3) [1]Ist der Träger der Insolvenzsicherung zu Leistungen verpflichtet, die ohne den Eintritt des Sicherungsfalles eine Unterstützungskasse erbringen würde, geht deren Vermögen einschließlich der Verbindlichkeiten auf ihn über; die Haftung für die Verbindlichkeiten beschränkt sich auf das übergegangene Vermögen. [2]Wenn die übergegangenen Vermögenswerte den Barwert der Ansprüche und Anwartschaften gegen den Träger der Insolvenzsicherung übersteigen, hat dieser den übersteigenden Teil entsprechend der Satzung der Unterstützungskasse zu verwenden. [3]Bei einer Unterstützungskasse mit mehreren Trägerunternehmen hat der Träger der Insolvenzsicherung einen Anspruch gegen die Unterstützungskasse auf einen Betrag, der dem Teil des Vermögens der Kasse entspricht, der auf das Unternehmen entfällt, bei dem der Sicherungsfall eingetreten ist. [4]Die Sätze 1 bis 3 gelten nicht, wenn der Sicherungsfall auf den in § 7 Abs. 1 Satz 4 Nr. 2 ge-

nannten Gründen beruht, es sei denn, dass das Trägerunternehmen seine Betriebstätigkeit nach Eintritt des Sicherungsfalls nicht fortsetzt und aufgelöst wird (Liquidationsvergleich).

(3a) Absatz 3 findet entsprechende Anwendung auf einen Pensionsfonds, wenn die Bundesanstalt für Finanzdienstleistungsaufsicht die Genehmigung für die Übertragung der Leistungspflicht durch den Träger der Insolvenzsicherung nach § 8 Abs. 1a nicht erteilt.

(4) ¹In einem Insolvenzplan, der die Fortführung des Unternehmens oder eines Betriebes vorsieht, kann für den Träger der Insolvenzsicherung eine besondere Gruppe gebildet werden. ²Sofern im Insolvenzplan nichts anderes vorgesehen ist, kann der Träger der Insolvenzsicherung, wenn innerhalb von drei Jahren nach der Aufhebung des Insolvenzverfahrens ein Antrag auf Eröffnung eines neuen Insolvenzverfahrens über das Vermögen des Arbeitgebers gestellt wird, in diesem Verfahren als Insolvenzgläubiger Erstattung der von ihm erbrachten Leistungen verlangen.

(5) Dem Träger der Insolvenzsicherung steht gegen den Beschluss, durch den das Insolvenzverfahren eröffnet wird, die sofortige Beschwerde zu.

§ 10 Beitragspflicht und Beitragsbemessung

(1) Die Mittel für die Durchführung der Insolvenzsicherung werden auf Grund öffentlich-rechtlicher Verpflichtung durch Beiträge aller Arbeitgeber aufgebracht, die Leistungen der betrieblichen Altersversorgung unmittelbar zugesagt haben oder eine betriebliche Altersversorgung über eine Unterstützungskasse, eine Direktversicherung der in § 7 Abs. 1 Satz 2 und Abs. 2 Satz 1 Nr. 2 bezeichneten Art oder einen Pensionsfonds durchführen.

(2) ¹Die Beiträge müssen den Barwert der im laufenden Kalenderjahr entstehenden Ansprüche auf Leistungen der Insolvenzsicherung decken zuzüglich eines Betrages für die auf Grund eingetretener Insolvenzen zu sichernden Anwartschaften, der sich aus dem Unterschied der Barwerte dieser Anwartschaften am Ende des Kalenderjahres und am Ende des Vorjahres bemisst. ²Der Rechnungszinsfuß bei der Berechnung des Barwerts der Ansprüche auf Leistungen der Insolvenzsicherung bestimmt sich nach § 65 des Versicherungsaufsichtsgesetzes; soweit keine Übertragung nach § 8 Abs. 1 stattfindet, ist der Rechnungs-

zinsfuß bei der Berechnung des Barwerts der Anwartschaften um ein Drittel höher. ³Darüber hinaus müssen die Beiträge die im gleichen Zeitraum entstehenden Verwaltungskosten und sonstigen Kosten, die mit der Gewährung der Leistungen zusammenhängen, und die Zuführung zu einem von der Bundesanstalt für Finanzdienstleistungsaufsicht festgesetzten Ausgleichsfonds decken; § 37 des Versicherungsaufsichtsgesetzes bleibt unberührt. ⁴Auf die am Ende des Kalenderjahres fälligen Beiträge können Vorschüsse erhoben werden. ⁵Sind die nach den Sätzen 1 bis 3 erforderlichen Beiträge höher als im vorangegangenen Kalenderjahr, so kann der Unterschiedsbetrag auf das laufende und die folgenden vier Kalenderjahre verteilt werden. ⁶In Jahren, in denen sich außergewöhnlich hohe Beiträge ergeben würden, kann zu deren Ermäßigung der Ausgleichsfonds in einem von der Bundesanstalt für Finanzdienstleistungsaufsicht zu genehmigenden Umfang herangezogen werden.

(3) Die nach Absatz 2 erforderlichen Beiträge werden auf die Arbeitgeber nach Maßgabe der nachfolgenden Beträge umgelegt, soweit sie sich auf die laufenden Versorgungsleistungen und die nach § 1b unverfallbaren Versorgungsanwartschaften beziehen (Beitragsbemessungsgrundlage); diese Beträge sind festzustellen auf den Schluss des Wirtschaftsjahres des Arbeitgebers, das im abgelaufenen Kalenderjahr geendet hat:

1. Bei Arbeitgebern, die Leistungen der betrieblichen Altersversorgung unmittelbar zugesagt haben, ist Beitragsbemessungsgrundlage der Teilwert der Pensionsverpflichtung (§ 6a Abs. 3 des Einkommensteuergesetzes).

2. ¹Bei Arbeitgebern, die eine betriebliche Altersversorgung über eine Direktversicherung mit widerruflichem Bezugsrecht durchführen, ist Beitragsbemessungsgrundlage das geschäftsplanmäßige Deckungskapital oder, soweit die Berechnung des Deckungskapitals nicht zum Geschäftsplan gehört, die Deckungsrückstellung. ²Für Versicherungen, bei denen der Versicherungsfall bereits eingetreten ist, und für Versicherungsanwartschaften, für die ein unwiderrufliches Bezugsrecht eingeräumt ist, ist das Deckungskapital oder die Deckungsrückstellung nur insoweit zu berücksichtigen, als die Versicherungen abgetreten oder beliehen sind.

3. Bei Arbeitgebern, die eine betriebliche Altersversorgung über eine Unterstützungskasse durchführen, ist Beitragsbemessungsgrundlage das Deckungskapital für die laufenden Leistungen (§ 4d Abs. 1

Nr. 1 Buchstabe a des Einkommensteuergesetzes) zuzüglich des Zwanzigfachen der nach § 4d Abs. 1 Nr. 1 Buchstabe b Satz 1 des Einkommensteuergesetzes errechneten jährlichen Zuwendungen für Leistungsanwärter im Sinne von § 4d Abs. 1 Nr. 1 Buchstabe b Satz 2 des Einkommensteuergesetzes.
4. Bei Arbeitgebern, soweit sie betriebliche Altersversorgung über einen Pensionsfonds durchführen, ist Beitragsbemessungsgrundlage 20 vom Hundert des entsprechend Nummer 1 ermittelten Betrages.

(4) [1]Aus den Beitragsbescheiden des Trägers der Insolvenzsicherung findet die Zwangsvollstreckung in entsprechender Anwendung der Vorschriften der Zivilprozessordnung statt. [2]Die vollstreckbare Ausfertigung erteilt der Träger der Insolvenzsicherung.

§ 10a Säumniszuschläge; Zinsen; Verjährung

(1) Für Beiträge, die wegen Verstoßes des Arbeitgebers gegen die Meldepflicht erst nach Fälligkeit erhoben werden, kann der Träger der Insolvenzsicherung für jeden angefangenen Monat vom Zeitpunkt der Fälligkeit an einen Säumniszuschlag in Höhe von bis zu eins vom Hundert der nacherhobenen Beiträge erheben.

(2) [1]Für festgesetzte Beiträge und Vorschüsse, die der Arbeitgeber nach Fälligkeit zahlt, erhebt der Träger der Insolvenzsicherung für jeden Monat Verzugszinsen in Höhe von 0,5 vom Hundert der rückständigen Beiträge. [2]Angefangene Monate bleiben außer Ansatz.

(3) [1]Vom Träger der Insolvenzsicherung zu erstattende Beiträge werden vom Tage der Fälligkeit oder bei Feststellung des Erstattungsanspruchs durch gerichtliche Entscheidung vom Tage der Rechtshängigkeit an für jeden Monat mit 0,5 vom Hundert verzinst. [2]Angefangene Monate bleiben außer Ansatz.

(4) [1]Ansprüche auf Zahlung der Beiträge zur Insolvenzsicherung gemäß § 10 sowie Erstattungsansprüche nach Zahlung nicht geschuldeter Beiträge zur Insolvenzsicherung verjähren in sechs Jahren. [2]Die Verjährungsfrist beginnt mit Ablauf des Kalenderjahres, in dem die Beitragspflicht entstanden oder der Erstattungsanspruch fällig geworden ist. [3]Auf die Verjährung sind die Vorschriften des Bürgerlichen Gesetzbuchs anzuwenden.

§ 11 Melde-, Auskunfts- und Mitteilungspflichten

(1) ¹Der Arbeitgeber hat dem Träger der Insolvenzsicherung eine betriebliche Altersversorgung nach § 1b Abs. 1 bis 4 für seine Arbeitnehmer innerhalb von 3 Monaten nach Erteilung der unmittelbaren Versorgungszusage, dem Abschluss einer Direktversicherung oder der Errichtung einer Unterstützungskasse oder eines Pensionsfonds mitzuteilen. ²Der Arbeitgeber, der sonstige Träger der Versorgung, der Insolvenzverwalter und die nach § 7 Berechtigten sind verpflichtet, dem Träger der Insolvenzsicherung alle Auskünfte zu erteilen, die zur Durchführung der Vorschriften dieses Abschnittes erforderlich sind, sowie Unterlagen vorzulegen, aus denen die erforderlichen Angaben ersichtlich sind.

(2) ¹Ein beitragspflichtiger Arbeitgeber hat dem Träger der Insolvenzsicherung spätestens bis zum 30. September eines jeden Kalenderjahres die Höhe des nach § 10 Abs. 3 für die Bemessung des Beitrages maßgebenden Betrages bei unmittelbaren Versorgungszusagen und Pensionsfonds auf Grund eines versicherungsmathematischen Gutachtens, bei Direktversicherungen auf Grund einer Bescheinigung des Versicherers und bei Unterstützungskassen auf Grund einer nachprüfbaren Berechnung mitzuteilen. ²Der Arbeitgeber hat die in Satz 1 bezeichneten Unterlagen mindestens 6 Jahre aufzubewahren.

(3) ¹Der Insolvenzverwalter hat dem Träger der Insolvenzsicherung die Eröffnung des Insolvenzverfahrens, Namen und Anschriften der Versorgungsempfänger und die Höhe ihrer Versorgung nach § 7 unverzüglich mitzuteilen. ²Er hat zugleich Namen und Anschriften der Personen, die bei Eröffnung des Insolvenzverfahrens eine nach § 1 unverfallbare Versorgungsanwartschaft haben, sowie die Höhe ihrer Anwartschaft nach § 7 mitzuteilen.

(4) Der Arbeitgeber, der sonstige Träger der Versorgung und die nach § 7 Berechtigten sind verpflichtet, dem Insolvenzverwalter Auskünfte über alle Tatsachen zu erteilen, auf die sich die Mitteilungspflicht nach Absatz 3 bezieht.

(5) In den Fällen, in denen ein Insolvenzverfahren nicht eröffnet wird (§ 7 Abs. 1 Satz 4) oder nach § 207 der Insolvenzordnung eingestellt worden ist, sind die Pflichten des Insolvenzverwalters nach Absatz 3 vom Arbeitgeber oder dem sonstigen Träger der Versorgung zu erfüllen.

(6) Kammern und andere Zusammenschlüsse von Unternehmern oder anderen selbständigen Berufstätigen, die als Körperschaften des öffentlichen Rechts errichtet sind, ferner Verbände und andere Zusammenschlüsse, denen Unternehmer oder andere selbständige Berufstätige kraft Gesetzes angehören oder anzugehören haben, haben den Träger der Insolvenzsicherung bei der Ermittlung der nach § 10 beitragspflichtigen Arbeitgeber zu unterstützen.

(7) Die nach den Absätzen 1 bis 3 und 5 zu Mitteilungen und Auskünften und die nach Absatz 6 zur Unterstützung Verpflichteten haben die vom Träger der Insolvenzsicherung vorgesehenen Vordrucke zu verwenden.

(8) [1]Zur Sicherung der vollständigen Erfassung der nach § 10 beitragspflichtigen Arbeitgeber können die Finanzämter dem Träger der Insolvenzsicherung mitteilen, welche Arbeitgeber für die Beitragspflicht in Betracht kommen. [2]Die Bundesregierung wird ermächtigt, durch Rechtsverordnung mit Zustimmung des Bundesrates das Nähere zu bestimmen und Einzelheiten des Verfahrens zu regeln.

§ 12 Ordnungswidrigkeiten

(1) Ordnungswidrig handelt, wer vorsätzlich oder fahrlässig

1. entgegen § 11 Abs. 1 Satz 1, Abs. 2 Satz 1, Abs. 3 oder Abs. 5 eine Mitteilung nicht, nicht richtig, nicht vollständig oder nicht rechtzeitig vornimmt,
2. entgegen § 11 Abs. 1 Satz 2 oder Abs. 4 eine Auskunft nicht, nicht richtig, nicht vollständig oder nicht rechtzeitig erteilt oder
3. entgegen § 11 Abs. 1 Satz 2 Unterlagen nicht, nicht richtig, nicht vollständig oder nicht rechtzeitig vorlegt oder entgegen § 11 Abs. 2 Satz 2 Unterlagen nicht aufbewahrt.

(2) Die Ordnungswidrigkeit kann mit einer Geldbuße bis zu zweitausendfünfhundert Euro geahndet werden.

(3) Verwaltungsbehörde im Sinne des § 36 Abs. 1 Nr. 1 des Gesetzes über Ordnungswidrigkeiten ist die Bundesanstalt für Finanzdienstleistungsaufsicht.

Anhang I

§ 13 (weggefallen)

§ 14 Träger der Insolvenzsicherung

(1) ¹Träger der Insolvenzsicherung ist der Pensions-Sicherungs-Verein Versicherungsverein auf Gegenseitigkeit. ²Er ist zugleich Träger der Insolvenzsicherung von Versorgungszusagen Luxemburger Unternehmen nach Maßgabe des Abkommens vom 22.12.2000 zwischen der Bundesrepublik Deutschland und dem Großherzogtum Luxemburg über Zusammenarbeit im Bereich der Insolvenzsicherung betrieblicher Altersversorgung. ³Er unterliegt der Aufsicht durch die Bundesanstalt für Finanzdienstleistungsaufsicht. ⁴Die Vorschriften des Versicherungsaufsichtsgesetzes gelten, soweit dieses Gesetz nichts anderes bestimmt.

(2) ¹Der Bundesminister für Arbeit und Sozialordnung weist durch Rechtsverordnung mit Zustimmung des Bundesrates die Stellung des Trägers der Insolvenzsicherung der Kreditanstalt für Wiederaufbau zu, bei der ein Fonds zur Insolvenzsicherung der betrieblichen Altersversorgung gebildet wird, wenn

1. bis zum 31. Dezember 1974 nicht nachgewiesen worden ist, dass der in Absatz 1 genannte Träger die Erlaubnis der Aufsichtsbehörde zum Geschäftsbetrieb erhalten hat,
2. der in Absatz 1 genannte Träger aufgelöst worden ist oder
3. die Aufsichtsbehörde den Geschäftsbetrieb des in Absatz 1 genannten Trägers untersagt oder die Erlaubnis zum Geschäftsbetrieb widerruft.

²In den Fällen der Nummern 2 und 3 geht das Vermögen des in Absatz 1 genannten Trägers einschließlich der Verbindlichkeiten auf die Kreditanstalt für Wiederaufbau über, die es dem Fonds zur Insolvenzsicherung der betrieblichen Altersversorgung zuweist.

(3) ¹Wird die Insolvenzsicherung von der Kreditanstalt für Wiederaufbau durchgeführt, gelten die Vorschriften dieses Abschnittes mit folgenden Abweichungen:

1. In § 7 Abs. 6 entfällt die Zustimmung der Bundesanstalt für Finanzdienstleistungsaufsicht.
2. ¹§ 10 Abs. 2 findet keine Anwendung. ²Die von der Kreditanstalt für Wiederaufbau zu erhebenden Beiträge müssen den Bedarf für die laufenden Leistungen der Insolvenzsicherung im laufenden Kalen-

derjahr und die im gleichen Zeitraum entstehenden Verwaltungskosten und sonstigen Kosten, die mit der Gewährung der Leistungen zusammenhängen, decken. ³Bei einer Zuweisung nach Absatz 2 Nr. 1 beträgt der Beitrag für die ersten 3 Jahre mindestens 0,1 vom Hundert der Beitragsbemessungsgrundlage gemäß § 10 Abs. 3; der nicht benötigte Teil dieses Beitragsaufkommens wird einer Betriebsmittelreserve zugeführt. ⁴Bei einer Zuweisung nach Absatz 2 Nr. 2 oder 3 wird in den ersten 3 Jahren zu dem Beitrag nach Nummer 2 Satz 2 ein Zuschlag von 0,08 vom Hundert der Beitragsbemessungsgrundlage gemäß § 10 Abs. 3 zur Bildung einer Betriebsmittelreserve erhoben. ⁵Auf die Beiträge können Vorschüsse erhoben werden.
3. In § 12 Abs. 3 tritt an die Stelle der Bundesanstalt für Finanzdienstleistungsaufsicht die Kreditanstalt für Wiederaufbau.

²Die Kreditanstalt für Wiederaufbau verwaltet den Fonds im eigenen Namen. ³Für Verbindlichkeiten des Fonds haftet sie nur mit dem Vermögen des Fonds. ⁴Dieser haftet nicht für die sonstigen Verbindlichkeiten der Bank. ⁵§ 11 Abs. 1 Satz 1 des Gesetzes über die Kreditanstalt für Wiederaufbau in der Fassung der Bekanntmachung vom 23.6.1969 (BGBl I S. 573), das zuletzt durch Artikel 14 des Gesetzes vom 21. Juni 2002 (BGBl I S. 2010) geändert worden ist, ist in der jeweils geltenden Fassung auch für den Fonds anzuwenden.

§ 15 Verschwiegenheitspflicht

¹Personen, die bei dem Träger der Insolvenzsicherung beschäftigt oder für ihn tätig sind, dürfen fremde Geheimnisse, insbesondere Betriebs- oder Geschäftsgeheimnisse, nicht unbefugt offenbaren oder verwerten. ²Sie sind nach dem Gesetz über die förmliche Verpflichtung nichtbeamteter Personen vom 2. März 1974 (Bundesgesetzbl. I S. 469, 547) von der Bundesanstalt für Finanzdienstleistungsaufsicht auf die gewissenhafte Erfüllung ihrer Obliegenheiten zu verpflichten.

Fünfter Abschnitt
Anpassung

§ 16 Anpassungsprüfungspflicht

(1) Der Arbeitgeber hat alle drei Jahre eine Anpassung der laufenden Leistungen der betrieblichen Altersversorgung zu prüfen und hierüber nach billigem Ermessen zu entscheiden; dabei sind insbesondere die Belange des Versorgungsempfängers und die wirtschaftliche Lage des Arbeitgebers zu berücksichtigen.

(2) Die Verpflichtung nach Absatz 1 gilt als erfüllt, wenn die Anpassung nicht geringer ist als der Anstieg

1. des Verbraucherpreisindexes für Deutschland oder
2. der Nettolöhne vergleichbarer Arbeitnehmergruppen des Unternehmens

im Prüfungszeitraum.

(3) Die Verpflichtung nach Absatz 1 entfällt, wenn

1. der Arbeitgeber sich verpflichtet, die laufenden Leistungen jährlich um wenigstens eins vom Hundert anzupassen,
2. die betriebliche Altersversorgung über eine Direktversicherung im Sinne des § 1b Abs. 2 oder über eine Pensionskasse im Sinne des § 1b Abs. 3 durchgeführt wird, ab Rentenbeginn sämtliche auf den Rentenbestand entfallende Überschussanteile zur Erhöhung der laufenden Leistungen verwendet werden und zur Berechnung der garantierten Leistung der nach § 65 Abs. 1 Nr. 1 Buchstabe a des Versicherungsaufsichtsgesetzes festgesetzte Höchstzinssatz zur Berechnung der Deckungsrückstellung nicht überschritten wird oder
3. eine Beitragszusage mit Mindestleistung erteilt wurde; Absatz 5 findet insoweit keine Anwendung.

(4) ¹Sind laufende Leistungen nach Absatz 1 nicht oder nicht in vollem Umfang anzupassen (zu Recht unterbliebene Anpassung), ist der Arbeitgeber nicht verpflichtet, die Anpassung zu einem späteren Zeitpunkt nachzuholen. ²Eine Anpassung gilt als zu Recht unterblieben, wenn der Arbeitgeber dem Versorgungsempfänger die wirtschaftliche Lage des Unternehmens schriftlich dargelegt, der Versorgungsempfänger nicht binnen drei Kalendermonaten nach Zugang der Mitteilung

schriftlich widersprochen hat und er auf die Rechtsfolgen eines nicht fristgemäßen Widerspruchs hingewiesen wurde.

(5) Soweit betriebliche Altersversorgung durch Entgeltumwandlung finanziert wird, ist der Arbeitgeber verpflichtet, die Leistungen mindestens entsprechend Absatz 3 Nr. 1 anzupassen oder im Falle der Durchführung über eine Direktversicherung oder eine Pensionskasse sämtliche Überschussanteile entsprechend Absatz 3 Nr. 2 zu verwenden.

(6) Eine Verpflichtung zur Anpassung besteht nicht für monatliche Raten im Rahmen eines Auszahlungsplans sowie für Renten ab Vollendung des 85. Lebensjahres im Anschluss an einen Auszahlungsplan.

**Sechster Abschnitt
Geltungsbereich**

§ 17 Persönlicher Geltungsbereich und Tariföffnungsklausel

(1) [1]Arbeitnehmer im Sinne der §§ 1 bis 16 sind Arbeiter und Angestellte einschließlich der zu ihrer Berufsausbildung Beschäftigten; ein Berufsausbildungsverhältnis steht einem Arbeitsverhältnis gleich. [2]Die §§ 1 bis 16 gelten entsprechend für Personen, die nicht Arbeitnehmer sind, wenn ihnen Leistungen der Alters-, Invaliditäts- oder Hinterbliebenenversorgung aus Anlass ihrer Tätigkeit für ein Unternehmen zugesagt worden sind. [3]Arbeitnehmer im Sinne von § 1a Abs. 1 sind nur Personen nach den Sätzen 1 und 2, soweit sie auf Grund der Beschäftigung oder Tätigkeit bei dem Arbeitgeber, gegen den sich der Anspruch nach § 1a richten würde, in der gesetzlichen Rentenversicherung pflichtversichert sind.

(2) Die §§ 7 bis 15 gelten nicht für den Bund, die Länder, die Gemeinden sowie die Körperschaften, Stiftungen und Anstalten des öffentlichen Rechts, bei denen das Insolvenzverfahren nicht zulässig ist, und solche juristische Personen des öffentlichen Rechts, bei denen der Bund, ein Land oder eine Gemeinde kraft Gesetzes die Zahlungsfähigkeit sichert.

(3) [1]Von den §§ 1a, 2 bis 5, 16, 18 a Satz 1, §§ 27 und 28 kann in Tarifverträgen abgewichen werden. [2]Die abweichenden Bestimmungen haben zwischen nicht tarifgebundenen Arbeitgebern und Arbeitnehmern

Geltung, wenn zwischen diesen die Anwendung der einschlägigen tariflichen Regelung vereinbart ist. ³Im Übrigen kann von den Bestimmungen dieses Gesetzes nicht zuungunsten des Arbeitnehmers abgewichen werden.

(4) Gesetzliche Regelungen über Leistungen der betrieblichen Altersversorgung werden unbeschadet des § 18 durch die §§ 1 bis 16 und 26 bis 30 nicht berührt.

(5) Soweit Entgeltansprüche auf einem Tarifvertrag beruhen, kann für diese eine Entgeltumwandlung nur vorgenommen werden, soweit dies durch Tarifvertrag vorgesehen oder durch Tarifvertrag zugelassen ist.

§ 18 Sonderregelungen für den öffentlichen Dienst

(1) Für Personen, die

1. bei der Versorgungsanstalt des Bundes und der Länder (VBL) oder einer kommunalen oder kirchlichen Zusatzversorgungseinrichtung pflichtversichert sind, oder
2. bei einer anderen Zusatzversorgungseinrichtung pflichtversichert sind, die mit einer der Zusatzversorgungseinrichtungen nach Nummer 1 ein Überleitungsabkommen abgeschlossen hat oder auf Grund satzungsrechtlicher Vorschriften der Zusatzversorgungseinrichtungen nach Nummer 1 ein solches Abkommen abschließen kann, oder
3. unter das Gesetz über die zusätzliche Alters- und Hinterbliebenenversorgung für Angestellte und Arbeiter der Freien und Hansestadt Hamburg (Erstes Ruhegeldgesetz – 1. RGG), das Gesetz zur Neuregelung der zusätzlichen Alters- und Hinterbliebenenversorgung für Angestellte und Arbeiter der Freien und Hansestadt Hamburg (Zweites Ruhegeldgesetz – 2. RGG) oder unter das Bremische Ruhelohngesetz in ihren jeweiligen Fassungen fallen oder auf die diese Gesetze sonst Anwendung finden,

gelten die §§ 2, 5, 16, 27 und 28 nicht, soweit sich aus den nachfolgenden Regelungen nichts Abweichendes ergibt; § 4 gilt nicht, wenn die Anwartschaft oder die laufende Leistung ganz oder teilweise umlage- oder haushaltsfinanziert ist.

(2) Bei Eintritt des Versorgungsfalles erhalten die in Absatz 1 Nr. 1 und 2 bezeichneten Personen, deren Anwartschaft nach § 1b fortbesteht

und deren Arbeitsverhältnis vor Eintritt des Versorgungsfalles geendet hat, von der Zusatzversorgungseinrichtung eine Zusatzrente nach folgenden Maßgaben:

1. ¹Der monatliche Betrag der Zusatzrente beträgt für jedes Jahr der auf Grund des Arbeitsverhältnisses bestehenden Pflichtversicherung bei einer Zusatzversorgungseinrichtung 2,25 vom Hundert, höchstens jedoch 100 vom Hundert der Leistung, die bei dem höchstmöglichen Versorgungssatz zugestanden hätte (Voll-Leistung). ²Für die Berechnung der Voll-Leistung
   a) ist der Versicherungsfall der Regelaltersrente maßgebend,
   b) ist das Arbeitsentgelt maßgebend, das nach der Versorgungsregelung für die Leistungsbemessung maßgebend wäre, wenn im Zeitpunkt des Ausscheidens der Versicherungsfall im Sinne der Versorgungsregelung eingetreten wäre,
   c) finden § 2 Abs. 5 Satz 1 und § 2 Abs. 6 entsprechend Anwendung,
   d) ist im Rahmen einer Gesamtversorgung der im Falle einer Teilzeitbeschäftigung oder Beurlaubung nach der Versorgungsregelung für die gesamte Dauer des Arbeitsverhältnisses maßgebliche Beschäftigungsquotient nach der Versorgungsregelung als Beschäftigungsquotient auch für die übrige Zeit maßgebend,
   e) finden die Vorschriften der Versorgungsregelung über eine Mindestleistung keine Anwendung und
   f) ist eine anzurechnende Grundversorgung nach dem bei der Berechnung von Pensionsrückstellungen für die Berücksichtigung von Renten aus der gesetzlichen Rentenversicherung allgemein zulässigen Verfahren zu ermitteln. Hierbei ist das Arbeitsentgelt nach Buchstabe b zugrunde zu legen und – soweit während der Pflichtversicherung Teilzeitbeschäftigung bestand – diese nach Maßgabe der Versorgungsregelung zu berücksichtigen.
2. Die Zusatzrente vermindert sich um 0,3 vom Hundert für jeden vollen Kalendermonat, den der Versorgungsfall vor Vollendung des 65. Lebensjahres eintritt, höchstens jedoch um den in der Versorgungsregelung für die Voll-Leistung vorgesehenen Vomhundertsatz.
3. Übersteigt die Summe der Vomhundertsätze nach Nummer 1 aus unterschiedlichen Arbeitsverhältnissen 100, sind die einzelnen Leistungen im gleichen Verhältnis zu kürzen.

4. Die Zusatzrente muss monatlich mindestens den Betrag erreichen, der sich auf Grund des Arbeitsverhältnisses nach der Versorgungsregelung als Versicherungsrente aus den jeweils maßgeblichen Vomhundertsätzen der zusatzversorgungspflichtigen Entgelte oder der gezahlten Beiträge und Erhöhungsbeträge ergibt.
5. ^{1}Die Vorschriften der Versorgungsregelung über das Erlöschen, das Ruhen und die Nichtleistung der Versorgungsrente gelten entsprechend. ^{2}Soweit die Versorgungsregelung eine Mindestleistung in Ruhensfällen vorsieht, gilt dies nur, wenn die Mindestleistung der Leistung im Sinne der Nummer 4 entspricht.
6. ^{1}Verstirbt die in Absatz 1 genannte Person, erhält eine Witwe oder ein Witwer 60 vom Hundert, eine Witwe oder ein Witwer im Sinne des § 46 Abs. 1 des Sechsten Buches Sozialgesetzbuch 42 vom Hundert, eine Halbwaise 12 vom Hundert und eine Vollwaise 20 vom Hundert der unter Berücksichtigung der in diesem Absatz genannten Maßgaben zu berechnenden Zusatzrente; die §§ 46, 48, 103 bis 105 des Sechsten Buches Sozialgesetzbuch sind entsprechend anzuwenden. ^{2}Die Leistungen an mehrere Hinterbliebene dürfen den Betrag der Zusatzrente nicht übersteigen; ggf. sind die Leistungen im gleichen Verhältnis zu kürzen.
7. Versorgungsfall ist der Versicherungsfall im Sinne der Versorgungsregelung.

(3) Personen, auf die bis zur Beendigung ihres Arbeitsverhältnisses die Regelungen des Ersten Ruhegeldgesetzes, des Zweiten Ruhegeldgesetzes oder des Bremischen Ruhelohngesetzes in ihren jeweiligen Fassungen Anwendung gefunden haben, haben Anspruch gegenüber ihrem ehemaligen Arbeitgeber auf Leistungen in sinngemäßer Anwendung des Absatzes 2 mit Ausnahme von Absatz 2 Nr. 3 und 4 sowie Nr. 5 Satz 2; bei Anwendung des Zweiten Ruhegeldgesetzes bestimmt sich der monatliche Betrag der Zusatzrente abweichend von Absatz 2 nach der nach dem Zweiten Ruhegeldgesetz maßgebenden Berechnungsweise.

(4) Die Leistungen nach den Absätzen 2 und 3 werden, mit Ausnahme der Leistungen nach Absatz 2 Nr. 4, jährlich zum 1. Juli um 1 vom Hundert erhöht, soweit in diesem Jahr eine allgemeine Erhöhung der Versorgungsrenten erfolgt.

(5) Besteht bei Eintritt des Versorgungsfalles neben dem Anspruch auf Zusatzrente oder auf die in Absatz 3 oder Absatz 7 bezeichneten Leis-

tungen auch Anspruch auf eine Versorgungsrente oder Versicherungsrente der in Absatz 1 Satz 1 Nr. 1 und 2 bezeichneten Zusatzversorgungseinrichtungen oder Anspruch auf entsprechende Versorgungsleistungen der Versorgungsanstalt der deutschen Kulturorchester oder der Versorgungsanstalt der deutschen Bühnen oder nach den Regelungen des Ersten Ruhegeldgesetzes, des Zweiten Ruhegeldgesetzes oder des Bremischen Ruhelohngesetzes, in deren Berechnung auch die der Zusatzrente zugrunde liegenden Zeiten berücksichtigt sind, ist nur die im Zahlbetrag höhere Rente zu leisten.

(6) Eine Anwartschaft auf Zusatzrente nach Absatz 2 oder auf Leistungen nach Absatz 3 kann bei Übertritt der anwartschaftsberechtigten Person in ein Versorgungssystem einer überstaatlichen Einrichtung in das Versorgungssystem dieser Einrichtung übertragen werden, wenn ein entsprechendes Abkommen zwischen der Zusatzversorgungseinrichtung oder der Freien und Hansestadt Hamburg oder der Freien Hansestadt Bremen und der überstaatlichen Einrichtung besteht.

(7) [1]Für Personen, die bei der Versorgungsanstalt der deutschen Kulturorchester oder der Versorgungsanstalt der deutschen Bühnen pflichtversichert sind, gelten die §§ 2 bis 5, 16, 27 und 28 nicht. [2]Bei Eintritt des Versorgungsfalles treten an die Stelle der Zusatzrente und der Leistungen an Hinterbliebene nach Absatz 2 und an die Stelle der Regelung in Absatz 4 die satzungsgemäß vorgesehenen Leistungen; Absatz 2 Nr. 5 findet entsprechend Anwendung. [3]Die Höhe der Leistungen kann nach dem Ausscheiden aus dem Beschäftigungsverhältnis nicht mehr geändert werden. [4]Als pflichtversichert gelten auch die freiwillig Versicherten der Versorgungsanstalt der deutschen Kulturorchester und der Versorgungsanstalt der deutschen Bühnen.

(8) Gegen Entscheidungen der Zusatzversorgungseinrichtungen über Ansprüche nach diesem Gesetz ist der Rechtsweg gegeben, der für Versicherte der Einrichtung gilt.

(9) Bei Personen, die aus einem Arbeitsverhältnis ausscheiden, in dem sie nach § 5 Abs. 1 Satz 1 Nr. 2 des Sechsten Buches Sozialgesetzbuch versicherungsfrei waren, dürfen die Ansprüche nach § 2 Abs. 1 Satz 1 und 2 nicht hinter dem Rentenanspruch zurückbleiben, der sich ergeben hätte, wenn der Arbeitnehmer für die Zeit der versicherungsfreien Beschäftigung in der gesetzlichen Rentenversicherung nachversichert worden wäre; die Vergleichsberechnung ist im Versorgungsfall auf

Grund einer Auskunft der Deutschen Rentenversicherung Bund vorzunehmen.

§ 18a Verjährung

[1]Der Anspruch auf Leistungen aus der betrieblichen Altersversorgung verjährt in 30 Jahren. [2]Ansprüche auf regelmäßig wiederkehrende Leistungen unterliegen der regelmäßigen Verjährungsfrist nach den Vorschriften des Bürgerlichen Gesetzbuchs.

Zweiter Teil
§ 19 bis 25

(hier nicht abgedruckt)

Dritter Teil
Übergangs- und Schlussvorschriften

§ 26 [Beendigung des Arbeits-/Dienstverhältnisses]

Die §§ 1 bis 4 und 18 gelten nicht, wenn das Arbeitsverhältnis oder Dienstverhältnis vor dem Inkrafttreten des Gesetzes beendet worden ist.

§ 27 [Übergangsvorschrift zu § 2]

§ 2 Abs. 2 Satz 2 Nr. 2 und 3 und Abs. 3 Satz 2 Nr. 1 und 2 gelten in Fällen, in denen vor dem Inkrafttreten des Gesetzes die Direktversicherung abgeschlossen worden ist oder die Versicherung des Arbeitnehmers bei einer Pensionskasse begonnen hat, mit der Maßgabe, dass die in diesen Vorschriften genannten Voraussetzungen spätestens für die Zeit nach Ablauf eines Jahres seit dem Inkrafttreten des Gesetzes erfüllt sein müssen.

§ 28 [Übergangsvorschrift zu § 5]

§ 5 gilt für Fälle, in denen der Versorgungsfall vor dem Inkrafttreten des Gesetzes eingetreten ist, mit der Maßgabe, dass diese Vorschrift bei der Berechnung der nach dem Inkrafttreten des Gesetzes fällig werdenden Versorgungsleistungen anzuwenden ist.

§ 29 [Übergangsvorschrift zu § 6]

§ 6 gilt für die Fälle, in denen das Altersruhegeld der gesetzlichen Rentenversicherung bereits vor dem Inkrafttreten des Gesetzes in Anspruch genommen worden ist, mit der Maßgabe, dass die Leistungen der betrieblichen Altersversorgung vom Inkrafttreten des Gesetzes an zu gewähren sind.

§ 30 [Anspruch nach § 7]

[1]Ein Anspruch gegen den Träger der Insolvenzsicherung nach § 7 besteht nur, wenn der Sicherungsfall nach dem Inkrafttreten der §§ 7 bis 15 eingetreten ist; er kann erstmals nach dem Ablauf von sechs Monaten nach diesem Zeitpunkt geltend gemacht werden. [2]Die Beitragspflicht des Arbeitgebers beginnt mit dem Inkrafttreten der §§ 7 bis 15.

§ 30a [Betriebliche Altersversorgung für nach dem 17. Mai 1990 zurückgelegte Beschäftigungszeiten]

(1) [1]Männlichen Arbeitnehmern,

1. die vor dem 1. Januar 1952 geboren sind,
2. die das 60. Lebensjahr vollendet haben,
3. die nach Vollendung des 40. Lebensjahres mehr als 10 Jahre Pflichtbeiträge für eine in der gesetzlichen Rentenversicherung versicherte Beschäftigung oder Tätigkeit nach den Vorschriften des Sechsten Buches Sozialgesetzbuch haben,
4. die die Wartezeit von 15 Jahren in der gesetzlichen Rentenversicherung erfüllt haben und
5. deren Arbeitsentgelt oder Arbeitseinkommen die Hinzuverdienstgrenze nach § 34 Abs. 3 Nr. 1 des Sechsten Buches Sozialgesetzbuch nicht überschreitet,

sind auf deren Verlangen nach Erfüllung der Wartezeit und sonstiger Leistungsvoraussetzungen der Versorgungsregelung für nach dem 17. Mai 1990 zurückgelegte Beschäftigungszeiten Leistungen der betrieblichen Altersversorgung zu gewähren. [2]§ 6 Satz 3 gilt entsprechend.

(2) Haben der Arbeitnehmer oder seine anspruchsberechtigten Angehörigen vor dem 17. Mai 1990 gegen die Versagung der Leistungen

der betrieblichen Altersversorgung Rechtsmittel eingelegt, ist Absatz 1 für Beschäftigungszeiten nach dem 8. April 1976 anzuwenden.

(3) Die Vorschriften des Bürgerlichen Gesetzbuchs über die Verjährung von Ansprüchen aus dem Arbeitsverhältnis bleiben unberührt.

§ 30b [Übertragungsvorschrift zu § 4]

§ 4 Abs. 3 gilt nur für Zusagen, die nach dem 31. Dezember 2004 erteilt wurden.

§ 30c [Übergangsvorschrift zu § 16]

(1) § 16 Abs. 3 Nr. 1 gilt nur für laufende Leistungen, die auf Zusagen beruhen, die nach dem 31. Dezember 1998 erteilt werden.

(2) § 16 Abs. 4 gilt nicht für vor dem 1. Januar 1999 zu Recht unterbliebene Anpassungen.

(3) § 16 Abs. 5 gilt nur für laufende Leistungen, die auf Zusagen beruhen, die nach dem 31. Dezember 2000 erteilt werden.

(4) Für die Erfüllung der Anpassungsprüfungspflicht für Zeiträume vor dem 1. Januar 2003 gilt § 16 Abs. 2 Nr. 1 mit der Maßgabe, dass an die Stelle des Verbraucherpreisindexes für Deutschland der Preisindex für die Lebenshaltung von 4-Personen-Haushalten von Arbeitern und Angestellten mit mittlerem Einkommen tritt.

§ 30d [Übergangsregelung zu § 18]

(1) [1]Ist der Versorgungsfall vor dem 1. Januar 2001 eingetreten oder ist der Arbeitnehmer vor dem 1. Januar 2001 aus dem Beschäftigungsverhältnis bei einem öffentlichen Arbeitgeber ausgeschieden und der Versorgungsfall nach dem 31. Dezember 2000 eingetreten, sind für die Berechnung der Voll-Leistung die Regelungen der Zusatzversorgungseinrichtungen nach § 18 Abs. 1 Satz 1 Nr. 1 und 2 oder die Gesetze im Sinne des § 18 Abs. 1 Satz 1 Nr. 3 sowie die weiteren Berechnungsfaktoren jeweils in der am 31. Dezember 2000 geltenden Fassung maßgebend; § 18 Abs. 2 Nr. 1 Buchstabe b bleibt unberührt. [2]Die Steuerklasse III/0 ist zugrunde zu legen. [3]Ist der Versorgungsfall vor dem 1. Januar 2001 eingetreten, besteht der Anspruch auf Zusatzrente mindestens in der Höhe, wie er sich aus § 18 in der Fassung vom 16. Dezember 1997 (BGBl I S. 2998) ergibt.

(2) Die Anwendung des § 18 ist in den Fällen des Absatzes 1 ausgeschlossen, soweit eine Versorgungsrente der in § 18 Abs. 1 Satz 1 Nr. 1 und 2 bezeichneten Zusatzversorgungseinrichtungen oder eine entsprechende Leistung auf Grund der Regelungen des Ersten Ruhegeldgesetzes, des Zweiten Ruhegeldgesetzes oder des Bremischen Ruhelohngesetzes bezogen wird, oder eine Versicherungsrente abgefunden wurde.

(3) [1]Für Arbeitnehmer im Sinne des § 18 Abs. 1 Satz 1 Nr. 4, 5 und 6 in der bis zum 31. Dezember 1998 geltenden Fassung, für die bis zum 31. Dezember 1998 ein Anspruch auf Nachversicherung nach § 18 Abs. 6 entstanden ist, gilt Absatz 1 Satz 1 für die auf Grund der Nachversicherung zu ermittelnde Voll-Leistung entsprechend mit der Maßgabe, dass sich der nach § 2 zu ermittelnde Anspruch gegen den ehemaligen Arbeitgeber richtet. [2]Für den nach § 2 zu ermittelnden Anspruch gilt § 18 Abs. 2 Nr. 1 Buchstabe b entsprechend; für die übrigen Bemessungsfaktoren ist auf die Rechtslage am 31. Dezember 2000 abzustellen. [3]Leistungen der gesetzlichen Rentenversicherung, die auf einer Nachversicherung wegen Ausscheidens aus einem Dienstordnungsverhältnis beruhen, und Leistungen, die die zuständige Versorgungseinrichtung auf Grund von Nachversicherungen im Sinne des § 18 Abs. 6 in der am 31. Dezember 1998 geltenden Fassung gewährt, werden auf den Anspruch nach § 2 angerechnet. [4]Hat das Arbeitsverhältnis im Sinne des § 18 Abs. 9 bereits am 31. Dezember 1998 bestanden, ist in die Vergleichsberechnung nach § 18 Abs. 9 auch die Zusatzrente nach § 18 in der bis zum 31. Dezember 1998 geltenden Fassung einzubeziehen.

§ 30e [Übergangsregelung zu § 1 Abs. 2 Nr. 4]

(1) § 1 Abs. 2 Nr. 4 2. Halbsatz gilt für Zusagen, die nach dem 31. Dezember 2002 erteilt werden.

(2) [1]§ 1 Abs. 2 Nr. 4 2. Halbsatz findet auf Pensionskassen, deren Leistungen der betrieblichen Altersversorgung durch Beiträge der Arbeitnehmer und Arbeitgeber gemeinsam finanziert und die als beitragsorientierte Leistungszusage oder als Leistungszusage durchgeführt werden, mit der Maßgabe Anwendung, dass dem ausgeschiedenen Arbeitnehmer das Recht zur Fortführung mit eigenen Beiträgen nicht eingeräumt werden und eine Überschussverwendung gemäß § 1b Abs. 5 Nr. 1 nicht erfolgen muss. [2]Wird dem ausgeschiedenen Arbeit-

nehmer ein Recht zur Fortführung nicht eingeräumt, gilt für die Höhe der unverfallbaren Anwartschaft § 2 Abs. 5a entsprechend. [3]Für die Anpassung laufender Leistungen gelten die Regelungen nach § 16 Abs. 1 bis 4. [4]Die Regelung in Absatz 1 bleibt unberührt.

§ 30f [Übergangsvorschrift zu § 1b]

(1) [1]Wenn Leistungen der betrieblichen Altersversorgung vor dem 1. Januar 2001 zugesagt worden sind, ist § 1b Abs. 1 mit der Maßgabe anzuwenden, dass die Anwartschaft erhalten bleibt, wenn das Arbeitsverhältnis vor Eintritt des Versorgungsfalles, jedoch nach Vollendung des 35. Lebensjahres endet und die Versorgungszusage zu diesem Zeitpunkt

1. mindestens zehn Jahre oder
2. bei mindestens zwölfjähriger Betriebszugehörigkeit mindestens drei Jahre

bestanden hat; in diesen Fällen bleibt die Anwartschaft auch erhalten, wenn die Zusage ab dem 1. Januar 2001 fünf Jahre bestanden hat und bei Beendigung des Arbeitsverhältnisses das 30. Lebensjahr vollendet ist. [2]§ 1b Abs. 5 findet für Anwartschaften aus diesen Zusagen keine Anwendung.

(2) Wenn Leistungen der betrieblichen Altersversorgung vor dem 1. Januar 2009 und nach dem 31. Dezember 2000 zugesagt worden sind, ist § 1b Abs. 1 Satz 1 mit der Maßgabe anzuwenden, dass die Anwartschaft erhalten bleibt, wenn das Arbeitsverhältnis vor Eintritt des Versorgungsfalls, jedoch nach Vollendung des 30. Lebensjahres endet und die Versorgungszusage zu diesem Zeitpunkt fünf Jahre bestanden hat; in diesen Fällen bleibt die Anwartschaft auch erhalten, wenn die Zusage ab dem 1. Januar 2009 fünf Jahre bestanden hat und bei Beendigung des Arbeitsverhältnisses das 25. Lebensjahr vollendet ist.

§ 30g [Übergangsvorschrift zu Anwartschaften]

(1) [1]§ 2 Abs. 5a gilt nur für Anwartschaften, die auf Zusagen beruhen, die nach dem 31. Dezember 2000 erteilt worden sind. [2]Im Einvernehmen zwischen Arbeitgeber und Arbeitnehmer kann § 2 Abs. 5a auch auf Anwartschaften angewendet werden, die auf Zusagen beruhen, die vor dem 1. Januar 2001 erteilt worden sind.

(2) § 3 findet keine Anwendung auf laufende Leistungen, die vor dem 1. Januar 2005 erstmals gezahlt worden sind.

§ 30h [Übergangsvorschrift zu § 17]

§ 17 Abs. 5 gilt für Entgeltumwandlungen, die auf Zusagen beruhen, die nach dem 29. Juni 2001 erteilt werden.

§ 30i [Barwert zu sichernder Anwartschaften]

(1) ¹Der Barwert der bis zum 31. Dezember 2005 auf Grund eingetretener Insolvenzen zu sichernden Anwartschaften wird einmalig auf die beitragspflichtigen Arbeitgeber entsprechend § 10 Abs. 3 umgelegt und vom Träger der Insolvenzsicherung nach Maßgabe der Beträge zum Schluss des Wirtschaftsjahres, das im Jahr 2004 geendet hat, erhoben. ²Der Rechnungszinsfuß bei der Berechnung des Barwerts beträgt 3,67 vom Hundert.

(2) ¹Der Betrag ist in 15 gleichen Raten fällig. ²Die erste Rate wird am 31. März 2007 fällig, die weiteren zum 31. März der folgenden Kalenderjahre. ³Bei vorfälliger Zahlung erfolgt eine Diskontierung der einzelnen Jahresraten mit dem zum Zeitpunkt der Zahlung um ein Drittel erhöhten Rechnungszinsfuß nach § 65 des Versicherungsaufsichtsgesetzes, wobei nur volle Monate berücksichtigt werden.

(3) Der abgezinste Gesamtbetrag ist gemäß Absatz 2 am 31. März 2007 fällig, wenn die sich ergebende Jahresrate nicht höher als 50 Euro ist.

(4) Insolvenzbedingte Zahlungsausfälle von ausstehenden Raten werden im Jahr der Insolvenz in die erforderlichen jährlichen Beiträge gemäß § 10 Abs. 2 eingerechnet.

§ 31 [Übergangsvorschrift]

Auf Sicherungsfälle, die vor dem 1. Januar 1999 eingegangen sind, ist dieses Gesetz in der bis zu diesem Zeitpunkt geltenden Fassung anzuwenden.

§ 32 Inkrafttreten

¹Dieses Gesetz tritt vorbehaltlich des Satzes 2 am Tage nach seiner Verkündung[1] in Kraft. ²Die §§ 7 bis 15 treten am 1. Januar 1975 in Kraft.

---

1 Das Gesetz wurde am 21. Dezember 1974 verkündet.

Anhang II Gesetz über die Beaufsichtigung der Versicherungsunternehmen (Versicherungsaufsichtsgesetz – VAG)

In der Fassung vom 17. Dezember 1992 (BGBl. 1993 I S. 2); zuletzt geändert durch Art. 9 des Gesetzes zur nachhaltigen und sozial ausgewogenen Finanzierung der Gesetzlichen Krankenversicherung (GKV-Finanzierungsgesetz – GKV-FinG) vom 22.Dezember 2010 (BGBl. I S. 2309)

– Auszug –

§ 10a Mehrere Anträge; Information bei betrieblicher Altersversorgung, bei Krankenversicherung und bei geschlechtsspezifischer Tarifierung

(1) Antragsvordrucke dürfen nur so viele Anträge auf Abschluss rechtlich selbständiger Versicherungsverträge enthalten, dass die Übersichtlichkeit, Lesbarkeit und Verständlichkeit nicht beeinträchtigt werden. Der Antragsteller ist schriftlich und unter besonderer Hervorhebung auf die rechtliche Selbständigkeit der beantragten Verträge einschließlich der für sie vorgesehenen Versicherungsbedingungen sowie auf die jeweils geltenden Antragsbindungsfristen und Vertragslaufzeiten hinzuweisen.

(2) Lebensversicherungen und Pensionskassen, soweit sie Leistungen der betrieblichen Altersversorgung erbringen, haben die Versorgungsanwärter und Versorgungsempfänger, die nicht zugleich Versicherungsnehmer sind, nach Maßgabe der Anlage D zu informieren.

(2a) Ein Versicherungsunternehmen, das unterschiedliche Prämien oder Leistungen für Frauen und Männer vorsieht, hat die versicherungsmathematischen und statistischen Daten zu veröffentlichen, aus denen die Berücksichtigung des Geschlechts als Faktor der Risikobewertung abgeleitet wird; diese Daten sind regelmäßig zu aktualisieren. Bei Daten, die bereits von anderen Stellen veröffentlicht worden sind, genügt ein Hinweis auf diese Veröffentlichung.

(3) Vor Abschluss eines privaten Krankenversicherungsvertrags ist von dem Interessenten der Empfang eines amtlichen Informationsblattes der Bundesanstalt zu bestätigen, welches über die verschiedenen Prinzipien der gesetzlichen sowie der privaten Krankenversicherung aufklärt.

Anhang II

1. Pensionsfonds

§ 112 Definition

(1) Ein Pensionsfonds ist eine rechtsfähige Versorgungseinrichtung, die

1. im Wege des Kapitaldeckungsverfahrens Leistungen der betrieblichen Altersversorgung für einen oder mehrere Arbeitgeber zugunsten von Arbeitnehmern erbringt,
2. die Höhe der Leistungen oder die Höhe der für diese Leistungen zu entrichtenden künftigen Beiträge nicht für alle vorgesehenen Leistungsfälle durch versicherungsförmige Garantien zusagen darf,
3. den Arbeitnehmern einen eigenen Anspruch auf Leistung gegen den Pensionsfonds einräumt und
4. verpflichtet ist, die Altersversorgungsleistung als lebenslange Zahlung zu erbringen.

Als Altersversorgungsleistung im Sinne des Satzes 1 gilt eine Leibrente oder ein Auszahlungsplan, die den Anforderungen des § 1 Abs. 1 Satz 1 Nr. 4 des Altersvorsorgeverträge-Zertifizierungsgesetzes genügen.

(1a) Pensionsfonds können Altersversorgungsleistungen abweichend von Absatz 1 Satz 1 Nr. 4 erbringen, solange Beitragszahlungen durch den Arbeitgeber auch in der Rentenbezugszeit vorgesehen sind. Ein fester Termin für das Zahlungsende darf nicht vorgesehen werden. Satz 1 gilt nicht für Zusagen im Sinne des § 1 Abs. 2 Nr. 2 des Betriebsrentengesetzes.

(2) Pensionsfonds bedürfen zum Geschäftsbetrieb der Erlaubnis der Aufsichtsbehörde.

(3) Als Arbeitnehmer im Sinne dieser Vorschrift gelten auch ehemalige Arbeitnehmer sowie die unter § 17 Abs. 1 Satz 2 des Gesetzes zur Verbesserung der betrieblichen Altersversorgung fallenden Personen.

2. Pensionskassen

§ 118a Definition

Eine Pensionskasse ist ein rechtlich selbständiges Lebensversicherungsunternehmen, dessen Zweck die Absicherung wegfallenden Erwerbseinkommens wegen Alters, Invalidität oder Tod ist und das

1. das Versicherungsgeschäft im Wege des Kapitaldeckungsverfahrens betreibt,
2. Leistungen grundsätzlich erst ab dem Zeitpunkt des Wegfalls des Erwerbseinkommens vorsieht; soweit das Erwerbseinkommen teilweise wegfällt, können die allgemeinen Versicherungsbedingungen anteilige Leistungen vorsehen,
3. Leistungen im Todesfall nur an Hinterbliebene erbringen darf, wobei für Dritte ein Sterbegeld begrenzt auf die Höhe der gewöhnlichen Bestattungskosten vereinbart werden kann,
4. der versicherten Person einen eigenen Anspruch auf Leistung gegen die Pensionskasse einräumt oder Leistungen als Rückdeckungsversicherung erbringt.

§ 118b Anzuwendende Vorschriften

(1) Für Pensionskassen gelten die §§ 58 und 59 dieses Gesetzes und § 341k des Handelsgesetzbuchs. Für Pensionskassen gelten § 113 Abs. 2 Nr. 4b, Nr. 5 und Nr. 7, § 113 Abs. 4 und § 115 Abs. 3 und Abs. 4 entsprechend; § 5 Abs. 3 Nr. 2 gilt mit der Maßgabe, dass mit dem Antrag auf Erlaubnis auch die allgemeinen Versicherungsbedingungen einzureichen sind.

(2) Sofern es sich um kleinere Vereine handelt, gilt für Pensionskassen abweichend von § 53 auch § 29. Die Satzung hat zu bestimmen, dass der Vorstand vom Aufsichtsrat oder vom obersten Organ zu bestellen ist. Abweichend von § 11a Abs. 3 Nr. 2 hat der Verantwortliche Aktuar die versicherungsmathematische Bestätigung auch bei einem kleineren Verein abzugeben. Er hat darüber hinaus auch zu bestätigen, dass die Voraussetzungen der auf § 118d Abs. 1 erlassenen Rechtsverordnung eingehalten sind.

(3) Pensionskassen in der Rechtsform des Versicherungsvereins auf Gegenseitigkeit können bei der Bundesanstalt beantragen, reguliert zu werden, wenn

1. ihre Satzung vorsieht, dass Versicherungsansprüche gekürzt werden dürfen,
2. nach ihrer Satzung mindesten 50 Prozent der Mitglieder der obersten Vertretung durch die Versicherten oder ihre Vertreter besetzt werden sollen, bei Pensionskassen, die nur das Rückdeckungsgeschäft betreiben, muss ein solches Recht den Versicherungsnehmern eingeräumt werden,
3. sie ausschließlich die unter § 17 des Betriebsrentengesetzes fallenden Personen, die Geschäftsleiter oder Inhaber der Trägerunternehmen sowie solche Personen versichert, die der Pensionskasse durch Gesetz zugewiesen werden oder ihr Versicherungsverhältnis mit der Pensionskasse nach Beendigung ihres Arbeitsverhältnisses fortführen, und
4. sie keine rechnungsmäßigen Abschlusskosten für die Vermittlung von Versicherungsverträgen erheben und sie auch keine Vergütung für die Vermittlung oder den Abschluss von Versicherungsverträgen gewähren,

(regulierte Pensionskassen). Pensionskassen, bei denen die Bundesanstalt festgestellt hat, dass sie die Voraussetzungen des § 156a Abs. 3 Satz 1 in der Fassung vom 15. Dezember 2004 erfüllen, können den Antrag ebenfalls stellen. Die Bundesanstalt genehmigt den Antrag, wenn die Voraussetzungen dieses Absatzes vorliegen. Für regulierte Pensionskassen gelten § 5 Abs. 3 Nr. 2, § 11a Abs. 5, § 113 Abs. 2 Nr. 4 und § 157 Abs. 1 entsprechend, im Übrigen gelten Absatz 1 und 2.

(4) Separate Abrechnungsverbände nach § 1a Abs. 2, Pensionskassen unter Landesaufsicht und Pensionskassen, die aufgrund eines allgemeinverbindlichen Tarifvertrages errichtete gemeinsame Einrichtungen im Sinne des § 4 Abs. 2 des Tarifvertragsgesetzes sind, gelten immer als regulierte Pensionskassen.

(5) Erfüllen Pensionskassen nicht mehr die Voraussetzungen des Absatz 3 oder des Absatzes 4, stellt die Bundesanstalt den Wegfall durch Bescheid fest. Für Versicherungsverhältnisse, die vor dem im Bescheid genannten Zeitpunkt in Kraft getreten sind, gilt § 11c entsprechend, soweit ihnen ein von der Bundesanstalt genehmigter Geschäftsplan zu Grunde liegt. § 11b gilt in diesen Fällen nicht.

(6) Für die am 2. September 2005 zugelassenen Pensionskassen, die nicht die Voraussetzungen des Absatzes 3 oder des Absatzes 4 erfüllen, gelten Absatz 5 Satz 2 und Satz 3 entsprechend.

(7) Absatz 1 und 2 sowie Absatz 5 und 6 treten am 1. Januar 2006 in Kraft.

VIIIa. Sicherungsfonds

§ 124 Pflichtmitgliedschaft

(1) Unternehmen, die gemäß § 5 Abs. 1 oder § 105 Abs. 2 zum Geschäftsbetrieb in den Versicherungssparten 19 bis 23 (Lebensversicherer) oder zum Betrieb der substitutiven Krankenversicherung gemäß § 12 (Krankenversicherer) zugelassen sind, mit Ausnahme der Pensions- und Sterbekassen, müssen einem Sicherungsfonds angehören, der dem Schutz der Ansprüche ihrer Versicherungsnehmer, der versicherten Personen, Bezugsberechtigten und sonstiger aus dem Versicherungsvertrag begünstigter Personen dient.

(2) Pensionskassen können einem Sicherungsfonds freiwillig beitreten. Zur Gewährleistung vergleichbarer Finanzverhältnisse aller Mitglieder kann der Sicherungsfonds die Aufnahme von der Erfüllung bestimmter Bedingungen abhängig machen.

Anlage zum Versicherungsaufsichtsgesetz

D. Informationen bei betrieblicher Altersvorsorge

Gegenüber Versorgungsanwärtern und Versorgungsempfängern müssen mindestens die nachfolgend aufgeführten Informationen erteilt werden; die Informationen müssen ausführlich und aussagekräftig sein:

1. Bei Beginn des Versorgungsverhältnisses
    a) Name, Anschrift, Rechtsform und Sitz des Anbieters und der etwaigen Niederlassung, über die der Vertrag abgeschlossen werden soll;
    b) die Vertragsbedingungen einschließlich der Tarifbestimmungen, soweit sie für das Versorgungsverhältnis gelten, sowie die Angabe des auf den Vertrag anwendbaren Rechts;
    c) Angaben zur Laufzeit;

d) allgemeine Angaben über die für diese Versorgungsart geltende Steuerregelung;
e) die mit dem Altersversorgungssystem verbundenen finanziellen, versicherungstechnischen und sonstigen Risiken sowie die Art und Aufteilung dieser Risiken.
2. Während der Laufzeit des Versorgungsverhältnisses
   a) Änderungen von Namen, Anschrift, Rechtsform und Sitz des Anbieters und der etwaigen Niederlassung, über die der Vertrag abgeschlossen wurde;
   b) jährlich, erstmals bei Beginn des Versorgungsverhältnisses
      aa) die voraussichtliche Höhe der den Versorgungsanwärtern zustehenden Leistungen;
      bb) die Anlagemöglichkeiten und die Struktur des Anlagenportfolios sowie Informationen über das Risikopotential und die Kosten der Vermögensverwaltung und sonstige mit der Anlage verbundene Kosten, sofern der Versorgungsanwärter das Anlagerisiko trägt;
      cc) die Information nach § 115 Abs. 4;
      dd) eine Kurzinformation über die Lage der Einrichtung sowie den aktuellen Stand der Finanzierung der individuellen Versorgungsansprüche;
   c) auf Anfrage
      aa) den Jahresabschluss und den Lagebericht des vorhergegangenen Geschäftsjahres; sofern sich die Leistung aus dem Versorgungsverhältnis in Anteilen an einem nach Maßgabe der Vertragsbedingungen gebildeten Sondervermögen bestimmt, zusätzlich den Jahresbericht für dieses Sondervermögen (§ 113 Abs. 4, § 118b Abs. 1);
      bb) die Erklärung über die Grundsätze der Anlagepolitik gemäß § 115 Abs. 3;
      cc) die Höhe der Leistungen im Falle der Beendigung der Erwerbstätigkeit;
      dd) die Modalitäten der Übertragung von Anwartschaften auf eine andere Einrichtung der betrieblichen Altersversorgung im Falle der Beendigung des Arbeitsverhältnisses.

Anhang III § 613a BGB und § 324 UmwG

§ 613a BGB Rechte und Pflichten bei Betriebsübergang

(1) Geht ein Betrieb oder Betriebsteil durch Rechtsgeschäft auf einen anderen Inhaber über, so tritt dieser in die Rechte und Pflichten aus den im Zeitpunkt des Übergangs bestehenden Arbeitsverhältnissen ein. Sind diese Rechte und Pflichten durch Rechtsnormen eines Tarifvertrags oder durch eine Betriebsvereinbarung geregelt, so werden sie Inhalt des Arbeitsverhältnisses zwischen dem neuen Inhaber und dem Arbeitnehmer und dürfen nicht vor Ablauf eines Jahres nach dem Zeitpunkt des Übergangs zum Nachteil des Arbeitnehmers geändert werden. Satz 2 gilt nicht, wenn die Rechte und Pflichten bei dem neuen Inhaber durch Rechtsnormen eines anderen Tarifvertrags oder durch eine andere Betriebsvereinbarung geregelt werden. Vor Ablauf der Frist nach Satz 2 können die Rechte und Pflichten geändert werden, wenn der Tarifvertrag oder die Betriebsvereinbarung nicht mehr gilt oder bei fehlender beiderseitiger Tarifgebundenheit im Geltungsbereich eines anderen Tarifvertrags dessen Anwendung zwischen dem neuen Inhaber und dem Arbeitnehmer vereinbart wird.

(2) Der bisherige Arbeitgeber haftet neben dem neuen Inhaber für Verpflichtungen nach Absatz 1, soweit sie vor dem Zeitpunkt des Übergangs entstanden sind und vor Ablauf von einem Jahr nach diesem Zeitpunkt fällig werden, als Gesamtschuldner. Werden solche Verpflichtungen nach dem Zeitpunkt des Übergangs fällig, so haftet der bisherige Arbeitgeber für sie jedoch nur in dem Umfang, der dem im Zeitpunkt des Übergangs abgelaufenen Teil ihres Bemessungszeitraums entspricht.

(3) Absatz 2 gilt nicht, wenn eine juristische Person oder eine Personenhandelsgesellschaft durch Umwandlung erlischt.

(4) Die Kündigung des Arbeitsverhältnisses eines Arbeitnehmers durch den bisherigen Arbeitgeber oder durch den neuen Inhaber wegen des Übergangs eines Betriebs oder eines Betriebsteils ist unwirksam. Das Recht zur Kündigung des Arbeitsverhältnisses aus anderen Gründen bleibt unberührt.

(5) Der bisherige Arbeitgeber oder der neue Inhaber hat die von einem Übergang betroffenen Arbeitnehmer vor dem Übergang in Textform zu unterrichten über:

1. den Zeitpunkt oder den geplanten Zeitpunkt des Übergangs,
2. den Grund für den Übergang,
3. die rechtlichen, wirtschaftlichen und sozialen Folgen des Übergangs für die Arbeitnehmer und
4. die hinsichtlich der Arbeitnehmer in Aussicht genommenen Maßnahmen.

(6) Der Arbeitnehmer kann dem Übergang des Arbeitsverhältnisses innerhalb eines Monats nach Zugang der Unterrichtung nach Absatz 5 schriftlich widersprechen. Der Widerspruch kann gegenüber dem bisherigen Arbeitgeber oder dem neuen Inhaber erklärt werden.

§ 324 UmwG Rechte und Pflichten bei Betriebsübergang

§ 613a Abs. 1, 4 bis 6 des Bürgerlichen Gesetzbuchs bleibt durch die Wirkungen der Eintragung einer Verschmelzung, Spaltung oder Vermögensübertragung unberührt.

Anhang IV Gesetz über den Versicherungsvertrag (Versicherungsvertragsgesetz)

Vom 23. November 2007 (BGBl. S. 2631); zuletzt geändert durch Artikel 6 des Sozialversicherungs-Stabilisierungsgesetzes vom 14. April 2010 (BGBl. I S. 410)

– Auszug –

Teil 1
Allgemeiner Teil

Kapitel 1
Vorschriften für alle Versicherungszweige

§ 6 Beratung des Versicherungsnehmers

(1) Der Versicherer hat den Versicherungsnehmer, soweit nach der Schwierigkeit, die angebotene Versicherung zu beurteilen, oder der Person des Versicherungsnehmers und dessen Situation hierfür Anlass besteht, nach seinen Wünschen und Bedürfnissen zu befragen und, auch unter Berücksichtigung eines angemessenen Verhältnisses zwischen Beratungsaufwand und der vom Versicherungsnehmer zu zahlenden Prämien, zu beraten sowie die Gründe für jeden zu einer bestimmten Versicherung erteilten Rat anzugeben. Er hat dies unter Berücksichtigung der Komplexität des angebotenen Versicherungsvertrags zu dokumentieren.

(2) Der Versicherer hat dem Versicherungsnehmer den erteilten Rat und die Gründe hierfür klar und verständlich vor dem Abschluss des Vertrags in Textform zu übermitteln. Die Angaben dürfen mündlich übermittelt werden, wenn der Versicherungsnehmer dies wünscht oder wenn und soweit der Versicherer vorläufige Deckung gewährt. In diesen Fällen sind die Angaben unverzüglich nach Vertragsschluss dem Versicherungsnehmer in Textform zu übermitteln; dies gilt nicht, wenn ein Vertrag nicht zustande kommt und für Verträge über vorläufige Deckung bei Pflichtversicherungen.

(3) Der Versicherungsnehmer kann auf die Beratung und Dokumentation nach den Absätzen 1 und 2 durch eine gesonderte schriftliche Er-

klärung verzichten, in der er vom Versicherer ausdrücklich darauf hingewiesen wird, dass sich ein Verzicht nachteilig auf seine Möglichkeit auswirken kann, gegen den Versicherer einen Schadensersatzanspruch nach Absatz 5 geltend zu machen.

(4) Die Verpflichtung nach Absatz 1 Satz 1 besteht auch nach Vertragsschluss während der Dauer des Versicherungsverhältnisses, soweit für den Versicherer ein Anlass für eine Nachfrage und Beratung des Versicherungsnehmers erkennbar ist. Der Versicherungsnehmer kann im Einzelfall auf eine Beratung durch schriftliche Erklärung verzichten.

(5) Verletzt der Versicherer eine Verpflichtung nach Absatz 1, 2 oder 4, ist er dem Versicherungsnehmer zum Ersatz des hierdurch entstehenden Schadens verpflichtet. Dies gilt nicht, wenn der Versicherer die Pflichtverletzung nicht zu vertreten hat.

(6) Die Absätze 1 bis 5 sind auf Versicherungsverträge über ein Großrisiko im Sinn des § 210 Absatz 2 nicht anzuwenden, ferner dann nicht, wenn der Vertrag mit dem Versicherungsnehmer von einem Versicherungsmakler vermittelt wird oder wenn es sich um einen Vertrag im Fernabsatz im Sinn des § 312b Abs. 1 und 2 des Bürgerlichen Gesetzbuchs handelt.

§ 7 Information des Versicherungsnehmers

(1) Der Versicherer hat dem Versicherungsnehmer rechtzeitig vor Abgabe von dessen Vertragserklärung seine Vertragsbestimmungen einschließlich der Allgemeinen Versicherungsbedingungen sowie die in einer Rechtsverordnung nach Absatz 2 bestimmten Informationen in Textform mitzuteilen. Die Mitteilungen sind in einer dem eingesetzten Kommunikationsmittel entsprechenden Weise klar und verständlich zu übermitteln. Wird der Vertrag auf Verlangen des Versicherungsnehmers telefonisch oder unter Verwendung eines anderen Kommunikationsmittels geschlossen, das die Information in Textform vor der Vertragserklärung des Versicherungsnehmers nicht gestattet, muss die Information unverzüglich nach Vertragsschluss nachgeholt werden; dies gilt auch, wenn der Versicherungsnehmer durch eine gesonderte schriftliche Erklärung auf eine Information vor Abgabe seiner Vertragserklärung ausdrücklich verzichtet.

(2) Das Bundesministerium der Justiz wird ermächtigt, im Einvernehmen mit dem Bundesministerium der Finanzen und im Benehmen mit dem Bundesministerium für Ernährung, Landwirtschaft und Verbraucherschutz durch Rechtsverordnung ohne Zustimmung des Bundesrates zum Zweck einer umfassenden Information des Versicherungsnehmers festzulegen,

1. welche Einzelheiten des Vertrags, insbesondere zum Versicherer, zur angebotenen Leistung und zu den Allgemeinen Versicherungsbedingungen sowie zum Bestehen eines Widerrufsrechts, dem Versicherungsnehmer mitzuteilen sind,
2. welche weiteren Informationen dem Versicherungsnehmer bei der Lebensversicherung, insbesondere über die zu erwartenden Leistungen, ihre Ermittlung und Berechnung, über eine Modellrechnung sowie über die Abschluss- und Vertriebskosten, soweit eine Verrechnung mit Prämien erfolgt, und über sonstige Kosten mitzuteilen sind,
3. welche weiteren Informationen bei der Krankenversicherung, insbesondere über die Prämienentwicklung und -gestaltung sowie die Abschluss- und Vertriebskosten, mitzuteilen sind,
4. was dem Versicherungsnehmer mitzuteilen ist, wenn der Versicherer mit ihm telefonisch Kontakt aufgenommen hat und
5. in welcher Art und Weise die Informationen zu erteilen sind.

Bei der Festlegung der Mitteilungen nach Satz 1 sind die vorgeschriebenen Angaben nach der Richtlinie 92/49/EWG des Rates vom 18. Juni 1992 zur Koordinierung der Rechts- und Verwaltungsvorschriften für die Direktversicherung (mit Ausnahme der Lebensversicherung) sowie zur Änderung der Richtlinien 73/239/EWG und 88/357/EWG (ABl. EG Nr. L 228 S. 1), der Richtlinie 2002/65/EG des Europäischen Parlaments und des Rates vom 23. September 2002 über den Fernabsatz von Finanzdienstleistungen an Verbraucher und zur Änderung der Richtlinie 90/619/EWG des Rates und der Richtlinien 97/7/EG und 98/27/EG (ABl. EG Nr. L 271 S. 16) sowie der Richtlinie 2002/83/EG des Europäischen Parlaments und des Rates vom 5. November 2002 über Lebensversicherungen (ABl. EG Nr. L 345 S. 1) zu beachten.

(3) In der Rechtsverordnung nach Absatz 2 ist ferner zu bestimmen, was der Versicherer während der Laufzeit des Vertrags in Textform mitteilen muss; dies gilt insbesondere bei Änderungen früherer Informa-

Anhang IV

tionen, ferner bei der Krankenversicherung bei Prämienerhöhungen und hinsichtlich der Möglichkeit eines Tarifwechsels sowie bei der Lebensversicherung mit Überschussbeteiligung hinsichtlich der Entwicklung der Ansprüche des Versicherungsnehmers.

(4) Der Versicherungsnehmer kann während der Laufzeit des Vertrags jederzeit vom Versicherer verlangen, dass ihm dieser die Vertragsbestimmungen einschließlich der Allgemeinen Versicherungsbedingungen in einer Urkunde übermittelt; die Kosten für die erste Übermittlung hat der Versicherer zu tragen.

(5) Die Absätze 1 bis 4 sind auf Versicherungsverträge über ein Großrisiko im Sinn des § 210 Absatz 2 nicht anzuwenden. Ist bei einem solchen Vertrag der Versicherungsnehmer eine natürliche Person, hat ihm der Versicherer vor Vertragsschluss das anwendbare Recht und die zuständige Aufsichtsbehörde in Textform mitzuteilen.

Teil 2
Einzelne Versicherungszweige

Kapitel 5
Lebensversicherung

...

(2) Wird die Versicherung für den Fall des Todes eines anderen genommen und übersteigt die vereinbarte Leistung den Betrag der gewöhnlichen Beerdigungskosten, ist zur Wirksamkeit des Vertrags die schriftliche Einwilligung des anderen erforderlich; dies gilt nicht bei Kollektivlebensversicherungen im Bereich der betrieblichen Altersversorgung. Ist der andere geschäftsunfähig oder in der Geschäftsfähigkeit beschränkt oder ist für ihn ein Betreuer bestellt und steht die Vertretung in den seine Person betreffenden Angelegenheiten dem Versicherungsnehmer zu, kann dieser den anderen bei der Erteilung der Einwilligung nicht vertreten.

...

§ 166 Kündigung des Versicherers

...

(4) Bei einer Lebensversicherung, die vom Arbeitgeber zugunsten seiner Arbeitnehmerinnen und Arbeitnehmer abgeschlossen worden ist, hat der Versicherer die versicherte Person über die Bestimmung der Zahlungsfrist nach § 38 Abs. 1 und die eintretende Umwandlung der Versicherung in Textform zu informieren und ihnen eine Zahlungsfrist von mindestens zwei Monaten einzuräumen.

...

§ 169 Rückkaufswert

(1) Wird eine Versicherung, die Versicherungsschutz für ein Risiko bietet, bei dem der Eintritt der Verpflichtung des Versicherers gewiss ist, durch Kündigung des Versicherungsnehmers oder durch Rücktritt oder Anfechtung des Versicherers aufgehoben, hat der Versicherer den Rückkaufswert zu zahlen.

(2) Der Rückkaufswert ist nur insoweit zu zahlen, als dieser die Leistung bei einem Versicherungsfall zum Zeitpunkt der Kündigung nicht übersteigt. Der danach nicht gezahlte Teil des Rückkaufswertes ist für eine prämienfreie Versicherung zu verwenden. Im Fall des Rücktrittes oder der Anfechtung ist der volle Rückkaufswert zu zahlen.

(3) Der Rückkaufswert ist das nach anerkannten Regeln der Versicherungsmathematik mit den Rechnungsgrundlagen der Prämienkalkulation zum Schluss der laufenden Versicherungsperiode berechnete Deckungskapital der Versicherung, bei einer Kündigung des Versicherungsverhältnisses jedoch mindestens der Betrag des Deckungskapitals, das sich bei gleichmäßiger Verteilung der angesetzten Abschluss- und Vertriebskosten auf die ersten fünf Vertragsjahre ergibt; die aufsichtsrechtlichen Regelungen über Höchstzillmersätze bleiben unberührt. Der Rückkaufswert und das Ausmaß, in dem er garantiert ist, sind dem Versicherungsnehmer vor Abgabe von dessen Vertragserklärung mitzuteilen; das Nähere regelt die Rechtsverordnung nach § 7 Abs. 2. Hat der Versicherer seinen Sitz in einem anderen Mitgliedstaat der Europäischen Union oder einem anderen Vertragsstaat des Abkommens über den Europäischen Wirtschaftsraum, kann er für die Berechnung des Rückkaufswertes an Stelle des Deckungskapitals den in diesem Staat vergleichbaren anderen Bezugswert zu Grunde legen.

(4) Bei fondsgebundenen Versicherungen und anderen Versicherungen, die Leistungen der in § 54b des Versicherungsaufsichtsgesetzes

bezeichneten Art vorsehen, ist der Rückkaufswert nach anerkannten Regeln der Versicherungsmathematik als Zeitwert der Versicherung zu berechnen, soweit nicht der Versicherer eine bestimmte Leistung garantiert; im Übrigen gilt Absatz 3. Die Grundsätze der Berechnung sind im Vertrag anzugeben.

(5) Der Versicherer ist zu einem Abzug von dem nach Absatz 3 oder 4 berechneten Betrag nur berechtigt, wenn er vereinbart, beziffert und angemessen ist. Die Vereinbarung eines Abzugs für noch nicht getilgte Abschluss- und Vertriebskosten ist unwirksam.

(6) Der Versicherer kann den nach Absatz 3 berechneten Betrag angemessen herabsetzen, soweit dies erforderlich ist, um eine Gefährdung der Belange der Versicherungsnehmer, insbesondere durch eine Gefährdung der dauernden Erfüllbarkeit der sich aus den Versicherungsverträgen ergebenden Verpflichtungen, auszuschließen. Die Herabsetzung ist jeweils auf ein Jahr befristet.

(7) Der Versicherer hat dem Versicherungsnehmer zusätzlich zu dem nach den Absätzen 3 bis 6 berechneten Betrag die diesem bereits zugeteilten Überschussanteile, soweit sie nicht bereits in dem Betrag nach den Absätzen 3 bis 6 enthalten sind, sowie den nach den jeweiligen Allgemeinen Versicherungsbedingungen für den Fall der Kündigung vorgesehenen Schlussüberschussanteil zu zahlen; § 153 Abs. 3 Satz 2 bleibt unberührt.

...

Teil 3
Schlussvorschriften

...

§ 211 Pensionskassen, kleinere Versicherungsvereine, Versicherungen mit kleineren Beträgen

(1) Die §§ 37, 38, 165, 166, 168 und 169 sind, soweit mit Genehmigung der Aufsichtsbehörde in den Allgemeinen Versicherungsbedingungen abweichende Bestimmungen getroffen sind, nicht anzuwenden auf

1. Versicherungen bei Pensionskassen im Sinn des § 118b Abs. 3 und 4 des Versicherungsaufsichtsgesetzes,

2. Versicherungen, die bei einem Verein genommen werden, der als kleinerer Verein im Sinn des Versicherungsaufsichtsgesetzes anerkannt ist,
3. Lebensversicherungen mit kleineren Beträgen und
4. Unfallversicherungen mit kleineren Beträgen.

(2) Auf die in Absatz 1 Nr. 1 genannten Pensionskassen sind ferner nicht anzuwenden

1. die §§ 6 bis 9, 11, 150 Abs. 2 bis 4 und § 152 Abs. 1 und 2; für die §§ 7 bis 9 und 152 Abs. 1 und 2 gilt dies nicht für Fernabsatzverträge im Sinn des § 312b Abs. 1 und 2 des Bürgerlichen Gesetzbuchs;
2. § 153, soweit mit Genehmigung der Aufsichtsbehörde in den Allgemeinen Versicherungsbedingungen abweichende Bestimmungen getroffen sind; § 153 Abs. 3 Satz 1 ist ferner nicht auf Sterbekassen anzuwenden.

(3) Sind für Versicherungen mit kleineren Beträgen im Sinn von Absatz 1 Nr. 3 und 4 abweichende Bestimmungen getroffen, kann deren Wirksamkeit nicht unter Berufung darauf angefochten werden, dass es sich nicht um Versicherungen mit kleineren Beträgen handele.

§ 212 Fortsetzung der Lebensversicherung nach der Elternzeit

Besteht während einer Elternzeit ein Arbeitsverhältnis ohne Entgelt gemäß § 1a Abs. 4 des Betriebsrentengesetzes fort und wird eine vom Arbeitgeber zugunsten der Arbeitnehmerin oder des Arbeitnehmers abgeschlossene Lebensversicherung wegen Nichtzahlung der während der Elternzeit fälligen Prämien in eine prämienfreie Versicherung umgewandelt, kann die Arbeitnehmerin oder der Arbeitnehmer innerhalb von drei Monaten nach der Beendigung der Elternzeit verlangen, dass die Versicherung zu den vor der Umwandlung vereinbarten Bedingungen fortgesetzt wird.

Anhang V Steuerliche Förderung der privaten Altersvorsorge und betrieblichen Altersversorgung

BMF-Schreiben vom 31. März 2010 (BStBl. I S. 420 ff.)

– Auszug –

...

B. Betriebliche Altersversorgung

I. Allgemeines

Betriebliche Altersversorgung liegt vor, wenn dem Arbeitnehmer aus Anlass seines Arbeitsverhältnisses vom Arbeitgeber Leistungen zur Absicherung mindestens eines biometrischen Risikos (Alter, Tod, Invalidität) zugesagt werden und Ansprüche auf diese Leistungen erst mit dem Eintritt des biologischen Ereignisses fällig werden (§ 1 BetrAVG). Werden mehrere biometrische Risiken abgesichert, ist aus steuerrechtlicher Sicht die gesamte Vereinbarung/Zusage nur dann als betriebliche Altersversorgung anzuerkennen, wenn für alle Risiken die Vorgaben der Rz. **247** bis **252** beachtet werden. Keine betriebliche Altersversorgung in diesem Sinne liegt vor, wenn vereinbart ist, dass ohne Eintritt eines biometrischen Risikos die Auszahlung an beliebige Dritte (z. B. die Erben) erfolgt. Dies gilt für alle Auszahlungsformen (z. B. lebenslange Rente, Auszahlungsplan mit Restkapitalverrentung, Einmalkapitalauszahlung und ratenweise Auszahlung). Als Durchführungswege der betrieblichen Altersversorgung kommen die Direktzusage (§ 1 Abs. 1 Satz 2 BetrAVG), die Unterstützungskasse (§ 1b Abs. 4 BetrAVG), die Direktversicherung (§ 1b Abs. 2 BetrAVG), die Pensionskasse (§ 1b Abs. 3 BetrAVG) oder der Pensionsfonds (§ 1b Abs. 3 BetrAVG, § 112 VAG) in Betracht. **247**

Nicht um betriebliche Altersversorgung handelt es sich, wenn der Arbeitgeber oder eine Versorgungseinrichtung dem nicht bei ihm beschäftigten Ehegatten eines Arbeitnehmers eigene Versorgungsleistungen zur Absicherung seiner biometrischen Risiken (Alter, Tod, Invalidität) verspricht, da hier keine Versorgungszusage aus Anlass eines Arbeitsverhältnisses zwischen dem Arbeitgeber und dem Ehegatten vorliegt (§ 1 BetrAVG). **248**

249 Das biologische Ereignis ist bei der Altersversorgung das altersbedingte Ausscheiden aus dem Erwerbsleben, bei der Hinterbliebenenversorgung der Tod des Arbeitnehmers und bei der Invaliditätsversorgung der Invaliditätseintritt. Als Untergrenze für betriebliche Altersversorgungsleistungen bei altersbedingtem Ausscheiden aus dem Erwerbsleben gilt im Regelfall das 60. Lebensjahr. In Ausnahmefällen können betriebliche Altersversorgungsleistungen auch schon vor dem 60. Lebensjahr gewährt werden, so z. B. bei Berufsgruppen wie Piloten, bei denen schon vor dem 60. Lebensjahr Versorgungsleistungen üblich sind. Ob solche Ausnahmefälle vorliegen, ergibt sich aus Gesetz, Tarifvertrag oder Betriebsvereinbarung. Erreicht der Arbeitnehmer im Zeitpunkt der Auszahlung das 60. Lebensjahr, hat aber seine berufliche Tätigkeit noch nicht beendet, so ist dies in der Regel (insbesondere bei Direktversicherung, Pensionskasse und Pensionsfonds) unschädlich; die bilanzielle Behandlung beim Arbeitgeber bleibt davon unberührt. Für Versorgungszusagen, die nach dem 31. Dezember 2011 erteilt werden, tritt an die Stelle des 60. Lebensjahres regelmäßig das 62. Lebensjahr (siehe auch BT-Drucksache 16/3794 vom 12. Dezember 2006, S. 31 unter »IV. Zusätzliche Altersvorsorge« zum RV-Altersgrenzenanpassungsgesetz vom 20. April 2007, BGBl. I 2007 S. 554). **Bei der Invaliditätsversorgung kommt es auf den Invaliditätsgrad nicht an.**

250 Eine Hinterbliebenenversorgung im steuerlichen Sinne darf nur Leistungen an die Witwe des Arbeitnehmers oder den Witwer der Arbeitnehmerin, die Kinder im Sinne des § 32 Abs. 3, 4 Satz 1 Nr. 1 bis 3 und Abs. 5 EStG, den früheren Ehegatten oder die Lebensgefährtin/den Lebensgefährten vorsehen. Der Arbeitgeber hat bei Erteilung oder Änderung der Versorgungszusage zu prüfen, ob die Versorgungsvereinbarung insoweit generell diese Voraussetzungen erfüllt; ob im Einzelfall Hinterbliebene in diesem Sinne vorhanden sind, ist letztlich vom Arbeitgeber/Versorgungsträger erst im Zeitpunkt der Auszahlung der Hinterbliebenenleistung zu prüfen. Als Kind kann auch ein im Haushalt des Arbeitnehmers auf Dauer aufgenommenes Kind begünstigt werden, welches in einem Obhuts- und Pflegeverhältnis zu ihm steht **und nicht die Voraussetzungen des § 32 EStG zu ihm erfüllt** (Pflegekind/Stiefkind und faktisches Stiefkind). Dabei ist es – anders als bei der Gewährung von staatlichen Leistungen – unerheblich, **ob** noch ein Obhuts- und Pflegeverhältnis zu **einem** leiblichen Elternteil des Kindes besteht**, der ggf. ebenfalls im Haushalt des Arbeitneh-

mers lebt. Es muss jedoch spätestens zu Beginn der Auszahlungsphase der Hinterbliebenenleistung eine schriftliche Versicherung des Arbeitnehmers vorliegen, in der, neben der geforderten namentlichen Benennung des Pflegekindes/Stiefkindes und faktischen Stiefkindes, bestätigt wird, dass ein entsprechendes Kindschaftsverhältnis besteht. Entsprechendes gilt, wenn ein Enkelkind auf Dauer im Haushalt der Großeltern aufgenommen und versorgt wird. Bei Versorgungszusagen, die vor dem 1. Januar 2007 erteilt wurden, sind für das Vorliegen einer begünstigten Hinterbliebenenversorgung die Altersgrenzen des § 32 EStG in der bis zum 31. Dezember 2006 geltenden Fassung (27. Lebensjahr) maßgebend. Der Begriff des/der Lebensgefährten/in ist als Oberbegriff zu verstehen, der auch die gleichgeschlechtliche Lebenspartnerschaft mit erfasst. Ob eine gleichgeschlechtliche Lebenspartnerschaft eingetragen wurde oder nicht, ist dabei zunächst unerheblich. Für Partner einer eingetragenen Lebenspartnerschaft besteht allerdings die Besonderheit, dass sie einander nach § 5 Lebenspartnerschaftsgesetz zum Unterhalt verpflichtet sind. Insoweit liegt eine mit der zivilrechtlichen Ehe vergleichbare Partnerschaft vor. Handelt es sich dagegen um eine andere Form der nicht ehelichen Lebensgemeinschaft, muss anhand der im BMF-Schreiben vom 25. Juli 2002, BStBl I S. 706 genannten Voraussetzungen geprüft werden, ob diese als Hinterbliebenenversorgung anerkannt werden kann. Ausreichend ist dabei regelmäßig, dass spätestens zu Beginn der Auszahlungsphase der Hinterbliebenenleistung eine schriftliche Versicherung des Arbeitnehmers vorliegt, in der neben der geforderten namentlichen Benennung des/der Lebensgefährten/in bestätigt wird, dass eine gemeinsame Haushaltsführung besteht.

251 Die Möglichkeit, andere als die in Rz. **250** genannten Personen als Begünstigte für den Fall des Todes des Arbeitnehmers zu benennen, führt steuerrechtlich dazu, dass es sich nicht mehr um eine Hinterbliebenenversorgung handelt, sondern von einer Vererblichkeit der Anwartschaften auszugehen ist. Gleiches gilt, wenn z. B. bei einer vereinbarten Rentengarantiezeit die Auszahlung auch an andere als die in Rz. **250** genannten Personen möglich ist. Ist die Auszahlung der garantierten Leistungen nach dem Tod des Berechtigten hingegen ausschließlich an Hinterbliebene im engeren Sinne (Rz. **250**) möglich, ist eine vereinbarte Rentengarantiezeit ausnahmsweise unschädlich. Ein Wahlrecht des Arbeitnehmers zur Einmal- oder Teilkapitalauszahlung ist in die-

sem Fall nicht zulässig. Es handelt sich vielmehr nur dann um unschädliche Zahlungen nach dem Tod des Berechtigten, wenn die garantierte Rente in unveränderter Höhe (einschließlich Dynamisierungen) an die versorgungsberechtigten Hinterbliebenen im engeren Sinne weiter gezahlt wird. Dabei ist zu beachten, dass die Zahlungen einerseits durch die garantierte Zeit und andererseits durch das Vorhandensein von entsprechenden Hinterbliebenen begrenzt werden. Die Zusammenfassung von bis zu 12 Monatsleistungen in einer Auszahlung sowie die gesonderte Auszahlung der zukünftig in der Auszahlungsphase anfallenden Zinsen und Erträge sind dabei unschädlich. Im Fall der(s) Witwe(rs) oder der Lebensgefährtin/des Lebensgefährten wird dabei nicht beanstandet, wenn anstelle der Zahlung der garantierten Rentenleistung in unveränderter Höhe das im Zeitpunkt des Todes des Berechtigten noch vorhandene »Restkapital« ausnahmsweise lebenslang verrentet wird. Die Möglichkeit, ein einmaliges angemessenes Sterbegeld an andere Personen als die in Rz. **250** genannten Hinterbliebenen auszuzahlen, führt nicht zur Versagung der Anerkennung als betriebliche Altersversorgung; bei Auszahlung ist das Sterbegeld gem. § 19 EStG oder § 22 Nr. 5 EStG zu besteuern (vgl. Rz. **326 ff.**). Im Fall der Pauschalbesteuerung von Beiträgen für eine Direktversicherung nach § 40b EStG in der am 31. Dezember 2004 geltenden Fassung (§ 40b EStG a. F.) ist es ebenfalls unschädlich, wenn eine beliebige Person als Bezugsberechtigte für den Fall des Todes des Arbeitnehmers benannt wird.

252 Keine betriebliche Altersversorgung liegt vor, wenn zwischen Arbeitnehmer und Arbeitgeber die Vererblichkeit von Anwartschaften vereinbart ist. Auch Vereinbarungen, nach denen Arbeitslohn gutgeschrieben und ohne Abdeckung eines biometrischen Risikos zu einem späteren Zeitpunkt (z. B. bei Ausscheiden aus dem Dienstverhältnis) ggf. mit Wertsteigerung ausgezahlt wird, sind nicht dem Bereich der betrieblichen Altersversorgung zuzuordnen. Gleiches gilt, wenn von vornherein eine Abfindung der Versorgungsanwartschaft, z. B. zu einem bestimmten Zeitpunkt oder bei Vorliegen bestimmter Voraussetzungen, vereinbart ist und dadurch nicht mehr von der Absicherung eines biometrischen Risikos ausgegangen werden kann. Demgegenüber führt allein die Möglichkeit einer Beitragserstattung einschließlich der gutgeschriebenen Erträge bzw. einer entsprechenden Abfindung für den Fall des Ausscheidens aus dem Dienstverhältnis vor Erreichen der gesetzlichen Unverfallbarkeit und/oder für den

Fall des Todes vor Ablauf einer arbeitsrechtlich vereinbarten Wartezeit sowie der Abfindung einer Witwenrente / Witwerrente für den Fall der Wiederheirat noch nicht zur Versagung der Anerkennung als betriebliche Altersversorgung. **Ebenfalls unschädlich für das Vorliegen von betrieblicher Altersversorgung ist die Abfindung vertraglich unverfallbarer Anwartschaften; dies gilt sowohl bei Beendigung als auch während des bestehenden Arbeitsverhältnisses.** Zu den steuerlichen Folgen im Auszahlungsfall siehe Rz. **326** ff.

II. Lohnsteuerliche Behandlung von Zusagen auf Leistungen der betrieblichen Altersversorgung

1. Allgemeines

Der Zeitpunkt des Zuflusses von Arbeitslohn richtet sich bei einer arbeitgeberfinanzierten und einer steuerlich anzuerkennenden durch Entgeltumwandlung finanzierten betrieblichen Altersversorgung nach dem Durchführungsweg der betrieblichen Altersversorgung (vgl. auch R 40b.1 LStR zur Abgrenzung). Bei der Versorgung über eine Direktversicherung, eine Pensionskasse oder einen Pensionsfonds liegt Zufluss von Arbeitslohn im Zeitpunkt der Zahlung der Beiträge durch den Arbeitgeber an die entsprechende Versorgungseinrichtung vor. Erfolgt die Beitragszahlung durch den Arbeitgeber vor »Versicherungsbeginn«, liegt ein Zufluss von Arbeitslohn jedoch erst im Zeitpunkt des »Versicherungsbeginns« vor. Die Einbehaltung der Lohnsteuer richtet sich nach § 38a Abs. 1 und 3 EStG (vgl. auch R 39b.2, 39b.5 und 39b.6 LStR). Bei der Versorgung über eine Direktzusage oder Unterstützungskasse fließt der Arbeitslohn erst im Zeitpunkt der Zahlung der Altersversorgungsleistungen an den Arbeitnehmer zu. 253

2. Entgeltumwandlung zugunsten betrieblicher Altersversorgung

Um durch Entgeltumwandlung finanzierte betriebliche Altersversorgung handelt es sich, wenn Arbeitgeber und Arbeitnehmer vereinbaren, künftige Arbeitslohnansprüche zugunsten einer betrieblichen Altersversorgung herabzusetzen (Umwandlung in eine wertgleiche Anwartschaft auf Versorgungsleistungen – Entgeltumwandlung – § 1 Abs. 2 Nr. 3 BetrAVG). Davon zu unterscheiden sind die sog. Eigenbeiträge des Arbeitnehmers (§ 1 Abs. 2 Nr. 4 BetrAVG), bei denen der Arbeitnehmer aus seinem bereits zugeflossenen und versteuerten Ar- 254 beitsentgelt Beiträge zur Finanzierung der betrieblichen Altersversorgung leistet.

255 Eine Herabsetzung von Arbeitslohnansprüchen zugunsten betrieblicher Altersversorgung ist steuerlich als Entgeltumwandlung auch dann anzuerkennen, wenn die in § 1 Abs. 2 Nr. 3 BetrAVG geforderte Wertgleichheit außerhalb versicherungsmathematischer Grundsätze berechnet wird. Entscheidend ist allein, dass die Versorgungsleistung zur Absicherung mindestens eines biometrischen Risikos (Alter, Tod, Invalidität) zugesagt und erst bei Eintritt des biologischen Ereignisses fällig wird.

256 Die Herabsetzung von Arbeitslohn (laufender Arbeitslohn, Einmal- und Sonderzahlungen) zugunsten der betrieblichen Altersversorgung wird aus Vereinfachungsgründen grundsätzlich auch dann als Entgeltumwandlung steuerlich anerkannt, wenn die Gehaltsänderungsvereinbarung bereits erdiente, aber noch nicht fällig gewordene Anteile umfasst. Dies gilt auch, wenn eine Einmal- oder Sonderzahlung einen Zeitraum von mehr als einem Jahr betrifft.

257 Bei einer Herabsetzung laufenden Arbeitslohns zugunsten einer betrieblichen Altersversorgung hindert es die Annahme einer Entgeltumwandlung nicht, wenn der bisherige ungekürzte Arbeitslohn weiterhin Bemessungsgrundlage für künftige Erhöhungen des Arbeitslohns oder andere Arbeitgeberleistungen (wie z. B. Weihnachtsgeld, Tantieme, Jubiläumszuwendungen, betriebliche Altersversorgung) bleibt, die Gehaltsminderung zeitlich begrenzt oder vereinbart wird, dass der Arbeitnehmer oder der Arbeitgeber sie für künftigen Arbeitslohn einseitig ändern können.

3. Behandlung laufender Zuwendungen des Arbeitgebers und Sonderzahlungen an umlagefinanzierte Pensionskassen (§ 19 Abs. 1 Satz 1 Nr. 3 EStG)

258 Laufende Zuwendungen sind regelmäßig fortlaufend geleistete Zahlungen des Arbeitgebers für eine betriebliche Altersversorgung an eine Pensionskasse, die nicht im Kapitaldeckungsverfahren, sondern im Umlageverfahren finanziert wird. Hierzu gehören insbesondere Umlagen an die Versorgungsanstalt des Bundes und der Länder – VBL – bzw. an eine kommunale Zusatzversorgungskasse.

Sonderzahlungen des Arbeitgebers sind insbesondere Zahlungen, die 259
an die Stelle der bei regulärem Verlauf zu entrichtenden laufenden
Zuwendungen treten oder neben laufenden Beiträgen oder Zuwendungen entrichtet werden und zur Finanzierung des nicht kapitalgedeckten Versorgungssystems dienen. Hierzu gehören beispielsweise Zahlungen, die der Arbeitgeber anlässlich seines Ausscheidens aus einem umlagefinanzierten Versorgungssystem, des Wechsels von einem umlagefinanzierten zu einem anderen umlagefinanzierten Versorgungssystem oder der Zusammenlegung zweier nicht kapitalgedeckter Versorgungssysteme zu leisten hat.

Beispiel zum Wechsel der Zusatzversorgungskasse (ZVK): 260

Die ZVK A wird auf die ZVK B überführt. Der Umlagesatz der ZVK A betrug bis zur Überführung 6% vom zusatzversorgungspflichtigen Entgelt. Die ZVK B erhebt nur 4% vom zusatzversorgungspflichtigen Entgelt. Der Arbeitgeber zahlt nach der Überführung auf die ZVK B für seine Arbeitnehmer zusätzlich zu den 4% Umlage einen festgelegten Betrag, durch den die Differenz bei der Umlagenhöhe (6% zu 4% vom zusatzversorgungspflichtigen Entgelt) ausgeglichen wird.

Bei dem Differenzbetrag, den der Arbeitgeber nach der Überführung auf die ZVK B zusätzlich leisten muss, handelt es sich um eine steuerpflichtige Sonderzahlung gem. § 19 Abs. 1 Satz 1 Nr. 3 Satz 2 Buchstabe b EStG, die mit 15% gem. § 40b Abs. 4 EStG pauschal zu besteuern ist.

Zu den nicht zu besteuernden Sanierungsgeldern gehören die Sonderzahlungen des Arbeitgebers, die er anlässlich der Umstellung der Finanzierung des Versorgungssystems von der Umlagefinanzierung auf die Kapitaldeckung für die bis zur Umstellung bereits entstandenen Versorgungsverpflichtungen oder -anwartschaften noch zu leisten hat. Gleiches gilt für die Zahlungen, die der Arbeitgeber im Fall der Umstellung auf der Leistungsseite für diese vor Umstellung bereits entstandenen Versorgungsverpflichtungen und -anwartschaften in das Versorgungssystem leistet. Davon ist z. B. auszugehen wenn, eine deutliche Trennung zwischen bereits entstandenen und neu entstehenden Versorgungsverpflichtungen sowie -anwartschaften sichtbar wird, der finanzielle Fehlbedarf zum Zeitpunkt der Umstellung hinsichtlich der bereits entstandenen Versorgungsverpflichtungen sowie -anwartschaften ermittelt wird und dieser Betrag ausschließlich vom Arbeitgeber als Zuschuss geleistet wird. 261

262 Beispiel zum Sanierungsgeld:

Die ZVK A stellt ihre betriebliche Altersversorgung auf der Finanzierungs- und Leistungsseite um. Bis zur Systemumstellung betrug die Umlage 6,2% vom zusatzversorgungspflichtigen Entgelt. Nach der Systemumstellung beträgt die Zahlung insgesamt 7,7% vom zusatzversorgungspflichtigen Entgelt. Davon werden 4% zugunsten der nun im Kapitaldeckungsverfahren finanzierten Neuanwartschaften und 3,7% für die weiterhin im Umlageverfahren finanzierten Anwartschaften einschließlich eines Sanierungsgeldes geleistet.

Die Ermittlung des nicht zu besteuernden Sanierungsgeldes erfolgt nach § 19 Abs. 1 Satz 1 Nr. 3 Satz 4 2. Halbsatz EStG. Ein solches nicht zu besteuerndes Sanierungsgeld liegt nur vor, soweit der bisherige Umlagesatz überstiegen wird.

Zahlungen nach der Systemumstellung insgesamt 7,7% Zahlungen vor der Systemumstellung 6,2% Nicht zu besteuerndes Sanierungsgeld 1,5%

Ermittlung der weiterhin nach § 19 Abs. 1 Satz 1 Nr. 3 Satz 1 EStG grundsätzlich zu

besteuernden Umlagezahlung:

Nach der Systemumstellung geleistete Zahlung für das Umlageverfahren einschließlich des Sanierungsgeldes 3,7% Nicht zu besteuerndes Sanierungsgeld 1,5% grundsätzlich zu besteuernde Umlagezahlung 2,2%

Eine Differenzrechnung nach § 19 Abs. 1 Satz 1 Nr. 3 Satz 4 zweiter Halbsatz EStG entfällt, wenn es an laufenden und wiederkehrenden Zahlungen entsprechend dem periodischen Bedarf fehlt, also das zu erbringende Sanierungsgeld als Gesamtfehlbetrag feststeht und lediglich ratierlich getilgt wird.

4. Steuerfreiheit nach § 3 Nr. 63 EStG

a) Steuerfreiheit nach § 3 Nr. 63 Satz 1 und 3 EStG

aa) Begünstigter Personenkreis

263 Zu dem durch § 3 Nr. 63 EStG begünstigten Personenkreis gehören alle Arbeitnehmer (§ 1 LStDV), unabhängig davon, ob sie in der gesetzlichen Rentenversicherung pflichtversichert sind oder nicht (z. B. be-

herrschende Gesellschafter-Geschäftsführer, geringfügig Beschäftigte, in einem berufsständischen Versorgungswerk Versicherte).

Die Steuerfreiheit setzt lediglich ein bestehendes erstes Dienstverhältnis voraus. Diese Voraussetzung kann auch erfüllt sein, wenn es sich um ein geringfügiges Beschäftigungsverhältnis oder eine Aushilfstätigkeit handelt. Die Steuerfreiheit ist jedoch nicht bei Arbeitnehmern zulässig, die dem Arbeitgeber eine Lohnsteuerkarte mit der Steuerklasse VI vorgelegt haben. 264

bb) Begünstigte Aufwendungen

Zu den nach § 3 Nr. 63 EStG begünstigten Aufwendungen gehören nur Beiträge an Pensionsfonds, Pensionskassen und Direktversicherungen, die zum Aufbau einer betrieblichen Altersversorgung im Kapitaldeckungsverfahren erhoben werden. Für Umlagen, die vom Arbeitgeber an eine Versorgungseinrichtung entrichtet werden, kommt die Steuerfreiheit nach § 3 Nr. 63 EStG dagegen nicht in Betracht (siehe aber § 3 Nr. 56 EStG, Rz. **297** ff.). Werden sowohl Umlagen als auch Beiträge im Kapitaldeckungsverfahren erhoben, gehören letztere nur dann zu den begünstigten Aufwendungen, wenn eine getrennte Verwaltung und Abrechnung beider Vermögensmassen erfolgt (Trennungsprinzip). 265

Steuerfrei sind sowohl die Beiträge des Arbeitgebers, die zusätzlich zum ohnehin geschuldeten Arbeitslohn erbracht werden (rein arbeitgeberfinanzierte Beiträge) als auch die Beiträge des Arbeitgebers, die durch Entgeltumwandlung finanziert werden (vgl. Rz. **254** ff.). Im Fall der Finanzierung der Beiträge durch eine Entgeltumwandlung ist die Beachtung des Mindestbetrages gem. § 1a BetrAVG für die Inanspruchnahme der Steuerfreiheit nicht erforderlich. Eigenbeiträge des Arbeitnehmers (§ 1 Abs. 2 Nr. 4 BetrAVG) sind dagegen vom Anwendungsbereich des § 3 Nr. 63 EStG ausgeschlossen, auch wenn sie vom Arbeitgeber an die Versorgungseinrichtung abgeführt werden. 266

Die Steuerfreiheit nach § 3 Nr. 63 EStG kann nur dann in Anspruch genommen werden, wenn der vom Arbeitgeber zur Finanzierung der zugesagten Versorgungsleistung gezahlte Beitrag nach bestimmten individuellen Kriterien dem einzelnen Arbeitnehmer zugeordnet wird. Allein die Verteilung eines vom Arbeitgeber gezahlten Gesamtbeitrags nach der Anzahl der begünstigten Arbeitnehmer genügt hingegen für die Anwendung des § 3 Nr. 63 EStG nicht. Für die Anwendung des § 3 267

Nr. 63 EStG ist nicht Voraussetzung, dass sich die Höhe der zugesagten Versorgungsleistung an der Höhe des eingezahlten Beitrags des Arbeitgebers orientiert, da der Arbeitgeber nach § 1 BetrAVG nicht nur eine Beitragszusage mit Mindestleistung oder eine beitragsorientierte Leistungszusage, sondern auch eine Leistungszusage erteilen kann.

268 Maßgeblich für die betragsmäßige Begrenzung der Steuerfreiheit auf 4% der Beitragsbemessungsgrenze in der allgemeinen Rentenversicherung ist auch bei einer Beschäftigung in den neuen Ländern oder Berlin (Ost) die in dem Kalenderjahr gültige Beitragsbemessungsgrenze (West). Zusätzlich zu diesem Höchstbetrag können Beiträge, die vom Arbeitgeber aufgrund einer nach dem 31. Dezember 2004 erteilten Versorgungszusage (Neuzusage, vgl. Rz. **306** ff.) geleistet werden, bis zur Höhe von 1.800 € steuerfrei bleiben. Dieser zusätzliche Höchstbetrag kann jedoch nicht in Anspruch genommen werden, wenn für den Arbeitnehmer in dem Kalenderjahr Beiträge nach § 40b Abs. 1 und 2 EStG a. F. pauschal besteuert werden (vgl. Rz. **320**). Bei den Höchstbeträgen des § 3 Nr. 63 EStG handelt es sich jeweils um Jahresbeträge. Eine zeitanteilige Kürzung der Höchstbeträge ist daher nicht vorzunehmen, wenn das Arbeitsverhältnis nicht während des ganzen Jahres besteht oder nicht für das ganze Jahr Beiträge gezahlt werden. Die Höchstbeträge können erneut in Anspruch genommen werden, wenn der Arbeitnehmer sie in einem vorangegangenen Dienstverhältnis bereits ausgeschöpft hat. Im Fall der Gesamtrechtsnachfolge und des Betriebsübergangs nach § 613a BGB kommt dies dagegen nicht in Betracht.

269 Soweit die Beiträge die Höchstbeträge übersteigen, sind sie individuell zu besteuern. Für die individuell besteuerten Beiträge kann eine Förderung durch Sonderausgabenabzug nach § 10a und Zulage nach Abschnitt XI EStG in Betracht kommen (vgl. Rz. **289** ff.). Zur Übergangsregelung des § 52 Abs. 52b EStG siehe Rz. **316** ff.

270 Bei monatlicher Zahlung der Beiträge bestehen keine Bedenken, wenn die Höchstbeträge in gleichmäßige monatliche Teilbeträge aufgeteilt werden. Stellt der Arbeitgeber vor Ablauf des Kalenderjahres, z. B. bei Beendigung des Dienstverhältnisses fest, dass die Steuerfreiheit im Rahmen der monatlichen Teilbeträge nicht in vollem Umfang ausgeschöpft worden ist oder werden kann, muss eine ggf. vorgenommene Besteuerung der Beiträge rückgängig gemacht (spätester Zeitpunkt hierfür ist die Übermittlung oder Erteilung der Lohnsteuer-

bescheinigung) oder der monatliche Teilbetrag künftig so geändert werden, dass die Höchstbeträge ausgeschöpft werden.

Rein arbeitgeberfinanzierte Beiträge sind steuerfrei, soweit sie die Höchstbeträge (4% der Beitragsbemessungsgrenze in der allgemeinen Rentenversicherung sowie 1.800 €) nicht übersteigen. Die Höchstbeträge werden zunächst durch diese Beiträge ausgefüllt. Sofern die Höchstbeträge dadurch nicht ausgeschöpft worden sind, sind die auf Entgeltumwandlung beruhenden Beiträge zu berücksichtigen. 271

cc) Begünstigte Auszahlungsformen

Voraussetzung für die Steuerfreiheit ist, dass die Auszahlung der zugesagten Alters-, Invaliditäts- oder Hinterbliebenenversorgungsleistungen in Form einer lebenslangen Rente oder eines Auszahlungsplans mit anschließender lebenslanger Teilkapitalverrentung (§ 1 Abs. 1 Satz 1 Nr. 4 **Buchstabe a** AltZertG) vorgesehen ist. Im Hinblick auf die entfallende Versorgungsbedürftigkeit z. B. für den Fall der Vollendung des 25. Lebensjahres der Kinder (siehe auch Rz. **250**; bei Versorgungszusagen, die vor dem 1. Januar 2007 erteilt wurden, ist grundsätzlich das 27. Lebensjahr maßgebend), der Wiederheirat der Witwe / des Witwers, dem Ende der Erwerbsminderung durch Wegfall der Voraussetzungen für den Bezug (insbesondere bei Verbesserung der Gesundheitssituation oder Erreichen der Altersgrenze) ist es nicht zu beanstanden, wenn eine Rente oder ein Auszahlungsplan zeitlich befristet ist. Von einer Rente oder einem Auszahlungsplan ist auch noch auszugehen, wenn bis zu 30% des zu Beginn der Auszahlungsphase zur Verfügung stehenden Kapitals außerhalb der monatlichen Leistungen ausgezahlt werden. Die zu Beginn der Auszahlungsphase zu treffende Entscheidung und Entnahme des Teilkapitalbetrags aus diesem Vertrag (Rz. **170**) führt zur Besteuerung nach § 22 Nr. 5 EStG. Allein die Möglichkeit, anstelle dieser Auszahlungsformen eine Einmalkapitalauszahlung (100% des zu Beginn der Auszahlungsphase zur Verfügung stehenden Kapitals) zu wählen, steht der Steuerfreiheit noch nicht entgegen. Die Möglichkeit, eine Einmalkapitalauszahlung anstelle einer Rente oder eines Auszahlungsplans zu wählen, gilt nicht nur für Altersversorgungsleistungen, sondern auch für Invaliditäts- oder Hinterbliebenenversorgungsleistungen. Entscheidet sich der Arbeitnehmer zugunsten einer Einmalkapitalauszahlung, so sind von diesem Zeitpunkt an die Voraussetzungen des § 3 Nr. 63 EStG nicht mehr erfüllt und die Beitragsleistungen zu besteuern. Erfolgt die Aus- 272 übung des Wahlrechtes innerhalb des letzten Jahres vor dem altersbedingten Ausscheiden aus dem Erwerbsleben, so ist es aus Vereinfachungsgründen nicht zu beanstanden, wenn die Beitragsleistungen weiterhin nach § 3 Nr. 63 EStG steuerfrei belassen werden. Für die Berechnung der Jahresfrist ist dabei auf das im Zeitpunkt der Ausübung des Wahlrechts vertraglich vorgesehene Ausscheiden aus dem Erwerbsleben (vertraglich vorgesehener Beginn der Altersversorgungsleistung) abzustellen. Da die Auszahlungsphase bei der Hinterbliebenenleistung erst mit dem Zeitpunkt des Todes des ursprünglich Berechtigten beginnt, ist es in diesem Fall aus steuerlicher Sicht nicht zu beanstanden, wenn das Wahlrecht im zeitlichen Zusammenhang mit dem Tod des ursprünglich Berechtigten ausgeübt wird. Bei Auszahlung oder anderweitiger wirtschaftlicher Verfügung ist der Einmalkapitalbetrag gem. § 22 Nr. 5 EStG zu besteuern (siehe dazu Rz. **329** ff.)

dd) Sonstiges

273 Eine Steuerfreiheit der Beiträge kommt nicht in Betracht, soweit es sich hierbei nicht um Arbeitslohn im Rahmen eines Dienstverhältnisses, sondern um eine verdeckte Gewinnausschüttung im Sinne des § 8 Abs. 3 Satz 2 KStG handelt. Die allgemeinen Grundsätze zur Abgrenzung zwischen verdeckter Gewinnausschüttung und Arbeitslohn sind hierbei zu beachten.

274 Beiträge an Pensionsfonds, Pensionskassen und – bei Direktversicherungen – an Versicherungsunternehmen in der EU sowie in Drittstaaten, mit denen besondere Abkommen abgeschlossen worden sind **(z. B. DBA USA)**, können nach § 3 Nr. 63 EStG begünstigt sein, wenn der ausländische Pensionsfonds, die ausländische Pensionskasse oder das ausländische Versicherungsunternehmen versicherungsaufsichtsrechtlich zur Ausübung ihrer Tätigkeit zugunsten von Arbeitnehmern in inländischen Betriebsstätten befugt sind.

275 Unter den vorgenannten Voraussetzungen sind auch die Beiträge des Arbeitgebers an eine **Zusatzversorgungskasse** (wie z. B. zur Versorgungsanstalt der deutschen Bühnen – VddB –, zur Versorgungsanstalt der deutschen Kulturorchester – VddKO – oder zum Zusatzversorgungswerk für Arbeitnehmer in der Land- und Forstwirtschaft – ZLF –), die er nach der jeweiligen Satzung der Versorgungseinrichtung als Pflichtbeiträge für die Altersversorgung seiner Arbeitnehmer zusätzlich zu den nach § 3 Nr. 62 EStG steuerfreien Beiträgen zur gesetz-

lichen Rentenversicherung zu erbringen hat, ebenfalls im Rahmen des § 3 Nr. 63 EStG steuerfrei. Die Steuerfreiheit nach § 3 Nr. 62 Satz 1 EStG kommt für diese Beiträge nicht in Betracht. Die Steuerbefreiung des § 3 Nr. 63 (und auch Nr. 56) EStG ist nicht nur der Höhe, sondern dem Grunde nach vorrangig anzuwenden; die Steuerbefreiung nach § 3 Nr. 62 EStG ist bei Vorliegen von Zukunftssicherungsleistungen i. S. d. § 3 Nr. 63 (und auch Nr. 56) EStG daher auch dann ausgeschlossen, wenn die Höchstbeträge des § 3 Nr. 63 (und Nr. 56) EStG bereits voll ausgeschöpft werden.

b) Ausschluss der Steuerfreiheit nach § 3 Nr. 63 Satz 2 EStG

aa) Personenkreis

Auf die Steuerfreiheit können grundsätzlich nur Arbeitnehmer verzichten, die in der gesetzlichen Rentenversicherung pflichtversichert sind (§§ 1a, 17 Abs. 1 Satz 3 BetrAVG). Alle anderen Arbeitnehmer können von dieser Möglichkeit nur dann Gebrauch machen, wenn der Arbeitgeber zustimmt. 276

bb) Höhe und Zeitpunkt der Ausübung des Wahlrechts

Soweit der Arbeitnehmer einen Anspruch auf Entgeltumwandlung nach § 1a BetrAVG hat, ist eine individuelle Besteuerung dieser Beiträge bereits auf Verlangen des Arbeitnehmers durchzuführen. In allen anderen Fällen der Entgeltumwandlung (z. B. Entgeltumwandlungsvereinbarung aus dem Jahr 2001 oder früher) ist die individuelle Besteuerung der Beiträge hingegen nur aufgrund einvernehmlicher Vereinbarung zwischen Arbeitgeber und Arbeitnehmer möglich. Bei rein arbeitgeberfinanzierten Beiträgen kann auf die Steuerfreiheit nicht verzichtet werden (vgl. Rz. **271**). 277

Die Ausübung des Wahlrechts nach § 3 Nr. 63 Satz 2 EStG muss bis zu dem Zeitpunkt erfolgen, zu dem die entsprechende Gehaltsänderungsvereinbarung steuerlich noch anzuerkennen ist (vgl. Rz. **256**). 278

Eine nachträgliche Änderung der steuerlichen Behandlung der im Wege der Entgeltumwandlung finanzierten Beiträge ist nicht zulässig. 279

c) Vervielfältigungsregelung nach § 3 Nr. 63 Satz 4 EStG

Beiträge an einen Pensionsfonds, eine Pensionskasse oder für eine Direktversicherung, die der Arbeitgeber aus Anlass der Beendigung des 280

Dienstverhältnisses leistet, können im Rahmen des § 3 Nr. 63 Satz 4 EStG steuerfrei belassen werden. Die Höhe der Steuerfreiheit ist dabei begrenzt auf den Betrag, der sich ergibt aus 1.800 € vervielfältigt mit der Anzahl der Kalenderjahre, in denen das Dienstverhältnis des Arbeitnehmers zu dem Arbeitgeber bestanden hat; der vervielfältigte Betrag vermindert sich um die nach § 3 Nr. 63 EStG steuerfreien Beiträge, die der Arbeitgeber in dem Kalenderjahr, in dem das Dienstverhältnis beendet wird, und in den sechs vorangegangenen Jahren erbracht hat. Sowohl bei der Ermittlung der zu vervielfältigenden als auch der zu kürzenden Jahre sind nur die Kalenderjahre ab 2005 zu berücksichtigen. Dies gilt unabhängig davon, wie lange das Dienstverhältnis zu dem Arbeitgeber tatsächlich bestanden hat. Die Vervielfältigungsregelung steht jedem Arbeitnehmer aus demselben Dienstverhältnis insgesamt nur einmal zu. Werden die Beiträge statt als Einmalbeitrag in Teilbeträgen geleistet, sind diese so lange steuerfrei, bis der für den Arbeitnehmer maßgebende Höchstbetrag ausgeschöpft ist. Eine Anwendung der Vervielfältigungsregelung des § 3 Nr. 63 Satz 4 EStG ist nicht möglich, wenn gleichzeitig die Vervielfältigungsregelung des § 40b Abs. 2 Satz 3 und 4 EStG a. F. auf die Beiträge, die der Arbeitgeber aus Anlass der Beendigung des Dienstverhältnisses leistet, angewendet wird (vgl. Rz. **322**). Eine Anwendung ist ferner nicht möglich, wenn der Arbeitnehmer bei Beiträgen für eine Direktversicherung auf die Steuerfreiheit der Beiträge zu dieser Direktversicherung zugunsten der Weiteranwendung des § 40b EStG a. F. verzichtet hatte (vgl. Rz. **316** ff.).

5. Steuerfreiheit nach § 3 Nr. 66 EStG

281 Voraussetzung für die Steuerfreiheit ist, dass vom Arbeitgeber ein Antrag nach § 4d Abs. 3 EStG oder § 4e Abs. 3 EStG gestellt worden ist. Die Steuerfreiheit nach § 3 Nr. 66 EStG gilt auch dann, wenn beim übertragenden Unternehmen keine Zuwendungen i. S. v. § 4d Abs. 3 EStG oder Leistungen i. S. v. § 4e Abs. 3 EStG im Zusammenhang mit der Übernahme einer Versorgungsverpflichtung durch einen Pensionsfonds anfallen. Bei einer entgeltlichen Übertragung von Versorgungsanwartschaften aktiver Beschäftigter kommt die Anwendung von § 3 Nr. 66 EStG nur für Zahlungen an den Pensionsfonds in Betracht, die für die bis zum Zeitpunkt der Übertragung bereits erdienten Versorgungsanwartschaften geleistet werden (sog. »Past-Service«); Zahlungen an den Pensionsfonds für zukünftig noch zu erdienende Anwartschaften (sog. »Future-Service«) sind ausschließlich in dem begrenzten

Rahmen des § 3 Nr. 63 EStG lohnsteuerfrei; zu weiteren Einzelheiten, insbesondere zur Abgrenzung von »Past-« und »Future-Service«, siehe BMF-Schreiben vom 26. Oktober 2006, BStBl I S. 709.

6. Steuerfreiheit nach § 3 Nr. 55 EStG

Gem. § 4 Abs. 2 Nr. 2 BetrAVG kann nach Beendigung des Arbeitsverhältnisses im Einvernehmen des ehemaligen mit dem neuen Arbeitgeber sowie dem Arbeitnehmer der Wert der vom Arbeitnehmer erworbenen Altersversorgung (Übertragungswert nach § 4 Abs. 5 BetrAVG) auf den neuen Arbeitgeber übertragen werden, wenn dieser eine wertgleiche Zusage erteilt. § 4 Abs. 3 BetrAVG gibt dem Arbeitnehmer für Versorgungszusagen, die nach dem 31. Dezember 2004 erteilt werden, das Recht, innerhalb eines Jahres nach Beendigung des Arbeitsverhältnisses von seinem ehemaligen Arbeitgeber zu verlangen, dass der Übertragungswert auf den neuen Arbeitgeber übertragen wird, wenn die betriebliche Altersversorgung beim ehemaligen Arbeitgeber über einen Pensionsfonds, eine Pensionskasse oder eine Direktversicherung durchgeführt worden ist und der Übertragungswert die im Zeitpunkt der Übertragung maßgebliche Beitragsbemessungsgrenze in der allgemeinen Rentenversicherung nicht übersteigt. 282

Die Anwendung der Steuerbefreiungsvorschrift des § 3 Nr. 55 EStG setzt aufgrund des Verweises auf die Vorschriften des Betriebsrentengesetzes die Beendigung des bisherigen Dienstverhältnisses und ein anderes Dienstverhältnis voraus. Die Übernahme der Versorgungszusage durch einen Arbeitgeber, bei dem der Arbeitnehmer bereits beschäftigt ist, ist betriebsrentenrechtlich unschädlich und steht daher der Anwendung der Steuerbefreiungsvorschrift nicht entgegen. § 3 Nr. 55 EStG und Rz. 282 gelten entsprechend für Arbeitnehmer, die nicht in der gesetzlichen Rentenversicherung pflichtversichert sind (z. B. beherrschende Gesellschafter-Geschäftsführer oder geringfügig Beschäftigte). 283

Der geleistete Übertragungswert ist nach § 3 Nr. 55 Satz 1 EStG steuerfrei, wenn die betriebliche Altersversorgung sowohl beim ehemaligen Arbeitgeber als auch beim neuen Arbeitgeber über einen Pensionsfonds, eine Pensionskasse oder eine Direktversicherung durchgeführt wird. Es ist nicht Voraussetzung, dass beide Arbeitgeber auch den gleichen Durchführungsweg gewählt haben. Um eine Rückabwicklung der steuerlichen Behandlung der Beitragsleistungen an einen Pensi- 284 onsfonds, eine Pensionskasse oder eine Direktversicherung vor der Übertragung (Steuerfreiheit nach § 3 Nr. 63, 66 EStG, individuelle Besteuerung, Besteuerung nach § 40b EStG) zu verhindern, bestimmt § 3 Nr. 55 Satz 3 EStG, dass die auf dem Übertragungsbetrag beruhenden Versorgungsleistungen weiterhin zu den Einkünften gehören, zu denen sie gehört hätten, wenn eine Übertragung nach § 4 BetrAVG nicht stattgefunden hätte.

285 Der Übertragungswert ist gem. § 3 Nr. 55 Satz 2 EStG auch steuerfrei, wenn er vom ehemaligen Arbeitgeber oder von einer Unterstützungskasse an den neuen Arbeitgeber oder an eine andere Unterstützungskasse geleistet wird.

286 Die Steuerfreiheit des § 3 Nr. 55 EStG kommt jedoch nicht in Betracht, wenn die betriebliche Altersversorgung beim ehemaligen Arbeitgeber als Direktzusage oder mittels einer Unterstützungskasse ausgestaltet war, während sie beim neuen Arbeitgeber über einen Pensionsfonds, eine Pensionskasse oder eine Direktversicherung abgewickelt wird. Dies gilt auch für den umgekehrten Fall. Ebenso kommt die Steuerfreiheit nach § 3 Nr. 55 EStG bei einem Betriebsübergang nach § 613a BGB nicht in Betracht, da in einem solchen Fall die Regelung des § 4 BetrAVG keine Anwendung findet.

287 Wird die betriebliche Altersversorgung sowohl beim alten als auch beim neuen Arbeitgeber über einen Pensionsfonds, eine Pensionskasse oder eine Direktversicherung abgewickelt, liegt im Fall der Übernahme der Versorgungszusage nach § 4 Abs. 2 Nr. 1 BetrAVG lediglich ein Schuldnerwechsel und damit für den Arbeitnehmer kein lohnsteuerlich relevanter Vorgang vor. Entsprechendes gilt im Fall der Übernahme der Versorgungszusage nach § 4 Abs. 2 Nr. 1 BetrAVG, wenn die betriebliche Altersversorgung sowohl beim alten als auch beim neuen Arbeitgeber über eine Direktzusage oder Unterstützungskasse durchgeführt wird. Zufluss von Arbeitslohn liegt hingegen vor im Fall der Ablösung einer gegenüber einem beherrschenden Gesellschafter-Geschäftsführer erteilten Pensionszusage, bei der nach der Ausübung eines zuvor eingeräumten Wahlrechtes auf Verlangen des Gesellschafter-Geschäftsführers der Ablösungsbetrag zur Übernahme der Pensionsverpflichtung an einen Dritten gezahlt wird (BFH-Urteil vom 12. April 2007 – VI R 6/02 –, BStBl II S. 581).

7. Übernahme von Pensionsverpflichtungen gegen Entgelt durch Beitritt eines Dritten in eine Pensionsverpflichtung (Schuldbeitritt) oder Ausgliederung von Pensionsverpflichtungen

Bei der Übernahme von Pensionsverpflichtungen gegen Entgelt durch Beitritt eines Dritten in eine Pensionsverpflichtung (Schuldbeitritt) oder durch Ausgliederung von Pensionsverpflichtungen – ohne inhaltliche Veränderung der Zusage – handelt es sich weiterhin um eine Direktzusage des Arbeitgebers (siehe dazu auch BMF-Schreiben vom 16. Dezember 2005, BStBl I S. 1052). Aus lohnsteuerlicher Sicht bleibt es folglich bei den für eine Direktzusage geltenden steuerlichen Regelungen, d. h. es liegen erst bei Auszahlung der Versorgungsleistungen – durch den Dritten bzw. durch die Pensionsgesellschaft anstelle des Arbeitgebers – Einkünfte im Sinne des § 19 EStG vor. Der Lohnsteuerabzug kann in diesem Fall mit Zustimmung des Finanzamts anstelle vom Arbeitgeber auch von dem Dritten bzw. der Pensionsgesellschaft vorgenommen werden (§ 38 Abs. 3a Satz 2 EStG). 288

8. Förderung durch Sonderausgabenabzug nach § 10a EStG und Zulage nach Abschnitt XI EStG

Zahlungen im Rahmen der betrieblichen Altersversorgung an einen Pensionsfonds, eine Pensionskasse oder eine Direktversicherung können als Altersvorsorgebeiträge durch Sonderausgabenabzug nach § 10a EStG und Zulage nach Abschnitt XI EStG gefördert werden (§ 82 Abs. 2 EStG). Die zeitliche Zuordnung der Altersvorsorgebeiträge im Sinne des § 82 Abs. 2 EStG richtet sich grundsätzlich nach den für die Zuordnung des Arbeitslohns geltenden Vorschriften (§ 38a Abs. 3 EStG; R 39b.2, 39b.5 und 39b.6 LStR). 289

Um Beiträge im Rahmen der betrieblichen Altersversorgung handelt es sich nur, wenn die Beiträge für eine vom Arbeitgeber aus Anlass des Arbeitsverhältnisses zugesagte Versorgungsleistung erbracht werden (§ 1 BetrAVG). Dies gilt unabhängig davon, ob die Beiträge ausschließlich vom Arbeitgeber finanziert werden, auf einer Entgeltumwandlung beruhen oder es sich um Eigenbeiträge des Arbeitnehmers handelt (§ 1 Abs. 1 und 2 BetrAVG). Im Übrigen sind Rz. **248** ff. zu beachten. 290

Voraussetzung für die steuerliche Förderung ist neben der individuellen Besteuerung der Beiträge, dass die Auszahlung der zugesagten Altersversorgungsleistung in Form einer lebenslangen Rente oder eines 291

Auszahlungsplans mit anschließender lebenslanger Teilkapitalverrentung (§ 1 Abs. 1 Satz 1 Nr. 4 **Buchstabe a** AltZertG) vorgesehen ist. Die steuerliche Förderung von Beitragsteilen, die zur Absicherung einer Invaliditäts- oder Hinterbliebenenversorgung verwendet werden, kommt nur dann in Betracht, wenn die Auszahlung in Form einer Rente (§ 1 Abs. 1 Satz 1 Nr. 4 **Buchstabe a** AltZertG; vgl. Rz. 272) vorgesehen ist. Rente oder Auszahlungsplan in diesem Sinne liegt auch dann vor, wenn bis zu 30% des zu Beginn der Auszahlungsphase zur Verfügung stehenden Kapitals außerhalb der monatlichen Leistungen ausgezahlt werden. Die zu Beginn der Auszahlungsphase zu treffende Entscheidung und Entnahme des Teilkapitalbetrags aus diesem Vertrag (Rz. **170**) führt zur Besteuerung nach § 22 Nr. 5 EStG. Allein die Möglichkeit, anstelle dieser Auszahlungsformen eine Einmalkapitalauszahlung (100% des zu Beginn der Auszahlungsphase zur Verfügung stehenden Kapitals) zu wählen, steht der Förderung noch nicht entgegen. Die Möglichkeit, eine Einmalkapitalauszahlung anstelle einer Rente oder eines Auszahlungsplans zu wählen, gilt nicht nur für Altersversorgungsleistungen, sondern auch für Invaliditäts- oder Hinterbliebenenversorgungsleistungen. Entscheidet sich der Arbeitnehmer zugunsten einer Einmalkapitalauszahlung, so sind von diesem Zeitpunkt an die Voraussetzungen des § 10a und Abschnitt XI EStG nicht mehr erfüllt und die Beitragsleistungen können nicht mehr gefördert werden. Erfolgt die Ausübung des Wahlrechtes innerhalb des letzten Jahres vor dem altersbedingten Ausscheiden aus dem Erwerbsleben, so ist es aus Vereinfachungsgründen nicht zu beanstanden, wenn die Beitragsleistungen weiterhin nach § 10a / Abschnitt XI EStG gefördert werden. Für die Berechnung der Jahresfrist ist dabei auf das im Zeitpunkt der Ausübung des Wahlrechts vertraglich vorgesehene Ausscheiden aus dem Erwerbsleben (vertraglich vorgesehener Beginn der Altersversorgungsleistung) abzustellen. Da die Auszahlungsphase bei der Hinterbliebenenleistung erst mit dem Zeitpunkt des Todes des ursprünglich Berechtigten beginnt, ist es in diesem Fall aus steuerlicher Sicht nicht zu beanstanden, wenn das Wahlrecht zu diesem Zeitpunkt ausgeübt wird. Bei Auszahlung des Einmalkapitalbetrags handelt es sich um eine schädliche Verwendung im Sinne des § 93 EStG (vgl. Rz. **347** f.), soweit sie auf steuerlich gefördertem Altersvorsorgevermögen beruht. Da es sich bei der Teil- bzw. Einmalkapitalauszahlung nicht um außerordentliche Einkünfte im Sinne des § 34 Abs. 2 EStG (weder eine Entschädigung noch eine Vergütung für eine mehrjährige Tätigkeit) handelt, kommt eine Anwendung der Fünftelungsregelung des § 34 EStG auf diese Zahlungen nicht in Betracht.

Altersvorsorgebeiträge im Sinne des § 82 Abs. 2 EStG sind auch die Beiträge des ehemaligen Arbeitnehmers, die dieser im Fall einer zunächst ganz oder teilweise durch Entgeltumwandlung finanzierten und nach § 3 Nr. 63 oder § 10a / Abschnitt XI EStG geförderten betrieblichen Altersversorgung nach der Beendigung des Arbeitsverhältnisses nach Maßgabe des § 1b Abs. 5 Nr. 2 BetrAVG selbst erbringt. Dies gilt entsprechend in den Fällen der Finanzierung durch Eigenbeiträge des Arbeitnehmers. 292

Die vom Steuerpflichtigen nach Maßgabe des § 1b Abs. 5 **Satz 1** Nr. 2 BetrAVG selbst zu erbringenden Beiträge müssen nicht aus individuell versteuertem Arbeitslohn stammen (z. B. Finanzierung aus steuerfreiem Arbeitslosengeld). Gleiches gilt, soweit der Arbeitnehmer trotz eines weiter bestehenden Arbeitsverhältnisses keinen Anspruch auf Arbeitslohn mehr hat und anstelle der Beiträge aus einer Entgeltumwandlung die Beiträge selbst erbringt (z. B. während der Schutzfristen des § 3 Abs. 2 und § 6 Abs. 1 des Mutterschutzgesetzes, der Elternzeit, des Bezugs von Krankengeld oder auch § 1a Abs. 4 BetrAVG) oder aufgrund einer gesetzlichen Verpflichtung Beiträge zur betrieblichen Altersversorgung entrichtet werden (z. B. nach §§ 14a und 14b des Arbeitsplatzschutzgesetzes). 293

Voraussetzung für die Förderung durch Sonderausgabenabzug nach § 10a EStG und Zulage nach Abschnitt XI EStG ist in den Fällen der Rz. **292** f., dass der Steuerpflichtige zum begünstigten Personenkreis gehört. Die zeitliche Zuordnung dieser Altersvorsorgebeiträge richtet sich grundsätzlich nach § 11 Abs. 2 EStG. 294

Zu den begünstigten Altersvorsorgebeiträgen gehören nur Beiträge, die zum Aufbau einer betrieblichen Altersversorgung im Kapitaldeckungsverfahren erhoben werden. Für Umlagen, die an eine Versorgungseinrichtung gezahlt werden, kommt die Förderung dagegen nicht in Betracht. Werden sowohl Umlagen als auch Beiträge im Kapitaldeckungsverfahren erhoben, gehören letztere nur dann zu den begünstigten Aufwendungen, wenn eine getrennte Verwaltung und Abrechnung beider Vermögensmassen erfolgt (Trennungsprinzip). 295

Die Versorgungseinrichtung hat dem Zulageberechtigten jährlich eine Bescheinigung zu erteilen (§ 92 EStG). Diese Bescheinigung muss u. a. 296

den Stand des Altersvorsorgevermögens ausweisen (§ 92 Nr. 5 EStG). Bei einer Leistungszusage (§ 1 Abs. 1 Satz 2 Halbsatz 2 BetrAVG) und einer beitragsorientierten Leistungszusage (§ 1 Abs. 2 Nr. 1 BetrAVG) kann stattdessen der Barwert der erdienten Anwartschaft bescheinigt werden.

9. Steuerfreiheit nach § 3 Nr. 56 EStG

a) Begünstigter Personenkreis

297   Rz. 263 f. gelten entsprechend.

b) Begünstigte Aufwendungen

298   Zu den nach § 3 Nr. 56 EStG begünstigten Aufwendungen gehören nur laufende Zuwendungen des Arbeitgebers für eine betriebliche Altersversorgung an eine Pensionskasse, die nicht im Kapitaldeckungsverfahren, sondern im Umlageverfahren finanziert wird (wie z. B. Umlagen an die Versorgungsanstalt des Bundes und der Länder – VBL – bzw. an eine kommunale oder kirchliche Zusatzversorgungskasse). Soweit diese Zuwendungen nicht nach § 3 Nr. 56 EStG steuerfrei bleiben, können sie individuell oder nach § 40b Abs. 1 und 2 EStG pauschal besteuert werden. Im Übrigen gelten Rz. **266** bis **268** Satz 1 und 4 ff., Rz. **270** bis **272** entsprechend. Danach ist z. B. der Arbeitnehmereigenanteil an einer Umlage nicht steuerfrei nach § 3 Nr. 56 EStG.

299   Werden von der Versorgungseinrichtung sowohl Zuwendungen/Umlagen als auch Beiträge im Kapitaldeckungsverfahren erhoben, ist § 3 Nr. 56 EStG auch auf die im Kapitaldeckungsverfahren erhobenen Beiträge anwendbar, wenn eine getrennte Verwaltung und Abrechnung beider Vermögensmassen (Trennungsprinzip, Rz. **265**) nicht erfolgt.

300   Erfolgt eine getrennte Verwaltung und Abrechnung beider Vermögensmassen, ist die Steuerfreiheit nach § 3 Nr. 63 EStG für die im Kapitaldeckungsverfahren erhobenen Beiträge vorrangig zu berücksichtigen. Dies gilt unabhängig davon, ob diese Beiträge rein arbeitgeberfinanziert sind oder auf einer Entgeltumwandlung beruhen. Die nach § 3 Nr. 63 EStG steuerfreien Beträge mindern den Höchstbetrag des § 3 Nr. 56 EStG (§ 3 Nr. 56 Satz 3 EStG). Zuwendungen nach § 3 Nr. 56 EStG sind daher nur steuerfrei, soweit die nach § 3 Nr. 63 EStG steuerfreien Beiträge den Höchstbetrag des § 3 Nr. 56 EStG unterschreiten. Eine Minderung nach § 3 Nr. 56 Satz 3 EStG ist immer nur in dem je-

weiligen Dienstverhältnis vorzunehmen; die Steuerfreistellung nach § 3 Nr. 56 EStG bleibt somit unberührt, wenn z. B. erst in einem späteren ersten Dienstverhältnis Beiträge nach § 3 Nr. 63 EStG steuerfrei bleiben.

Beispiel: 301

Arbeitgeber A zahlt in 2008 an seine **Zusatzversorgungskasse** einen Betrag i. H. v.: 240 € (12 × 20 €) zugunsten einer getrennt verwalteten und abgerechneten kapitalgedeckten betrieblichen Altersversorgung und 1.680 € (12 × 140 €) zugunsten einer umlagefinanzierten betrieblichen Altersversorgung.

Der Beitrag i. H. v. 240 € ist steuerfrei gem. § 3 Nr. 63 EStG, denn der entsprechende Höchstbetrag wird nicht überschritten.

Von der Umlage sind 396 € steuerfrei gem. § 3 Nr. 56 Satz 1 und 3 EStG (grundsätzlich 1.680 €, aber maximal 1% der Beitragsbemessungsgrenze 2008 in der allgemeinen Rentenversicherung i. H. v. 636 € abzüglich 240 €). Die verbleibende Umlage i. H. v. 1.284 € (1.680 € abzüglich 396 €) ist individuell oder gem. § 40b Abs. 1 und 2 EStG pauschal zu besteuern.

Es bestehen keine Bedenken gegen eine Kalenderjahr bezogene Betrachtung hinsichtlich der gem. § 3 Nr. 56 Satz 3 EStG vorzunehmenden Verrechnung, wenn sowohl nach § 3 Nr. 63 EStG steuerfreie Beiträge als auch nach § 3 Nr. 56 EStG steuerfreie Zuwendungen erbracht werden sollen. Stellt der Arbeitgeber vor Übermittlung der elektronischen Lohnsteuerbescheinigung fest (z. B. wegen einer erst im Laufe des Kalenderjahres vereinbarten nach § 3 Nr. 63 EStG steuerfreien Entgeltumwandlung aus einer Sonderzuwendung), dass die ursprüngliche Betrachtung nicht mehr zutreffend ist, hat er eine Korrektur vorzunehmen. 302

Beispiel: 303

Arbeitgeber A zahlt ab dem 1. Januar 2008 monatlich an eine **Zusatzversorgungskasse** 140 € zugunsten einer umlagefinanzierten betrieblichen Altersversorgung; nach § 3 Nr. 63 EStG steuerfreie Beiträge werden nicht entrichtet. Aus dem Dezembergehalt (Gehaltszahlung 15. Dezember 2008) wandelt der Arbeitnehmer einen Betrag i. H. v. 240 € zugunsten einer kapitalgedeckten betrieblichen Altersversorgung um (wobei die Mitteilung an den Arbeitgeber am 5. Dezember 2008 erfolgt).

Der Beitrag i. H. v. 240 € ist vorrangig steuerfrei nach § 3 Nr. 63 EStG.

Von der Umlage wurde bisher ein Betrag i. H. v. 583 € (= 11 × 53 € [1% der Beitragsbemessungsgrenze 2008 in der allgemeinen Rentenversicherung i. H. v. 636 €, verteilt auf 12 Monate]) nach § 3 Nr. 56 EStG steuerfrei belassen.

Im Monat Dezember 2008 ist die steuerliche Behandlung der Umlagezahlung zu korrigieren, denn nur ein Betrag i. H. v. 396 € (636 € abzüglich 240 €) kann steuerfrei gezahlt werden. Ein Betrag i. H. v. 187 € (583 € abzüglich 396 €) ist noch individuell oder pauschal zu besteuern. Der Arbeitgeber kann wahlweise den Lohnsteuerabzug der Monate 01/2008 bis 11/2008 korrigieren oder im Dezember 2008 den Betrag als sonstigen Bezug behandeln. Der Betrag für den Monat Dezember 2008 i. H. v. 140 € ist individuell oder pauschal zu besteuern.

10. Anwendung des § 40b EStG in der ab 1. Januar 2005 geltenden Fassung

304 § 40b EStG erfasst nur noch Zuwendungen des Arbeitgebers für eine betriebliche Altersversorgung an eine Pensionskasse, die nicht im Kapitaldeckungsverfahren, sondern im Umlageverfahren finanziert wird (wie z. B. Umlagen an die Versorgungsanstalt des Bundes und der Länder – VBL – bzw. an eine kommunale oder kirchliche Zusatzversorgungskasse). Werden für den Arbeitnehmer solche Zuwendungen laufend geleistet, bleiben diese ab 1. Januar 2008 zunächst im Rahmen des § 3 Nr. 56 EStG steuerfrei. Die den Rahmen des § 3 Nr. 56 EStG übersteigenden Zuwendungen können dann nach § 40b Abs. 1 und 2 EStG pauschal besteuert werden. Dies gilt unabhängig davon, ob die Zuwendungen aufgrund einer Alt- oder Neuzusage geleistet werden. Lediglich für den Bereich der kapitalgedeckten betrieblichen Altersversorgung wurde die Möglichkeit der Pauschalbesteuerung nach § 40b EStG grundsätzlich zum 1. Januar 2005 aufgehoben. Werden von einer Versorgungseinrichtung sowohl Umlagen als auch Beiträge im Kapitaldeckungsverfahren erhoben, ist dann § 40b EStG auch auf die im Kapitaldeckungsverfahren erhobenen Beiträge anwendbar, wenn eine getrennte Verwaltung und Abrechnung beider Vermögensmassen (Trennungsprinzip, Rz. **265**) nicht erfolgt.

Zuwendungen des Arbeitgebers im Sinne des § 19 Abs. 1 Satz 1 Nr. 3 Satz 2 EStG an eine Pensionskasse sind in voller Höhe pauschal nach § 40b Abs. 4 EStG i. d. F. des Jahressteuergesetzes 2007 mit 15% zu besteuern. Dazu gehören z. B. Gegenwertzahlungen nach § 23 Abs. 2 der Satzung der Versorgungsanstalt des Bundes und der Länder – VBL –. Für die Anwendung des § 40b Abs. 4 EStG ist es unerheblich, wenn an die Versorgungseinrichtung keine weiteren laufenden Beiträge oder Zuwendungen geleistet werden.

305

11. Übergangsregelungen § 52 Abs. 6 und 52b EStG zur Anwendung der §§ 3 Nr. 63 EStG und 40b EStG a. F.

a) Abgrenzung von Alt- und Neuzusage

Für die Anwendung von § 3 Nr. 63 Satz 3 EStG sowie § 40b Abs. 1 und 2 EStG a. F. kommt es darauf an, ob die entsprechenden Beiträge aufgrund einer Versorgungszusage geleistet werden, die vor dem 1. Januar 2005 (Altzusage) oder nach dem 31. Dezember 2004 (Neuzusage) erteilt wurde.

306

Für die Frage, zu welchem Zeitpunkt eine Versorgungszusage erstmalig erteilt wurde, ist grundsätzlich die zu einem Rechtsanspruch führende arbeitsrechtliche bzw. betriebsrentenrechtliche Verpflichtungserklärung des Arbeitgebers maßgebend (z. B. Einzelvertrag, Betriebsvereinbarung oder Tarifvertrag). Entscheidend ist danach nicht, wann Mittel an die Versorgungseinrichtung fließen. Bei kollektiven, rein arbeitgeberfinanzierten Versorgungsregelungen ist die Zusage daher in der Regel mit Abschluss der Versorgungsregelung bzw. mit Beginn des Dienstverhältnisses des Arbeitnehmers erteilt. Ist die erste Dotierung durch den Arbeitgeber erst nach Ablauf einer von vornherein arbeitsrechtlich festgelegten Wartezeit vorgesehen, so wird der Zusagezeitpunkt dadurch nicht verändert. Im Fall der ganz oder teilweise durch Entgeltumwandlung finanzierten Zusage gilt diese regelmäßig mit Abschluss der erstmaligen Gehaltsänderungsvereinbarung (vgl. auch Rz. **254** ff.) als erteilt. Liegen zwischen der Gehaltsänderungsvereinbarung und der erstmaligen Herabsetzung des Arbeitslohns mehr als 12 Monate, gilt die Versorgungszusage erst im Zeitpunkt der erstmaligen Herabsetzung als erteilt.

307

Die Änderung einer solchen Versorgungszusage stellt aus steuerrechtlicher Sicht unter dem Grundsatz der Einheit der Versorgung insbesondere dann keine Neuzusage dar, wenn bei ansonsten unveränderter

308

Versorgungszusage: die Beiträge und/oder die Leistungen erhöht oder vermindert werden, die Finanzierungsform ersetzt oder ergänzt wird (rein arbeitgeberfinanziert, Entgeltumwandlung oder Eigenbeiträge im Sinne des § 1 Abs. 1 und 2 BetrAVG), der Versorgungsträger/Durchführungsweg gewechselt wird, die zu Grunde liegende Rechtsgrundlage gewechselt wird (z. B. bisher tarifvertraglich jetzt einzelvertraglich), eine befristete Entgeltumwandlung erneut befristet oder unbefristet fortgesetzt wird.

309 Eine Altzusage liegt auch im Fall der Übernahme der Zusage (Schuldübernahme) nach § 4 Abs. 2 Nr. 1 BetrAVG durch den neuen Arbeitgeber und bei Betriebsübergang nach § 613a BGB vor.

310 Um eine Neuzusage handelt es sich neben den in Rz. 307 aufgeführten Fällen insbesondere, soweit die bereits erteilte Versorgungszusage um zusätzliche biometrische Risiken erweitert wird und dies mit einer Beitragserhöhung verbunden ist, im Fall der Übertragung der Zusage beim Arbeitgeberwechsel nach § 4 Abs. 2 Nr. 2 und Abs. 3 BetrAVG.

311 Werden einzelne Leistungskomponenten der Versorgungszusage im Rahmen einer von vornherein vereinbarten Wahloption verringert, erhöht oder erstmals aufgenommen (z. B. Einbeziehung der Hinterbliebenenabsicherung nach Heirat) und kommt es infolge dessen nicht zu einer Beitragsanpassung, liegt keine Neuzusage vor; es handelt sich weiterhin um eine Altzusage.

312 Aus steuerlicher Sicht ist es möglich, mehrere Versorgungszusagen nebeneinander, also neben einer Altzusage auch eine Neuzusage zu erteilen (z. B. »alte« Direktversicherung und »neuer« Pensionsfonds).

313 Wurde vom Arbeitgeber vor dem 1. Januar 2005 eine Versorgungszusage erteilt (Altzusage) und im Rahmen eines Pensionsfonds, einer Pensionskasse oder Direktversicherung durchgeführt, bestehen aus steuerlicher Sicht keine Bedenken, wenn auch nach einer Übertragung auf einen neuen Arbeitgeber unter Anwendung des »Abkommens zur Übertragung von Direktversicherungen oder Versicherungen in einer Pensionskasse« oder vergleichbaren Regelungen zur Übertragung von Versicherungen in Pensionskassen oder Pensionsfonds weiterhin von einer Altzusage ausgegangen wird. Dies gilt auch, wenn sich dabei die bisher abgesicherten biometrischen Risiken ändern, ohne dass damit eine Beitragsänderung verbunden ist. Die Höhe des Rechnungszin-

ses spielt dabei für die lohnsteuerliche Beurteilung keine Rolle. Es wird in diesen Fällen nicht beanstandet, wenn die Beiträge für die Direktversicherung oder an eine Pensionskasse vom neuen Arbeitgeber weiter pauschal besteuert werden (§ 52 Abs. 6 und **52b** EStG i. V. m. § 40b EStG a. F.). Zu der Frage der Novation und des Zuflusses von Zinsen siehe Rz. 35 des BMF-Schreibens vom 22. August 2002, BStBl I S. 827 und Rz. 88 ff. des BMF-Schreibens vom **1. Oktober 2009**, BStBl I S. **1172**.

Entsprechendes gilt, wenn der (Alt-)Vertrag unmittelbar vom neuen Arbeitgeber fortgeführt wird. Auch insoweit bestehen keine Bedenken, wenn weiterhin von einer Altzusage ausgegangen wird und die Beiträge nach § 40b EStG a. F. pauschal besteuert werden. 314

Wird eine vor dem 1. Januar 2005 abgeschlossene Direktversicherung (Altzusage) oder Versicherung in einer Pensionskasse nach § 2 Abs. 2 oder 3 BetrAVG infolge der Beendigung des Dienstverhältnisses auf den Arbeitnehmer übertragen (versicherungsvertragliche Lösung), dann von diesem zwischenzeitlich privat (z. B. während der Zeit einer Arbeitslosigkeit) und später von einem neuen Arbeitgeber wieder als Direktversicherung oder Pensionskasse fortgeführt, bestehen ebenfalls keine Bedenken, wenn unter Berücksichtigung der übrigen Voraussetzungen bei dem neuen Arbeitgeber weiterhin von einer Altzusage ausgegangen wird. Das bedeutet insbesondere, dass der Versicherungsvertrag trotz der privaten Fortführung und der Übernahme durch den neuen Arbeitgeber – abgesehen von den in Rz. **308** f. genannten Fällen – keine wesentlichen Änderungen erfahren darf. Der Zeitraum der privaten Fortführung sowie die Tatsache, ob in dieser Zeit Beiträge geleistet oder der Vertrag beitragsfrei gestellt wurde, ist insoweit unmaßgeblich. Es wird in diesen Fällen nicht beanstandet, wenn die Beiträge für die Direktversicherung oder Pensionskasse vom neuen Arbeitgeber weiter pauschal besteuert werden (§ 52 Abs. 6 und **52b** EStG i. V. m. § 40b EStG a. F.). 315

b) Weiteranwendung des § 40b Abs. 1 und 2 EStG a. F.

Auf Beiträge zugunsten einer kapitalgedeckten betrieblichen Altersversorgung, die aufgrund von Altzusagen geleistet werden, kann § 40b Abs. 1 und 2 EStG a. F. unter folgenden Voraussetzungen weiter angewendet werden: 316

Beiträge für eine Direktversicherung, die die Voraussetzungen des § 3 Nr. 63 EStG nicht erfüllen, können weiterhin vom Arbeitgeber nach 317

§ 40b Abs. 1 und 2 EStG a. F. pauschal besteuert werden, ohne dass es hierfür einer Verzichtserklärung des Arbeitnehmers bedarf.

318 Beiträge für eine Direktversicherung, die die Voraussetzungen des § 3 Nr. 63 EStG erfüllen, können nur dann nach § 40b Abs. 1 und 2 EStG a. F. pauschal besteuert werden, wenn der Arbeitnehmer zuvor gegenüber dem Arbeitgeber für diese Beiträge auf die Anwendung des § 3 Nr. 63 EStG verzichtet hat; dies gilt auch dann, wenn der Höchstbetrag nach § 3 Nr. 63 Satz 1 EStG bereits durch anderweitige Beitragsleistungen vollständig ausgeschöpft wird. Handelt es sich um rein arbeitgeberfinanzierte Beiträge und wird die Pauschalsteuer nicht auf den Arbeitnehmer abgewälzt, kann von einer solchen Verzichtserklärung bereits dann ausgegangen werden, wenn der Arbeitnehmer der Weiteranwendung des § 40b EStG a. F. bis zum Zeitpunkt der ersten Beitragsleistung in 2005 nicht ausdrücklich widersprochen hat. In allen anderen Fällen ist eine Weiteranwendung des § 40b EStG a. F. möglich, wenn der Arbeitnehmer dem Angebot des Arbeitgebers, die Beiträge weiterhin nach § 40b EStG a. F. pauschal zu versteuern, spätestens bis zum 30. Juni 2005 zugestimmt hat. Erfolgte die Verzichtserklärung erst nach Beitragszahlung, kann § 40b EStG a. F. für diese Beitragszahlung/en nur dann weiter angewendet und die Steuerfreiheit nach § 3 Nr. 63 EStG rückgängig gemacht werden, wenn die Lohnsteuerbescheinigung im Zeitpunkt der Verzichtserklärung noch nicht übermittelt oder ausgeschrieben worden war. Im Fall eines späteren Arbeitgeberwechsels ist in den Fällen des § 4 Abs. 2 Nr. 1 BetrAVG die Weiteranwendung des § 40b EStG a. F. möglich, wenn der Arbeitnehmer dem Angebot des Arbeitgebers, die Beiträge weiterhin nach § 40b EStG a. F. pauschal zu versteuern, spätestens bis zur ersten Beitragsleistung zustimmt.

319 Beiträge an Pensionskassen können nach § 40b EStG a. F. insbesondere dann weiterhin pauschal besteuert werden, wenn die Summe der nach § 3 Nr. 63 EStG steuerfreien Beiträge und der Beiträge, die wegen der Ausübung des Wahlrechts nach § 3 Nr. 63 Satz 2 EStG individuell versteuert werden, 4% der Beitragsbemessungsgrenze in der allgemeinen Rentenversicherung übersteigt. Wurde im Fall einer Altzusage bisher lediglich § 3 Nr. 63 EStG angewendet und wird der Höchstbetrag von 4% der Beitragsbemessungsgrenze in der allgemeinen Rentenversicherung erst nach dem 31. Dezember 2004 durch eine Beitragserhöhung überschritten, ist eine Pauschalbesteuerung nach § 40b EStG a. F. für die übersteigenden Beiträge möglich. Der zusätzliche Höchst-

betrag von 1.800 € bleibt in diesen Fällen unberücksichtigt, da er nur dann zur Anwendung gelangt, wenn es sich um eine Neuzusage handelt.

c) **Verhältnis von § 3 Nr. 63 Satz 3 EStG und § 40b Abs. 1 und 2 Satz 1 und 2 EStG a. F.**

Der zusätzliche Höchstbetrag von 1.800 € nach § 3 Nr. 63 Satz 3 EStG für eine Neuzusage kann dann nicht in Anspruch genommen werden, wenn die für den Arbeitnehmer aufgrund einer Altzusage geleisteten Beiträge bereits nach § 40b Abs. 1 und 2 Satz 1 und 2 EStG a. F. pauschal besteuert werden. Dies gilt unabhängig von der Höhe der pauschal besteuerten Beiträge und somit auch unabhängig davon, ob der Dotierungsrahmen des § 40b Abs. 2 Satz 1 EStG a. F. (1.752 €) voll ausgeschöpft wird oder nicht. Eine Anwendung des zusätzlichen Höchstbetrags von 1.800 € kommt aber dann in Betracht, wenn z. B. bei einem Beitrag zugunsten der Altzusage statt der Weiteranwendung des § 40b Abs. 1 und 2 Satz 1 und 2 EStG a. F. dieser Beitrag individuell besteuert wird.

Werden für den Arbeitnehmer im Rahmen einer umlagefinanzierten betrieblichen Altersversorgung Zuwendungen an eine Pensionskasse geleistet und werden diese – soweit sie nicht nach § 3 Nr. 56 EStG steuerfrei bleiben (vgl. Rz. 297 ff.) – pauschal besteuert, ist § 40b Abs. 1 und 2 EStG anzuwenden. Dies gilt unabhängig davon, ob die umlagefinanzierten Zuwendungen aufgrund einer Alt- oder Neuzusage geleistet werden. Lediglich für den Bereich der kapitalgedeckten betrieblichen Altersversorgung wurde die Möglichkeit der Pauschalbesteuerung nach § 40b EStG grundsätzlich zum 1. Januar 2005 aufgehoben. Werden von einer Versorgungseinrichtung sowohl Umlagen als auch Beiträge im Kapitaldeckungsverfahren erhoben, wird die Inanspruchnahme des zusätzlichen Höchstbetrags von 1.800 € nach § 3 Nr. 63 Satz 3 EStG für getrennt im Kapitaldeckungsverfahren erhobene Beiträge (Rz. 265) somit durch nach § 40b EStG pauschal besteuerte Zuwendungen zugunsten der umlagefinanzierten betrieblichen Altersversorgung nicht ausgeschlossen.

d) Verhältnis von § 3 Nr. 63 Satz 4 EStG und § 40b Abs. 1 und 2 Satz 3 und 4 EStG a. F.

322 Begünstigte Aufwendungen (Rz. **265** ff.), die der Arbeitgeber aus Anlass der Beendigung des Dienstverhältnisses nach dem 31. Dezember 2004 leistet, können entweder nach § 3 Nr. 63 Satz 4 EStG steuerfrei belassen oder nach § 40b Abs. 2 Satz 3 und 4 EStG a. F. pauschal besteuert werden. Für die Anwendung der Vervielfältigungsregelung des § 3 Nr. 63 Satz 4 EStG kommt es nicht darauf an, ob die Zusage vor oder nach dem 1. Januar 2005 erteilt wurde; sie muss allerdings die Voraussetzungen des § 3 Nr. 63 EStG erfüllen (vgl. insbesondere Rz. **272** und **392**). Die Anwendung von § 3 Nr. 63 Satz 4 EStG ist allerdings ausgeschlossen, wenn gleichzeitig § 40b Abs. 2 Satz 3 und 4 EStG a. F. auf die Beiträge, die der Arbeitgeber aus Anlass der Beendigung des Dienstverhältnisses leistet, angewendet wird. Eine Anwendung ist ferner nicht möglich, wenn der Arbeitnehmer bei Beiträgen für eine Direktversicherung auf die Steuerfreiheit der Beiträge zu dieser Direktversicherung zugunsten der Weiteranwendung des § 40b EStG a. F. verzichtet hatte (vgl. Rz. **316** ff.). Bei einer Pensionskasse hindert die Pauschalbesteuerung nach § 40b Abs. 1 und 2 Satz 1 und 2 EStG a. F. die Inanspruchnahme des § 3 Nr. 63 Satz 4 EStG nicht. Für die Anwendung der Vervielfältigungsregelung nach § 40b Abs. 2 Satz 3 und 4 EStG a. F. ist allerdings Voraussetzung, dass die begünstigten Aufwendungen zugunsten einer Altzusage geleistet werden. Da allein die Erhöhung der Beiträge und/oder Leistungen bei einer ansonsten unveränderten Versorgungszusage nach Rz. **308** noch nicht zu einer Neuzusage führt, kann die Vervielfältigungsregelung des § 40b EStG a. F. auch dann genutzt werden, wenn der Arbeitnehmer erst nach dem 1. Januar 2005 aus dem Dienstverhältnis ausscheidet. Die Höhe der begünstigten Beiträge muss dabei nicht bereits bei Erteilung dieser Zusage bestimmt worden sein. Entsprechendes gilt in den Fällen, in denen bei einer Altzusage bisher lediglich § 3 Nr. 63 EStG angewendet wurde und der Höchstbetrag von 4% der Beitragsbemessungsgrenze in der allgemeinen Rentenversicherung erst durch die Beiträge, die der Arbeitgeber aus Anlass der Beendigung des Dienstverhältnisses nach dem 31. Dezember 2004 leistet, überschritten wird.

e) Keine weitere Anwendung von § 40b Abs. 1 und 2 EStG a. F. auf Neuzusagen

Auf Beiträge, die aufgrund von Neuzusagen geleistet werden, kann § 40b Abs. 1 und 2 EStG a. F. nicht mehr angewendet werden. Die Beiträge bleiben bis zur Höhe von 4% der Beitragsbemessungsgrenze in der allgemeinen Rentenversicherung zuzüglich 1.800 € grundsätzlich nach § 3 Nr. 63 EStG steuerfrei. 323

f) Verhältnis von § 3 Nr. 63 EStG und § 40b EStG a. F., wenn die betriebliche Altersversorgung nebeneinander bei verschiedenen Versorgungseinrichtungen durchgeführt wird

Leistet der Arbeitgeber nach § 3 Nr. 63 Satz 1 EStG begünstigte Beiträge an verschiedene Versorgungseinrichtungen, kann er § 40b EStG a. F. auf Beiträge an Pensionskassen unabhängig von der zeitlichen Reihenfolge der Beitragszahlung anwenden, wenn die Voraussetzungen für die weitere Anwendung der Pauschalbesteuerung dem Grunde nach vorliegen. Allerdings muss zum Zeitpunkt der Anwendung des § 40b EStG a. F. bereits feststehen oder zumindest konkret beabsichtigt sein, die nach § 3 Nr. 63 Satz 1 EStG steuerfreien Beiträge in voller Höhe zu zahlen. Stellt der Arbeitgeber fest, dass die Steuerfreiheit noch nicht oder nicht in vollem Umfang ausgeschöpft worden ist oder werden kann, muss die Pauschalbesteuerung nach § 40b EStG a. F. – ggf. teilweise – rückgängig gemacht werden; spätester Zeitpunkt hierfür ist die Übermittlung oder Erteilung der Lohnsteuerbescheinigung. 324

Im Jahr der Errichtung kann der Arbeitgeber für einen neu eingerichteten Durchführungsweg die Steuerfreiheit in Anspruch nehmen, wenn er die für den bestehenden Durchführungsweg bereits in Anspruch genommene Steuerfreiheit rückgängig gemacht und die Beiträge nachträglich bis zum Dotierungsrahmen des § 40b EStG a. F. (1.752 €) pauschal besteuert hat. 325

III. Steuerliche Behandlung der Versorgungsleistungen

1. Allgemeines

326 Die Leistungen aus einer Versorgungszusage des Arbeitgebers können Einkünfte aus nichtselbständiger Arbeit oder sonstige Einkünfte sein oder nicht der Besteuerung unterliegen.

2. Direktzusage und Unterstützungskasse

327 Versorgungsleistungen des Arbeitgebers aufgrund einer Direktzusage und Versorgungsleistungen einer Unterstützungskasse führen zu Einkünften aus nichtselbständiger Arbeit (§ 19 EStG).

328 Werden solche Versorgungsleistungen nicht fortlaufend, sondern in einer Summe gezahlt, handelt es sich um Vergütungen (Arbeitslohn) für mehrjährige Tätigkeiten im Sinne des § 34 Abs. 2 Nr. 4 EStG (vgl. BFH-Urteil vom 12. **April** 2007, BStBl II S. 581), die bei Zusammenballung als außerordentliche Einkünfte nach § 34 Abs. 1 EStG zu besteuern sind. Die Gründe für eine Kapitalisierung von Versorgungsbezügen sind dabei unerheblich. Im Fall von Teilkapitalauszahlungen ist dagegen der Tatbestand der Zusammenballung nicht erfüllt; eine Anwendung des § 34 EStG kommt daher für diese Zahlungen nicht in Betracht.

3. Direktversicherung, Pensionskasse und Pensionsfonds

329 Die steuerliche Behandlung der Leistungen aus einer Direktversicherung, Pensionskasse und Pensionsfonds in der Auszahlungsphase erfolgt nach § 22 Nr. 5 EStG (lex spezialis, vgl. Rz. **114** ff.). Der Umfang der Besteuerung hängt davon ab, inwieweit die Beiträge in der Ansparphase durch die Steuerfreiheit nach § 3 Nr. 63 EStG (vgl. Rz. **263** ff.), nach § 3 Nr. 66 EStG (vgl. Rz. **281**) oder durch Sonderausgabenabzug nach § 10a EStG und Zulage nach Abschnitt XI EStG (vgl. Rz. **289** ff.) gefördert wurden oder die Leistungen auf steuerfreien Zuwendungen nach § 3 Nr. 56 EStG basieren. Dies gilt auch für Leistungen aus einer ergänzenden Absicherung der Invalidität oder von Hinterbliebenen. Dabei ist grundsätzlich von einer einheitlichen Versorgungszusage und somit für den Aufteilungsmaßstab von einer einheitlichen Behandlung der Beitragskomponenten für Alter und Zusatzrisiken auszugehen. Ist nur die Absicherung von Zusatzrisiken Gegenstand einer Versorgungszusage, ist für den Aufteilungsmaßstab auf die gesamte

Beitragsphase und nicht allein auf den letzten geleisteten Beitrag abzustellen. Zu den nicht geförderten Beiträgen gehören insbesondere die nach § 40b EStG a. F. pauschal besteuerten sowie die vor dem 1. Januar 2002 erbrachten Beiträge an eine Pensionskasse oder für eine Direktversicherung. Die Besteuerung erfolgt auch dann nach § 22 Nr. 5 EStG, wenn ein Direktversicherungsvertrag ganz oder teilweise privat fortgeführt wird.

Im Fall von Teil- bzw. Einmalkapitalauszahlungen handelt es sich nicht um außerordentliche Einkünfte im Sinne des § 34 Abs. 2 EStG. Es liegt weder eine Entschädigung noch eine Vergütung für eine mehrjährige Tätigkeit vor. Daher kommt eine Anwendung der Fünftelungsregelung des § 34 EStG auf diese Zahlungen nicht in Betracht. 330

a) Leistungen, die ausschließlich auf nicht geförderten Beiträgen beruhen

Leistungen aus Altzusagen (vgl. Rz. **306** ff.), die ausschließlich auf nicht geförderten Beiträgen beruhen, sind, wenn es sich um eine lebenslange Rente, eine Berufsunfähigkeits-, Erwerbsminderungs- oder um eine Hinterbliebenenrente handelt, als sonstige Einkünfte gem. § 22 Nr. 5 Satz 2 Buchstabe a i. V. m. § 22 Nr. 1 Satz 3 Buchstabe a Doppelbuchstabe bb EStG mit dem Ertragsanteil zu besteuern. 331

Handelt es sich um Renten im Sinne der Rz. **331** aus Neuzusagen (vgl. Rz. **306** ff.), die die Voraussetzungen des § 10 Abs. 1 Nr. 2 **Satz 1** Buchstabe b EStG erfüllen, sind diese als sonstige Einkünfte gem. § 22 Nr. 5 Satz 2 Buchstabe a i. V. m. § 22 Nr. 1 Satz 3 Buchstabe a Doppelbuchstabe aa EStG zu besteuern. Liegen die Voraussetzungen des § 10 Abs. 1 Nr. 2 **Satz 1** Buchstabe b EStG nicht vor, erfolgt die Besteuerung gem. § 22 Nr. 5 Satz 2 Buchstabe a i. V. m. § 22 Nr. 1 Satz 3 Buchstabe a Doppelbuchstabe bb EStG mit dem Ertragsanteil. 332

Auf andere als die in Rz. **331** f. genannten Leistungen (z. B. Kapitalauszahlungen, Teilraten aus Auszahlungsplänen, Abfindungen) sind die Regelungen in Rz. **131** entsprechend anzuwenden. Zu Leistungen aus einer reinen Risikoversicherung vgl. insoweit Rz. 7 des BMF-Schreibens vom **1. Oktober 2009**, BStBl I S. **1172**. 333

Anhang V

b) Leistungen, die ausschließlich auf geförderten Beiträgen beruhen

334　Leistungen, die ausschließlich auf geförderten Beiträgen beruhen, unterliegen als sonstige Einkünfte nach § 22 Nr. 5 Satz 1 EStG in vollem Umfang der Besteuerung (vgl. auch Rz. 124 f.).

c) Leistungen, die auf geförderten und nicht geförderten Beiträgen beruhen

335　Beruhen die Leistungen sowohl auf geförderten als auch auf nicht geförderten Beiträgen, müssen die Leistungen in der Auszahlungsphase aufgeteilt werden (vgl. Rz. 126 ff.). Für die Frage des Aufteilungsmaßstabs ist das BMF-Schreiben vom 11. November 2004, BStBl I S. 1061 anzuwenden.

336　Soweit die Leistungen auf geförderten Beiträgen beruhen, unterliegen sie als sonstige Einkünfte nach § 22 Nr. 5 Satz 1 EStG in vollem Umfang der Besteuerung. Dies gilt unabhängig davon, ob sie in Form der Rente oder als Kapitalauszahlung geleistet werden.

337　Soweit die Leistungen auf nicht geförderten Beiträgen beruhen, gelten die Regelungen in Rz. 331 bis 333 entsprechend.

d) Sonderzahlungen des Arbeitgebers nach § 19 Abs. 1 Satz 1 Nr. 3 EStG

338　Sonderzahlungen des Arbeitgebers im Sinne des § 19 Abs. 1 Satz 1 Nr. 3 Satz 2 EStG einschließlich der Zahlungen des Arbeitgebers zur Erfüllung der Solvabilitätsvorschriften nach den §§ 53c und 114 des Versicherungsaufsichtsgesetzes (VAG), der Zahlungen des Arbeitgebers in der Rentenbezugszeit nach § 112 Abs. 1a VAG und der Sanierungsgelder sind bei der Ermittlung des Aufteilungsmaßstabs nicht zu berücksichtigen.

e) Bescheinigungspflicht

339　Nach § 22 Nr. 5 Satz 7 EStG hat der Anbieter beim erstmaligen Bezug von Leistungen sowie bei Änderung der im Kalenderjahr auszuzahlenden Leistungen dem Steuerpflichtigen nach amtlich vorgeschriebenem Vordruck den Betrag der im abgelaufenen Kalenderjahr zugeflossenen Leistungen zu bescheinigen. In dieser Bescheinigung sind die

Leistungen entsprechend den Grundsätzen in Rz. **124** ff. gesondert auszuweisen.

f) Sonderregelungen

aa) Leistungen aus einem Pensionsfonds aufgrund der Übergangsregelung nach § 52 Abs. 34c EStG

Haben Arbeitnehmer schon von ihrem Arbeitgeber aufgrund einer Direktzusage oder von einer Unterstützungskasse laufende Versorgungsleistungen erhalten und ist diese Versorgungsverpflichtung nach § 3 Nr. 66 EStG auf einen Pensionsfonds übertragen worden, werden bei den Leistungsempfängern nach § 52 Abs. 34c EStG weiterhin der Arbeitnehmer-Pauschbetrag (§ 9a Satz 1 Nr. 1 Buchstabe a EStG) bzw. der Pauschbetrag für Werbungskosten nach § 9a Satz 1 Nr. 1 Buchstabe b EStG und der Versorgungsfreibetrag sowie der Zuschlag zum Versorgungsfreibetrag (§ 19 Abs. 2 EStG) berücksichtigt. Dies gilt auch, wenn der Zeitpunkt des erstmaligen Leistungsbezugs und der Zeitpunkt der Übertragung der Versorgungsverpflichtung auf den Pensionsfonds in denselben Monat fallen. Die Leistungen unterliegen unabhängig davon als sonstige Einkünfte nach § 22 Nr. 5 Satz 1 EStG der Besteuerung. 340

Handelt es sich bereits beim erstmaligen Bezug der Versorgungsleistungen um Versorgungsbezüge im Sinne des § 19 Abs. 2 EStG, wird der Pauschbetrag nach § 9a Satz 1 Nr. 1 Buchstabe b EStG abgezogen; zusätzlich werden der Versorgungsfreibetrag und der Zuschlag zum Versorgungsfreibetrag mit dem für das Jahr des Versorgungsbeginns maßgebenden Vomhundertsatz und Beträgen berücksichtigt. Handelt es sich beim erstmaligen Bezug der Versorgungsleistungen nicht um Versorgungsbezüge im Sinne des § 19 Abs. 2 EStG, weil z. B. keine der Altersgrenzen in § 19 Abs. 2 EStG erreicht sind, ist lediglich der Arbeitnehmer-Pauschbetrag (§ 9a Satz 1 Nr. 1 Buchstabe a EStG) abzuziehen. Wird eine der Altersgrenzen in § 19 Abs. 2 EStG erst zu einem späteren Zeitpunkt erreicht, sind ab diesem Zeitpunkt der für dieses Jahr maßgebende Versorgungsfreibetrag und der Zuschlag zum Versorgungsfreibetrag abzuziehen sowie anstelle des Arbeitnehmer-Pauschbetrags der Pauschbetrag nach § 9a Satz 1 Nr. 1 Buchstabe b EStG. Ein Abzug des Versorgungsfreibetrags nach § 19 Abs. 2 EStG in der bis zum 31. Dezember 2004 geltenden Fassung kommt nach dem 31. Dezember 2004 nicht mehr in Betracht. Dies gilt unabhängig vom Zeit- 341 punkt der Übertragung der Versorgungsverpflichtung auf den Pensionsfonds.

bb) Arbeitgeberzahlungen infolge der Anpassungsprüfungspflicht nach § 16 BetrAVG

342 Leistungen des Arbeitgebers aufgrund der Anpassungsprüfungspflicht nach § 16 Abs. 1 BetrAVG, mit der die Leistungen einer Versorgungseinrichtung ergänzt werden, gehören zu den Einkünften nach § 19 Abs. 1 Satz 1 Nr. 2 EStG. Rz. 341 gilt entsprechend. Als Versorgungsbeginn im Sinne des § 19 Abs. 2 EStG ist der Beginn der Zahlung durch den Arbeitgeber anzusehen.

343 Erhöhen sich die Zahlungen des Arbeitgebers infolge der Anpassungsprüfungspflicht nach § 16 BetrAVG, liegt eine regelmäßige Anpassung vor, die nicht zu einer Neuberechnung des Versorgungsfreibetrags und des Zuschlags zum Versorgungsfreibetrag führen.

344 Ändert sich die Höhe der Arbeitgeberzahlung unabhängig von der Anpassungsprüfungspflicht, gilt Folgendes:

Übernimmt die Versorgungseinrichtung die Arbeitgeberzahlung nur zum Teil, ist dies als Anrechnungs-/Ruhensregelung im Sinne des § 19 Abs. 2 Satz 10 EStG anzusehen und führt zu einer Neuberechnung. Gleiches gilt für den Fall, dass die Versorgungseinrichtung die Zahlungen nicht mehr erbringen kann und sich die Arbeitgeberzahlung wieder erhöht.

345 Kann die Versorgungseinrichtung die Arbeitgeberzahlungen zunächst vollständig übernehmen und stellt diese später (z. B. wegen Liquiditätsproblemen) wieder ein, so dass der Arbeitgeber die Zahlungsverpflichtung wieder vollständig erfüllen muss, lebt der Anspruch wieder auf. Dies führt nicht zu einem neuen Versorgungsbeginn, so dass für die (Neu-)Berechnung des Versorgungsfreibetrags und des Zuschlags zum Versorgungsfreibetrag die »alte« Kohorte maßgebend ist.

cc) Beendigung einer betrieblichen Altersversorgung

346 Bei Beendigung einer nach § 3 Nr. 63 EStG geförderten betrieblichen Altersversorgung gilt Folgendes:

Liegt eine betriebliche Altersversorgung im Sinne des BetrAVG vor und wird diese lediglich mit Wirkung für die Zukunft beendet, z. B.

durch eine Abfindung (ggf. auch in Form der Beitragsrückerstattung), dann handelt es sich bei der Zahlung der Versorgungseinrichtung an den Arbeitnehmer um sonstige Einkünfte im Sinne des § 22 Nr. 5 EStG und nicht um Einkünfte nach § 19 EStG.

Im Fall einer kompletten Rückabwicklung des Vertragsverhältnisses mit Wirkung für die Vergangenheit handelt es sich bei der Zahlung der Versorgungseinrichtung an den Arbeitnehmer um eine Arbeitslohnzahlung im Sinne des § 19 Abs. 1 EStG, die im Zeitpunkt des Zuflusses nach den allgemeinen lohnsteuerlichen Grundsätzen behandelt wird.

IV. Schädliche Auszahlung von gefördertem Altersvorsorgevermögen

1. Allgemeines

Wird das nach § 10a / Abschnitt XI EStG steuerlich geförderte Altersvorsorgevermögen an den Arbeitnehmer nicht als Rente oder im Rahmen eines Auszahlungsplans ausgezahlt, handelt es sich grundsätzlich um eine schädliche Verwendung (§ 93 Abs. 1 EStG; Rz. **159** ff.). Im Bereich der betrieblichen Altersversorgung kann eine solche schädliche Verwendung dann gegeben sein, wenn Versorgungsanwartschaften abgefunden oder übertragen werden. Entsprechendes gilt, wenn der Arbeitnehmer im Versorgungsfall ein bestehendes Wahlrecht auf Einmalkapitalauszahlung ausübt (vgl. Rz. **291**). 347

Liegt eine schädliche Verwendung von gefördertem Altersvorsorgevermögen vor, gelten Rz. **163** ff. sowie **177** bis **199**. 348

2. Abfindungen von Anwartschaften, die auf nach § 10a/Abschnitt XI EStG geförderten Beiträgen beruhen

Im Fall der Abfindung von Anwartschaften der betrieblichen Altersversorgung gem. § 3 BetrAVG handelt es sich gem. § 93 Abs. 2 Satz 3 EStG um keine schädliche Verwendung, soweit das nach § 10a / Abschnitt XI EStG geförderte Altersvorsorgevermögen zugunsten eines auf den Namen des Zulageberechtigten lautenden zertifizierten privaten Altersvorsorgevertrags geleistet wird. Der Begriff der Abfindung umfasst außerdem auch Abfindungen, die in arbeitsrechtlich zulässiger Weise außerhalb des Regelungsbereiches des § 3 BetrAVG er- 349 folgen, wie z. B. den Fall der Abfindung ohne Ausscheiden aus dem Arbeitsverhältnis. Liegen die übrigen Voraussetzungen des § 93 Abs. 2 Satz 3 EStG vor, kann somit auch in anderen Abfindungsfällen als denen des § 3 BetrAVG gefördertes Altersvorsorgevermögen aus der betrieblichen Altersversorgung auf einen zertifizierten privaten Altersvorsorgevertrag übertragen werden, ohne dass eine schädliche Verwendung vorliegt.

3. Abfindungen von Anwartschaften, die auf steuerfreien und nicht geförderten Beiträgen beruhen

350 Wird eine Anwartschaft der betrieblichen Altersversorgung abgefunden, die ganz oder teilweise auf nach § 3 Nr. 63 EStG, § 3 Nr. 66 EStG steuerfreien oder nicht geförderten Beiträgen beruht und zugunsten eines auf den Namen des Steuerpflichtigen lautenden zertifizierten Altersvorsorgevertrags geleistet, unterliegt der Abfindungsbetrag im Zeitpunkt der Abfindung nicht der Besteuerung.

351 Wird der Abfindungsbetrag nicht entsprechend der Rz. **350** verwendet, erfolgt eine Besteuerung des Abfindungsbetrags im Zeitpunkt der Abfindung entsprechend den Grundsätzen der Rz. **331** bis **337**.

4. Portabilität

352 Bei einem Wechsel des Arbeitgebers kann der Arbeitnehmer für Versorgungszusagen, die nach dem 31. Dezember 2004 erteilt werden, gem. § 4 Abs. 3 BetrAVG verlangen, dass der bisherige Arbeitgeber den Übertragungswert (§ 4 Abs. 5 BetrAVG) auf eine Versorgungseinrichtung des neuen Arbeitgebers überträgt. Die Übertragung ist gem. § 93 Abs. 2 Satz 2 EStG dann keine schädliche Verwendung, wenn auch nach der Übertragung eine lebenslange Altersversorgung des Arbeitnehmers im Sinne des § 1 Abs. 1 Satz 1 Nr. 4 **Buchstabe a** AltZertG gewährleistet wird. Dies gilt auch, wenn der alte und neue Arbeitgeber sowie der Arbeitnehmer sich gem. § 4 Abs. 2 Nr. 2 BetrAVG freiwillig auf eine Übertragung der Versorgungsanwartschaften mittels Übertragungswert von einer Versorgungseinrichtung im Sinne des § 82 Abs. 2 EStG auf eine andere Versorgungseinrichtung im Sinne des § 82 Abs. 2 EStG verständigen.

353 Erfüllt die Versorgungseinrichtung des neuen Arbeitgebers nicht die Voraussetzungen des § 1 Abs. 1 Satz 1 Nr. 4 **Buchstabe a** AltZertG, gelten Rz. **331** bis **337** entsprechend.

5. Entschädigungsloser Widerruf eines noch verfallbaren Bezugsrechts

Hat der Arbeitnehmer für arbeitgeberfinanzierte Beiträge an eine Direktversicherung, eine Pensionskasse oder einen Pensionsfonds die Förderung durch Sonderausgabenabzug nach § 10a EStG und Zulage nach Abschnitt XI EStG erhalten und verliert er vor Eintritt der Unverfallbarkeit sein Bezugsrecht durch einen entschädigungslosen Widerruf des Arbeitgebers, handelt es sich um eine schädliche Verwendung im Sinne des § 93 Abs. 1 EStG. Das Versicherungsunternehmen oder die Pensionskasse hat der ZfA die schädliche Verwendung nach § 94 Abs. 1 EStG anzuzeigen. Die gutgeschriebenen Zulagen sind vom Anbieter einzubehalten. Darüber hinaus hat die ZfA den steuerlichen Vorteil aus dem Sonderausgabenabzug nach § 10a EStG beim Arbeitnehmer nach § 94 Abs. 2 EStG zurückzufordern. Der maßgebliche Zeitpunkt für die Rückforderung der Zulagen und des steuerlichen Vorteils ist der Zeitpunkt, in dem die den Verlust des Bezugsrechts begründenden Willenserklärungen (z. B. Kündigung oder Widerruf) wirksam geworden sind. Im Übrigen gilt R 40b.1 Abs. 13 ff. LStR. 354

Zahlungen, die das Versicherungsunternehmen, die Pensionskasse oder der Pensionsfonds an den Arbeitgeber leistet, weil der Arbeitnehmer für eine arbeitgeberfinanzierte betriebliche Altersversorgung vor Eintritt der Unverfallbarkeit sein Bezugsrecht verloren hat (z. B. bei vorzeitigem Ausscheiden aus dem Dienstverhältnis), stellen Betriebseinnahmen dar. § 43 EStG ff. ist in diesem Fall zu beachten. 355

C. Besonderheiten beim Versorgungsausgleich

I. Allgemeines

1. Gesetzliche Neuregelung des Versorgungsausgleichs

Mit dem VersAusglG vom 3. April 2009 wurden die Vorschriften zum Versorgungsausgleich grundlegend geändert. Es gilt künftig für alle ausgleichsreifen Anrechte auf Altersversorgung der Grundsatz der internen Teilung, der bisher schon bei der gesetzlichen Rentenversicherung zur Anwendung kam. Bisher wurden alle von den Ehegatten während der Ehe erworbenen Anrechte auf eine Versorgung wegen Alter und Invalidität bewertet und im Wege eines Einmalaus- 356 gleichs ausgeglichen, vorrangig über die gesetzliche Rentenversicherung.

357 Das neue VersAusglG sieht dagegen die interne Teilung als Grundsatz des Versorgungsausgleichs auch für alle Systeme der betrieblichen Altersversorgung und privaten Altersvorsorge vor. Hierbei werden die von den Ehegatten in den unterschiedlichen Altersversorgungssystemen erworbenen Anrechte zum Zeitpunkt der Scheidung innerhalb des jeweiligen Systems geteilt und für den ausgleichsberechtigten Ehegatten eigenständige Versorgungsanrechte geschaffen, die unabhängig von den Versorgungsanrechten des ausgleichspflichtigen Ehegatten im jeweiligen System gesondert weitergeführt werden.

358 Zu einem Ausgleich über ein anderes Versorgungssystem (externe Teilung) kommt es nur noch in den in §§ 14 bis 17 VersAusglG geregelten Ausnahmefällen. Bei einer externen Teilung entscheidet die ausgleichsberechtigte Person über die Zielversorgung. Sie bestimmt also, in welches Versorgungssystem der Ausgleichswert zu transferieren ist (ggf. Aufstockung einer bestehenden Anwartschaft, ggf. Neubegründung einer Anwartschaft). Dabei darf die Zahlung des Kapitalbetrags an die gewählte Zielversorgung nicht zu nachteiligen steuerlichen Folgen bei der ausgleichspflichtigen Person führen, es sei denn, sie stimmt der Wahl der Zielversorgung zu.

359 Die gesetzliche Rentenversicherung ist Auffang-Zielversorgung, wenn die ausgleichsberechtigte Person ihr Wahlrecht nicht ausübt und es sich nicht um eine betriebliche Altersversorgung handelt. Bei einer betrieblichen Altersversorgung wird bei fehlender Ausübung des Wahlrechts ein Anspruch in der Versorgungsausgleichskasse begründet.

360 Verbunden ist die externe Teilung mit der Leistung eines Kapitalbetrags in Höhe des Ausgleichswerts, der vom Versorgungsträger der ausgleichspflichtigen Person an den Versorgungsträger der ausgleichsberechtigten Person gezahlt wird. (Ausnahme: Externe Teilung von Beamtenversorgungen nach § 16 VersAusglG; hier findet wie nach dem bisherigen Quasi-Splitting zwischen der gesetzlichen Rentenversicherung und dem Träger der Beamtenversorgung ein Erstattungsverfahren im Leistungsfall statt.)

Kommt in Einzelfällen weder die interne Teilung noch die externe Teilung in Betracht, etwa weil ein Anrecht zum Zeitpunkt des Versorgungsausgleichs nicht ausgleichsreif ist (§ 19 VersAusglG), z. B. ein Anrecht bei einem ausländischen, zwischenstaatlichen oder überstaatlichen Versorgungsträger oder ein Anrecht im Sinne des BetrAVG, das noch verfallbar ist, kommt es zu Ausgleichsansprüchen nach der Scheidung (§ 20 ff. VersAusglG). Zur steuerlichen Behandlung der Ausgleichsansprüche nach der Scheidung vgl. BMF-Schreiben vom 30. Januar 2008, BStBl I S. 390. 361

Nach § 20 des Lebenspartnerschaftsgesetzes – LPartG – (BGBl. I 2001 S. 266) findet, wenn eine Lebenspartnerschaft aufgehoben wird, in entsprechender Anwendung des VersAusglG mit Ausnahme der §§ 32 bis 38 VersAusglG ein Ausgleich von im In- oder Ausland bestehenden Anrechten (§ 2 Abs. 1 VersAusglG) statt, soweit sie in der Lebenspartnerschaftszeit begründet oder aufrechterhalten worden sind. Schließen die Lebenspartner in einem Lebenspartnerschaftsvertrag (§ 7 LPartG) Vereinbarungen über den Versorgungsausgleich, so sind die §§ 6 bis 8 VersAusglG entsprechend anzuwenden. Die Ausführungen zum VersAusglG gelten dementsprechend auch in diesen Fällen. 362

Von den nachfolgenden Ausführungen unberührt bleiben steuerliche Auswirkungen, die sich in Zusammenhang mit Pensionszusagen ergeben, die durch Körperschaften an ihre Gesellschafter erteilt wurden und die ganz oder teilweise gesellschaftsrechtlich veranlasst sind. 363

2. Besteuerungszeitpunkte

Bei der steuerlichen Beurteilung des Versorgungsausgleichs ist zwischen dem Zeitpunkt der Teilung eines Anrechts im Versorgungsausgleich durch gerichtliche Entscheidung und dem späteren Zufluss der Leistungen aus den unterschiedlichen Versorgungssystemen zu unterscheiden. 364

Bei der internen Teilung wird die Übertragung der Anrechte auf die ausgleichsberechtigte Person zum Zeitpunkt des Versorgungsausgleichs für beide Ehegatten nach § 3 Nr. 55a EStG steuerfrei gestellt, weil auch bei den im Rahmen eines Versorgungsausgleichs übertragenen Anrechten auf eine Alters- und Invaliditätsversorgung das Prinzip der nachgelagerten Besteuerung eingehalten wird. Die Be- 365 steuerung erfolgt erst während der Auszahlungsphase. Die später zufließenden Leistungen gehören dabei bei beiden Ehegatten zur gleichen Einkunftsart, da die Versorgungsanrechte innerhalb des jeweiligen Systems geteilt wurden. Ein Wechsel des Versorgungssystems und ein damit möglicherweise verbundener Wechsel der Besteuerung weg von der nachgelagerten Besteuerung hat nicht stattgefunden. Lediglich die individuellen Merkmale für die Besteuerung sind bei jedem Ehegatten gesondert zu ermitteln.

366 Bei einer externen Teilung kann dagegen die Übertragung der Anrechte zu einer Besteuerung führen, da sie mit einem Wechsel des Versorgungsträgers und damit regelmäßig mit einem Wechsel des Versorgungssystems verbunden ist. § 3 Nr. 55b Satz 1 EStG stellt deshalb die Leistung des Ausgleichswerts in den Fällen der externen Teilung für beide Ehegatten steuerfrei, soweit das Prinzip der nachgelagerten Besteuerung insgesamt eingehalten wird. Soweit die späteren Leistungen bei der ausgleichsberechtigten Person jedoch nicht der nachgelagerten Besteuerung unterliegen werden (z. B. Besteuerung nach § 20 Abs. 1 Nr. 6 EStG oder nach § 22 Nr. 1 Satz 3 Buchstabe a Doppelbuchstabe bb EStG mit dem Ertragsanteil), greift die Steuerbefreiung gem. § 3 Nr. 55b Satz 2 EStG nicht, und die Leistung des Ausgleichswerts ist bereits im Zeitpunkt der Übertragung beim ausgleichspflichtigen Ehegatten zu besteuern. Die Besteuerung der später zufließenden Leistungen erfolgt bei jedem Ehegatten unabhängig davon, zu welchen Einkünften die Leistungen beim jeweils anderen Ehegatten führen, und richtet sich danach, aus welchem Versorgungssystem sie jeweils geleistet werden.

II. Interne Teilung (§ 10 VersAusglG)

1. Steuerfreiheit nach § 3 Nr. 55a EStG

367 § 3 Nr. 55a EStG stellt klar, dass die aufgrund einer internen Teilung durchgeführte Übertragung von Anrechten steuerfrei ist; dies gilt sowohl für die ausgleichspflichtige als auch für die ausgleichsberechtigte Person.

2. Besteuerung

Die Leistungen aus den übertragenen Anrechten gehören bei der ausgleichsberechtigten Person zu den Einkünften, zu denen die Leistungen bei der ausgleichspflichtigen Person gehören würden, wenn die interne Teilung nicht stattgefunden hätte. Die (späteren) Versorgungsleistungen sind daher (weiterhin) Einkünfte aus nichtselbständiger Arbeit (§ 19 EStG) oder aus Kapitalvermögen (§ 20 EStG) oder sonstige Einkünfte (§ 22 EStG). Ausgleichspflichtige Person und ausgleichsberechtigte Person versteuern beide die ihnen jeweils zufließenden Leistungen. Liegen Einkünfte aus nichtselbständiger Arbeit vor, gilt Rz. 328 auch für die ausgleichberechtigte Person. 368

Für die Ermittlung des Versorgungsfreibetrags und des Zuschlags zum Versorgungsfreibetrag nach § 19 Abs. 2 EStG, des Besteuerungsanteils nach § 22 Nr. 1 Satz 3 Buchstabe a Doppelbuchstabe aa EStG sowie des Ertragsanteils nach § 22 Nr. 1 Satz 3 Buchstabe a Doppelbuchstabe bb EStG bei der ausgleichsberechtigten Person ist auf deren Versorgungsbeginn, deren Rentenbeginn bzw. deren Lebensalter abzustellen. Die Art einer Versorgungszusage (Alt-/Neuzusage) bei der ausgleichsberechtigten Person entspricht grundsätzlich der Art der Versorgungszusage der ausgleichspflichtigen Person. Dies gilt auch bei einer Änderung des Leistungsspektrums nach § 11 Abs. 1 Nr. 3 VersAusglG. Bei einer Hinterbliebenenversorgung zugunsten von Kindern ändert sich die bisher maßgebende Altersgrenze (Rz. 250) nicht. Die Aufstockung eines zugesagten Sterbegeldes (vgl. Rz. 251) ist möglich. Sofern die Leistungen bei der ausgleichsberechtigten Person nach § 22 Nr. 5 EStG zu besteuern sind, ist für die Besteuerung auf die der ausgleichspflichtigen Person gewährten Förderung abzustellen, soweit diese auf die übertragene Anwartschaft entfällt (vgl. Rz. 117). 369

Wird das Anrecht aus einem Altersvorsorgevertrag oder einem Direktversicherungsvertrag intern geteilt und somit ein eigenes Anrecht der ausgleichsberechtigten Person begründet, gilt der Altersvorsorge- oder Direktversicherungsvertrag der ausgleichsberechtigten Person insoweit zu dem gleichen Zeitpunkt als abgeschlossen wie derjenige der ausgleichspflichtigen Person (§ 52 Abs. 36 Satz 12 EStG). Dies gilt entsprechend, wenn die Leistungen bei der aus- 370 gleichsberechtigten Person nach § 22 Nr. 5 Satz 2 Buchstabe c i. V. m. § 20 Abs. 1 Nr. 6 EStG zu besteuern sind.

III. Externe Teilung (§ 14 VersAusglG)

1. Steuerfreiheit nach § 3 Nr. 55b EStG

371 Nach § 3 Nr. 55b Satz 1 EStG ist der aufgrund einer externen Teilung an den Träger der Zielversorgung geleistete Ausgleichswert grundsätzlich steuerfrei, soweit die späteren Leistungen aus den dort begründeten Anrechten zu steuerpflichtigen Einkünften bei der ausgleichsberechtigten Person führen würden. Soweit die Übertragung von Anrechten im Rahmen des Versorgungsausgleichs zu keinen Einkünften im Sinne des EStG führt, bedarf es keiner Steuerfreistellung nach § 3 Nr. 55b EStG. Die Steuerfreiheit nach § 3 Nr. 55b Satz 1 EStG greift gemäß § 3 Nr. 55b Satz 2 EStG nicht, soweit Leistungen, die auf dem begründeten Anrecht beruhen, bei der ausgleichsberechtigten Person zu Einkünften nach § 20 Abs. 1 Nr. 6 EStG oder § 22 Nr. 1 Satz 3 Buchstabe a Doppelbuchstabe bb EStG führen würden.

372 Wird bei der externen Teilung einer betrieblichen Altersversorgung für die ausgleichsberechtigte Person ein Anrecht in einer betrieblichen Altersversorgung begründet, richtet sich die Art der Versorgungszusage (Alt-/Neuzusage) bei der ausgleichsberechtigten Person grundsätzlich nach der Art der Versorgungszusage der ausgleichspflichtigen Person. Dies gilt auch bei einer Änderung des Leistungsspektrums nach § 11 Abs. 1 Satz 2 Nr. 3 VersAusglG. Bei einer Hinterbliebenenversorgung zugunsten von Kindern ändert sich die bisher maßgebende Altersgrenze (Rz. 250) nicht. Die Aufstockung eines zugesagten Sterbegeldes (vgl. Rz. 251) ist möglich. Wird im Rahmen der externen Teilung eine bestehende Versorgungszusage der ausgleichsberechtigten Person aufgestockt, richtet sich die Art der Versorgungszusage nach den Rz. 306 ff.

2. Besteuerung bei der ausgleichsberechtigten Person

373 Für die Besteuerung bei der ausgleichsberechtigten Person ist unerheblich, zu welchen Einkünften die Leistungen aus dem übertragenen Anrecht bei der ausgleichspflichtigen Person geführt hätten, da

mit der externen Teilung ein neues Anrecht begründet wird. Bei der ausgleichsberechtigten Person unterliegen Leistungen aus Altersvorsorgeverträgen, Pensionsfonds, Pensionskassen oder Direktversicherungen, die auf dem nach § 3 Nr. 55b Satz 1 EStG steuerfrei geleisteten Ausgleichswert beruhen, insoweit in vollem Umfang der nachgelagerten Besteuerung nach § 22 Nr. 5 Satz 1 EStG.

3. Beispiele

Beispiel 1: 374

Im Rahmen einer externen Teilung zahlt das Versicherungsunternehmen X, bei dem der Arbeitnehmerehegatte A eine betriebliche Altersversorgung über eine Direktversicherung (Kapitalversicherung mit Sparanteil) aufgebaut hat, den vom Familiengericht festgesetzten Ausgleichswert an das Versicherungsunternehmen Y zugunsten von Ehegatte B in einen zertifizierten Altersvorsorgevertrag in Form einer Rentenversicherung. Die Beiträge an das Versicherungsunternehmen X wurden in der Vergangenheit ausschließlich pauschal besteuert (§ 40b Abs. 1 und 2 EStG in der am 31. Dezember 2004 geltenden Fassung i. V. m. § 52 Abs. 52b EStG).

Der Ausgleichswert führt nicht zu steuerbaren Einkünften, da kein Erlebensfall oder Rückkauf vorliegt (§ 22 Nr. 5 Satz 2 Buchstabe b i. V. m. § 20 Abs. 1 Nr. 6 EStG). Der Steuerbefreiung nach § 3 Nr. 55b EStG bedarf es daher nicht. Die spätere durch die externe Teilung gekürzte Kapitalleistung unterliegt bei A der Besteuerung nach § 22 Nr. 5 Satz 2 Buchstabe b i. V. m. § 20 Abs. 1 Nr. 6 EStG (ggf. steuerfrei wenn die Direktversicherung vor dem 1. Januar 2005 abgeschlossen wurde, § 52 Abs. 36 Satz 5 EStG i. V. m. § 20 Abs. 1 Nr. 6 Satz 2 EStG a. F.). Die Leistungen aus dem zertifizierten Altersvorsorgevertrag, die auf dem eingezahlten Ausgleichswert beruhen, unterliegen bei B der Besteuerung nach § 22 Nr. 5 Satz 2 EStG (vgl. Rz. 129 bis 134).

Beispiel 2: 375

Im Rahmen einer externen Teilung zahlt ein Versicherungsunternehmen X, bei der der Arbeitnehmerehegatte A eine betriebliche Altersversorgung über eine Direktversicherung (Rentenversicherung) aufgebaut hat, einen Ausgleichswert an das Versicherungsunternehmen Y zugunsten von Ehegatte B in einen zertifizierten Altersvorsorgevertrag. Die Beiträge an das Versicherungsunternehmen X waren steuerfrei (§ 3 Nr. 63 EStG).

Der Ausgleichswert ist steuerfrei nach § 3 Nr. 55b EStG. Die spätere geminderte Leistung unterliegt bei A der Besteuerung nach § 22 Nr. 5 Satz 1 EStG. Die Leistung bei B unterliegt – soweit diese auf dem eingezahlten Ausgleichswert beruht – ebenfalls der Besteuerung nach § 22 Nr. 5 Satz 1 EStG (vgl. Rz. 124 ff.).

376 Beispiel 3:

Im Rahmen einer externen Teilung zahlt der Arbeitgeber des Arbeitnehmerehegatten A mit dessen Zustimmung (§§ 14 Abs. 4 i. V. m. 15 Abs. 3 VersAusglG) den hälftigen Kapitalwert aus einer Direktzusage in einen privaten Rentenversicherungsvertrag mit Kapitalwahlrecht des Ehegatten B ein.

Der Ausgleichswert ist steuerpflichtig, da die späteren Leistungen aus dem Rentenversicherungsvertrag zu lediglich mit dem Ertragsanteil steuerpflichtigen Einkünften beim Ehegatten B führen (§ 3 Nr. 55b Satz 2 EStG). Beim Ausgleichswert handelt es sich um steuerpflichtigen – ggf. nach der Fünftelregelung ermäßigt zu besteuernden – Arbeitslohn des Arbeitnehmerehegatten A.

4. Verfahren

377 Der Versorgungsträger der ausgleichspflichtigen Person hat grundsätzlich den Versorgungsträger der ausgleichsberechtigten Person über die für die Besteuerung der Leistungen erforderlichen Grundlagen zu informieren. Andere Mitteilungs-, Informations- und Aufzeichnungspflichten bleiben hiervon unberührt.

IV. Steuerunschädliche Übertragung im Sinne des § 93 Absatz 1a EStG

378 Eine steuerunschädliche Übertragung im Sinne des § 93 Abs. 1a Satz 1 EStG liegt vor, wenn auf Grund einer Entscheidung des Familiengerichts im Wege der internen Teilung nach § 10 VersAusglG oder externen Teilung nach § 14 VersAusglG während der Ehezeit (§ 3 Abs. 1 VersAusglG) gebildetes gefördertes Altersvorsorgevermögen auf einen zertifizierten Altersvorsorgevertrag oder in eine

nach § 82 Abs. 2 EStG begünstigte betriebliche Altersversorgung (einschließlich der Versorgungsausgleichskasse) übertragen wird. Dies ist bei der internen Teilung immer der Fall. Es ist unerheblich, ob die ausgleichsberechtigte Person selbst zulageberechtigt ist. Werden die bei einer internen Teilung entstehenden Kosten mit dem Altersvorsorgevermögen verrechnet (§ 13 VersAusglG), liegt insoweit keine schädliche Verwendung vor. Im Falle der Verrechnung reduziert sich die Beitragszusage (§ 1 Abs. 1 Satz 1 Nr. 3 AltZertG) des Anbieters entsprechend dem Verhältnis von Verrechnungsbetrag zu dem unmittelbar vor der Verrechnung vorhandenen Altersvorsorgekapital.

Die Übertragung auf Grund einer internen Teilung nach § 10 VersAusglG oder einer externen Teilung nach § 14 VersAusglG auf einen Altersvorsorgevertrag oder eine nach § 82 Abs. 2 EStG begünstigte betriebliche Altersversorgung (einschließlich Versorgungsausgleichskasse) der ausgleichsberechtigten Person führt nicht zu steuerpflichtigen Einnahmen. 379

Beruht das auf die Ehezeit entfallende, aufzuteilende Altersvorsorgevermögen auf geförderten und ungeförderten Beiträgen, ist das zu übertragende Altersvorsorgevermögen entsprechend dem Verhältnis der hierin enthaltenen geförderten und ungeförderten Beiträge aufzuteilen und anteilig zu übertragen. 380

Im Fall der Übertragung im Sinne des § 93 Abs. 1a Satz 1 EStG erfolgt die Mitteilung über die Durchführung der Kapitalübertragung nach dem Verfahren gemäß § 11 AltvDV. Bei der internen Teilung entfällt der Datenaustausch zwischen den Anbietern nach § 11 Abs. 1 bis 3 AltvDV. Der Anbieter der ausgleichspflichtigen Person teilt der ZfA in seiner Meldung zur Kapitalübertragung (§ 11 Abs. 4 AltvDV) neben dem Prozentsatz des geförderten Altersvorsorgekapitals, das übertragen wird, auch die vom Familiengericht angegebene Ehezeit im Sinne des § 3 Abs. 1 VersAusglG mit. 381

Erfolgt die interne Teilung und damit verbunden die Übertragung eines Anrechts im Bereich der betrieblichen Altersversorgung, erlangt die ausgleichsberechtigte Person die versorgungsrechtliche Stellung eines ausgeschiedenen Arbeitnehmers im Sinne des BetrAVG (§ 12 VersAusglG). Damit erlangt sie bei einem Pensionsfonds, einer Pensionskasse oder einer Direktversicherung auch das Recht zur Fortsetzung der betrieblichen Versorgung mit eigenen Beiträgen, 382 die nach § 82 Abs. 2 Buchstabe b EStG zu den Altersvorsorgebeiträgen gehören können, wenn ein Fortsetzungsrecht bei der ausgleichspflichtigen Person für die Versorgung bestanden hätte. Rz. 292 ff. gelten entsprechend.

383 Die ZfA teilt der ausgleichspflichtigen Person den Umfang der auf die Ehezeit entfallenden steuerlichen Förderung nach § 10a/Abschnitt XI EStG mit. Diese Mitteilung beinhaltet die beitragsjahrbezogene Auflistung der ermittelten Zulagen sowie die nach § 10a Abs. 4 EStG gesondert festgestellten Beträge, soweit der ZfA diese bekannt sind, für die innerhalb der Ehezeit liegenden Beitragsjahre. Für die Beitragsjahre, in die der Beginn oder das Ende der Ehezeit fällt, wird die Förderung monatsweise zugeordnet, indem jeweils ein Zwölftel der für das betreffende Beitragsjahr gewährten Förderung den zu der Ehezeit zählenden Monaten zugerechnet wird. Die monatsweise Zuordnung erfolgt unabhängig davon, ob die für diese Beitragsjahre gezahlten Beiträge vor, nach oder während der Ehezeit auf den Altersvorsorgevertrag eingezahlt wurden. Die Mitteilung der Höhe der für den Vertrag insgesamt gewährten Förderung ist kein Verwaltungsakt.

384 Soweit das während der Ehezeit gebildete geförderte Altersvorsorgevermögen im Rahmen des § 93 Abs. 1a Satz 1 EStG übertragen wird, geht die steuerliche Förderung mit allen Rechten und Pflichten auf die ausgleichsberechtigte Person über. Dies hat zur Folge, dass im Falle einer schädlichen Verwendung des geförderten Altersvorsorgevermögens derjenige Ehegatte die Förderung zurückzahlen muss, der über das ihm zugerechnete geförderte Altersvorsorgevermögen schädlich verfügt. Leistungen aus dem geförderten Altersvorsorgevermögen sind beim Leistungsempfänger nachgelagert zu besteuern. Die Feststellung der geänderten Zuordnung der steuerlichen Förderung erfolgt beitragsjahrbezogen durch die ZfA. Sie erteilt sowohl der ausgleichspflichtigen als auch der ausgleichsberechtigten Person einen Feststellungsbescheid über die Zuordnung der nach § 10a Abs. 4 EStG gesondert festgestellten Beträge sowie der ermittelten Zulagen. Einwände gegen diese Bescheide können nur erhoben werden, soweit sie sich gegen die geänderte Zuordnung der steuerlichen Förderung richten. Nach Eintritt der Unanfechtbarkeit dieser Feststellungsbescheide werden auch die Anbieter durch einen Datensatz nach § 90 Abs. 2 Satz 6 EStG von der ZfA über die geänderte Zuordnung informiert.

Die ZfA kann die Mitteilung über den Umfang der auf die Ehezeit entfallenden steuerlichen Förderung (§ 93 Abs. 1a Satz 2 EStG, vgl. Rz. 383) und den Feststellungsbescheid über die geänderte Zuordnung der steuerlichen Förderung (§ 93 Abs. 1a Satz 5 EStG, vgl. Rz. 384) an die ausgleichspflichtige Person in einem Schreiben zusammenfassen, sofern deutlich wird, dass ein Einspruch nur zulässig ist, soweit er sich gegen die Zuordnung der steuerlichen Förderung richtet.385

Stellt die ausgleichspflichtige Person nach der Übertragung im Sinne des § 93 Abs. 1a Satz 1 EStG einen Antrag auf Altersvorsorgezulage für ein Beitragsjahr in der Ehezeit, sind bei der Ermittlung des Zulageanspruchs die gesamten von der ausgleichspflichtigen Person gezahlten Altersvorsorgebeiträge des Beitragsjahrs – also auch der übertragene Teil der Altersvorsorgebeiträge – zugrunde zu legen. Die Zulage wird vollständig dem Vertrag der ausgleichspflichtigen Person gutgeschrieben. Die Zuordnung der Steuerverstrickung auf die ausgleichspflichtige und die ausgleichsberechtigte Person erfolgt, als wenn die Zulage bereits vor der Übertragung dem Vertrag gutgeschrieben worden wäre.386

Werden nach Erteilung der Mitteilung über den Umfang der auf die Ehezeit entfallenden steuerlichen Förderung und der Feststellungsbescheide über die geänderte Zuordnung der steuerlichen Förderung für die Ehezeit Ermittlungsergebnisse getroffen, aufgehoben oder geändert, so hat die ZfA eine geänderte Mitteilung über den Umfang der auf die Ehezeit entfallenden steuerlichen Förderung zu erteilen und die Feststellungsbescheide über die geänderte Zuordnung der steuerlichen Förderung nach § 175 AO zu ändern. Nach Eintritt der Unanfechtbarkeit dieser geänderten Feststellungsbescheide werden auch die Anbieter durch einen Datensatz nach § 90 Abs. 2 Satz 6 EStG von der ZfA über die geänderte Zuordnung informiert.387

V. Leistungen an die ausgleichsberechtigte Person als Arbeitslohn

Nach § 19 Abs. 1 Nr. 2 EStG sind Leistungen, die die ausgleichsberechtigte Person auf Grund der internen oder externen Teilung später aus einer Direktzusage oder von einer Unterstützungskasse erhält, Einkünfte aus nichtselbständiger Arbeit; Rz. 328 gilt entspre-388 chend. Sie unterliegen der Lohnsteuererhebung nach den allgemeinen Regelungen. Bei der ausgleichspflichtigen Person liegen Einkünfte aus nichtselbständiger Arbeit nur hinsichtlich der durch die Teilung gekürzten Leistungen vor.

389 Sowohl bei der ausgleichspflichtigen Person als auch bei der ausgleichsberechtigten Person werden der Arbeitnehmer-Pauschbetrag (§ 9a Satz 1 Nr. 1 Buchstabe a EStG) oder, soweit die Voraussetzungen dafür jeweils vorliegen, der Pauschbetrag für Werbungskosten (§ 9a Satz 1 Nr. 1 Buchstabe b EStG), der Versorgungsfreibetrag und der Zuschlag zum Versorgungsfreibetrag (§ 19 Abs. 2 EStG) berücksichtigt. Die steuerlichen Abzugsbeträge sind nicht auf die ausgleichspflichtige Person und die ausgleichsberechtigte Person aufzuteilen.

390 Zur Neuberechnung des Versorgungsfreibetrags und des Zuschlags zum Versorgungsfreibetrag vgl. Rz. 369.

D. Anwendungsregelung

391 Dieses Schreiben ist mit Wirkung ab **1. Januar 2010** anzuwenden. Soweit die Regelungen den ab dem 1. September 2009 geltenden Versorgungsausgleich betreffen, sind die entsprechenden Rz. bereits ab diesem Zeitpunkt anzuwenden.

392 Bei Versorgungszusagen, die vor dem 1. Januar 2005 erteilt wurden (Altzusagen, vgl. Rz. **306** ff.), ist es nicht zu beanstanden, wenn in den Versorgungsordnungen in Abweichung von Rz. **247** ff. die Möglichkeit einer Elternrente oder der Beitragserstattung einschließlich der gutgeschriebenen Erträge an die in Rz. **250** genannten Personen im Fall des Versterbens vor Erreichen der Altersgrenze und in Abweichung von Rz. **272** lediglich für die zugesagte Altersversorgung, nicht aber für die Hinterbliebenen- oder Invaliditätsversorgung die Auszahlung in Form einer Rente oder eines Auszahlungsplans vorgesehen ist. Dagegen sind Versorgungszusagen, die nach dem 31. Dezember 2004 (Neuzusagen, vgl. Rz. **306** ff.) aufgrund von Versorgungsordnungen erteilt werden, die die Voraussetzungen dieses Schreibens nicht erfüllen, aus steuerlicher Sicht nicht mehr als betriebliche Altersversorgung anzuerkennen und eine steuerliche Förderung ist hierfür nicht mehr möglich. Im Fall der nach § 40b EStG a. F. pauschal besteuerten

(Alt-)Direktversicherungen gilt nach Rz. **251** weiterhin keine Begrenzung bezüglich des Kreises der Bezugsberechtigten.

Das BMF-Schreiben vom **20. Januar 2009 – IV C 3 – S 2496/08/10011/IV C 5 – S 2333/07/0003** –, BStBl I S. **273** wird mit Wirkung ab **1. Januar 2010** aufgehoben. Dieses Schreiben wird im Bundessteuerblatt Teil I veröffentlicht (Zuordnung ESt-Kartei: § 10a EStG).

Anhang VI Zusagen auf Leistungen der betrieblichen Altersversorgung; Hinterbliebenenversorgung für die Lebensgefährtin oder den Lebensgefährten

BMF-Schreiben vom 25. Juli 2002 (BStBl. I S. 706)

Zur Frage der steuerrechtlichen Anerkennung von Zusagen auf Hinterbliebenenversorgung für den in eheähnlicher Gemeinschaft lebenden Partner des versorgungsberechtigten Arbeitnehmers nehme ich nach Abstimmung mit den obersten Finanzbehörden der Länder wie folgt Stellung:

Aufwendungen für Versorgungszusagen an Arbeitnehmer, die eine Hinterbliebenenversorgung für den in eheähnlicher Gemeinschaft lebenden Partner des Versorgungsberechtigten vorsehen, können nur dann nach Maßgabe von § 4 Abs. 4, § 4c, § 4d oder § 4e EStG als Betriebsausgaben abgezogen werden, wenn die in Aussicht gestellten Leistungen betrieblich veranlasst sind. Die Zusage auf eine Hinterbliebenenversorgung ist als Pensionsrückstellung nach § 6a EStG zu passivieren und darf nur angesetzt werden, wenn die übrigen Voraussetzungen für die Bildung von Rückstellungen (R 31c Abs. 2 EStR) vorliegen.

Die betriebliche Veranlassung dieser Hinterbliebenenzusagen und die Wahrscheinlichkeit der Inanspruchnahme aus der Verpflichtung ist unter Berücksichtigung der Umstände des jeweiligen Einzelfalls zu prüfen. *Anhaltspunkte* können beispielsweise eine von der Lebenspartnerin oder dem Lebenspartner schriftlich bestätigte Kenntnisnahme der in Aussicht gestellten Versorgungsleistungen, eine zivilrechtliche Unterhaltspflicht des Arbeitnehmers gegenüber dem Lebenspartner oder eine gemeinsame Haushaltsführung sein.

Die versorgungsberechtigte Lebenspartnerin oder der versorgungsberechtigte Lebenspartner muss in der schriftlich erteilten Zusage namentlich mit Anschrift und Geburtsdatum genannt werden.

Pensionsrückstellungen nach § 6a EStG sind entprechend dem Geschlecht des begünstigten Hinterbliebenen zu bewerten. Soweit der Berechnung die ›Richttafeln 1998‹ von Prof. Klaus Heubeck zu Grunde gelegt werden, hat die Bewertung anhand des Hinterbliebenenbestandes zu erfolgen.

Anhang VI

Die Grundsätze zur steuerlichen Anerkennung von Versorgungszusagen gegenüber dem Arbeitgeber nahestehenden Personen (z. B. beherrschende Gesellschafter-Geschäftsführer, nahe Familienangehörige) bleiben unberührt.

Stichwortverzeichnis

(Die Ziffern verweisen auf die entsprechenden Randnummern.)

Abänderungsvertrag 665 ff.
Abfindung 299, 300 f., 301, 302 ff., 438, 593 f., 760
Abfindung bei Betriebsübergang 325
Abfindung, Höhe 316
Abfindung von Anwartschaften 304 ff.
Abfindung von laufenden Versorgungsleistungen 315 ff.
Abfindungsvorbehalt 322
Ablösungsprinzip 151, 620, 664, 755
Abschlag, versicherungsmathematischer 393, 395, 441
Abschlusskosten 571
Abschluss- und Vertriebskosten 337, 354, 543
Abspaltung 742, 745
Abtretung 61, 295, 413, 588
Abwicklungsgesellschaft 479 ff.
AGG s. *Allgemeines Gleichbehandlungsgesetz*
Allgemeines Gleichbehandlungsgesetz 25 ff., 32 ff., 38, 111, 125, 163, 185, 186, 188, 209, 237, 248, 406
Allgemeinverbindliche Tarifverträge 580
Alter 22
Altersdifferenzklausel 202
Altersdiskriminierung 406 f.
Altersgrenze 23 ff., 114 ff., 192 ff., 270, 274, 385
Altersgrenze, feste 259, 400 ff., 650

Altersleistung 22 ff., 192 ff., 511
Altersleistung, Höhe der vorzeitigen 392 ff.
Altersleistung, vorzeitige 192, 385 ff., 596
Altersteilzeit 749
Altzusage 64
Änderung der Versorgungszusage 253 ff.
Änderung von Entgeltumwandlungszusagen 603 ff.
Änderungen und späteres Ausscheiden 680
Änderungsgrund 616 ff., 629 ff.
Änderungskündigung 665 ff.
Änderungsmöglichkeiten 615 ff.
Änderungsstichtag 631 ff.
Änderungsvereinbarung 99
Angerechnete Vordienstzeiten 264 ff.
Anhang zur Bilanz 5
Anpassung 216, 316, 442 f., 452 ff., 601 f., 744
Anpassung, aus der Überschussbeteiligung 494 ff.
Anpassung, nachholende 482 ff.
Anpassung, nachträgliche 489 f.
Anpassungsgarantie 442, 452, 491 ff.
Anpassungsprüfungsstichtag 456
Anpassungsrecht 617, 669
Anpassungsstau 482
Antrag 189
Anwartschaften, Abfindung von 304 ff.

361

Stichwortverzeichnis

Anwartschaften, unverfallbare 396 ff.
Anwartschaften, vertraglich unverfallbare 419
Äquivalenzprinzip 393
Äquivalenzstörung 643
Arbeiter und Angestellte 119, 122
Arbeitgeber, tarifgebundene 143
Arbeitgeber, Vorgaberecht 557 ff.
Arbeitgeber, wirtschaftliche Lage des 471 ff.
Arbeitgeberverband 143
Arbeitgeberwechsel 258, 326 ff., 344, 375
Arbeitnehmer, ehemalige 135
Arbeitnehmer, tarifgebundene 143
Arbeitnehmer, Verlangen des 563 ff.
Arbeitnehmerähnliche Person 17 ff., 221, 514
Arbeitslosigkeit 39
Arbeitsplätze 471
Arbeitsrechtliches Grundverhältnis 42, 50, 158, 297, 330 ff., 354, 361, 453
Arbeitsverdienst, versorgungsfähiger 210
Arbeitsverhältnis, Ausscheiden s. *Ausscheiden aus dem Arbeitsverhältnis*
Arbeitsverhältnis, ruhendes 209, 235, 257, 268, 536, 749
Arbeitsverhältnis, Unterbrechung 241
Arbeitszeitkonten 93
Aufhebungsvertrag 234, 760
Aufsichtsrat 679
Aufspaltung 742, 745
Ausgleichsfonds 448

Ausgleichsverfahren 799 ff.
Ausgleichswert 799
Ausgliederungen 481
Auskunft 238, 567, 787
Auskunftsanspruch 339, 352, 372 ff.
Ausland 20, 90, 174, 516, 562, 789
Auslandskräfte 119
Auslegung 157, 181, 210
Ausscheiden aus dem Arbeitsverhältnis 192, 196 ff., 234 f.
Ausschluss der Öffentlichkeit 475
Ausschluss des Rechtsanspruchs 83, 678
Außendienst 186
Außendienstler 119
Außergerichtlicher Vergleich 416, 478, 644
Auswahlverschulden 561
Auszahlungsplan 65, 72, 74, 156, 177 f., 459, 548, 602

Barber-Entscheidung 115 ff., 401
Bardividende 296
Barwert 312, 319, 334, 449
Bauindustrie 146
Bausteinmodelle 166
BAV, Einführung und Abschaffung 688 f.
BBG 507
Beerdigungskosten 39
Befreiende Schuldübernahme 326 ff., 358
Befristet Beschäftigte 514
Befristung 234
Behinderung 32 ff., 199
Beitragsbemessungsgrenze 66, 71, 78, 211, 349, 424, 533, 598

Beitragsbemessungsgrundlage 448
Beitragsbescheid 448
Beitragsfreistellung 56
Beitragsorientierte Leistungszusage 11, 167, 283 ff., 428 f., 633 ff.
Beitragsrückstände 295
Beitragssatz 448
Beitragszusage mit Mindestleistung 12 f., 54 f., 75, 171 ff., 261, 286 ff., 300, 429, 460, 500, 512, 559, 591 f., 602, 633 ff.
Beitragszusage, reine 14, 174
Belange des Versorgungsempfängers 452, 463 ff.
Beleihung 295, 413, 588
Bemessungsgrößen 209 ff.
Beratungs- und Informationspflichten 383
Berechnungsfaktoren, variable 636
Berechnungsschema beim Quotierungsverfahren 269
Berechtigte Arbeitnehmer 513
Berechtigtes Interesse 373 ff.
Bereicherung, ungerechtfertigte 314, 320
Berufsausbildung 270
Berufsausbildungsverhältnis 17, 262
Berufsständische Versorgung 220
Berufsständische Versorgungswerke 388, 515
Berufsunfähigkeit 28 ff., 536
Beschäftigungsgrad 121, 276
Beschlussverfahren 657, 727
Besitzstand 629 ff., 654, 764 ff., 776, 799

Besitzstandsstufe, dritte 638
Besitzstandsstufe, erste 631 ff.
Besitzstandsstufe, zweite 636
Besonders langjährig Versicherte 275
Besteuerung, nachgelagerte 46, 64, 78, 86
Besteuerung, vorgelagerte 67, 71
Betriebliche Altersversorgung, Begriff 8 ff.
Betriebliche Übung 42, 129 ff., 242 ff., 667
Betriebliche Übung, gegenläufige 667
Betriebsaufgabe 365
Betriebsaufspaltung 741
Betriebsidentität 756
Betriebsrat 508
Betriebsrat, Mitbestimmung 808
Betriebsrat, Mitbestimmungsrechte 682 ff., 709 ff., 776
Betriebstätigkeit, vollständige Beendigung 416
Betriebstreue 107, 229
Betriebsübergang 124, 235, 263, 328, 359, 413, 446, 455, 470, 606, 731 ff.
Betriebsübergang, Abfindung bei ~ 325
Betriebsvereinbarung 98, 132 ff., 147, 157, 240, 245, 552, 581, 614, 618, 620, 623 ff., 754
Betriebsvereinbarung, Kündigung 628, 653 ff.
Betriebsvereinbarung, Nachwirkung 653
Betriebsvereinbarung, reduzierende 624 ff., 669

363

Stichwortverzeichnis

Betriebsvereinbarung, teilmitbestimmte 626
Betriebsvereinbarung, umstrukturierende 623 ff.
Betriebsvereinbarungsoffene Zusage 755
Betriebswirtschaftliche Prognosen 474
Betriebszugehörigkeit 259
Bezugsberechtigte 56
Bezugsrecht 56 ff., 413
Bezugsrecht, unwiderrufliches 587
Bilanz, Anhang zur ~ 5
Bilanzrechtsmodernisierungsgesetz 5, 91, 436
Billigkeitskontrolle 653
Biologisches Ereignis 21 ff.
Blankettzusage 96, 246 f.
Bruttobezüge 210

Contractual Trust Arrangements 412, 435

Darlegungs- und Beweislast 657, 744
Darlegungs- und Beweispflicht des Arbeitgebers 474
Deckungskapital 335
Deckungsmittel 44
Deckungsverhältnis 56, 158
Dienstzeitkomponente 163
Direktversicherung 44, 56 ff., 162, 413 ff., 494, 542, 563
Direktzusage 45, *s. a. Unmittelbare Versorgungszusage*
Diskriminierung, mittelbare 111
Diskriminierung, unmittelbare 111
Doppelte Kürzung 396 ff.

Dotierungsrahmen 100, 139, 159, 615, 623 ff., 653, 683
Drei-Säulen-Modell 1
Durchführung des Anspruchs 550 ff.
Durchführungsweg 44 ff., 216, 253, 690 ff.
Durchführungsweg, insolvenzgefährdeter 411 ff.
Durchführungsweg, Kombination 80, 87
Durchführungsweg, Wechsel 5, 70, 79 ff., 88, 357, 358, 359 ff., 378, 604, 690 ff., 776, 778
Dynamik 636

Ehedauerklausel 202
Ehegatte 36 ff., 201, 225
Ehemalige Arbeitnehmer 135
Ehezeit 786, 791 f.
Eigenbeiträge 14, 523
Eigenkapitalverzehr 473
Eigenkapitalverzinsung, angemessene 471
Eigenkündigung 760
Eigenvorsorge, private 1
Einbindung in ein Arbeitsverhältnis 16 ff.
Eingetragene Lebenspartner 201
Eingriffsgrund 629 ff., 639 ff.
Einigungsstelle 627, 653, 688, 716
Einmalzahlung 530
Einschränkungen bei der Entgeltumwandlung 568 ff.
Einwilligung 57
Einzelkaufleute 223
Einzelrechtsnachfolge 736
Einzelzusage 95 ff., 240, 242 ff., 665 f.

Eltern 208
Elternzeit 257, 382, 536
Endgehaltsabhängige Leistungspläne 636
Endgehaltsabhängige Systeme 164
Enkelkind 206
Entgelt, tarifvertragliches 573 ff.
Entgeltcharakter 228
Entgeltkomponente 163
Entgeltumwandlung 10, 34, 36 ff., 46, 53, 120, 145, 173, 214, 220, 231, 249, 260, 290, 337, 340, 346 f., 373 ff., 383, 383, 413, 424, 428 f., 460, 501, 505 ff., 672, 699 ff., 769 f.
Entgeltumwandlung, Einschränkungen 568 ff.
Entgeltumwandlung, Gestaltung 525 ff.
Entgeltumwandlungszusagen, Änderung 603 ff.
Entscheidungsfreiheit 537
Entschlussfreiheit 6
Erben 208, 479
Erfolgsprämie 531
Erfüllungsübernahme 761
Erträge 471
Erwerbsminderung 28 ff., 196
Escape-Klauseln 491 ff.
Externe Teilung 818 ff.

Fälligkeit 528
Feiertagsarbeit 210
Festbetragssystem 164
Feste Altersgrenze 650
Festschreibeffekt 269
Festschreibungseffekt 282
Finanzierung des Pensions-Sicherungs-Vereins 445 ff.

Finanzierungsvolumen 625
Firmenpensionskasse 69
Firmentarifvertrag 574
Folgeprüftermin 482 ff.
Forderungsübergang 411, 435
Formularverträge 157
Freiberufler 221
Freiwilligkeitsvorbehalt 85, 678

Garantieanpassung 601
Gebildetes Kapital 312, 319
Geldleistung 180
Geringfügig Beschäftigte 120, 514
Gesamtbetriebsrat 136, 723 f.
Gesamtrechtsnachfolge 328, 356, 455, 737 ff.
Gesamtversorgung 641
Gesamtversorgungssysteme 164
Gesamtzusage 100 ff., 242 ff., 667
Geschäftsführer 218, 221
Gesellschafterwechsel 737 ff.
Gesetzliche Rentenversicherung 505, 599, 650
Gesetzliche Unverfallbarkeit 229
Gesetzliche Unverfallbarkeit dem Grunde nach 231 ff.
Gesetzliche Unverfallbarkeit der Höhe nach 259 ff.
Gesetzlicher Insolvenzschutz 341
Gespaltenes Bezugsrecht 59
Gestaltung der Entgeltumwandlung 525 ff.
Gestaltungsfreiheit 6 ff., 28, 155 f., 176, 178, 181, 218, 547
Gestaltungsmöglichkeit 610, 613
Gestaltungsrechte 829
Gewerkschaft 143
Gewinnprämie 531

GGF 222 ff.
Gleichbehandlung 242 ff., 529, 538, 667
Gleichbehandlungsgrundsatz 42, 51, 138, 186, 297, 576, 618, 694, 759, 763
Gleichberechtigung 105 ff.
Gleichberechtigungsgrundsatz 42, 51, 138, 186, 297, 400 ff., 694
Gratifikationen 210
Gründe, nichtwirtschaftliche 647
Gründe, sachlich proportionale 648
Gründe, triftige 646
Grundsatz der Gleichbehandlung 105 ff.
Grundsatz der Verhältnismäßigkeit 630
Grundsätze der Verhältnismäßigkeit 655
Gruppenpensionskasse 69
Gruppenunterstützungskasse 84, 728
Gruppenversicherungsvertrag 57
Günstigkeitsprinzip 147, 151, 578, 755
Günstigkeitsprinzip, kollektives 672

Haftung 510 ff., 559 ff., 743
Halbteilungsgrundsatz 786 ff.
Handelsbilanz 5, 436
Handelsrecht 472 ff.
Handelsvertreter 221
Harmonisierung 648, 759, 779
Haupternährerklausel 202
Haustarifvertrag 574

Heranreichungsrechtsprechung 256, 265
Hinterbliebenenleistung 36 ff., 200 ff., 234
Höchstaufnahmealter 183 ff., 188, 513
Höchstgrenze 431, 437
Höhe der Abfindung 312 ff., 316
Höhe der vorzeitigen Altersleistung 392 ff.
Hybridprodukt 171, 512, 559

Inaussichtstellen 246
Inaussichtstellen, unverbindliches 97
Individualrechtliche Rechtsbegründungsakte 664 ff.
Individuelle Versorgungszusage s. *Einzelzusage*
Informationspflichten 158
Informationsrecht 697
Inhaltskontrolle 6
Initiativrecht 683, 697
Inkrafttreten 252
Innendienstler 119
Innenfinanzierungseffekt 46
Insolvenz 310, 471, 644, 751 ff., 761
Insolvenzgefährdete Durchführungswege 411 ff.
Insolvenzschutz 597 ff.
Insolvenzschutz, gesetzlicher 341
Insolvenzschutz, vertraglicher 342, 410, 433 ff.
Insolvenzsicherung 408 ff.
Insolvenzverfahren, Abweisung des Antragsmangels Masse 416

Stichwortverzeichnis

Insolvenzverfahren, Eröffnung 416
Insolvenzverwalter 413, 433
Interne Teilung 806 ff.
Invalidität 28
Invaliditätsleistung 28 ff., 196 ff.
Investmentfonds 169

Jahresabschluss 474
Jeweiligkeitsklausel 98, 135, 141, 620 f.

Kapital 40, 176, 255, 288, 312, 321, 458, 502, 783
Kapital, gebildetes 319, 335
Kapitaldeckung 450
Kapitalwahlrecht 65, 72, 74, 156, 178, 288, 303, 548 f.
Kaufkraftstabilität 463
Kaufkraftverlust 482 ff.
Kaufmännische Angestellte 119
Kind 36, 201, 205 ff.
Kirchensteuer 67
Kollektiver Bezug 100
Kollektives Günstigkeitsprinzip 669
Kollektivlebensversicherungsvertrag 57
Kollektivrechtliche Rechtsbegründungsakte 620 ff.
Kombination von Durchführungswegen 80, 87
Kommanditgesellschaft 223
Komplementäre 223
Konkurrenztätigkeit 677
Kontrolldichte 622
Kontrollmaßstab 630 ff.
Konzern 20, 137, 266, 454, 476, 509, 607, 711, 713, 719
Konzernbetriebsrat 136, 725

Konzernpensionskasse 69
Kosten 816 f., 825
Krankheit 39, 536
Kriterien, stellungsbezogene 186, 250
Kündigung 234
Kündigungsfrist 618
Kündigungsschutzgesetz 665
Kürzung, doppelte 396 ff.

Landesdurchschnittseinkommen 166
Laufende Leistungen 419 ff., 452 ff., 458 ff.
Lebensalter 231 ff.
Lebensgefährte 36 ff., 204
Lebenspartner 200
Lebenspartner, eingetragene 38 ff.
Leibrente 40, 176, 458
Leistungen, laufende 419 ff.
Leistungen, Ruhen 190
Leistungsabwicklung 438
Leistungsbemessung 209 f.
Leistungsform 175 ff.
Leistungshöhe 263 f., 268
Leistungsplan 155 ff.
Leistungsplangestaltung 710
Leistungsplanstruktur 163 ff.
Leistungsvoraussetzungen 181 ff., 389 ff.
Leistungszusage 260
Leistungszusage, beitragsorientierte 11, 167, 260, 283 ff., 428 f.
Leistungszweck 35
Leitende Angestellte 98, 135, 141, 142, 620
Limitierungsklausel 279
Liquidation 324, 326 ff., 355, 365, 416, 418

367

m/n-tel-Methode 259
Marktzins 313
Mehrarbeit 210
Meldepflicht 447
Mindestalter 236 ff.
Mindestaufnahmealter 183 ff., 248
Mindestdienstzeit 183 ff., 248
Missbrauch 421 f.
Mitbestimmung, Organisation der 714 ff.
Mitbestimmungspflichtige Räume 697 f.
Mitbestimmungsrechte bei den einzelnen Durchführungswegen 709 ff.
Mitbestimmungsrechte des Betriebsrats 99, 100, 155, 392, 682 ff., 776, 808
Mitbestimmungsrechte, Umfang 719 ff.
Mitbestimmungsrechte, Verletzung 727 ff.
Mitnahmeanspruch 326 ff., 344 ff., 551, 593
Mitnahmerecht 309, 375 ff.
Mittelbare Versorgungszusage 48 ff.
Modernisierung 648
Mutterschutz 257

Nach-Barber-Zeit 401
Nachgelagerte Besteuerung 46, 64, 71, 78, 86
Nachholende Anpassung 482 ff.
Nachträgliche Anpassung 489 f.
Nachwirkung 618
Nebenberuflich Beschäftigte 119
Nettolohnentwicklung 467 ff.
Neuzugänge 618

Neuzusage 64
Nichteheliches Kind 207
Non-Profit-Unternehmen 474
Notlage, wirtschaftliche 417

Öffentlicher Dienst 72, 146, 508, 517, 663
Öffentlichkeit, Ausschluss 475
Öffnungsklausel 573, 608, 708
Opting out-Modelle 539
Organisation der Mitbestimmung 714 ff.
Organpersonen 218, 750
Organschaftliche Form 716 f.

Patronatserklärung 478
Pauschalbesteuerung 67, 78
Pauschalversteuerung 71, 337
Pensionsalter 23 ff., 192 ff., 400 ff., 650
Pensionsfonds 44, 73 ff., 227, 414, 444, 449, 548, 556, 713, 718
Pensionskasse 44, 69 ff., 415, 494, 542, 775
Pensionspläne 74
Pensionsrückstellungen 5, 45 f., 79, 334, 421, 507
Pensions-Sicherungs-Verein 408; s. a. *PSVaG*
Personenkreis 694
Persönliche haftende Gesellschafter 223
Pfandrecht 437
Pflegekind 206
Pflichtversicherung 513 ff.
Poliere 119
Portabilität 329, 344 ff.
Preisindex 463
Private Eigenvorsorge 1
Private Vorsorge 511

Probezeit 514
Produktinformationsblatt 383
Prognose 646
Pro-rata-temporis-methode 259
Prüfungsschema 630
Prüfungstermin 456 f.
Prüfungsverpflichteter bei der Anpassung 453 ff.
Prüfungszeitraum 456 f.
Prüfzeitraum 482
PSVaG 408
PSVaG, Finanzierung des ~ 445 ff.
PSVaG-Beiträge 79, 172

Quoten 416
Quotierungsprinzip 292, 589
Quotierungsverfahren 259, 428 f.
Quotierungsverfahren, Berechnungsschema 269

Raten 176, 315, 458
Rechts- oder Billigkeitskontrolle 622, 629 ff.
Rechts- und Billigkeitskontrolle 660, 669, 766
Rechtsanspruch, Ausschluss 83
Rechtsbegründungsakt 94 ff., 240, 253, 617
Rechtsbegründungsakt, individualrechtlicher 664 ff.
Rechtsbegründungsakt, kollektivrechtlicher 620 ff.
Rechtsbegründungsakt, Rangverhältnis 150
Rechtskontrolle 653
Regelaltersgrenze 192 ff., 259, 274, 385, 650
Regelungsbefugnis 621
Reine Beitragszusage 14, 174

Rente 40, 65, 72, 74, 156, 175, 255, 288, 315, 783
Rentenbeginn 483 ff.
Renteneckwertsysteme 165
Rentenformel, gespaltene 211
Rentenstammrecht 502
Rentenversicherung, gesetzliche 386
Rentenwertumlageverfahren 450
Rentnergesellschaft 479 ff., 744
Rentnerweihnachtsgeld 130
Reservepolsterdotierte Unterstützungskasse 84
Richterrechtliche Unverfallbarkeit 229
Riesterförderung 523, 551, 566, 582 ff.
Rückdeckungsversicherung 47, 61 ff., 84, 169, 412, 433, 495, 720, 811
Rückgedeckte Unterstützungskasse 84, 301
Rückkauf 56
Rückkaufswert 298, 300, 433, 543
Ruhen der Leistungen 190
Ruhendes Arbeitsverhältnis 209, 235, 257, 268, 536, 749

Sachleistungen 40, 180
Sachlicher Geltungsbereich 9 ff.
Saisonarbeiter 241
Saldierung 91, 436
Sanierung des Unternehmens 417
Schadensersatz 379, 383, 561, 744
Schadensersatzansprüche 481
Schadensvolumen 448
Schattengehalt 529
Scheidungsverfahren 782 ff.

Stichwortverzeichnis

Scheingewinne 471
Schließung der BAV 618
Schriftform 133, 143, 174
Schuldbeitritt 92, 327, 760
Schuldnerwechsel 326, 761
Schuldübernahme, befreiende 326 ff., 358
Schutzbereich 220 ff.
Schwarzes Brett 103, 245
Schweigegebot 475
Selbstveranlagungsprinzip 447
Sicherungsfälle 416 ff.
Sicherungsfonds 52, 559 f.
Sicherungsrechte 721
Solidaritätszuschlag 67
Sonderzahlung 530
Sonntagsarbeit 210
Soziale Auflagen 293 ff., 590
Sozialversicherungsbeiträge 162
Spaltung 742
Spaltungsplan 742
Spaltungsvertrag 742
Spannenklausel 442, 452, 652
Sparsicherungsprinzip 168
Spätehenklausel 202
Sperrwirkungen 579 ff.
Spezialitätsprinzip 151
Sprecherausschussgesetz 142
Stellungsbezogene Kriterien 186, 250
Sterbegeld 35
Steuerliche Förderung 506 f.
Steuerunschädliche Vorbehalte 676
Stichtag 618
Stiefkind 206
Stimmbindungsverträge 224
Störung der Geschäftsgrundlage 617, 639, 676
Streitbeendende Wirkung 490

Stundung 416
Subsidiärhaftung 50, 70, 84
Substanzgefährdung 646

Tantieme 210, 531
Tarifdispositivität 213 ff., 608 ff.
Tariflohn 210
Tarifvertrag 98, 143 ff., 157, 213 ff., 240, 245, 504, 505, 517, 545, 547, 553 f., 608 ff., 620, 659, 707, 754
Tarifvertrag, allgemeinverbindlicher 580
Tarifvertragliches Entgelt 573 ff.
Tarifvorrang 145, 214, 573
Teilkapitalzahlung 65
Teilrente 386
Teilungsordnung 808
Teilungsreife 789
Teilwert 449
Teilzeit 111, 163, 276
Teilzeitbeschäftigte 514
Teilzeitkräfte 119, 120
Tod 35
Todesfallleistung s. Hinterbliebenenleistung; Sterbegeld
Trägerunternehmen 51
Transformation 754 ff.
Treuhand 91 f.
Treuhandmodelle 721
Treupflichtverletzung 603
Treupflichtvorbehalt 677

Übergangsgeld 9, 35
Übernahme bei aktiven Arbeitnehmern 358
Übernahme der Zusage 330 ff., 366
Übernahme von laufenden Leistungen 355 ff.

Stichwortverzeichnis

Überschussanteile 59, 294, 369, 588
Überschussbeteiligung 296
Überschussbeteiligung, Anpassung aus der ~ 494 ff.
Überstunden 521
Übertragung 324, 326 ff., 424, 595
Übertragung mit Übertragungswert 326 ff., 333 ff.
Übertragungsabkommen 337, 353 f.
Übertragungswert 319, 333 ff., 348 ff., 370, 375 ff.
Überversorgung 639 ff., 663
Umfang der Mitbestimmungsrechte 719 ff.
Umfassungszusage 15, 523 f.
Umlagefinanzierung 72
Umrechnungstabelle 167
Umstrukturierung 615, 669
Umwandlungsgesetz 481, 742
Ungerechtfertigte Bereicherung 314, 320
Unklarheitenregel 157, 181
Unmittelbare Versorgungszusage 44 ff., 411 ff., 436, 449
Unterbrechung des Arbeitsverhältnisses 241
Unternehmerzusage 17 ff., 420, 433
Unterrichtungspflicht 767 ff.
Unterstützungskasse 44, 83 ff., 411, 449, 678, 773
Unterstützungskasse, reservepolsterdotierte 84
Unterstützungskasse, rückgedeckte 84, 301
Unverbindliches Inaussichtstellen 97

Unverfallbare Anwartschaften 396 ff.
Unverfallbare Versorgungsanwartschaften 419
Unverfallbarkeit 228 ff., 585 ff., 789, 809
Unverfallbarkeit, der Höhe nach 216
Unverfallbarkeit, gesetzliche 229
Unverfallbarkeit, richterrechtliche 229
Unverfallbarkeit, sofortige gesetzliche 586
Unverfallbarkeit, vertragliche 219, 230
Unwiderrufliches Bezugsrecht 587
Urlaubsgeld 210

Valutaverhältnis 56, 158
Variable Berechnungsfaktoren 636
Verbraucher 383
Verbraucherpreisindex 463
Verdienstrelation, persönliche 165
Vereinbarung 823, 829 f.
Vererbbarkeit 546
Vererbung 68
Verfahrensbeteiligte 782 ff., 831 f.
Verfallklausel 229
Vergleich, außergerichtlicher 644
Verjährung 502 ff.
Verlangen des Arbeitnehmers 563 ff.
Verletzung des Mitbestimmungsrechts 727 ff.
Vermögensbildung 577
Vermögenssubstanz 473
Vermögensübergang 411

371

Vermögenswirksame Leistungen 210, 612
Verpfändung 62, 295, 433, 588, 811
Verpflichtete Arbeitgeber 508 ff.
Verschaffungsanspruch 50, 70
Verschmelzung 742, 745
Versicherte Person 56
Versicherte, besonders langjährige 275
Versicherungsaufsicht 52, 76
Versicherungsbeginn 249
Versicherungsförmige Lösung 285, 287, 291 ff., 348, 430, 543, 590, 594
Versicherungskonsortium 440
Versicherungsmathematischer Abschlag 393, 441
Versicherungsmathematischer Abschlag, unechter 395
Versicherungsnehmer 56
Versicherungsnehmerwechsel 297
Versicherungsprinzip 168
Versicherungsverhältnis 56
Versicherungsvertragliche Lösung 291
Versicherungsvertragsgesetz 31, 158, 381 ff.
Versorgungsanwärter 41
Versorgungsanwartschaften, unverfallbare 419
Versorgungsausgleich 38, 781 ff.
Versorgungsausgleichskasse 822
Versorgungsbedarf 46, 107 ff.
Versorgungseinrichtungen, grenzüberschreitende 90
Versorgungsempfänger 41
Versorgungsempfänger, Belange des ~ 452, 463 ff.

Versorgungsfähiger Arbeitsverdienst 210
Versorgungsniveau 159 ff.
Versorgungsordnung 103
Versorgungsregelungen, Zusammentreffen unterschiedlicher 762 ff.
Versorgungsträger 782 ff.
Versorgungsträger, externer 48 ff.
Versorgungsurkunde 102
Versorgungsverhältnis 16 ff., 41 ff., 94 ff., 155 ff.
Versorgungsvertrag, Schriftform 95
Versorgungszusage 41
Versorgungszusage, Änderung 253 ff.
Versorgungszusage, mittelbare 48 ff.
Versorgungszusage, unmittelbare 436, 449
Versorgungszweck 26, 39 f.
Verteilungsgrundsätze 100, 139, 159, 697
Vertrag zugunsten Dritter 92, 721
Vertraglich unverfallbare Anwartschaften 419
Vertragliche Einheitsregelung 100 ff., 242 ff., 667
Vertragliche Unverfallbarkeit 229
Vertraglicher Insolvenzschutz 342, 410, 433 ff.
Vertragsfreiheit 6 ff., 385
Vertrauensschutz 630, 655, 674
Verwaltungskosten 172, 542
Verzicht 666, 668, 726, 729, 760
Verzicht auf künftiges Entgelt 519 ff.
Verzinsliche Ansammlung 296
Verzinsung 168 f., 171

Stichwortverzeichnis

Volkswirtschaftliche Bedeutung 44
Vor-Barber-Zeit 401
Vorbehalt der Betriebsvereinbarungsoffenheit 669 f.
Vordienstzeiten 270
Vordienstzeiten, angerechnete 264 ff.
Vorgaberecht des Arbeitgebers 557 ff.
Vorgelagerte Besteuerung 67, 71
Vorruhestand 232
Vorschaltzeiten 248 ff.
Vorsorge, private 511
Vorstand 218, 679
Vorzeitige Altersleistung 192, 385 ff., 596

Wartezeit 104, 184 f., 187 f., 197 f., 209, 248, 251, 263 f., 268, 389 ff.
Wechsel des Arbeitgebers 258
Wechsel des Durchführungsweges 5, 70, 79 ff., 88, 328, 357, 358, 359 ff., 378, 604, 776, 778
Wegfall der Geschäftsgrundlage 617
Wehrdienst 267
Weihnachtsgeld 210, 530
Wertermittlung 793 ff.
Wertgleichheit 541, 596, 601, 609, 706
Wertguthaben 93
Wertpapierdepot 169, 412
Wertpapiere 433, 720
Wertsicherung 442, 452

Wertsicherungsklausel 652
Wertunterschied 790
Wertzuwachs des Unternehmens 471
Wettbewerbspensionskasse 69
Wettbewerbsverbot 677
Widerruf 603, 669, 675
Widerrufsrecht 85, 617
Widerrufsvorbehalt 617
Wiedereinstellungsanspruch 196
Willensbildung, innere 103
Wirtschaftliche Lage 452, 646
Wirtschaftliche Lage des Arbeitgebers 471 ff.
Wirtschaftliche Notlage 417, 471, 644

Zeitkollisionsregel 152
Zeitrente 40, 176, 458
Zillmerung 336 f., 543
Zins 313, 334
Zivildienst 267
Zusage, betriebsvereinbarungsoffene 755
Zusage, Übernahme 366
Zusagebestand 231 ff., 240
Zusagegestaltung 540 ff.
Zusammenrechnungsregel 224
Zusammentreffen unterschiedlicher Versorgungsregelungen 762 ff.
Zuständigkeiten 723 ff.
Zustimmung 368
Zweistufige Form 715
Zwingende Gründe 639